国家出版基金项目
NATIONAL PUBLICATION FOUNDATION

丝绸之路经济带——新疆与中亚研究丛书

维吾尔族契约文化研究

——以察合台文契约文书为例

张世才 著

商务印书馆国际有限公司
世界图书出版公司

图书在版编目（CIP）数据

维吾尔族契约文化研究：以察合台文契约文书为例 / 张世才著. -- 北京：商务印书馆国际有限公司；西安：世界图书出版西安有限公司, 2021.7

（丝绸之路经济带：新疆与中亚研究丛书）

ISBN 978-7-5176-0752-6

Ⅰ. ①维… Ⅱ. ①张… Ⅲ. ①维吾尔族－契约－文书－研究－新疆 Ⅳ. ①D927.450.364

中国版本图书馆CIP数据核字（2021）第111993号

WEIWU'ERZU QIYUE WENHUA YANJIU
——YI CHAHETAIWEN QIYUE WENSHU WEI LI

维吾尔族契约文化研究——以察合台文契约文书为例

著　者	张世才
出版发行	商务印书馆国际有限公司 世界图书出版西安有限公司
地　址	北京市朝阳区吉庆里14号楼 佳汇国际中心A座12层
邮　编	100020
电　话	010-65592876（编校部） 010-65598498（市场营销部）
网　址	www.cpi1993.com
印　刷	北京中科印刷有限公司
开　本	710mm × 1000mm 1/16
字　数	320千字
印　张	26.5
版　次	2021年7月第1版第1次印刷
书　号	ISBN 978-7-5176-0752-6
定　价	90.00元

前　言

1928 年，傅斯年先生在其《历史语言研究所工作之旨趣》中正式提出“史学只是史料学”的概念，这是傅斯年先生对中西史学历史变迁的理解与把握的浓缩。虽有争议，但新材料引导新学问却也为学界所认同。察合台文维吾尔族契约文书作为民间和现实生活中丰富而生动的资料，越来越引起研究者的重视和利用。

契约文书是西域民间使用长达 1 700 余年、广为流行的一种私文书。广义的理解，民间契约文书包括民间契约和其他民间文书，泛指一切民间民事交往、经济交易中各式契约（契、字、合同或称合约、文凭）和各种民间私撰的其他文书（族谱、诉讼状、各类典籍等）。狭义的理解，仅指契约类型的民间文书，即民间民事交往、经济交易中的各式契约（契、字、帖、条、据、合同或称合约、文凭之类）。本书整理研究的材料和研究主题范围是指狭义的民间契约文书。当然，民间社会的民事交往、经济交易活动必然会反映在其他各种民间私撰的文书（诉讼状、家书）中。所以，在本书的研究中，也不排除引用诉讼状及各类典籍资料。同时，民间收执的经济类票据、书证等材料以及民间收藏的土地、人口登记图册和诸如收租簿、账册之类资料，也是本书整理研究的主要对象。因为它们虽不属于民间契约，但与各式民间经济交易类契约关系的建立和践行有着密不可分的关系。

凡在社会生活中发生的种种物权和债权行为，需要用文书形式肯定下来，表示昭守信用，保证当事人权利和义务的履行，因而形成契约文书。因此，它是一种法律文书和私家档案，又是特定时期、特定地区社会经济关系的私法规范。作为私文书制度中一个独立的系统，它所反映的下层社会日常生活的种种法权行为，构成了维吾尔族民间传统文化的一个重要组成部分。南疆维吾尔族民间契约文书细致地反映了历史上民间生活的真实面貌，是官修"正史"之外的珍贵的"民间正史"。随着佉卢文文书、喀喇汗王朝时期契约文书、高昌回鹘文契约文书及察合台文契约文书陆续被发现、整理与译注，维吾尔族契约文书的研究价值愈来愈为国内外经济学家、社会学家、政治法律学家、语言文字学家和文物档案学者等专门领域的学者所重视，从各门学科的独立研究发展为综合性研究的边缘学科——维吾尔族契约学。该学科的前景已经显现出来了。

察合台文维吾尔族契约文书一般是指14世纪后期察合台文形成后，用察合台文书写的记录天山南路绿洲社会生活的各式契据，但实际上迄今尚未见到乾隆二十四年(1759)清政府统一天山南北前的此类契约。因此察合台文维吾尔族契约文书一般只指清代、民国时期用察合台文书写的记录维吾尔族经济社会活动的各类契约、书证等，仅从目前所见而言，绝大部分是晚清、民国时期的，特别是民国时期的比较丰富。整理和研究维吾尔族民间契约文书，有利于提升新疆地区的文化品位，同时也对推动新疆地方史研究乃至中国历史研究向纵深发展具有十分重要的意义。

维吾尔族契约文书，特别是察合台文维吾尔族契约文书的研究起步较晚，迄今为止仍然没有出版能够反映察合台文维吾尔族契约文书全貌的资料专著。南疆各地散藏于民间的契约文书是很多的，在不少人的手里珍藏着他们自己或父辈、祖辈签立的契约或凭证、证书、裁决书等文书字据，这与维吾尔族群众十分重视契约的传统有关。早在中华人民共和国成立初，各地党政部门就已经注意收集和研究这方面的资料。20世纪50年代后期，全国少数民族社会历史调查组新疆分组又在南疆各地收集到一部分契约资料并进行了初步的研究。20世纪60年代初，当时的新疆民族研究所宗教室(今新疆社会科学院宗教研究所的前身)的同志在赴南疆各地进行民族、宗教问题的社会调查时，又在喀什、疏附、莎车、叶城、和田、于田、且末等地收集到约500件。1994年11月，新疆社会科学院宗教所编印了王守礼、李进新编的《新疆维吾尔族契约文书资料选编》，收录了其中的314件，并全部将察合台文译成了汉文，这使学术界(特别是对不懂察合台文的学者而言)第一次有机会系统地接触此类资料。但美中不足的是，因缺少察合台文原版，研究者无法对其可信度做出判断。新疆维吾尔自治区博物馆也收藏有部分察合台文契约文书,其中78件哈密王的地契据说已整理翻译,等待出版。另在新疆维吾尔自治区民委古籍办,新疆社会科学院历史、宗教、民族等研究所及各地文物保护管理所、博物馆、档案馆等也收藏有部分察合台文契约文书,极少数已被相关研究者翻译后发表于《泉》(维吾尔文)等刊物上。还应注意的是,1877年以后,先前不处理民事财产纠纷的地方行政当局也开始保存察合台文契约文书,这种现象从吐鲁番地区开始,逐步向南疆其他地区蔓延,纠纷处理过程则以案卷的形式保存在各地档案机构,其中就包括察合台文写就又译为汉文的契约文书,这为我们的研究工作提供了极大便利。以新疆大学人文学院历届察合台语文献专业研究生为主的研究者,也从研究的角度翻译了少量察合台文契约文书。在国外,以日本学者为主的研究者也收集、整理、翻译了少部分哈密、吐鲁番等地的察合台文维吾尔族契约文书。

目前,有关机构的收藏加上散落于民间的察合台文维吾尔族契约文书的总数一般认为达“数以万计”,以上整理翻译出的只占极少部分。察合台文维吾尔族契约文书的整理翻译虽属资料性工作,但因需要特别的语言训练,所以很少有人能够胜任,更非个人独力可以完成。笔者也曾与他人合作整理翻译了600余份察合台文维吾尔族契约文书,相信今后将会有更多相关研究成果问世。

从已整理翻译的察合台文维吾尔族契约文书的内容看,主要涉及以下方面:

(1)土地、住宅、院棚、果园、树木、水磨、客店、水井、牲畜、道路的买卖问题。这类契约数量最多,约占这批资料的25%。

(2)有关清真寺(包括罕尼卡)、经文学校、麻扎的瓦克夫财产的捐赠、出租、经营、出卖、侵犯等问题。约占17%。

(3)耕地、荒地、庄稼的赠送、转让、租典、伙种和租税问题。约占17%。

(4)遗产的继承、分配。约占16%。

(5)经宗教法庭裁决的其他民事问题。①

这些契约虽涉及南疆维吾尔族群众生活和生产的许多方面,但核心仍是财产所有权问题。

本书并不以维吾尔族察合台文契约文书的整理翻译为主,而是想在现有可资利用的维吾尔族契约文书的基础上对一些专题进行探讨。毫无疑问,这也是这批契约文书最终的学术价值所在。

维吾尔族契约文书对于南疆法制史、社会经济史研究具有特殊的价值。首先,作为法律文书,它是所有权制度历史演进的第一手资料。所有权制度是社会现实的占有关系即所有制的法的表现,"在每个历史时代中所有权以各种不同的方式,在完全不同的社会关系下面发展着"②,不仅特定的社会所有制形式有与之相适应的所有权制度,而且所有权制度的变化也反过来影响和促进所有制关系的变革。利用契约文书研究南疆地区的所有权史,可以搞清楚所有权内部结构的运动,即不同层次权利和不同权能的分离组合。其次,契约文书不仅记载了不同历史时代社会生活中的种种法权关系事例,也留下了不同时代、不同地区种种财产(诸如土地、房产、耕畜、生产物和商品等)的买价、租价、典价、工价,以及赋税、货币、度量衡等珍贵的数字资料。如果将这些资料悉数加以整理的话,不仅可以有力印证官文书和史志记载的语焉不详,还填补了官文书和史志废置不用所造成的空白。

第一章清代以降南疆土地制度与契约关系的发展,属于综合性研究,即综合利用维吾尔族契约文书,探讨土地关系和契约关系具有全局性意义的若干新特点。概论清代、民国时期南疆土地制度和契约关系的发展。南疆社会由于大量的土地成为寺院地产与各级伯克的养廉地亩,国家权力的象征——租赋收入始终增加不多,国家的权威也难以在乡村社会中建立起来,"民只知有头目,而不知有国家",这种情形在新疆建省以后才逐渐改变。

随着清政府统一天山南北,内地名物制度也开始在南疆普及,并在适应

①王守礼、李进新:《新疆维吾尔族契约文书资料选编》,乌鲁木齐:新疆社会科学院宗教所,1994年,前言第2~3页。

②马克思、恩格思:《马克思恩格思选集》(第一卷),北京:人民出版社,1972年,第144页。

土地制度变化的基础上，注入了新的特色，或产生新的文书格式。本章还就维吾尔族契约中涉及的绝卖、活卖、抵押典当、租佃契约做了具体的说明。

第二章有关清代、民国时期维吾尔族契约文书的几个问题，探讨了伊斯兰教教法与维吾尔族契约关系的形成，契约中的“典”与“押”，契约中地价与当地民众的生活水平，从契约看清代及民国时期南疆的银钱流通，清代及民国时期南疆民间契约关系的维系等问题。在对清代及民国时期南疆地区经济史的研究中发现，由于度量衡的不统一，物价资料相互之间的比较变得困难，加上货币制度的多次变化，如果没有维吾尔族契约文书提供的第一手资料，上述研究几乎是不可能的。本章首先就契约文书所涉及的度量衡单位与货币单位做一梳理，在此基础上讨论南疆地价与民众的生活水平等问题。

第三章清代以降南疆瓦克夫制度，在总体考察伊斯兰世界瓦克夫制度起源与基本构成的基础上，进一步认识南疆瓦克夫制度的地方特点，并在此基础上通过两份清代瓦克夫契约文书，了解当时瓦克夫制度的具体运作情况。

第四章察合台文维吾尔族契约文书与南疆民地及经济社会关系的发展。察合台文维吾尔族契约文书大部分涉及私有财产的买卖、借贷、继承及由此产生的纠纷等，其中最重要的是围绕土地及其上的房屋、树木的各种关系。本章内容主要包括：南疆的民地，南疆农业经营方式与生态环境，私有土地占有者所承担的国家赋役，家庭经济与文化生活面相，南疆农村高利贷问题，论南疆绿洲社会纠纷解决，清代、民国时期南疆土地面积民间计量方法及实质，天山南路维吾尔族社会地区经济发展的不平衡。本章力求厘清这些关系所包含的实在内容。

第五章主要讨论清代新疆天山南路土地占有关系的调整与维吾尔族社会结构之变迁。南疆绿洲社会自公元10世纪起便形成了以职业结构为基础的社会分层，至清代并无大的变化。清政府统一南疆后，将当地社会结构进行了有利于自身统治的改造，提升了伯克阶层的地位，开始了新一轮南疆社会的整合过程，但整合与分化的矛盾运动伴随着世俗的伯克阶层、宗教上层与平民间的分分合合而进入到民国时期，最终南疆社会由一个等级结构社会变成了阶级社会，社会结构又开始了新一轮的整合与分化。虽然维吾尔族契约文书并没有直接触及社会结构的内容，但它确实又是进行此项研究必不可少的资料。

中国传统的契约关系是一种内涵丰富、异常复杂的具体关系，几乎一个具体的契约就有一个具体的环境和内容，所以将契约文书当作法学研究的材料就有很大的学术研究空间。正如寺田浩明所说："如果认为以中国为核心的东亚传统契约具有很强的'封建性'，欠缺西方'意思自治''契约神圣'的契约精神，并由此得出东方契约比西方契约'落后'的结论是错误的。同样，如果认为，中国与生产有关的大多数社会关系早在宋代就是通过契约来规定，而西方至近代才完成'由身份关系到契约关系'的转变，由此得出中国契约史比西方契约史'先进'的结论也是错误的。一个具体的问题要放在一个具体的环境中去研究。"①由此可见，维吾尔族契约文书既是中国本土法学理论研究也是世界法学理论研究的一座丰富的资料宝库。

作为数百年来南疆地区民间社会民事交往、经济交易活动的原始文字记录，察合台文维吾尔族契约文书还具有重要的民族学研究价值。可以说明他们在相对封闭的环境中的生存状况及与外界的联系，他们所处的社会发生的历史变化，以及他们在这种变化中扮演的角色，反映了当时、当地特定民族的政治、经济、历史状况，有着重要的文献学意义。

为方便察合台文维吾尔族契约文书的研究者直接学习、校读并使用该类资料，笔者特在正文后以附录的形式列出了20份文书，分别以察合台文原版、突厥文音标转写和汉文译文相对照的形式排版。另外，正文后还以附录二的形式列出了2份已从现代维吾尔文译为汉文的维吾尔族契约，因这2份文书篇幅较长，在缺少察合台文原版契约的情况下，添加现代维吾尔文与国际音标达不到校读的目的，故只提供汉文译文。

维吾尔族民间契约文书是南疆民间物质生活及精神习俗文化的物质载体，是其优秀文化遗产的重要组成部分。它细致地反映了民间生活的真实面貌，承载着先民们丰富的生存智慧，是一座内容丰富的学术资源宝库，尚有许多问题等待研究者去挖掘。

著　者

①[日]寺田浩明：《中国契约史与西方契约史——契约概念比较史的重新探讨》，郑芙蓉、魏敏译，载谢晖、陈金钊《民间法》(第四卷)，济南：山东人民出版社，2005年，第11页。

目录

第一章

清代以降南疆土地制度与契约关系的发展

学术界一般认为,“南疆的社会经济,从明朝到清朝中叶,总的说是差不多的”。[①] 1759 年以降,清政府在天山南部广大地区实行“因俗治边”的政策,这一方针由《礼记·正义》中“修其教不易其俗,齐其政不易其宜”概括而成。虽然当地人民的社会文化生活基本上保持不变,但随着清政府对当地社会权力结构的调整,社会经济生活也发生了一系列变化。历史研究离不开对史料的解读,汉文史料多重“国计”轻“民生”,而维吾尔族契约文书则是反映南疆地区社会经济活动的第一手资料,史学价值极大。一方面,对契约文书的研究可以根据研究方向的不同加以分类。如在社会经济史的方向上,为了查明某一时期某一地域经济活动的实际情况,收集该地域包括契约文书在内的文字资料以及整理分析这些资料所记载的经济活动内容就成为中心课题。另一方面,如果在法制或行政实践的角度上希望了解不动产或家族关系等私法方面的惯行,则包括官府发行的证书在内,有关私法关系的各种文书在法律形式上的结构将是研究的主要对象。但是,作为一种更为本源的探究,在南疆支持着私人之间契约关系的观念或秩序究竟是什么,这一问题值得认真考虑。从这个角度出发,则相对于契约文书中写下的内容而言,从外部支撑着契约关系的社会秩序或契约文书发挥作用的社会空间本身构成了更为重大的课题。清代至民国是各种契约文书在南疆农村社会最普遍使用的时期,这些契约文书是研究当时土地制度和农村社会经济关系极为重要的第一手资料。为了便于对分散的、大量的维吾尔族契约文书进行具体考察,有必要先对当地的土地制度和契约关系发展变化的情况加以说明。

一、清代至民国时期南疆土地所有权与土地制度的特点

南疆地区是传统的绿洲农业社会,土地及地权的转移、赠让是当地财产关系的主要构成部分,搞清南疆地区的田制才能更好地理解反映当地土地

---

①新疆社会科学院民族研究所:《新疆简史》(第一册),乌鲁木齐:新疆人民出版社,1980 年,第 298 页。

占有和使用的大量契约。

清代、民国时期，南疆田制分官田、民田、宗教瓦克夫土地三种。官田是指封建国家掌握或经营的土地。在清代南疆，官田也称“官地”，基本上是以其来源或使用形式定名的。这种官田又称作“塔理雅沁地亩”①，原是察合台汗王家族的领地，佃种者必须缴纳国税和地租合一的五五分成租。乾隆二十四年(1759)，参赞大臣舒赫德上奏中提道：“至阿克苏城，乃旧(察合台)汗公地，收获时则系平分。”②在平定大小和卓叛乱之后，清政府把逃亡的和卓家族及其追随者们的土地没收，也归入官地。官地按旧例收租，清政府规定：“其塔哩雅沁地亩所出，与佃人分半收取，即照旧例办理。”③“各城回民承种官地，岁收粮石，平分入官”④；而“养廉地亩”、各种“屯地”则均因官地使用形式不同而得名。由于官田属国家所有，农民承种有固定的赋税率，不需要契约来调整，由国家专政机器保证完成，至今也未见存在相关契约文件。民田指私人占有和经营的土地。有以土地的自然性质区分的，如水田、旱地、桑园、果园、园地等；有以耕种情况区分的，如荒地、耕地等。但这些划分只是名义上的，实质上有很大的差别，必须根据土地的实际占有情况判断其土地所有权性质。此外，还有一种土地占有形式——瓦克夫土地，这是伊斯兰寺院、经堂学校、墓地占有的用于宗教、慈善的地亩。瓦克夫地亩在清代汉文文献中记载不多，一般称为“香火地亩”或“学田”，如《西域图志》载，“玛咱尔有香火田亩，以供祭祀之需”⑤。关于这类土地《户部则例》规定，“各省社稷、山川、学校、先圣先贤庙基、祭田并一切祠墓、厉坛、寺观等地，概

---

①塔理雅沁是蒙古语，“塔理雅”意即谷物，用“沁”结尾，可能意即农民庄稼人，佃户。见科瓦列夫斯基：《蒙俄法词典》，喀山大学，1844年。

②《清高宗实录》卷五八二，“乾隆二十四年(1759)三月戊子”条。

③《清高宗实录》卷六〇二，“乾隆二十九年(1764)十二月辛巳”条。“塔哩雅沁”即“塔理雅沁”，译音用字不同。

④《户部则例》卷6，载刘海年、杨一凡总主编《中国珍稀法律典籍集成》(丙编第二册)，北京：科学出版社，1994年，第666页。

⑤钟兴麒、王豪、韩慧：《西域图志校注》卷39，《风俗》，乌鲁木齐：新疆人民出版社，2002年，第514页。

不科赋……各省士民有捐置义冢、庙宇田地，其原额赋粮，俱准覆实题豁”①。这种土地在南疆伊斯兰化的初期，公元10世纪即已存在，在察合台文维吾尔族契约中此类相关资料较为丰富，如附录一(2)号契约文书：

伊斯兰教历一二四四年(1828)　叶尔羌历鱼年二月四日　星期六

最好的奖赏就是捐赠自己的财产用于行善，真主是善行的佑助者。祈祷与感谢给予安拉的使者穆罕默德，愿他平安(他是干净的沙里叶提②的主人，天地间的仁慈者)，给予家庭、圣门弟子们。我们的契约是……海力排以这种形式承认，叶城县哈解大渠地方的15察拉克财产……其上的房屋、树木一起从我的财产中计算后分出，在信主的道路上献给胡达并且寻求胡达满意，作了绝对的瓦克夫与布施，在捐赠的这些财产中已没有我的任何权利，也没有其他任何人的权利，这不是遗产地，也不是捐赠给其他地方的瓦克夫，不是典当地，从今往后，(这些作了瓦克夫的财产)如果引起诉讼的话，我的话将没有效力。

这些财产的四至：东面与这些瓦克夫地剩余的地相连，以开尼特大渠为界；南面和西面与尼牙孜苏非的遗产田相连；北面是伊斯玛依勒和卓的遗产田，以湖渠为界。

证明人：巴格千人长、百人长尼牙孜巴依、依不拉依木和卓

同时代中亚的情况也基本类似，“布哈拉汗国无论在经济上和政治上仍然保存中世纪的封建主义。其土地占有形式与十六世纪无所区别。所有的土地分为三种类型，即国家土地、私有封地和瓦库甫地。其中以国有土地占绝对优势，其次是瓦库甫地”③。

新疆建省前，南疆维吾尔族社会经济形态以封建领主制经济为主，在这个问题上学者们看法基本一致，“蒙古贵族统一西域以后，又扩大了伊克塔土地的范围和数量，被称为‘苏尤尔加尔’。‘苏尤尔加尔’是一种军事封建

①《户部则例》卷7，载刘海年、杨一凡总主编《中国珍稀法律典籍集成》(丙编第二册)，北京：科学出版社，1994年，第667页。

②沙里叶提指伊斯兰教教法。

③王治来：《中亚近代史(16—19世纪)》，兰州：兰州大学出版社，1989年，第139页。“瓦库甫”即“瓦克夫”，译音用字不同。

采邑制度。蒙古贵族将他们攻占的地方分封给各级官吏,各级官吏统治的地域便是他们的采邑,地域内的人民是他们的农奴。所以,各级官吏便成为封建领主,封建领主经济成为南疆维吾尔族地区封建占有的主要形式”①。反映在经济形态上,就是庄园经营发达,如王守礼、李进新编的《新疆维吾尔族契约文书资料选编》中034号契约文书②:

清　光绪十四年　1888年6月3日

伊斯兰教历一三〇五年九月二十三日

立约人吾买尔谢赫。

趁我健在之时,将齐给苏库叶花园的一院15间房子以及库房、树木的所有权,209帕特曼③地以及所属树木的所有权,一并永远赠给了我的女儿莱提弗罕。另剩8间房以及库房,3帕特曼地及所属树木,永远赠送给了我的儿子赛塔尔。该房、地他们已经收讫。该地、房已与我无干。

莱提弗罕所得土地的东面是赛塔尔的房子,以墙为界;南面是马圈墙;西面是赛塔尔的园子,以墙为界;北面是赛塔尔的院子,以墙为界。

赠送给莱提弗罕的15秤子④杏园的东面是赛塔尔的地,以埂为界;南面以墙为界;西面是赛塔尔的桃园,以灌木为界;北面是尤素夫罕的地方,以墙为界。

另外,103秤子地的东面是赛塔尔的地方,以墙为界;南面是沙依提、沙木沙克的地方,以灌木为界;有些地方是赠予人的手中剩余的地方,以渠为界。干墙内的10秤子地的四界:东面是赛塔尔的地,以渠为界;南面是赠予者的园子,以墙为界;西面是赛塔尔的地,以灌木为界;

①苗普生:《废除伯克制度与新疆建省》,《新疆社会科学》1987年第4期,第87页。

②王守礼、李进新:《新疆维吾尔族契约文书资料选编》,乌鲁木齐:新疆社会科学院宗教所,1994年,第24~26页。下文如只列契约文书号则均为该文书中相应契约文书号,不再注明出处。

③“帕特曼”是当时新疆地区计算重量的单位,约合今64千克。籽种地以播种量计算土地面积。1帕特曼籽种地即春天播种1帕特曼种子的土地。

④“秤子”是清朝、民国时期维吾尔族社会中的计量单位,是“察拉克”在汉语口语中的对应称呼。具体量值各地差异很大,一般1秤子为10斤~20斤不等。

北面是我自己的地，以渠为界。

给予赛塔尔的房间的东面是赛塔尔的园子，以墙为界；南面也是如此；西面是莱提弗罕的房子，以墙为界；北面是赛塔尔的地方，以墙为界。

另外，干墙内的一块地（有 30 秤子地）的东面是莱提弗罕的地方，以灌木为界；南面是赛塔尔的地方，以墙为界；西面是莱提弗罕的地方，以墙为界；北面是我自己的地，以村渠为界。

另外，一块 147 秤子地的东面是肉孜和加的继承人的地，以灌木为界；有些是阿布拉的继承人的地，以渠为界；南面也是如此；有些地方是村礼拜寺的瓦克夫地，以路为界；有些瓦克夫地以渠为界；有些是艾尤甫巴依的地，以埂为界；有些是瓦克夫地，以埂为界。有些是买买提依布拉音的地，以渠为界；北面是莱提弗罕的园子，以埂为界，以杏树为界。

空口无凭，立约为证。

证明人：买买提汗胡达拜地、吉瓦里勒巴依、克马勒巴依

（印章 2 枚）

上文中的花园实际上是庄园，整个中亚地区都把庄园称为 чахарбаг，其字面上的含义是花园，实际上是庄园，如上文的这个花园有 209 帕特曼大，可折算为 13 376 亩，哪儿有这么大的花园呢？这个问题下文还会提及。

谷苞先生曾将清代以降南疆农村社会的发展情况分为早、中、晚三个阶段，即以农奴制为主的封建社会早期、以无偿劳役与对分制为主要剥削形态的封建社会中期和以纯实物地租和雇佣劳动为主要剥削形态的封建社会晚期。他还进一步指出，这三个阶段所具有的各种经济与社会特征“不仅在同一时间同一地区是同时并存的，而且彼此间是相互影响的”①。无偿劳役是农奴制经济下主要的剥削形式。

其实，清政府统一新疆前，南疆农奴制度的盛行除一般认为的与蒙古的

①中共新疆维吾尔自治区委员会政策研究室、中共新疆维吾尔自治区委员会农村工作部、新疆维吾尔自治区少数民族经济研究会等：《新疆农村社会》（上册），北京：农村读物出版社，1988 年，第 218 页。

长期统治有关外，还与伊斯兰苏非派教团的统治有关。叶尔羌汗国后期，和卓势力在南疆建立了政教合一的封建农奴制统治，黑山派和白山派两大苏非派教团轮流执政。苏非教团在经济上依赖农奴制庄园经营。① 这一点也可由清代汉文文献的记载得到证实。白山派和卓役使的人口在苏尔德《回疆志》卷一中有记载，“从逆酋霍集占等久住伊犁，叛服无常之伯得尔格（贸易人也）、塔理雅沁（种地人也）、乌沙克（勇战人也）等三种塔哈里克（回人以此三等人谓之塔哈里克）”。他们实际上是农奴身份，加上“系霍集占之家奴”②的多伦人，他们与和卓家族有强烈的依附关系。刘志霄也认为，“问题的实质是，十五至十七世纪伊善派③占有的瓦克夫土地，作为当时土地所有制的基本形式之一，成为维吾尔族地区农奴制的主要支柱”。“直到新疆解放前夕，零星分布在诸绿洲的封建庄园，还是受伊善派支持的”④。清政府统一新疆后，虽然苏非白山派和卓的大量农奴制庄园被没收，其经济实力受到严重削弱，但整个苏非派仍拥有大量的农奴制庄园。而虔诚教徒所捐赠的瓦克夫财产数量巨大，如目前所见年代最早的一份维吾尔族契约文书，就是关于捐赠瓦克夫土地的001号契约文书：

清　乾隆三十八年　1773年11月8日

伊斯兰教历一一八七年（猴年）八月二十二日

感赞真主！为先知祈祷！

我阿里胡孜伯克遵照真主“谁做善事，赐他十倍恩惠”之言，向真主恩海乞求，现在百什村奇里克修建礼拜寺1所，并将我在奇里克的1处院房连同家具等和15帕特曼土地、1座磨房捐献给寺院作为瓦克夫，对这些财产任何人无权干涉。

8帕特曼土地的界限：东边是水磨渠；南边是买买提依明的土地，界为土坎；西边是再依里力渠；北边是马路，马路对面是达吾来提买买提

①陈慧生：《中国新疆地区伊斯兰教史》（第二册），乌鲁木齐：新疆人民出版社，2000年，第101页。

②［清］璧昌：《叶尔羌守城纪略》，北京：中央民族学院图书馆，1982年。

③“伊善派”即“依禅派”，译音用字不同。

④刘志霄：《维吾尔族历史》（上编），北京：民族出版社，1985年，第441~442页。

明的土地，有地垅①。

另7帕特曼土地：东边接巴吐尔伯克的院子，界为坑；南边是河流；西边是毛拉和加的土地，界为渠；北边是河滩渠。

（印章1枚）

另外，清政府扶持的世俗的伯克阶层大量占有具有“职田”性质的“养廉地亩”，而耕种此类田地的维吾尔族农民则完全依附于伯克们，这种土地的经营方式也是典型的将农民强行固定在土地上的农奴制。上述两类土地占南疆耕地的大部分。这两类土地既不能买卖，也不租佃，因此，在1860年以前的维吾尔族契约文书中也看不到关于买卖与租佃这两类土地的内容。即便是从地主及自耕农民的私有土地经营方式看，新疆建省前的维吾尔族契约文书中也很难看到土地租佃的内容，那时整个南疆社会经济活动农奴制色彩浓厚。在《喀什艾提尕尔经文学院的瓦克夫》文书中，提到“属于赛尔满的帕依纳甫村有一个院子，在半帕特曼地的位置上有一个庄园（tʃaharbaʁ）”。而 чахарбог（tʃaharbaʁ）的含义中亚学者有所研究，“танабонэ 税主要是从果园（бак）与 чахарбог 征收，我们想进一步明确果园与 чахарбог 之间的差别与个别的详细情况。В. Л. 瓦特金认为，‘чарбаг’这个词的意思是果园。П. П. 伊万诺夫表达了这样的思想，чарбаг 之名的事物应该是布哈拉封建主的领地，这些封建主既有世俗的也有宗教的。伊万诺夫认为‘чарбаг’的概念实际上可以用‘地面上的有大的建筑的花园’的概念来限制，чарбаг 的周围分布着葡萄园、瓜地及菜地，最后是公共土地，种了小麦、大麦、三叶草、苜蓿。换句话说，整个系统是经济的农用地，这些农用地的大部分可有条件地称作领地。这样，‘чарбаг’可以另指豪宅，它处于包围它的领地的中间。这个意思应该用19世纪希瓦汗的花园的概念来解释。чахарбог 不是指普通的花园，它是由花园与其他农用地环绕着的领地”②。当时，南疆社会由封建主领地转化而来的庄园当不在少数。

①“垅”为“垄”的异体字。后文中此处引文的别字问题不再作注。

②М. Абдураимов, *Вопрос Феодального Землевладения и Феодальной Ренты в Письмах Эмира Хайдара*（Тацлкент: Издательство Академии Наук Узбекской ССР, 1961）, стр. 42.

清政府统一新疆前，苏非派教团的信众人数占新疆穆斯林的大半。由于互相残杀加上清政府对白山派和卓的镇压，黑山派和卓和白山派和卓在丧失了大部分土地和农奴后，也就失去了赖以生存的经济基础，其信众人数逐渐由多数变为少数，最后完全消失。在苏非派内部，力量对比也发生了重大变化。1840 年前后，伊玛目・热巴尼派（亦称革新的纳合西班底耶教团）已成为苏非派中的多数。在经济上，该派不以农奴制庄园为经济基础，而是依靠瓦克夫和信众的捐赠来维持其宗教活动。①

由于清政府的打击，苏非派的处境要比逊尼派困难得多。逊尼派正是利用这一时机才迅速发展起来，其发展是通过清真寺和买赫凯麦谢里机构的转化而得以实现的。清真寺的阿訇是逊尼派的代表，麻扎的谢赫是苏非派的代表。乾隆二十四年（1759）前，当黑山派和白山派势力在新疆南部居统治地位的时候，从事道乘修持活动的罕尼卡②的地位高于从事沙里叶提范围内的礼拜仪式的清真寺，指导道乘修持活动的苏非派首领处于宗教活动的中心位置，指导礼拜仪式的清真寺阿訇在宗教活动中则处在从属于苏非派首领的位置。③ 契约中有许多捐赠土地给麻扎的例子，如 046 号契约文书：

清　光绪二十三年　1897 年 5 月 9 日

伊斯兰教历一三一五年古尔邦节第八日

具结人贝拉里苏皮，叶城人，米尔阿卜拉苏皮之子。遵照“善施布施”的教导，我将自己在这里的 1 亩地连果树和其他树木一起，作为瓦克夫，敬献给镇上的伊禅迪尼最近建成的罕尼卡礼拜寺。对这块地，我不再拥有任何权利。空口无凭，具结为证。

地界：东头是贝拉里苏皮自己的地，有白腊树④为界；南头是卡木尔

①陈慧生：《中国新疆地区伊斯兰教史》（第二册），乌鲁木齐：新疆人民出版社，2000 年，第 8 页。

②罕尼卡指苏非派（依禅派）信徒聚会和办事的场所，或称道堂。

③陈慧生：《中国新疆地区伊斯兰教史》（第二册），乌鲁木齐：新疆人民出版社，2000 年，第 31 页。

④“白腊树”为“白蜡树”之误。后文中此处引文的别字问题不再作注。

和加的地，有白腊树为界；西头也是贝拉里苏皮的地，有杏树、水渠为界；北头也是贝拉里苏皮的地。

证明人：赛依提托乎提教长、毛拉阿訇谢赫、和加雀如克等

（印章1枚）

“乾隆二十四年（1759）以后，当黑山派和白山派日趋衰落之际，公开的道乘修持活动时有被认为‘大干例禁’，因而受到禁止之虞。清真寺内的礼拜仪式，被清政府认为是正常的宗教活动，这样，宗教活动的中心位置也就逐渐转移到了清真寺，并由阿訇在清真寺里主持穆斯林的礼拜仪式。”①

随着逊尼派的发展，寺院经济也随之得到加强。逊尼派是封建地租制在宗教上的代表，清真寺的瓦克夫地即地租制田庄。“每当白山派和卓后裔叛乱失败之后，他们的封建农奴制庄园便被清政府没收，而转化为地租制田庄。这些土地中的一部分，又陆续以瓦合甫的形式捐赠给清真寺。然后，清真寺将其出租给群众，按期收取租金。”②例如，047号契约文书：

清　光绪二十四年　1898年10月6日

伊斯兰教历一三一六年五月二十日

具结人买合木提尼亚孜阿訇，买合木提之子，皮尔代的优奴斯王开办的经文学堂的教师。归该经文学堂所有的五村阿拉雪尔塔赛开木庄的190亩瓦克夫地，因成旱田而无收益。佃户要求自己出钱盖房子、种树，以便利用起来。为此，经协商，以每年出8察拉克小麦、8察拉克玉米的租子为协定，租给了肉孜哈里克。我要在每年收租期收租，一切费用由佃户自己解决。在瓦克夫地上修建的房屋为佃户私人所有，但地皮不为私人所有。

地界：东头是可汗的地，有渠为界；南头是黑湖，有渠为界；西头是木斯维尔的地，有渠为界；北头是巴拉提的地，有杏树为界。

（印章6枚）

①陈慧生：《中国新疆地区伊斯兰教史》（第二册），乌鲁木齐：新疆人民出版社，2000年，第31页。

②同上。“瓦合甫”即“瓦克夫”，译音用字不同。

“逊尼派掌握了清真寺、经文学校和宗教法庭，又有大量瓦合甫地为经济后盾，在宗教领域内已占据主要地位，苏非派则退居次要地位。”①1840 年前后，沙俄势力越过中亚草原地带，开始向河中推进，中亚苏非势力急剧衰退。逊尼派在中亚及新疆成为多数派，正是这种主次地位关系所产生的必然结果。寺院经济完成了从依赖农奴制庄园到依赖瓦克夫地租的过渡。

“1864 年新疆农民起义爆发后，经历了宗教首领和封建主篡夺起义领导权、阿古柏入侵、清政府收复新疆等一系列重大历史事件，除哈密地区外，新疆各地的农奴制庄园大多已不复存在，或正在向封建地租制过渡。因此，以农奴制庄园为经济基础的白山派和黑山派残余教团，逐渐由削弱到消失。以伊玛目·热巴尼后裔为首的教团，在一个时期虽有发展，但总的趋势是在日渐衰落。只有在起义中和起义后产生的以塔依汗依禅、艾买提海里排、侯赛音汗和乌拉门·木衣丁汗等人为首的苏非派教团，在这一时期逐渐发展起来。这些教团都以瓦合甫为经济基础。瓦合甫以土地为主，也有少量店铺、水磨等。这些土地、店铺和水磨的收入，名义上是教团的活动经费，实际上大部分被苏非派首领所占有。……瓦合甫地的经营方式，是以租赁为主，在经济制度上已完成了向封建地租制的转变。”②但要注意的是，瓦克夫地产中比例最大的是所谓的后代瓦克夫，即将私有土地捐献给宗教机构后，捐献人的后代可以拥有优先租佃权，这类似于内地的永佃权，这种权利也可转让甚至买卖，如 041 号契约文书：

清　光绪二十二年　1896 年 3 月 15 日

伊斯兰教历一三一四年十月十一日

具结人肉孜哈里克。我把五村土板汉渠库尔班巴依开办的礼拜寺的 6 察拉克瓦克夫地（上有我自己植的树），交给了我的叔叔吾守尔巴依，由他经营并缴纳地租。

此外，我还把埋着父亲的赫地尔的 6 察拉克地连同树木、房舍一起，

①陈慧生：《中国新疆地区伊斯兰教史》（第二册），乌鲁木齐：新疆人民出版社，2000 年，第 35 页。

②同上书，第 101 页。

也交给了叔叔吾守尔巴依。作为种植在6察拉克瓦克夫地上的树木和赫地尔的6察拉克地上的小麦，今后这些田地与我无干。

地界：东头是买买提热依木的地，有埂为界；南头是吾守尔的地，有渠为界。

（印章1枚）

上文中将瓦克夫土地交给其叔叔显然指的是转让耕种土地的权利，我们可以将其理解为租佃权的让渡。直至清末，涉及瓦克夫土地出租经营的契约仍是寥寥无几，可能与瓦克夫捐赠者及其后代垄断性地享有管理权或永佃权有关。

大量有关瓦克夫土地租佃经营的契约都是民国时期的，如102号契约文书：

1922年11月18日

伊斯兰教历一三四一年三月二十八日

立约人骆驼村玉素甫阿訇之妻白合特妣妣、女儿尼莎妣妣。

我等租种寺院土地1亩8分，每年应向依玛目①吐合迪阿訇交4个银圆的租金。后因玉素甫阿訇去世，欠交6年租金。现由宗教裁判所裁定，向原主交清了所欠租金。以后每年按时交纳，绝不拖欠。此据。

证明人：买买提阿訇、依沙克阿訇、沙立克阿訇

（印章1枚）

南疆契约关系的发展是与社会经济形态的变化有直接关系的，1840年前由于农奴制占统治地位，以权利相对平等为基础的契约关系在社会生活中不占主导地位，这时期留下来的契约数量很少，除与年代久远有关外，也与契约关系不发达有关。

而占南疆耕地相当比例的各级伯克的“养廉地亩”也一直实行农奴制经营方式，我们从其所役使的“燕齐”人口的性质便可知晓。② 1864年新疆农

---

①依玛目，阿拉伯语音译，也译为“伊玛目”，通常指清真寺教长和主持集体礼拜的宗教职业者。

②张世才：《清代天山南部维吾尔社会的“燕齐地亩”》，《新疆大学学报》2006年第4期，第71~74页。

民大起义爆发，清政府统治新疆的军府制度被打垮了，伯克制也名存实亡。在这之后，各地王公伯克又遭到地方割据势力的倾轧，都已经“家产荡尽”，衰败没落了。① 耕地已是“听兵民自占，旧时经界无可遵循”②。南疆农村出现了大量的自耕农，他们已经割断了与王公伯克等农奴主的人身依附的纽带。刘锦棠在亲历乌鲁木齐及南疆各地之后，无可奈何地承认，“旧制……荡然无存，万难再图规复”③。这是新疆社会结构中出现的一个巨大变化。

1840 年后的维吾尔族契约文书也反映了这种变化。1840 年，特别是 1884 年新疆建省以后的维吾尔族契约文书中，出现了大量有关土地经营方式的内容，如“伙种”“典押”“赎买”“经营并缴纳地租”“田底与田面分离”“租卖争执”“劳役租与实物租”等。即便涉及土地买卖，“活卖”的内容也逐渐多于“死卖”，反映了南疆维吾尔族社会经济生活的新变化。这种变化既是社会经济形态变化的反映，也是内地契约文化适应当地的需要大量流布的反映。

从经济活动的形态看，新疆建省前，南疆社会地权转移缓慢，每次交易的地块很大，从几百帕特曼到几十亩不等，私有土地多以自营或伙种经营为主，自然经济色彩较浓，如 001 号契约文书：

清　乾隆三十八年．1773 年 11 月 8 日

伊斯兰教历一一八七年(猴年)八月二十二日

感赞真主！为先知祈祷！

我阿里胡孜伯克遵照真主“谁做善事，赐他十倍恩惠”之言，向真主恩海乞求，现在百什村奇里克修建礼拜寺 1 所，并将我在奇里克的 1 处院房连同家具等和 15 帕特曼土地、1 座磨房捐献给寺院作为瓦克夫，对这些财产任何人无权干涉。

8 帕特曼土地的界限：东边是水磨渠；南边是买买提依明的土地，界为土坎；西边是再依里力渠；北边是马路，马路对面是达吾来提买买提

---

①[清]刘锦棠:《刘襄勤公奏稿》卷一五，第 11 页。

②[清]刘锦棠:《刘襄勤公奏稿》卷一〇，第 59 页。

③[清]刘锦棠:《刘襄勤公奏稿》卷三，第 44 页。

明的土地，有地垅。

另7帕特曼土地：东边接巴吐尔伯克的院子，界为坑；南边是河流；西边是毛拉和加的土地，界为渠；北边是河滩渠。

（印章1枚）

如果1帕特曼地折算为64亩，则15帕特曼地可折为960亩，这是相当大的一块田土，相当于一个村庄所具有的土地面积。新疆建省后至民国时期，随着农奴制的消亡，地权转移速度加快，频度增加，交易的亩积越来越小，一般不再使用帕特曼单位，而以“秤子”或“亩”为主。地权转移形式也趋向多样化，私有土地的经营方式也从单一的伙种向“定额租”“活租”变化，商品经济成分越来越丰富。虽然从社会经济制度大环境而言，新疆建省后至民国时期南疆土地与劳动力资源的结合越来越自由，且按耕地面积计算，南疆人口密度达到了每平方千米320人，这样的密度和内地已不相上下，人口可谓相对过剩（一般人所说新疆人口稀疏是由总面积计算而来，大概每平方千米只有两个人，这种说法对了解新疆农业社会真实情况是大有妨碍的）。① 但南疆并未如内地一样出现土地碎化、租佃制发达的情形，雇农多，佃农少，土地以雇工自营为主，很少出租。“合种”或“伙种”的经营方式比较普遍。新疆的租佃关系有所谓“合种”者，“表面看来似与雇农无甚差别，在这种制度下，佃户称为合种人。他们只出劳力或很少的资本，大部分农本如土地、水、牲畜等等完全由地主担负”②。“合种人与地主采行分租办法，即按一定比例分配生产品。在南疆大半是对分，在北疆有二八分者，其次也有租种者，大部为定额谷租制。”③南疆伙种人之间的关系并不是平等的伙伴关系，“伙种”地上存在无偿劳役剥削，为农奴份地制度的遗留。“伙种”制度下所征用的无偿劳役是多种多样的。如一般佃户都住在地主的房子的四周，除了在“伙种”的土地上劳动外，其余时间全部都要在地主的土地上劳作。如果佃户有两个劳动力，“伙种”的地可以多一点，但其中的一个劳动力须全年为地主劳动。在有些地方，佃户需按自己“伙种”土地的

①傅希若：《新疆的农业社会》，载甘肃省图书馆书目参考部编《西北民族宗教史料文摘（新疆分册）》（下），兰州：甘肃省图书馆，1985年，第959页。

②同上书，第960页。

③同上。

多少，每周到地主的土地里做两三天到几个月的无偿劳役，这是以“伙种”制度为基础的。无偿劳役与对分制在南疆农村一般都叫作“伙种”。在“伙种”制下，一般由地主出土地与部分生产投资，佃户出全部劳动力与部分生产投资。除给地主做无偿劳役外，地上产出与地主对分，也有佃户只能分得五分之二或三分之一的。在佃户分得的农产品中，往往还要被地主扣去十分之一的宗教粮。此外，活租在南疆农村也常被称为“伙种”，即地主只出土地，不再有别的投资。伙种在产品分配制度中的土地、牛种等因素显然受到分租制的影响，它已具备了合作的性质。甚至一个家庭内部成员间也可以存在伙种关系，如165号契约文书：

1935年6月29日

伊斯兰教历一三五四年三月二十七日

立约人奥吐拉加依村海立木阿吉之子穆罕默德·艾力、吾斯曼吾买尔、买买提斯地克、达吾提赛力木。

我们从母亲库尔班妣妣所遗在河边艾尔给加特之处我们伙种的园子地份额中，买得一份属于女儿的草场和我们父亲遗留下来的草地，均根据我们亡母的遗嘱，同意永远赠送给斯夫热汗之子苏非阿訇。

今后，关于此事，如果我们或我们的子孙提出异议，则在教法面前是无效的。

特立此约。

证明人：尤素夫、尤奴斯

（印章2枚）

家庭内部建立在互助合作关系上的伙种经营模式摒弃了人身依附，是一种纯粹的经济关系，是一种劳动力要素的合理组合，类似于后世的互助组，有相当进步的意义。

二、清代、民国时期南疆土地契约关系的发展

要想对数量庞大的清代、民国时期维吾尔族契约文书内容进行体系化的说明，在现在的研究状况下是非常困难的。这不仅因为契约文书的内容

丰富多样，更由于能够有体系地说明其内容的理论框架目前还在形成过程之中。如果从数量庞大的文书中抽出几种典型的契约，在解释其内容的基础上尝试展示此时期契约关系的全貌，可能是较为现实的途径。南疆维吾尔族社会是一个农业社会，土地在农业社会里是最重要的生产资料，围绕耕地发生的人与人之间的各种关系是农业社会里最重要的社会经济关系，土地契约恰好反映了这种关系。土地契约是土地权利关系的法律文书，是土地所有权、使用权的书证，体现了反映实际社会经济关系的意志关系，即法权关系。立契双方一般都对履行契约负有义务，制约着契约期限内双方的经济行为，故契约所体现的法权关系，一般都成为实际生产关系的一个构成部分。因此，土地契约不仅是研究土地法制史的基础资料，又是研究农村社会经济史的基础资料。

南疆土地契约关系出现得很早。我们今天能看到最早的南疆契约文书应是公元前后用佉卢文写就的。① 还有公元7世纪左右用于阗文写作的契约文书，其次是喀喇汗王朝时期的契约文书，②再就是吐鲁番地区发现的公元13—14世纪的回鹘文契约文书。维吾尔族察合台语契约文书主要指公元14世纪以来至20世纪30年代发现于新疆南疆地区的契约文书。事实证明，绿洲社会是契约文化较早的发育之地，从文化地理学上可解释为由于绿洲地理上的封闭，复杂的农业灌溉系统，相对复杂的社会组织关系，要保持这些关系的相对稳定，就必须以契约文化为基础。语言学研究表明，察合台语言是由哈喀尼亚语言（喀喇汗王朝时期语言）演变而成的。哈喀尼亚语言是公元13世纪以前所有使用突厥语语言的民族的共同语，东察合台汗国时期和西察合台汗国（亦即帖木儿王朝）时期，这种语言因为乌兹别克诗人H. M. A. 纳瓦伊及其弟子所创作的文学作品而发展到鼎盛时期。迄公元19世纪末，察合台语是维吾尔族、哈萨克族、柯尔克孜族、乌孜别克族、塔塔尔族

①林梅村：《西域文明——考古、民族、语言和宗教新论》，北京：东方出版社，1995年，第186页。

②林梅村：《有关莎车发现的喀喇汗王朝文献的几个问题》，《西域研究》1992年第2期，第97～106页。

等民族的共同书面语。①

维吾尔族察合台文契约文书就契约形式而言，具有明显的维吾尔族地方特点。

（一）具有明显的历史继承性

考古发掘证明新疆本地的史前文明最晚亦可从新石器时代算起，同时新疆是东西方文化的荟萃之地，新疆文明的发展史离不开与东西方文明的交流融合，南疆契约文书发展史同样是一部新疆本土文明与东西方文明的交流融合史。清代、民国时期的维吾尔族契约文书本质上是前代文书的延长，时代的区分并不意味着它们有什么质的差异。从时间上看，佉卢文契约文书是在南疆所发现的时间最早的文书，著名学者林梅村认为"佉卢文在新疆曾流行于古代的鄯善、于阗和龟兹等地"②。"本世纪初叶以来，新疆塔里木盆地古代遗址发现的佉卢文为研究公元二世纪末至四、五世纪于阗、鄯善国史提供了第一手史料。"③我们首先来看一份佉卢文契约文书：

此一有关僧人夷毕耶之土地之收据，由 sothamgha 罗没索蹉妥加保存。

此系 ogu 杰耶婆多罗，camkura〔……〕及 cozbo 罗没阇迦之印。

兹于伟大国王、上天之子夷都伽·阿没瞿迦陛下在位之 20 年 4 月 22 日，有一僧人，名夷毕耶，住于凯度多。彼愿将内有 25kuthala 之 misi 地一块卖给 sothamgha 罗没索蹉。从前该地系 misi 地，但后来该地即成为 akri 地。僧人夷毕耶从 sothamgha 罗没索蹉处得地价三匹价值 15 穆立之马（？）该地价已由夷毕耶收取。双方在此公平之条件上达成协议。自今以后，罗没索蹉对该地有权播种、耕种、作为礼物赠送他人、交换、为所欲为。该事之证人为凯度多僧界，管理国土之诸执政官 kitsaitsa 伐

①李森：《中国大百科全书·民族》，北京：中国大百科全书出版社，1986 年，第 65 ~ 66 页。

②林梅村：《西域文明——考古、民族、语言和宗教新论》，北京：东方出版社，1995 年，第 64 页。

③林梅村：《新疆佉卢文书释地》，《西北民族研究》1989 年第 1 期，第 72 页。

钵，kala 迦罗没蹉，vasus 阿注尼耶及凯地，且末之 cozbo 苏耶迷多罗，鸠罗吉耶及布基没那。今后，无论何人对此事进行告发、发生争执或有异议，皆无权在皇廷反案。该收据系由余，司书躭摩色钵之子、司书莫伽多奉诸执政官之命所写。其权限长如生命。该收据系根据僧人夷毕耶之请求所写。

vasu 凯地断绳。①

（再者）兹于伟大国王、上天之子夷都伽。摩希利耶陛下在位之 4 年 2 月 28 日，ogu 杰耶婆多罗，camkura 凯多罗伽，cuvalaina 提罗钵钵诃 cozbos 索没阇及伐难多在凯度多审讯此案。此田地系被强行播种的。现 vasu 布袛凯及司书罗没索蹉已提出诉讼。此一书面契形文书（snlga-lihidaga）即系命令。四分之一之籽种应由布袛凯得，作为彼自己之物，其余之谷物及该地应由罗没索蹉得。②

由于资料所限，我们不知道当时法律对契约的具体规定，但订立土地契约或谓之土地契约关系，和人们为设定、变更或消灭某种其他的物权而订立契约一样，都要依法进行，因此属于法律行为，当时的法律中必然有相关条款。从以上契约来看，该契约包括一般契约中共有的几个方面：如订立契约的时间、双方当事人、标的物及交易方式；权利、义务说明；证人。特别是对卖方对标的物拥有绝对所有权的说明，所有权的转移是绝对的，契约有效期是无限的等条款，在后世的契约中仍然出现，说明它们之间存在历史的继承关系。还有关于违约处罚、契约书写方面以及时效的说明、“断绳”及“断绳人”等条目。契约的基本条款已经齐备，不过文字过简，显得不够明确严密，有些条款在使用上很不稳定，时有时无。从契式上看契约关系反映得相当完备，与公元 13—14 世纪的高昌回鹘文契约文书形式上甚为接近，这种相似性体现了古代“西域”范围内契约的长期发展历程。回鹘文契约文书在文字表述上有很大的进步，条款

①所谓“断绳”是专门用于书面契约的仪式，它一般在契约达成之后举行，其用意可能是指由专门指定的人将书写好的契约进行捆扎、密封，同为契约文书是用绳索和封纸密封的，所以“断绳”这样的说法便具有了象征意义。具体见刘文锁：《沙海古卷释稿》，北京：中华书局，2007 年，第 37 页。

②韩翔、王炳华、张临华：《尼雅考古资料》，内部刊物，1988 年，第 252 页。

相当完备稳定。可以说，至此时南疆社会契约已基本成熟。

公元10—14世纪喀喇汗王朝时期的典型土地买卖契约文书是什么样子，可举一例说明：

0.（这是一件有证人的文书，）/1.证人们的名字在该文书/2.最后做了记载。证人们/3.都将如实地作证：我伯克都信/4.军官之子有功的军官阿里（和）/5.我伯克都信军官之子阿赫麦德/6.阿斯兰，我们二人在神志清醒，无病/7.无疾，身体健康的情况下，凭我们自己/8.的智慧和我们的地位承认：/9.我军官阿里（和）我阿赫麦德，/10.阿斯兰，我们向依思哈柯阁下/11.卖了一块位于喇布尔的土地，（价值）800雅尔玛克。/12.该钱币的一半是400雅尔玛克。/13.我们把该土地及其四界一起卖给了依思哈/14.柯阁下。/在我们之后，/15.我们的儿子或者我们的女儿（和）妻子/16.（以及）我们的亲属们，无论是谁/17.都无争讼。谁若提出争讼（和）不满，/18.（均）无效，其证人是欺骗。该地的第一（条）边界/19.是波喇伯克卖的地；第二（条）/20.边界在水磨上；第三（条）边界/21.是管水人白尔格吉的地；第四（条）边界/22.是波喇于伽的地。我们（把这四界之内的地）/23.卖了。（回历）①四七三年，/24.（即）鼠年，（回历）四月/25.立了该文书。对该文书中的（事）/26.我兀樽·艾山阁下是证人；/27.我阿里·穆赫买德奇之子姆萨是证人；我/28.摆渡者玉素甫之子亚库甫是证人；（我）依利格·穆拉提/29.之子艾山是证人；我亚库迪·雅鲁之子/30.阿里是证人；（我）弹棉人阿里阁下之弟阿里/31.是证人；（我）阿里阁下之弟穆赫麦德是证人；/32.我阿赫买德……阿里·特则克是证人；/33.（我）……是证人；……/34.（我）……之子……/35.……证人……我……/36.……是证人……②

上述契约契式为：

（1）有证人，这是契约关系成立的必要条件。如“这是（件）有证文的文

①“回历”即“伊斯兰教历”。

②李经纬：《莎车出土回鹘文土地买卖文书释译》，《西域研究》1998年第3期，第22页。

书，证人们的名字在该文书最后做了记载”。

（2）有售卖人、受买人姓名。

（3）对立约人资格有规定，如“我们在神智清醒，无病，无疾，身体健康的情况下，凭我们自己的智慧和我们的地位承认”。这涉及伊斯兰教法中对立约人资格的规定，即立约人必须是心智健全的成年穆斯林自由人。未成年者、奴隶、禁治产者、心智不健全者没有资格成立契约。在醉酒和病危状态下成立的契约，没有法律效力。①

（4）有标的和议定的卖价。没有土地面积说明，也未说明价款是否当时付清，作为契约尚显粗糙，可能与当时社会经济关系相对简单有关。这部分对于社会经济史研究来说就是契约文书的核心，可以得知土地价格以及使用的货币种类等经济史上重要的信息。

（5）担保土地的权利关系没有问题，售卖者拥有完全的所有权，如“在我们之后，我们的亲属无权争讼”。

（6）有土地四至。

（7）有立约时间。采用伊斯兰教历，有些也同时使用十二生肖纪年。

（8）有证人、书写人。

给人印象深刻的是这一时期契约文书中对证人、书写人的突出与强调，这关系“证人”在契约中发挥的作用问题。虽然他们在契约成立过程中只发挥公证的功能，但这一时期的不动产交易中一定有证人在场，在他们的介绍、参与下，当事者们商定契约的内容、确认各自的意思，并写下契据、文约等文书。在这里，社会所需要的某种公证的功能并不集中在特定的专家或制度化的机关手里，而是以极为分散的方式由具体场合下受到邀请或委托来作为中介的一般人所承担。所以，这是一种任何人都可能受邀或邀请别人来承担公证功能的机制，它大致能够在社会里维持契约活动的法的稳定性。由于立契或代书人的文化有高有低，所书契文有详、略、完善、不完善之分。订立契约的手续，最早自发地产生于民间，教法亦不曾做出明确的规定，亦不干预立契过程。虽然是这样，立契手续从一发生就属于法律行为，

①吴云贵：《伊斯兰教法概略》，北京：中国社会科学出版社，1993年，第174页。

宗教法庭在受理争讼时,对这一行为要进行审查。马克思说,“不管这种契约是不是用法律固定下来的”,都是一种“法权关系,是一种反映着经济关系的意志关系”。①

当时契约的书写形式根据不同内容会有所变化,但整体上文字表现的结构不会出现太大的差异。由于公元10世纪左右伊斯兰教已传入南疆部分地区,伊斯兰教法对当时契约关系的形成与维持的影响不可忽视。《古兰经》规劝人们“彼此间成立定期借贷的时候,你们应当写一张借券,请一个会写字的人,秉公代写。代书人不得拒绝,当遵照真主所教他的方法而书写。由债务者口授,(他口授时,)当敬畏真主——他的主——不要减少债额一丝毫。如果债务者是愚蠢的,或老弱的,或不能亲自口授的,那么,叫他的监护人秉公地替他口授。你们当从你们的男人中邀请两个人作证;如果没有两个男人,那么,从你们所认可的证人中请一个男人和两个女人作证。这个女人遗忘的时候,那个女人可以提醒她。证人被邀请的时候,不得拒绝。无论债额多寡,不可厌烦,都要写在借券上,并写明偿还的日期。在真主看来,这是最公平的,最易作证的,最可祛疑的。但你们彼此间的现款交易,虽不写买卖契约,对于你们是毫无罪过的。你们成立商业契约的时候,宜请证人,对代书者和作证者,不得加以妨害;否则,就是你们犯罪。你们应当敬畏真主,真主教诲你们,真主是全知万物的”(2:282)②。可见,伊斯兰教是主张使用契约的,并对契约成立提出了一些要件,这在喀喇汗王朝时期的契约中已有所表现。

稍晚时期的回鹘文契约文书主要存在于高昌吐鲁番地区,当时此地伊斯兰文化因子尚少,有浓厚的地区特征。我们选取一份回鹘文契约文书来做比较,如奥斯迷失卖葡萄园契:③

①杨春贵:《马克思主义著作选编:甲种本》(上),北京:中共中央党校出版社,1994年,第98页。

②本文所引《古兰经》经文,均采用马坚译的《古兰经》(中文译解),中国社会科学出版社1981年版。其章节标示为“:”,冒号前的数字为《古兰经》的章次,冒号后的数字为《古兰经》的节次。

③李经纬:《吐鲁番回鹘文社会经济文书研究》,乌鲁木齐:新疆人民出版社,1996年,第78页。

(1)鼠年三月初六，我奥斯迷失·托合利里

(2)因需要通用的银子而把我自己的葡萄园

(3)合情合理地卖给了拔萨·托合利里，价银

(4)是这样洽谈的：我们以一锭五两银子

(5)商定了。这一锭五两银子在立文

(6)书之日我拔萨·托合利里已完全付清了。我

(7)奥斯迷失·托合利里也全都收到了。该葡萄园

(8)的四界：东边以拔萨·托合利里的葡萄园为界；

(9)南边以大路为界；北边以布拉提

(10)普化的渠为界；西边以库塔鲁克的

(11)小庙(边)的葡萄园为界。这四界之内的葡萄园

(12)到千年万日为止将归拔萨·托合利里所有。

(13)如果合意，他就自己留用；如不合意，任其向他人

(14)转卖。我奥斯迷失·托合利里的兄弟(和)亲

(15)友无论是谁都不得制造纠纷。如果

(16)谁想挑起纠纷，就得拿跟这个葡萄园相等的两个

(17)葡萄园去向拔萨·托合利里赎买。证人：布尔汗·

(18)库利；证人：雅甫·托合利里；证人：雅本苏。这个印章是我奥斯迷失

(19)的。我阿三·都统遵嘱而书。

从契式上看，回鹘文契约文书所涉及的法律关系相对丰富，很像前述的佉卢文文书。如有明确的标的物，货价两清，有证人，确定了契约的有效期，有土地四至，标的物所有权的转移是绝对的。

清代至民国时期维吾尔族契约的形式与特点可以说是历代之集大成者，如006号契约文书：

清　嘉庆二十四年　1820年1月2日

伊斯兰教历一二三五年，莎车历猴年三月十六日

请不要蒙蔽聪明和研究者的清晰的思维!

立约者我依斯冯得亚尔巴依,我为了真主的道路,为了寻求真主的喜欢,将我在阿拉肖尔的半帕特曼土地,毫无强逼与压迫地从我自己的珍爱的财产中分出来,高高兴兴地捐赠给王伯克修建的罕尼卡经文学校作为瓦克夫地。此地已与我无干,也与他人无涉,既非坟地,也非其他瓦克夫。今后,不论是我,还是我的后代,若对该地提出异议或进行改变,定会遭到安拉的恼怒,在两个世界里将是无耻的坏人。

特此,立约为证。

该地东接依布拉音的地,以埂为界;西接学校不动产地,有些地方也与要尔都西买买提的地相连,以渠分界也以埂为界;北面与毛拉达尔维西的地相接,以埂为界。

证明人:依斯马义海里排、阿布都克里木穆阿津、毛拉吐尔逊巴依、依斯冯提亚尔巴依等人

(印章1枚)

这一时期契约文书的特点可总结为:

第一,签约的形式比较统一。虽然格式并不规范化,但内容上却有一种约定俗成的程序。通常,在立约的开头要做信仰表白,念赞真主和先知,有的还从教法的角度来说明立约的依据。在维吾尔族中,奉守伊斯兰教法教规,并以此约束个人的社会行为是长期形成的风俗习惯。自然,签立契约也是以教法教规为基本准则的。立约人必须对其信仰的真主负责,必须符合宗教规定的行为规范和道德规范。违约或者说谎,为教法所不容许。所以,有些契约还特别注明,如果违约或说谎,将遭到"下地狱""瞎眼""来世不得好报"等惩罚。这种诅咒式的誓言,是诚信伊斯兰教的一部分维吾尔族群众的一种习惯。

遇有重大的信用问题,往往还要通过"抱经宣誓"才能解决。契约在写明具结人的姓名、父氏、身份之后,再陈述立约的原委。与喀喇汗王朝时期的契约文书一样,清代、民国时期的维吾尔族契约文书多表示为卖主给予买

主的文书。

陈述必须是有事实根据的，说理的。双方根据自愿、公平合理的原则达成协议，并承担各自的义务。立约的日期一般采用伊斯兰教历，可以写在正文之前，也可以写在末尾。最后由证明人签名、盖印，由立约人妥为保管，死后交继承人保存。这件契约便有了社会效力。

第二，凡契约必须有证人进行公证。证人的人数并无限制，什么人可以充当证人，这需要进一步研究。从众契约里有些证人署名的头衔和身份来看，既有乡老、富绅、巴依、百户长、千户长和在宗教界担任各种职务的人，也有自己的亲属、近邻或其他不相干的人。维吾尔族群众有重视证人的传统。一般来说，在当地越是资深年长、德高望重的人出面作证的契约，其社会效力也就相应的越大。因此，我们看到在同一时期、同一地发生的一些契据里，有些证人总是反复地出现，如某毛拉、某阿訇等。显然这些人在当地群众中享有较高的声望，受到尊重，被大家公认为具有证人的资格。

第三，宗教法庭的作用。不少契约文书里都有“宗教法庭”（即沙里叶提）一词，在有的契约里，宗教法庭是作为“公证人”出现的，在立好的契约里加盖印章（这种印章俗称“摹”，一般为银质圆形，也有铁质、木质或铜质的，刻有经文和喀孜的职称）；有的是经宗教法庭仲裁之后，当事人立约承认仲裁的契据；也有的是宗教法庭直接裁决的判决书。实际上，宗教法庭作为伊斯兰社会秩序的有力维护者而存在，如 20 世纪 50 年代初《南疆伊斯兰教调查》①中说，南疆的宗教组织——在喀什（疏附）有“教会”（即阿訇办事处），管理全南疆教务，各县亦有同样组织，管理全县教务。在较大的礼拜寺内，有各种执事阿訇（宗教职业者），而在小礼拜寺却仅有伊玛目及麦竹木各一人，有的小寺没有阿訇，教经堂亦有其本身之组织。现将各种组织情况分述如下：

①《南疆伊斯兰教调查》，喀什地区档案馆，南疆区党委研究室宗教类专卷，档第 005 号。

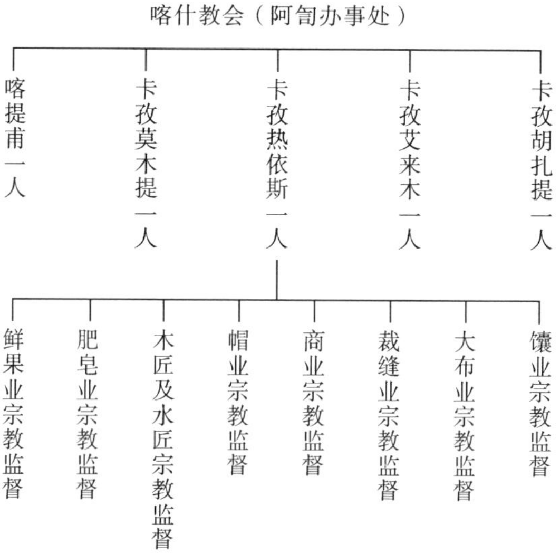

卡孜胡扎提：系南疆宗教的最高领导人物，总管一切宗教行政、法律事务，掌蓦印。

卡孜艾来木：为副总管，其在南疆宗教地位仅次于卡孜胡扎提，掌蓦印。

卡孜莫木提：职务是解释经文，依据经文处理诉讼案件、司法。

卡孜热依斯：总管全区农商业，检查教徒是否遵循教规。掌蓦印，下设有各行业宗教监督。

喀提甫：秘书。

由上表可以看出，俨然是一种政权组织形式，既有行政权又有司法权及对教徒之各项监督权。

宗教法庭是伊斯兰教法律的执行机构，执法者称“喀孜”①，所以也称“喀孜法庭”。我们知道，伊斯兰教法基本上是一部有关穆斯林的“生活法典”，主要包括宗教礼仪、民法和刑法三大类内容。其立法依据来自《古兰经》。凡与穆斯林个人日常生活密切相关的行为关系，《古兰经》里都有比较明确的规定。

第四，立契成交的关键性行为是交割，用现代的话来说，就是“银货授受的行为”，或叫作“银货两清”。关于“交割”的情况，在契约上要反映出来，

①“喀孜”为阿拉伯语音译，也译为“卡孜”“卡迪”“尕最”等。

但南疆维吾尔族契约中早期此事写得很简单，而且只讲钱主付款之事。晚清以降，写得越来越明确具体。在“契价两相交付”之后，就土地买卖关系本身来说即告结束。

第五，作为人们产业的土地，有两个来源。一为原始取得，如恩赐田或开荒地；一为继承取得，如自置田地或承继祖业。例如，032 号契约文书：

清　光绪九年　1883 年 3 月 12 日

伊斯兰教历一三〇〇年五月三日

我是塔比孜拉克村人，名叫喀孜阿布杜赛买提。我承认，我已将我在本村的 3 亩荒地卖给牙库甫和加为业，言明地价为 50 察拉克玉米，绝不反悔，其他人也无权干预。

特立此据。

地界：东边与海德拉的土地接壤；南边与毛拉依里木的土地接壤；西边是水渠，渠对岸是瓦克夫地；北面有一道墙，墙那边是毛拉木沙的地。

（印章 1 枚）

又如 017 号契约文书：

清　道光十八年　1838 年 3 月 4 日

伊斯兰教历一二五四年（虎年）库尔班节第八日　星期四

具结人毛拉肉孜。我把热巴其合洁渠的能播 200 斤籽种的遗产田，用 10 块银圆卖给了哈法尔阿依拉，钱已收到，地已不属我所有。它既非典当，也非恩赐，他人无权过问。今后，倘我身后之人闹事，一概无效。

地界：东头是卖主的地，白腊树为界；南头是司玛依尔的地，杏树为界；西头也是司玛依尔的地，杏树为界；北头是卖主的地，杏树为界。

（印章 1 枚）

上面第一份契约中的田产来自开荒所得，另一份契约中的田产则是继承所得。

在伊斯兰教法中，对这两个来源没有特别区分，它们的法律地位是平等的，土地的所有权属于土地的实际占有者。因为伊斯兰教原则上认为，土地是安拉的财产，人们只享有用益权，土地买卖只是用益权的转让，契约并非土地私有权的法律凭证。在维吾尔族契约中不存在类似内地的“上手契”“上首契”概念，因为它们反映的是土地绝对所有的观念，有悖于伊斯兰教对土地所有权的认识。

（二）南疆不同时代的契约是当时文明成果的具体反映

迄今为止，尚未有资料证明迄至清代南疆社会曾有官定的契纸使用，所发现的所有契约也都是手写而成，但这并不妨碍它们有约定俗成的内容形式，这可能与南疆社会支撑契约关系存在的长时段内的社会秩序无太大的变化有关。喀喇汗王朝时期的契约文书要早于吐鲁番回鹘文契约文书，两者又都早于维吾尔族察合台文契约文书，三者虽在契式上有不同，但在内容上有许多共通之处。谈到了出卖葡萄园的很具体的理由，如“因需要通用的银子”，但仍未谈及葡萄园面积大小。提到了买受人付清了园价，出卖人也收到了园价，实现了不动产权利的完全让渡，这些条款在当地发现的唐代汉文契约文书中是常见的，应该与受汉语契约文化的影响有关。在担保葡萄园的权利关系没有问题时说，“无论谁都不得制造纠纷，如果谁想挑起纠纷，就得拿跟这个葡萄园相等的两个葡萄园去向拔萨·托合利里赎买”。这里，一方面承认葡萄园所有权无条件转移，另一方面又为亲属有条件赎买留下了余地。赎买是唐代内地地权转移过程中经常发生的事，在喀喇汗王朝时期的契约中尚未见到这个概念存在，这也可能是汉文化影响的痕迹。13—14 世纪的高昌回鹘地区尚未伊斯兰化，当地的契约文书也反映了契约关系背后更深层次的社会法律背景。另外，喀喇汗王朝时期的契约虽然是建立在当事者双方合意基础上的约定，却未必在文书中明确记载双方的权利义务，多表示为从卖主这一方给予买主的文书。就其内容而言，就是卖主表示在接受买价的前提下把不动产的权利让渡给买主，这种由原所有者所作的文书占有中心位置，里面关于权利义务的记载往往采取当事者一方的表现方式值得特别注意。而在高昌回鹘时期，当时的“契”虽未采用双方签名的方式，却强调了双方的权利与义务，类似于现代的合同，其背后的法律文化背景同样值得我们深思。从历史继承性看，公元 10 世纪以降，伊斯兰教文化逐渐在南疆社会占据主导地位，以伊斯兰教教义、教法为支撑系统的契约文化也有前后相承的特征。如伊斯兰教法偏重于民法规则，有较完善的处理产权问题的法律条款，家庭内部的财产关系也须依照法定的赠送、买卖、继承等法条来处理，亲情也要服从教法的规定。如果与内地汉文契约文书相比较，可以看出在处理亲情与法律关系时，内地汉族社会更重视亲情因素，而南疆伊斯兰化后的维吾尔族社会则更重视宗教教法，在南疆伊斯兰文化流行时期的维吾尔族契约中看不到不动产买卖时，要首先询问亲邻的条款，各种纠纷的解决以沙里叶提调处结果为准，契约也只有盖了宗教法庭的章子才被众人认可。如内地土地买卖立契要去问亲邻，遍问亲邻之后，无人购买，可由牙人作中，卖与其他的人。这一制度在唐代即已存在。首先取问亲邻的原因，笔者认为主要有两个：一是古代聚族而居，数世共财之事很多，亲族人等对欲卖产业有优先权，是合理的。二是房亲近邻地连畔接，关系复杂，由亲邻或批退或认买，可以消除许多不必要的争执。这与中国内地传统社会重视宗法血缘关系的文化有关。南疆社会则有不同的文化背景，契约关系形成的制度文化背景差异很大。

乾隆二十四年（1759），清政府最终统一了天山南北。从 1759 年至 20 世纪 40 年代末的漫长时期内，南疆契约关系的发展实际上取决于支撑其存在的社会法律制度关系的变化与发展。

1840 年以前，南疆绿洲社会地权转移形式单一，主要是以所有权彻底转移为特征的“绝卖”或“死卖”占绝大多数。1840 年至民国时期，地权转移逐渐由“绝卖”发展到“活卖”，后者所占比例越来越大。同时，土地经营方式中“租佃”制逐步确立主导地位，民间使用土地契约进一步普及。就契约种类而言，已有买卖、雇佣、租赁、借贷、租佃、合伙、承包、信托和遗

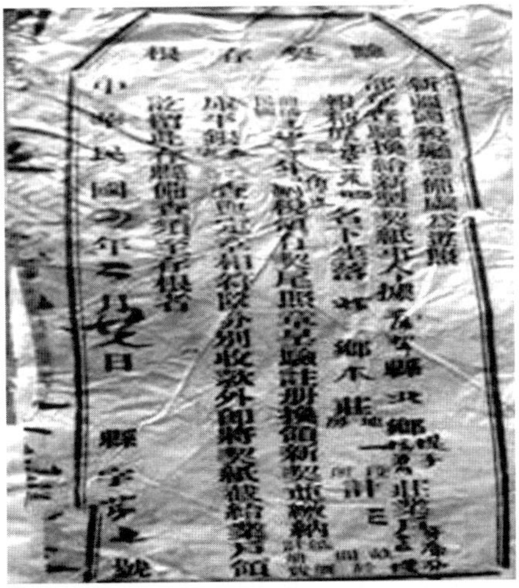

清光绪三十年（1904）纳税存根

嘱继承等。晚清以降，又增有质押借贷契约、抵押借贷契约、典卖契约、委托代理契约等，并且在买卖契约中已有了绝卖、典卖（活卖）之分。新疆建省后，特别是光绪三十年（1904）后，所有财产流转过程都必须立契，立契必须经官府印押，目的主要是收税，附带有公证的意义。契约以要式为原则，不经官府印押的契约为白契，法律上无效力，经官府印押的契约为红契，是财产争讼的主要依据，这表明土地买卖契约关系已渐趋成熟，进入了规范化的新阶段。虽然至今未见有官印的维吾尔文契纸，但建省后，契约逐渐加粘官府的契尾，象征原本完全在民间意合基础上形成的契约关系中已加入了公权力的成分。如图清光绪三十年的纳税存根，验契存根上说明是清光绪三十年的纳税存根，民国时期提到南疆交纳契税也只追溯到光绪三十年。显然，这可能是南疆最早开始征收契税的日期。

三、和土地经营相关的契约形式与契约关系

清代、民国时期南疆的土地经营方式，即土地所有权和劳动力所有权结合的方式，有劳役、租佃与雇佣之分。社会经济的发展，归根到底是生产力和生产关系的发展，生产关系又为生产力的发展所制约。土地经营方式也属于生产关系范畴，其形式与当时的生产力发展水平有关。一般认为，货币租比实物租先进，而实物租比劳役租先进，定额租又比分成租先进。① 以封建地权和封建依附关系为基本内容的封建经济关系即生产关系，也是鉴别土地所有制形式的标志。在土地占有关系中，通过土地关系榨取农民全部或绝大部分剩余劳动的，并和农民发生直接人身依附及超经济强制关系的，如果是封建国家，那就属国有制，如国家屯田、无主荒地就是这种情形；如果是私人地主，就属地主私有制，如官绅地主、庶民地主的土地以及勋贵庄田等就是这种情形。单从是否准许买卖这一点并不能准确地辨别土地所有性质。至于自耕农民所耕种的民田，农民所创造的剩余劳动，除其中一小部分

①经君健：《“地主制经济”是研究中国封建社会的“牛鼻子”》，载李文治《李文治集》，北京：中国社会科学出版社，2000 年，“代序言”第 4 ~ 5 页。

以田赋的形式上交国家之外，其余部分则归农民自己所有。因为农民自己占有该剩余劳动产品，当然也就无须任何形式的封建依附关系及超经济强制。这种所有制只能是农民小土地所有制。

（一）伙种制

农奴是所耕种的土地所有者的“人”，他对土地所有者之上的国家政权很少有或几乎没有法定的义务。他耕种的土地是领主的，所以要向领主提供各种劳役服务。农奴制是技术极低和守旧状态下的结果。在南疆，农奴制的存在又与庄园经济相联系。① 其主要特点是封建地主或他的代理人管理地产的生产过程，用它的收入来满足封建主的需要，所以是一种直接经营的模式。庄园制生产的必要性，是因为当时生产不发达，剩余产品很少，交通运输又十分不便，封建主必须从事这样的直接经营，有自己直接管理的生产经济实体，才能保证自己和家人、随从的一应生活所需和其他方面的需要。这就是庄园制在早期封建社会的普遍性。可是庄园制的形态，在每个国家和地区，在每个不同的时代，都有所不同。这就是庄园制的特殊性。20世纪50年代在南疆农村社会调查时发现存在不少庄园，维吾尔族契约文书中也发现南疆存在庄园，如125号契约文书：

1929年12月18日

伊斯兰教历一三四八年（鼠年）七月十六日

我们是克非亚城已故乌布里海山阿吉的继承家属：妣妣汗、已故木海热木的继承者之母沙尔汗和安拜尔汗之婿乌布力艾里木。

我们诉讼海克木阿吉将老父乌布里海山阿吉在沙边的庄园和200多只羊没有归还。

乌斯曼在宗教法庭上出庭作证，经宗教法庭调查并断为：乌布里海山阿吉去世时，将羊在自己的婚事中用完了。法庭决定：

今由海克木阿吉发誓在羊的问题上并无负债。

①苏北海：《近现代维吾尔族的封建庄园制度》，《喀什师范学院学报》1989年第6期，第18~26页。

由于几个人的调解，要海克木阿吉发誓，叫阿布杜拉阿吉给诉讼者2岁、4岁、6岁的30只羊，所以双方均同意。自我们索取了30只羊，诉讼就此了事。

有关羊的事今后我们不再向法庭诉状，若再提此事，宗教法庭绝不允许。

（印章2枚）

在南疆还存在所谓的“寺院庄园”。寺院的最上一级是由大阿訇、穆夫提、穆特瓦里管辖，主要的土地是分配给燕齐耕种。另外各寺还有水源、碾硙、油坊、仓库等各种手工业作坊，形成了十分完善的生产组织，并且是一个自给自足的生产组织，充分显示出东方寺院经济组织的特色。

燕齐对寺院有人身依附关系，地位同于奴婢，但他们有自己的家庭，有自己的衣资畜产，可以进行独立生产，是小生产者，他们是生长在中国土地上的农奴式人口。① 燕齐对寺院的义务，分耕种土地与提供服务两部分。提供服务即是劳役义务，内容繁多、名目繁多的劳役说明，寺院经济还是十足的自然经济，其寺院人口的衣食和其他一应需要，几乎都通过庄园中的劳动力劳动来满足，很少依靠和外面交换。

寺院榨取燕齐剩余劳动的主要方式，是采取分成制的形式，这也是地租经营的一种方式，不过这种分成制较之其他地租形式，显得公平一些，符合“互惠”的原则。另外，分成制将农民的利益同地主的利益结合在一起，共担风险，迫使地主关心生产过程，参与生产过程的管理、经营，有利于农业生产的发展。在分配土地时，往往还同时分配给寺户耕牛、种子，这说明寺户的个体经济还相当脆弱，不得不依靠地主的扶持。南疆契约中早期租佃都用分成的办法，即伙种，如048号契约文书：

清　光绪二十五年　1899年2月9日

伊斯兰教历一三一六年九月二十八日

具结人纳斯尔巴依、伊尔巴依，是尤素夫阿訇之子。我们和热巴其合洁渠的赛义提阿訇尤素夫合伙经营着26亩9分田地。

①姜伯勤：《唐五代敦煌寺户制度》，北京：中国人民大学出版社，2011年，第121页。

现在赛义提阿訇要求把他自己的三分之一分出去，我们两人同意他的要求，特具此结，将9亩土地（约短三分）连同树木、3间田舍连同院落分出交给赛义提阿訇。从此，我们两人对分给他的田产不再有任何权利。

地界：东头是赛拜尔巴依和托乎提妣妣的土地，水渠为界；南头是瓦克夫地，水渠为界；两头是则依热妣妣的土地，白腊树为界。

房界：东边是巨麦海依提巴依，有杏树为界；南边是墙；西边是瓦克夫地，有水渠为界；北边是克开巴依，有墙为界。

证明人：依玛目谢力夫、莫明江等

（印章1枚）

农奴制的前提是农奴拥有生活资料，有自己的经济。尽管农奴不拥有主要的生产资料——土地，但农奴制的前提之一是劳动者对生活资料的所有，这也就是说农奴对自己的生活资料拥有所有权。生活资料即衣、食、住、行、用等方面的物质条件，是劳动力再生产必不可少的条件。具体说来，农奴拥有自己的住所、衣服、口粮、家用器皿甚至劳动工具，并拥有一块土地的使用权，所以他就有自己的经济。除了完成对主人劳役和实物纳贡外，还"差不多生产了自己所需要的一切"。这些产品主要用作生活资料。正因如此，农奴有一定的劳动积极性。

农奴制经营方式以不平等的人身依附为条件，与契约精神是背道而驰的，契约是人们自由意志的结果，是平等主体的当事人之间基于合意而达成的设立、变更、消灭债的权利与义务的协议。它以当事人的任性为条件，它体现出当事人的一种自由人格状态，在本质上代表一种自由精神。① 因此，我们没有也不可能看见反映农奴制生产关系的契约，甚至在19世纪50年代以前的察合台文维吾尔族契约中也几乎看不到有关具体反映土地经营方式的契约文书，合理的解释应该是从清政府1759年统一南疆至1850年这一时期，南疆社会土地经营模式施行以强制劳役为特征的农奴制，即使个体自耕农也基本上以自营为主，很少出租土地由别人佃耕。但奇怪的是，在这一时

①［德］黑格尔：《法哲学原理》，北京：商务印书馆，1982年，第83页。

期的契约文书中也看不到自营地主雇工经营的例子。这又该如何解释呢?

当时南疆社会盛行的农奴制经营模式还与南疆社会人口数量的变化有关。按有关学者的看法,中古西欧农奴制的兴起并非自然经济的结果,而是当时土地丰富而劳动力稀缺的产物,地主贵族难以通过纯粹经济的手段来获取高额的剥削物品,因而引入了农奴制的超经济剥削方式。“中古西欧农业的粗放经营,也使得对农奴劳动的监督相对容易。随着人口的增加,劳动力日益丰富而廉价,土地日益变得稀缺,以及农业向精耕细作发展,农奴制有自动走向衰落的趋势。”①清政府统一南疆之初,曾对当地的人口进行调查,加上哈密的维吾尔族人口,“清初的维吾尔族人口约计24万左右”,到乾隆四十一年(1776)“维吾尔族人口实为32万人左右”,道光十一年(1831)“达65万左右”,而光绪三十四年(1908)“达到157万多人”。② 虽然在清政府统治期间维吾尔族人口增加较快,但新疆大多数地区“地广人稀,始终有可开垦的大片耕地,使人们感觉不到人口的发展和耕地不足所产生的压力,这种状况直至本世纪五十年代仍然如此”③。这种情况下,一般自耕农即使想雇工经营也很不易。在一些人地关系紧张、生产技术落后之地,土地除瓦克夫地外,基本不出租,主要雇人耕种。如《和阗布龙塔斯木其村调查》说,“由于这里劳动力的特别低廉,当然地富们可以利用自己的条件来雇佣长工来耕种,所以伙种剥削极不普遍,在中华人民共和国成立前只三四家伙入土地的”④。建省前的南疆社会人口流动很困难,离城需要领路条。《回疆则例》卷八载:各城回民有往别城佣工、贸易者,均由阿奇木伯克呈报本城大臣请领路票,注明年貌及因何事前往何处,酌量远近给予限期,总不得过一年。仍咨明前往处所之大臣查照,到日令其缴销路票。回日即由该处发给执照,饬令旋回。如有并未领票任意往来者,一经访获到案,将该回民从重治罪。倘无票回民私自出卡者,经台卡员弁盘获即行报明本城大臣,照私越开歧例

①文礼朋:《人口变动与农奴制兴衰关系的再探讨》,《史学理论研究》2006年第3期,第51页。

②苗普生:《清代维吾尔族人口考述》,《新疆社会科学》1988年第1期,第76页。

③同上书,第78页。

④《和阗布龙塔斯木其村调查》,喀什地区档案馆,全宗号1,目录号1,卷号22。

严行办理，并将该管伯克及温巴什玉孜巴什等分别惩处。哈切尔主张，农奴制最重要的特点是是否有迁徙自由，农奴就是意味着他被固着于土地及其主人，丧失自由意志。① 那个时期南疆社会环境非常有利于农奴制生长，农业普遍实行粗放经营，也使得对农奴劳动的监督相对容易。随着人口的增加，劳动力日益丰富，土地变得稀缺，加上限制劳动力流动的措施逐渐失效，在新的经济条件下，通过折算劳役获得货币，雇佣社会上日益廉价的劳动力来耕种他们的自营地，地主获利更多。地主也可以利用土地变得稀缺的条件，抬高地租，通过出租经营来获得更多的剥削物，而不必费心去经营自营地。因此，随着人口的日益增加，劳动力日益变得丰富而廉价，土地变得更加稀缺而昂贵，农业也逐渐向精耕细作发展，南疆农奴制走到了历史的尽头。

新疆建省后，徭役与田赋合并，计亩征收。如果一个人要想躲避徭役，卖田即可，而无须投靠为奴仆，充其量他只需要改变为佃农身份。更有甚者，在新制度下，可以出银差雇役以代亲身服役。于是投靠与投献的基本原因完全消失，特权地主也就丧失了廉价劳动力的来源。其结果是，地主出租土地给佃农显然又比自营有利。所以，19 世纪中期以后，南疆的农田经营方式又出现了显著的变迁，由依靠强制农奴经营而变为佃耕。从社会角度看，前述的苏非和卓派势力的消亡也是原因之一。维吾尔族契约文书也反映了这一历史变化，现能见到的反映南疆社会土地经营方式的最早的一份，即 035 号契约文书如下：

清　光绪十六年　1890 年 4 月□日

伊斯兰教历一三〇七年八月□日

立约人巴亚孜阿克萨卡力。

我将与艾布都来海依汗阿吉木伙种土地。7 亩地由我父亲伙种。阿吉木将不抽回土地。

我借得种子 5 秤子玉米(向阿布拉阿訇借)将于秋收后归还。

如果我退还该地，将是无效的。

---

①John Hatcher, "English Serfdom and Villeinage: Towards a Reassessment," *Past and Present*, 1981, no. 90, p. 5.

特此立约。

（印章1枚）

这是一份有关维吾尔族社会伙种经营方式的文书。伙种在维吾尔族语中称“奥他克其”。这一关系通常发生在占有大量土地的少数地主和无地或少地的广大贫雇农之间。一般由地主伙出少量土地并承担部分生产资料，伙入土地的贫雇农除出全部劳动力及部分生产资料外，同时还要为地主承担大量的劳役地租以及伙入土地上的各种赋税。伙种地上的产品则根据双方投入生产资料的多少按一定比例进行分配，所以有人也将伙种制称为分成制。伙种制，“主要存在于南疆农村封建社会的中期阶段，也是这一时期封建经济关系与社会关系的典型代表。从社会发展的角度来看，伙种制是封建社会早期到晚期的一种过渡性经济形态”①。

这份文书中有几个地方值得注意：一是地主不得抽回土地，二是农民借玉米种子，三是农民不得退地。由于南疆土地高度集中在地主手中，并且土地经营方式以地主自营为主，农民没有租种土地的可能性，只能接受奴役性的条件，以承担无偿劳役为条件伙种地主的土地，伙种到土地的农民却时刻面临着被地主抽去伙种地，从而生活无以为计的危险。所以，在伙种制经济下，贫雇农在事实上也受到了某种超经济的强制性剥削。伙种的形式一般是农民在同意为地主服长期无偿劳役等条件下，地主出土地和种子，农民出工具和全部劳动力，收获物平分。上面契约中的地主显然不提供种子，而农民只能借种子种地，并且一旦订约，农民不管能否承担起这苛刻的义务，都无选择余地。这份文书表面上契约关系的平等无法掩饰其背后的强制成分。对地主阶级而言，他们尽管自己管理耕种大量的土地，但却很少采用雇佣劳动的方式。由于农奴制残余的影响，南疆农村的地主更习惯于采取伙种的形式，通过伙出少量的土地，一方面榨取高额的实物地租，另一方面也可获得伙入土地农民的大量劳役地租，为他们在未伙出的甚至租伙入的土地上无偿地耕种，从而在最大限度上剥削农民的劳动。这样，对于广大无地或少地的农民而言则别无选择。有时贫雇农甚至为了能伙种到地主的土地

①王欣：《南疆伙种制研究》，《西北民族研究》1996年第2期，第89页。

而向地主请客送礼，遭受地主的盘剥。地主亦常常借此在伙出土地时附加各种苛刻的条件。“此外，地主阶级还借助其在政治上和经济上的统治地位，强迫农民接受伙种剥削。如在库车县下哈南桂村，由于水与土地分离，地主不仅占有大量的土地，而且也占有大量的水，并霸水抢水，致使有少量土地和水的农民因为浇不到足够的水，被迫荒废自己的土地去用自己的水和劳动力去伙种地主的土地；而一些有地无水的农民则只好将自己的土地‘伙种’给地主，自己还要出劳动力耕种。”①“显然，这种伙种形式具有明显的超经济强制的特点。”②伙种仍有农奴制的一些痕迹，是生产资料与劳动力要素自由结合前的一种过渡形态，在南疆社会（除吐鲁番地区外）长期存在，反映了绿洲社会经济形态变化的缓慢。

另外，从契约中还发现，一家人共同去伙种他人土地的形式也很普遍，除上文中为父子共同伙种外，又如043号契约文书：

> 另外，买祖热、尤素夫、依布拉音、艾尤甫、塔吉叶妣妣伙种的8秤子地之东面是莎尼叶汗的地，以杏树为界；南面是沙依提海里排的不动产地，以杏树为界；西面与阿米娜娥旦木的地相连，以埂为界；北面与吐尔地尼亚孜胡加的地相连，以多刺灌木为界。

文中的“买祖热、尤素夫、依布拉音、艾尤甫、塔吉叶妣妣”是一家人，他们共同伙种他人的土地。从中华人民共和国成立初的调查看，伙种这种租佃关系中租佃双方往往有着亲戚关系，而且多人承租时他们之间彼此也常有亲属关系。出租人不但租给承租人土地，而且还要供给各种生产工具——畜力、肥料、农具以及供给粮食等，剥削与照顾的界限易于模糊，佃户对地主的依附程度较其他租佃类别为强。

一般认为伙种的实质是出租人除了土地外还供给各种生产工具之一部分，收获后租佃双方按成分配，是一种分成制地租，分配时主佃双方共同将收获物按比例分开拿走，但实际情况却很复杂，如094号契约文书：

---

①王欣：《南疆伙种制研究》，载中共新疆维吾尔自治区委员会政策研究室、中共新疆维吾尔自治区委员会农村工作部、新疆维吾尔自治区少数民族经济研究室等编《新疆农村社会》（上），北京：农村读物出版社，1988年，第132页。

②王欣：《南疆伙种制研究》，《西北民族研究》1996年第2期，第92页。

1921年2月15日

民国十年一月八日

立约人法射村吐尔地阿訇、色吾子村吾守尔阿訇。

我们与尼亚孜阿訇伙种一块地，我给他10秤子小麦、1秤子杂粮。可他不问我一声，便将麦场上的粮食装走了，将牲口放到苜蓿地吃我的苜蓿。因此，我上诉要求赔偿。若上述事实不符，则我甘受教法处置。我同尼亚孜阿訇起誓，如果尼亚孜阿訇敢起誓的话，他就会解脱起诉；我如果起誓时死去，则我自己负责。

我的亲友再申诉也无效。特此立约。

（尼亚孜阿訇手印）

（印章3枚）

上文中伙种的主佃双方并不是按比例分成，而是由租佃者付给出租者固定数量的粮食，类似定额租。虽然我们无从判断出租者不满的具体原因，但显然他认为自己所得太少。因此，伙种制下，出租者更容易接受分成制，因为他承担了部分经营风险，有理由追求利益的最大化。

（二）租种类

即地主只提供土地，其他如耕牛、农具、籽种等项皆由承租人置备，地主所得为纯地租。租种又分为定租（死租）与活租两类，它是按土地数量、质量而规定地租量的一种租佃形式，是分成制地租的变种。土地租佃经营形式主要存在于耕地较为充足、地权集中的地区，如南疆的阿克苏、喀什地区这种土地经营形式比较普遍，特别是宗教瓦克夫土地基本上都采用租佃经营，如047号契约文书：

清　光绪二十四年　1898年10月6日

伊斯兰教历一三一六年五月二十日

具结人买合木提尼亚孜阿訇，买合木提之子，皮尔代的优奴斯王开办的经文学堂的教师。归该经文学堂所有的五村阿拉雪尔塔赛开木庄的190亩瓦克夫地，因成旱田而无收益。佃户要求自己出钱盖房子、种树，以便利用起来。为此，经协商，以每年出8察拉克小麦、8察拉克玉米的租子为协定，租给了肉孜哈里克。

我要在每年收租期收租，一切费用由佃户自己解决。在瓦克夫地上修建的房屋为佃户私人所有，但地皮不为私人所有。

地界：东头是可汗的地，有渠为界；南头是黑湖，有渠为界；西头是木斯维尔的地，有渠为界；北头是巴拉提的地，有杏树为界。

（印章6枚）

而在自然经济色彩浓厚、土地不集中的地区，租佃关系也不发达。如《和阗布龙塔斯木其村调查》中说，布龙塔斯木其村是和阗七区二乡四个自然村当中的一个，在县的西方10千米，差不多正是和阗县境的中心地带，与和阗其他乡村一样，是一个居民散居的村子。该村各阶级占有土地情况为：

地主：290亩，每户平均96.7亩，每人平均8.5亩。

富农：123亩，每户平均30.8亩，每人平均3.3亩。

中农：979亩，每户平均11.4亩，每人平均2亩。

贫农：249.4亩，每户平均4.4亩，每人平均1亩。

雇农：15.1亩，每户平均1.4亩，每人平均不到0.5亩。

从上文可知，该村土地集中并不十分严重，地主家庭与贫雇农家庭人均占有土地相差8～16倍，而全村共164户，798人（男414，女384），全是维吾尔族，他们的阶级成分是：

地主：3户，占总户数的1.83%。

富农：4户，占总户数的2.44%。

中农：86户，占总户数的52.44%。

贫农：57户，占总户数的34.76%。

雇农：11户，占总户数的6.71%。

教员贫民与工人：3户，占总户数的1.83%。

由于地主与贫雇农人口所占比重不高，土地占有率在大多数人口中还是比较平衡的。

在中华人民共和国成立以前，该村除瓦克夫地外，出租土地为数很少，18户贫雇农总计租入土地36.8亩，其中瓦克夫地就有25.3亩。租金是收苞谷死租子，最高额为每亩交租10秤子苞谷，最低额为每亩交租3.3秤子，一般的租额占收获量的1/3～1/2，瓦克夫地比较坏一些，秤子也比较低一些。租子每亩2秤子～6秤子，田赋粮多由地主负担，但是租额低的也有由佃户负担的。下面是《和阗布龙塔斯木其村调查》中的租地实例：

阿不都拉，贫农，6口人，租加拉及汗3.5亩土地，租金苞谷35秤，田赋粮地主上，今年收入麦子10秤（折合苞谷22秤），苞谷10秤，棉花（折合苞谷20秤），租金占收获量的67%。

又租买买提肉孜的坏地3亩，租金10秤苞谷，收入总计为14秤，交租占收入的2/3以上，但是自己还得交纳田赋4.5秤苞谷，除去柴草还赔了半秤苞谷。

租佃土地耕种一般采用定租的方式，活租在南疆常与伙种混淆不清，不是一种常见的形式，如095号契约文书：

1921年3月2日

伊斯兰教历一三三九年六月二十一日

我是米夏白杨村人，名叫纳瓦依肉孜。

我承认租种了优奴斯哈肯木的土地，每年按时令交租，别无话说。现在优奴斯有一片树木交我管理，言明每年工钱4元，与租地无关。

证明人：海克木阿訇、阿布拉阿訇

（印章1枚）

文中只说按时令交租，并未明确租额，可能是活租，南疆活租一般按收成的一半交纳，具体数目只能在收获时确定。

从经济学的角度考虑，只要农业生产有很显著的规模经济，则地主自己经营大规模农场势将优于租佃制度，因为佃农通常都是小规模生产，以家庭为单位。如果农业生产的风险很大，畏惧风险的地主就会喜欢定额租佃制，将风险推给佃农；畏惧风险的农民则喜欢充当雇农，收取固定工资，而让地主去独力承担风险。如果主佃双方都畏惧风险，则最好是采用分益制，双方分担风险。清代、民国时期南疆社会总体而言租佃制度相较于内地并不发达，原因有自然与社会两个方面。由于南疆属灌溉农业地区，农业生产受旱涝灾害影响较小，加上地主可以把持更多灌溉水资源，地主自营风险也较小，故南疆地主愿意大量收购田产自营。后期由于水资源出现短缺，农业生产技术的进步，农业需要的投入越来越多，加上农民自由流动的可能性也在增大，劳动力成本开始上升，同时其他行业的经济效益逐渐增长，因此，南疆地主也逐渐开始出租土地，土地租佃经营也越来越普遍。

值得注意的是，南疆社会除了土地是大宗生产资料外，水磨也像土地一样可以租佃经营，如078号契约文书：

1916年6月9日

伊斯兰教历一三三四年八月七日

我是巴柯提坎人，名叫赛杜拉。

我在优奴斯王所建经文学校旁边有水磨2盘，以年租20两银子租于阿吉肉孜，但他每年仅付我5两银子。经我上告，政府决定每年应付我14两银子，双方决定，再无更改。

证明人：苏皮尼牙孜、和加吐尔地、尼牙孜等

（印章1枚）

南疆社会有势力的土豪、伯克占有着渠水，有的便经营水磨以谋取利润。水磨也和田土一样可以买卖、租佃，这也成了绿洲灌溉农业地区常见的现象。

（三）雇工

租佃关系（包括伙种）发达的地区，雇佣关系就少，反之亦然。南疆农村的地主阶级占有了大量土地，同时也直接使用了大量土地，只是其使用土地的劳动力，主要是依靠剥削佃户的无偿劳役，而不是依赖雇工。为此，地主阶级不得不采用伙种形式，将小部分土地分散伙种给各个佃户。这就是南疆地主阶级经营土地的基本方式。① 但因所处的地理位置不同，城乡关系不同，雇佣形式所占比例也不相同。如《和阗布龙塔斯木其村调查》中说，在中华人民共和国成立以前，本村除瓦克夫地外，出租土地为数很少，18户贫雇

①《中国少数民族社会历史调查资料丛刊》新疆维吾尔自治区编辑组：《南疆农村社会》，乌鲁木齐：新疆人民出版社，1980年，第22页。

农总计租入土地 36.8 亩，其中瓦克夫地就有 25.3 亩。由于这里劳动力特别低廉，地主、富农们可以利用自己的条件雇佣长工来耕种，所以伙种剥削很少，在中华人民共和国成立前只三四家伙入土地的。雇工一般用实物支付工钱，如 128 号契约文书：

1930 年 7 月 3 日

伊斯兰教历一三四九年二月六日

我们是吾提兰奇巴克村的苏皮尔阿訇、沙依提阿訇。

被告人木德肉孜依不都开提阿訇。

我们曾为他耕种 10 亩土地，他欠我们 2 察拉克小麦、2 察拉克玉米的工钱，至今不还。经我们上告，他已将所欠粮食如数归还。

我们租种他的土地所欠的地租也早已偿清。

证明人：玉素甫等

（印章 1 枚）

在南疆，地主雇佣长工每年工期为 12 个月，工钱多以粮食计算，年约 450 千克小麦；零工工资每天 1 千克～1.5 千克小麦，农忙时 3.5 千克～4 千克。妇女童工减半。雇工的形式主要有这几类：① 定额工资长工。即按当地做工时间，约定一定工资的长工。② 分得一定收成的长工。如在疏附县与阿图什县（今阿图什市），长工可以分得劳动土地上 8.3% ～20% 的收获物，长工吃住在自己家中，只有做活时才在地主家里吃饭。③ 卖年限的长工。农民迫于地租和债务，以两三年为期限，将劳动力贱价出卖给地主当长工。时间不到 1 年的，则是短工或零工，如 147 号契约文书：

1932 年 9 月 11 日

伊斯兰教历一三五一年五月十日

字据

我们是第 2 区第 6 乡人，名叫卡拉阿訇、阿比提、尼沙汗妣妣、吐尔逊阿訇。

我们为沙立喀孜干了 7 个月零 15 天的活，当我们向他要工钱时，他说并没有叫我们干过活，我们为此上告，他已将工钱——50 察拉克苞谷给了我们。除此之外，他再也不欠我们的钱。今后我们和我们的后代不能再为此事上告,也不能做危害沙立喀孜的事情。

证明人:塔希伯克·莎巴斯·艾买提

(印章2枚)

从上文看,短工或零工与地主间雇佣关系的建立可能是口头上的,一般不会形成书面契约。在目前所见的契约文书中,还未发现有确立雇佣关系的契约,当地应该有口头上约定俗成的规矩。

四、清代、民国时期维吾尔族买卖契约文书所展示的南疆社会经济、文化状况

察合台文维吾尔族契约文书的内容很复杂,涉及土地、住宅、院棚、果园、树木、水磨、客店、水井、牲畜、道路的买卖问题;有关清真寺(包括罕尼卡)、经文学校、麻扎的瓦克夫财产的捐赠、出租、经营、出卖、侵犯等问题;耕地、荒地、庄稼的赠送、转让、租典、伙种和租税问题;遗产的继承、分配问题等。这里所谈的仅是其中的一类,即买卖契约。

察合台文维吾尔族买卖契约行文用语的格式套语基本雷同。如其内容的基本结构:日期;买卖事宜叙述[买卖原因,买卖对象(土地买卖契约要叙述所卖土地的四至)];买卖对象的价格及买卖当事人双方的收付款情况;对买方权利的确认语;卖方、证人们的署名与盖章、画押;书写人的署名。

这些契约大多数仅盖有宗教法庭法官的私人印章,即私契,反映的是百姓私下交易的一些情况,从多角度、多层次地展现了清代、民国时期南疆维吾尔族人的社会生活,这样详细的材料是文献记载所缺乏的,是罕见而珍贵的。下面以两件契约为例,以证实上面的观点,如007号契约文书及028号契约文书:

清　道光三年　1823年6月11日

伊斯兰教历一二三九年(鼠年)十月一日　星期四

县长伯克大人:

具结人毛拉肉孜。我曾上诉尧尔达西和加、吾守尔尼牙孜等,不经

我允许,把我在热巴其合洁渠的4帕特曼母亲遗产田卖给了他人。买我地的外乡人谢赫瓦尔已外出做生意,我要自己的地,村民们都不理睬。当沙里叶提方面召集村民询问时,他们否认卖了我的地,并说除了谢赫瓦尔买去的地外,还有一部分地是属于原主的。于是沙里叶提判决说:卖给谢赫瓦尔的地等买主回来以后查询,其他的地交给原主。这样,出示了把2帕特曼土地归还我的字据,被卖了的地等谢赫瓦尔回来后再处理。至此,这一官司也就了结了。今后,倘我或我身后之人闹出纠纷,概不算数。空口无凭,具结为证。

证明人:阿卜拉沙木沙克、尤奴斯等

(印章1枚)

清　咸丰八年　1858年12月30日

伊斯兰教历一二七五年(狗年)五月二十四日

具结人如斯坦木和加、阿克拜克、吾斯曼米拉甫的继承人。

趁我们健在,具结如下:我们将祖辈不久遗留给我们的水磨加上一切设施,用325块银圆卖给了毛拉尤素夫,钱已全收。今后,徜我们或我们身后之人就此闹出事来,在沙里叶提面前一概无效,空口无凭,具结为证。

方圆边界:东头是寺产,有堤岸为界;北头是买买提亚尔的水坝;西头是堤坝;南头是毛拉斯迪克的草坪,有道路为界。

证明人:吐尔地乡老、毛拉托乎提、夏特和加、依斯玛依尔、沙木沙克、毛拉克开克等

(印章1枚)

上面两篇契约所反映的种种社会问题简要归纳如下:

(一)清代、民国时期南疆财产私有权受伊斯兰教法的确认与保护

伊斯兰教虽提出了真主是一切财富的所有者的观点,“天地的库藏,只是真主的”(63:7),但伊斯兰教也具有维护私人占有财产权利的主张,只要人们的行为符合宗教的命诫、原则、制度、法律,人们便实际性地拥有自己所

占有的财产,人们可以按自己的意志支配、处理、使用自己所占有的财产。所以,财产的实际所有权是掌握在人的手中。在上述007号契约中,村民尧尔达西和加、吾守尔尼牙孜等未经地主许可,擅自向外乡人出售私人的土地,显然地主当时并不知情。买者则是外乡人,因为本村人知道土地的主人是谁,也知道教法上这种行为非法,不可能去买。在宗教法庭调查时,他们也不敢承认非法买卖之事实的存在。在宗教法庭的干预下地主收回了部分土地所有权。

伊斯兰社会私有物的买卖实际上是用益权的让渡,私有的东西肯定是具体的,如土地是具体的,有四至。在伊斯兰社会,有使用价值的东西都可能成为私有物,如上述028号契约中的水磨、水坝、草坪等。

(二)属于私人的土地等财产可以合法自由买卖

因此,在契约中都要对被买卖财产的私有属性做出声明。如它不是瓦克夫地,不是典当地,不是恩赐田,他人则无权干涉,对出卖的土地和树木已无权过问。倘我们或我们身后之人就此闹出事来,在沙里叶提面前一概无效,空口无凭,具结为证。

后期买卖的合法性除要得到宗教法庭的确认外,还要得到政府的认可,如061号契约文书:

清 光绪三十二年 1906年

伊斯兰教历一三二四年□月十五日

我叫哈瓦孜阿訇。我承认已将我在城内提兰巴克的祖业3间房子以25两银子的价格连同房内的家具卖与毛拉米吉提买合苏木为业,钱已如数收到。此事已向衙门呈报。

东面是米吉提和加的房子,南面是大路,西面是哈克木阿訇的房子,北面是大路。

特立此据。

证明人:吾扎克热依木、海比布拉·谢里甫、尼牙孜、来吉提艾力等

(印章2枚)

上面契约中的“此事已向衙门呈报”显然指的是向政府交纳契税，将白契变成红契的行为。前面已述及光绪三十年（1904）始，南疆社会已普遍征收契税。

在察合台文维吾尔族买卖契约中，违约的人群主要指卖方的亲属，这些情况也从某个角度反映出土地不仅是属于个人的，还是一个小家庭的，甚至属于一个大家族。聚族而居的现象很普遍，存在着控制着家庭或家族的基本财产并有处理权力的家长，在家庭中他们是丈夫，在家族中他们是具有实力的人。

在这些契约中，一般都没有违约惩罚的条款，因为有宗教法庭的盖“辜”担保，其处理民事活动方面的权威在地方上非政府可比，买方并不担心卖方违约。

在契约的后部分中，一些有关证人署名画押的话语也可以反映出买卖行为的有效合法。

（三）农业生产与农村经济

买卖土地等的买卖本身就是经济问题，这类契约涉及的经济史的重要问题有以下几个方面：

1. 农业问题

从契约中所卖土地的方位以及四至情况我们可以了解到当时当地的农田布局。私人的田地相连，有时也与寺院的田相毗连，田地中有土坎、水渠、道路、地垄、荆棘、树木、花园、杏园、果园等为界。以渠为界很多，包括“河滩渠”“庄渠”“水磨渠”，说明当地灌溉业发达，反映出当地的农业种植不是靠天吃饭，而是以水利灌溉为主，渠道成网。

农作物的品种不单一，多数土地买卖契约只提到田地，但从大量的契约中提到小麦、玉米可以推测，当地的农作物以小麦、玉米为主。在其他类别的契约中还频频出现葡萄园、园子、杏园、果园等。这些词汇说明当地的园艺业也很发达，葡萄是特产，油料作物与棉花等经济作物的种植也很普遍。当然，在非买卖契约中还从各个角度涉及作物的种植与技术。

2. 货币问题

所有要出卖的土地等物都是有价格的，都是以货币形式兑现的，而契约中所透露出来的货币情况也是很复杂的。

从货币制度上看，虽然新疆与内地基本上都是实行银钱复本位制，但从乾隆时期统一新疆后直到新疆建省前，在铜币的使用上，一直是南疆的红钱（新普尔）与北疆的制钱并行，形成了当时中国独一无二的“铜币双轨制”。新疆建省后，第一任新疆巡抚刘锦棠不是用制钱来统一新疆的“钱法”，而是把红钱推广至全疆（除伊犁地区），使它一跃而为天山南北都能“以一当五”（即一枚红钱值五枚制钱）的统一钱币。这种独特的红钱制度与银圆“天罡”制度一起，形成了具有新疆地方特色的货币体系。上述状况，对民国时期的新疆货币经济产生了长远的影响。直到1933年左右，以红钱为统一的计算单位，仍是新疆货币制度的一大特点。

从货币形式看，有清一代，内地各省流通的货币，一般均为铜钱、银两等金属货币以及纸币，基本上没有“以物易物”的实物货币。但是在南疆地区，在相当长的一段时期内，实物也起到了交换媒介的作用，如032号契约文书：

清　光绪九年　1883年3月12日

伊斯兰教历一三〇〇年五月三日

我是塔比孜拉克村人，名叫喀孜阿布杜赛买提。我承认，我已将我在本村的3亩荒地卖给牙库甫和加为业，言明地价50察拉克玉米，绝不反悔，其他人也无权干预。

特立此据。

地界：东边与海德拉的土地接壤；南边与毛拉依里木的土地接壤；西边是水渠，渠对岸是瓦克夫地；北面有一道墙，（墙）那边是毛拉木沙的地。

（印章1枚）

该契约中以实物50察拉克玉米作为地价，此类例子还不少。

从具体货币种类看，有普尔、银两、天罡、银币、铜圆、纸币等。

（1）普尔。清政府统一新疆后，在南疆地区对原有的货币（准噶尔普尔）采取了改造政策，铸造了圆形方孔的新普尔（红钱）。据《新疆图志·食货志》，旧普尔“每五十文为一腾格”，即50文换白银一两，红钱初铸时亦以50文合银一两。

（2）银两。银两中的“两”，原来是衡量的单位，用来计算重量的。后来在经济生活中，人们把计算重量的名称“两”，借用来作为计算白银的货币单位，叫作“银两”。它长期保留着用金属重量来计价的历史形态。因此，银两制度是一种比较原始的货币制度，属于金属货币制度中称量货币类型。它是以金属币材的重量来计值的，还没有进入法货制度的阶段。

我国的银两制度正式确立于明代。在清朝时期，银两制度得到很大的发展。清代的币制虽然银钱兼用，但以银为本，以钱为末。

当乾隆二十五年（1760）初铸二钱重的红钱时，红钱与银两的比值“定以百普尔（指红钱）为一腾格，直（值）银一两”。[①] 此后，曾出现过“银贱钱贵”的现象。如乾隆三十年（1765）“喀什噶尔、阿克苏、和阗等处商人，携带货物，赴叶尔羌贸易，并不购买别物，带钱而回者甚多”[②]，从而使叶尔羌“钱价渐昂，每两仅换普尔钱（红钱）七八十文”[③]。但是，自大量铸造减重钱后，就逐渐发生了“银贵钱贱”的现象。到乾隆五十二年（1787）时，喀喇沙尔（焉耆）和喀什噶尔七城兵丁的盐菜银，“每银一两，折给普尔钱（红钱）一百六十文”[④]。到了嘉庆年间，竟需要220文才能折银一两，贬值率达到120%。钱币的贬值，必然造成物价的上涨，这对于劳动人民的生活，当然产生了不利的影响。建省以后，以钱合银，红钱五百易银一两（后改为400易银一两）。

（3）银元宝。用银铸成的马蹄形银锭，亦称马蹄银，作为货币流通。重量成色不一，大锭重约五十两。多由各地银炉铸造。清中叶以后，须经公估局鉴定才能流通。元宝是中国人使用的货币，是三种大小不等的银锭。[⑤] 例

①钟兴麒、王豪、韩慧：《西域图志校注》，乌鲁木齐：新疆人民出版社，2002年，第479页。

②《清高宗实录》卷七五七，“乾隆三十一年（1766）三月乙酉”条。

③同上。

④《清高宗实录》卷一二八二，“乾隆五十三年（1788）六月甲辰”条。

⑤［俄］A. N. 库罗帕特金：《喀什噶利亚》，凌颂纯、王嘉琳译，乌鲁木齐：新疆人民出版社，1980年，第42页。

如,附录一(6)号契约文书:

1863 年 1 月 11 日

伊斯兰教历一二七九年(虎年)七月二十日　星期日

桑普拉村毛拉克排克·吐尔逊巴依诉讼:6 年了,洛浦村的毛拉西热甫,给我 405 只绵羊、6 匹马让我养。我养了 2 年,这些牲口长大了,返还了他 770 只羊、油、毛和 6 匹马。后来,毛拉西热甫向衙门起诉,衙门拘留了我们,强迫无偿拿走了 2 块银锭,所以我向宗教法庭诉讼。原告和被告被带到宗教法庭,审问时,毛拉西热甫说:"我寄养的是 625 只绵羊,10 匹马,其中,毛拉克排克·吐尔逊巴依给了我 3 匹马和 170 只绵羊,剩下的 7 匹马和 450 只没有给。我起诉后,把 7 匹马和 450 只羊核算成 2 块银锭,我得到的是我自己的钱(银锭)。"

毛拉克排克·吐尔逊巴依说:"他在我这儿寄养了 405 只绵羊、6 匹马,增产后我给了他 775 只绵羊和 6 匹马。我们之间不存在其他的绵羊和马,我也没有得到其他的绵羊和马。我们之间不再有关于绵羊和马的任何财产。"(宗教法庭就)寄养的 10 匹马、625 只绵羊转交事宜,让毛拉西热甫找证人。毛拉西热甫找不到证人,(宗教法庭就)让他向毛拉克排克·吐尔逊巴依发誓。毛拉西热甫说:"我不发誓,我愿意给他后面拿的 2 块银锭,绵羊和马就免掉算了。"(毛拉西热甫)把 2 块银锭拿到现场。

毛拉克排克·吐尔逊巴依拿到了 2 块银锭,诉讼结束。我是毛拉克排克·吐尔逊巴依,毛拉西热甫不欠我任何东西,今后,无论何人找任何理由,再搬出此事起诉,在宗教法庭面前我们的话全为假话,我们也将是无耻小人。特立此据并加盖印章。此契约一式两份,一份由毛拉西热甫保管,一份由毛拉克排克·吐尔逊巴依保管。

证明人:艾木都拉阿訇、阿訇吾吉、阿布都卡迪尔毛拉、艾外孜阿訇、阿不都吉力力·尼买提毛拉①

(4)银圆。亦作"银元""银币",俗称"洋钱",又称"洋钿""大洋"。银

①文书中的绵羊数字前后不一,疑双方虚假陈述或文书记录有误。

质圆形货币的通称。新疆大规模地铸造成套的仿西式银圆，是在新疆建省以后。在计量单位上，采用了独特的“天罡”制，即两、钱、分制。

(5)天罡。是中亚一带对银币的统称，也是南疆传统的白银单位的名称(即“腾格”)。

(6)纸币。光绪十六年(1890)，正式发行新疆官钱票，面额为红钱400文，流通于新疆全省。清代新疆的纸币，均沿用红钱制度，即不是如内地各省的纸币那样与制钱或银两挂钩，而是与红钱挂钩。因而，只能在新疆地区流通，内地纸币也无法在新疆直接使用，必须先兑成新疆纸币。这一特点，民国后仍延续了很长时间，如杨增新、金树仁时期的部分省票；1933年喀什区行政公署的纸币马绍武票；1934—1937年的和阗行政公署的纸币马虎山票等，均仍然与红钱挂钩。例如，附录一(20)号契约文书：

立据人：洛浦桑普拉恰克玛克村人买买提·夏阿訇

字据内容：我向阿拉勒巴格村的塔西·普拉提阿吉，努尔山村的玉素甫·喀日，穆海买提·依明阿訇的儿子米日扎·艾合买提阿訇，买买提·艾力阿訇的代表吐尔逊阿訇，买买提·努尔阿訇的亲弟弟依布拉依木阿吉提出的诉讼。

在努尔山村，有我弟弟艾合买提·夏阿訇继承的我们合伙的草原，其中属于我弟弟艾合买提·夏阿訇的草原，他在30年前卖给了克尔克代村的塔西·普拉提阿吉等人。两年后，我把一只小山羊的草原用2 400两银币卖给了山里人穆海买提·依明阿訇、买买提·艾力阿訇、玉素甫·喀日，并指明了地界，签订了契约。这块草原按照我指明的地界经营了30年了。我继承的父母的草原由我自己经营。

1932年，头领玉素甫·喀日等人的合伙人——买买提·努尔阿訇这个人到和阗当县长，塔西·普拉提阿吉成了山里的负责人。头领穆海买提阿訇那些人认为我买买提·夏阿訇给他们的草原给少了，从而提出诉讼。拘留了我很多天，把我手中的契约和字据抢走了。这块草原快30年了，通过官司，抢走了我的草原。

努尔阿訇当县长时，买买提·努尔阿訇成了山里的负责人，(他们)瓜分了我的草原。这冤枉了我，我向和阗的司令向管(汉族人名)起诉，何松米(汉族人名)县长做出批示,派出衙役艾洪(汉族人名),(他)把原告、被告召集到一起,在公堂核实审问,没有审问清楚,便把官司移交给了宗教法庭。

宗教法庭经过详细审问,玉素甫·喀日回答:从买买提·夏阿訇得到的康阔尔阔拉(地名)这块草原,和买买提·夏阿訇出具的字据有矛盾,康阔尔夏季草原上没有买买提·夏阿訇的任何东西。我愿意发誓。

准备发誓的时候,乡亲卡尔凡丁·托乎提管水人、艾布拉阿吉、买买提·木沙汗、阿西木阿訇、买买提·铁木尔阿吉以及很多相邻和有声望的人,来到现场进行劝说:"玉素甫·喀日不要发誓,给100新纸币,24 000两票子(算了),买买提·夏阿訇也不要发誓,该草原的官司结束算了。"双方一致同意。玉素甫·喀日等人支付了100新纸币,24 000两票子。

我自己满意了,因为得到了这些钱,山里的康阔尔阔拉村所属的康阔尔夏季草原上再没有我的任何东西。完毕!如果再以这块康阔尔阔拉村夏季草原上还有我的东西而提出诉讼,我的话全为假话,我受到加倍的惩罚也是合理的,政府给我多重的惩罚都不冤枉我。特立此据。

买买提·夏阿訇·图鲁姆

民国二十八年十一月三日(1939年11月3日)

各种货币之间的比价关系是怎样的?相关的信息散布于多种契约的内容之中,这些都是可以进行探索和系统研究的。不管现在的研究所取得的进展如何,这些货币的信息对于研究中国货币史无疑提供了不少材料,提出了一些新问题。

3. 价格问题

不管是卖不动产的契约,还是卖动产的契约,要卖就存在着价格问题。土地有地价,物有物价;土地依土地的品质而价格不同。这些材料不仅为我们研究当时的商业问题、市场问题提供了珍贵史料,也为我们认识社会问题提供了真实资料。如地价,在《选编》第010号文书中提到卖主的12卡勒克(察拉克)旱地售价为10个银币,而(1934)011号文书提到卖主20秤子旱地仅售12个银币。这种情况显示,当时土地买卖中的社会性议价机制尚不存在,地价的高低主要取决于双方的议价能力。

4. 度量衡问题

南疆维吾尔族聚居地区在清朝、民国时期,通行着一种古老的度量衡制度。如察拉克(charik)、噶尔布尔(karbur)、帕特曼(batman),它们既是称量重量的衡器,又是计量粮食等散装物体容积的容器和量具。在契约文书中,它们还经常用来计算土地面积,具有量具、衡器、地积三种计量单位名称。还有一种常用于计算地积的单位——塔纳甫,"1 塔纳甫约合 2 亩"①。

长度单位有:绰布噶资与塔什(据张之毅《新疆之经济》,塔什等于骆驼12 000步,约合7.5 千米 ~8 千米),还有"里""弓"(据张之毅《新疆之经济》,每弓合 1.63 公尺)。

斗量之物均以轻重计算,可见并没有正规量具。《西域闻见录》明确指出,"无量衡,粮谷少者以回帽量,多者以他噶尔计算。他噶尔小布袋也(据张之毅《新疆之经济》,阿克苏 1 他噶尔重 40 斤),大者为帕他吗(即帕特曼)"②。

衡制单位有:察拉克(据张之毅《新疆之经济》,1 察拉克等于 16 斤或12.5 斤)、赛尔(即汉语中的"两",1 斤为 16 赛尔)、米斯卡尔(即汉语中量词"钱")、依西克(016)、斤(017)、亩(018)、秤子(023)、艾尔维尔(033)、斛(089)、提些克(127)。③

这些度量衡单位中包含着丰富而复杂的经济与历史问题,如这些词汇的来源问题。有些借自汉语,但也有不少词汇的来源既非汉语,也非古突厥语,如重量单位 batman,关于它的词源各种说法就不统一。有些度量衡单位的名称是尚待进一步研究的。具体的度量衡单位之间的进位关系是度量衡研究中的重要问题。

(四)语言文字状况及其与其他民族的文化关系

察合台文维吾尔族契约文书的词汇、词法和句法以喀喇汗王朝时期的

①纪大椿:《维吾尔族度量衡旧制考索》,《西域研究》1991 年第 1 期,第 65 页。
②[清]椿园:《西域总志》,嘉庆强恕堂本,第 1 卷,第 15 页。
③括号中的数字为《选编》中的文书序号。

哈喀尼亚文(宫廷语言)为基础,也有回鹘书面语语言的不少痕迹,同时又汲取了阿拉伯语和波斯语的许多成分。由于南疆为东西文化荟萃之地,各时代、各民族的名物制度都在当地留下了传播的痕迹,沉淀在了契约文书中,大量的波斯语、阿拉伯语、汉语、俄语语汇即是例证。乾隆二十四年(1759),清政府统一天山南北,为南疆维吾尔族文化的东西方交流开辟了广阔的空间,汉文化在南疆地区的影响逐渐增强,这也反映在察合台文契约文书的词汇、名物制度概念的变化中。1858 年,俄国人瓦里汗诺夫曾访问过喀什噶尔,在其五卷本的《瓦里汗诺夫文集》的第二卷中专门收集了他在南疆记录的维吾尔族语中的汉语借词,包括度量衡名称等,这些词汇中的一部分在察合台文维吾尔族文书中同样存在。①

察合台文维吾尔族契约文书如同一个万花筒,对于研究清代、民国时期文化的交流与融合等问题来说,其内容丰富多彩。

五、小结

维吾尔族契约文书是关于南疆地区经济社会活动的第一手资料,可帮助我们查明某一时期某一地域经济活动的实际情况,了解不动产交易及社会关系方面的惯行,更可让我们明了支持着私人之间契约关系的观念或秩序究竟是什么。

南疆土地契约出现很早,公元前后就有用佉卢文写成的契约存在,后来又有公元 10—13 世纪喀喇汗王朝时期的契约、公元 13—14 世纪时的回鹘文契约及 14 世纪后的察合台文维吾尔族契约文书,它们在契式上具有前后继承关系,又都在一定程度上受到汉文契约契式的影响。显然,绿洲社会是契约文化发育较早的地区。

南疆地区是传统的绿洲农业地区,清代、民国时期,南疆田制分官田、民田、宗教瓦克夫土地三种,官田交农民耕种有额定的地租,无须契约来调整,

---

①Ч. Ч. Валиханов, *Собрание Сочинений в Пяти Томах. Том* 2(Алма - Ата, 1984), стр. 248 ~250.

至今也未见存在相关的契约文书。1840 年以前有关南疆的契约主要是向宗教机构捐赠瓦克夫及买卖私有土地的契约，还有宗教法庭调处各类纠纷所形成的契书。我们至今尚未发现 1840 年以前的有关土地出租（包括瓦克夫土地）的契约，这主要是因为 1840 年以前，南疆盛行伊斯兰苏非派，宗教瓦克夫土地基本采用以无偿劳役为特征的农奴制方式经营，而官地被分配给各级伯克作为职田，同样也由农奴身份的“燕齐”代耕，因而形成了大大小小的庄园，私有土地也很少出租，现在看到的最早出租的土地采用伙种的办法经营。1840 年后，伊斯兰逊尼派在南疆发展取代了苏非派，他们主要用出租的办法经营瓦克夫土地，地租代替了无偿劳役。随着阿古柏伯克的入侵，清政府的统治垮台，原有的伯克制度也崩溃了，伯克的养廉地亩为民所占，官田也变成了民地，国有土地上同样租佃代替了无偿劳役，南疆土地经营方式实现了彻底转变。这种变化在维吾尔族契约文书中有鲜明的反映，即在 1860 年后出现了一些有关土地租佃的契约，其中绝大部分是有关瓦克夫土地租佃的，但与内地情况相对比，直至清末，南疆土地经营中租佃制始终不甚发达。究其原因，可能与瓦克夫捐赠者及其后代垄断性地享有管理权或永佃权有关，而民地出租经营者寥寥，地主以雇工自营为主，租佃的主要形式是伙种，它是农奴制向租佃制转变的过渡形式，存在无偿劳役剥削。从土地买卖来看，早期交易的田土面积很大，后期开始碎化，这意味着地权转移开始频繁，地价上涨。从人地关系的视角来看，土地经营方式的转变则与南疆人口不断增加、人地关系日趋紧张有关。清末，国家公权力开始介入民间交易，光绪三十年（1904）始，南疆土地买卖开始向国家交纳契税，象征着南疆社会契约关系管理与内地的接轨。

维吾尔族契约文书还向我们展示了清代、民国时期当地社会文化的各个方面，如伊斯兰教教法对私有财产的保护，对产权交易的认可，反映了南疆农业与农村经济的诸多方面。

第二章

有关清代、民国时期维吾尔族契约文书的几个问题

一、伊斯兰教教法与维吾尔族契约文书契约关系的形成

契约，是指人们在社会各种交往及关系中形成的各种文字协议或文字认定。社会契约论的基本思路是，社会起源于人们的契约，社会产生之后人们便生活在契约之中，社会本身是按照契约关系连接起来的，社会生活本质上是一个契约的履行过程。契约关系就是经由签订契约而约定形成的应该履行的权利和义务，反映的是人与人之间的各种社会经济关系，特别是经济关系，它也是一种确定的法律关系。清代、民国时期契约关系广泛存在于南疆农业、手工业、商业和服务业中，契约类型日趋多样化，契约规则则支撑着社会经济的进步并有助于社会趋向平等。维吾尔族契约文书中所表现出的契约关系内涵丰富又相当具体，几乎一个具体的契约就有一个具体的环境和内容，所以将契约文书当作法学、历史学研究的材料就有很大的学术研究空间。维吾尔族契约文书中有相当一部分反映财产分配、继承关系，在《选编》314 件契约中约占 16% ，而遗产继承问题又在伊斯兰教法里占有重要地位，是穆斯林民众日常生活中常见的一种法律关系。其重要性，诚如一则圣训所言："要学习继承法，传授继承法，因为这方面的知识占全部有用知识之半。"①通过对这些文书中的财产分配与继承关系的解读，可以进一步了解这种契约关系形成的历史文化背景及法理基础，了解当时南疆社会财产继承中所遵循的基本原则及这种契约关系的建立与践行。维吾尔族契约文化源远流长，但古代的很多契约文化因子都被 10 世纪以来兴起的伊斯兰文化所覆盖，在察合台文维吾尔族契约文书中只能看到一些古老遗风，具体已在上章述及，恕不赘述。毫无疑问，察合台文维吾尔族契约文书中各种契约关系的形成与支撑其存在的伊斯兰文化背景是分不开的。现在我们通过具体契约来解读，如 087 号契约文书：

1920 年 1 月 4 日

伊斯兰教历一三三八年(狗年)四月十二日

①吴云贵:《伊斯兰教法概略》，北京:中国社会科学出版社，1993 年，第 387 页。

兹将我的遗产分配如下：

我们是马日胡人，已故的马木提牙库甫财产的继承人，（妻子）阿依夏姆妣妣，儿子阿布杜拉、女儿帕蒂玛。其舅买买提热依木作代表将死者情况上报白俄驻喀什噶尔的领事，领事说："清理债务以后，余者分配给继承人。"据此计算了所有遗物，除清理债务外，尚余265两6钱7分银子的东西，分配如下：

妻子阿依夏姆妣妣应得八分之一，33两2钱1分。

遗子155两。

遗女帕蒂玛应得77两3钱。

具体分配如下：

阿依夏姆妣妣分得：光皮套袜1双折银6两，毯子1条折银6两2分，花布墙围2条折银2两5钱，无柄水壶1把折银1两5钱，大锅1口折银1两5钱，贴花毡1条折银2两2钱5分，地毯1条折银1两5钱，毡子2条折银3两6钱，白毡2条折银1两8钱，碗8个折银4两9钱，餐布2条折银1两5钱，壶1把、茶碗1个折银3钱，小铲1把、火钳1把折银5钱1分。

以上物件阿依夏姆妣妣已如数收到。

其子阿布杜拉分得：马一匹、辔1付折银30两，毛驴1头折银6两，羊2只折银2两5钱，花布墙围1条折银1钱，兔皮裙1件折银4两，黑皮袄1件折银5两，长毛皮袄1件折银2两5钱，线单子1条折银1两，缠头白布1条折银1两5钱，《古兰经》1本折银1两5钱。小本经文1本折银1两6钱5分，识字课本折银1钱，枕头1个折银3钱，门帘2条折银4钱，盆子2个折银8钱，灯1盏折银1钱，铜盆1个折银1两5钱，长嘴壶1把折银1两5钱，水壶1把折银1两5钱，铁茶壶1把折银5钱，水桶1只、绳2条折银6钱，毯子3条折银4两7钱，火钳1把折银1钱，鞭子2条折银5钱，羊皮9张折银1两4钱，钻子2把折银2钱，另有零碎东西若干件折银72钱5分，共计白银150两①。

①上文中提到"遗子155两"，而此处为"150两"，疑为原文书记录有误。

帕蒂玛妣妣分得：牛 6 头折银 31 两，母驴 1 头折银 9 两，锅 1 口折银 2 两，零碎东西折银 35 钱，共计 77 两 5 钱①。

以上物件已由马合木德热依木代表继承人如数收到。

此外，亡者还与他人在克日也有土地 6 亩，依孜村有土地 18 亩、房屋 1 院、柳树地 4 亩，城内有店铺 1 处，家具若干。这些财产等到宗教法庭成员集会时，把应该判给牙库甫阿訇的财物分给其遗族。

我们大家同意以上分配，特立此据。

证明人：买苏木巴依老人、那斯尔阿吉、艾买提江、乌斯曼、司哈克阿吉

（印章 4 枚）

毫无疑问，伊斯兰教继承法处理的财产对象相当具体，事物不分巨细，均在其管辖之内，以体现宗教法的尊严与完备。

南疆社会使用契约的历史悠久，伊斯兰教同样也重视契约。契约在清代、民国时期一直是南疆社会中人们经济生活关系，有时甚至成为人们社会生活各个方面关系的纽带，它作为完成社会功能的一种手段，应该有其固定的法理基础，那就是伊斯兰教法及有关社会习俗，它们都受一种主体精神支配，这就是诚信原则。这份遗产继承契约是一份法定继承契约，契式与其他契约有相同之处，一开始是立约时间、立约人、法定继承人。在伊斯兰教法上，法定继承是与遗嘱继承相对而言的，指的是按照伊斯兰教的继承制度，将遗产转让与法定继承人的行为。法定继承是《古兰经》立法的产物，体现了古代阿拉伯部落继承习惯同新的继承制度的合二为一。由于维吾尔族属伊斯兰教逊尼派，逊尼派法定继承的基本原则为：①丈夫和妻子有权互相继承遗产；②女性亲属和母系亲属有资格继承遗产；③父母和直系尊亲有权继承遗产，不被晚辈卑亲属所排除；④处于同一亲等的男子得两倍于女子的份额。

该契约的被继承人是阿依夏姆妣妣的亡夫，他遗留下了 265 两 6 钱 7

①前文中提到"帕蒂玛应得 77 两 3 钱"，而此处为"77 两 5 钱"，疑为原文书记录有误。

分银子的东西。从分配数额看，妻子得遗产的1/8，合33两2钱1分。《古兰经》第4章第12节经文说：“如果你们没有子女，那么，你们的妻室得你们遗产的四分之一。如果你们有子女，那么，她们得你们遗产的八分之一。（这种分配）须在交付亡人所嘱的遗赠或清偿亡人所欠的债务之后。”上述契约中专门提到“除清理债务外，尚余……”，表示遗产分配是在“清偿亡人所欠的债务之后”，完全符合教法的规定。剩余的遗产分为三份，儿子得2/3，女儿得1/3，这也符合“处于同一亲等的男子得两倍于女子的份额”的伊斯兰教法规定。

该契约成立的基础显然是伊斯兰教法的相关规定。

通过该契约，可以认识到，伊斯兰教法民法领域体系庞大，与中华法系有较大差别。中华法系一大特点在于轻视民事法律关系，有关的民事法规主要集中在身份、婚姻、继承等方面，与商业有关的民事法律关系则规定很少或几无规定。① 在内地发现的大量汉文契约中少有涉及遗产分配与继承的部分，即便有，也仅以处理土地、房屋等大宗不动产为主，不像维吾尔族遗产继承契约中将动产、不动产完完整整按教法处理妥当，体现了维吾尔族社会无处不在的契约精神。

伊斯兰教内部主要有逊尼派与什叶派两大派别，它们在处理遗产分配继承关系时也有不同的解释，如043号契约文书：

清　光绪二十三年　1897年3月19日

伊斯兰教历一三一四年十月十五日

立约人：纳额拉，其街居民亚库甫阿訇的继承人，其妻买祖热妣妣、女儿塔吉叶妣妣，儿子尤素夫、依布拉音、艾尤甫、依斯哈格阿訇，别无他人。

亚库甫去世后，在未分配遗产以前，依斯哈格也去世了，剩下了其母买祖热妣妣，妹妹塔吉叶妣妣，哥哥尤素夫、依布拉音、艾尤甫。

继承人买祖热请努尔阿訇、喀孜斯拉木为我们做主，将死者的东西

①王东平：《清代回疆法律制度研究》，哈尔滨：黑龙江教育出版社，2003年，第213页。

公正估价、分配，估值为1450个银币。根据安拉的安排，分成了216份，现分配如下：给其妻36份，尤素夫、依布拉音、艾尤甫3个每人52份，塔吉叶妣妣26份①。

在财产继承问题上，什叶派和逊尼派的分歧由来已久。什叶派总是优先考虑亲属中女性的遗产继承权。据说曾有人问萨迪格："遗产应分给亲属中的女性还是男性？"萨迪格说："应分给女性。由男人继承财产而不考虑女人的做法是蒙昧时代的产物。"②如果一个人死了，留下一个女儿和一个孙子，在什叶派看来其遗产应全部留给女儿，因为女儿比孙子近；而在逊尼派看来，女儿应得一半，作为男性亲属的孙子也应得一半。上面契约中，妻子所继承的遗产事实上为总额的1/6，这可能反映了什叶派的思想，证明南疆逊尼派穆斯林社会中也有什叶派思想的影响存在。例如，015号契约文书：

清　道光十七年　1837年7月1日

伊斯兰教历一二五三年三月二十七日　星期二

毛拉县长伯克大人：

我们是毛拉阿卜拉海力排的继承人。

夫人茹克亚阿依拉，女儿海力麦西妣妣、海比白妣妣、海力其妣妣，儿子艾卜杜吉力利、艾卜杜黑力利。我们的父亲在世时，通过沙里叶提，将合洁渠的田地恩赐给我们已达7年了。父亲去世后，对于没有恩赐给我们的东西财物，除去为他老人家的葬礼而开支的费用外剩余下来的，因分配中产生了矛盾，我们曾要求官署处理。沙里叶提在处理此案时，我们都出示了恩赐证。审理过程中发现父亲还有189块银圆的债务。父亲恩赐给我们的财务还不够还他的债，于是我们当中男的各出10块银圆，女的各出5块银圆，还清了父亲的债。至此官司了结，我们兄弟姐妹互不欠账。今后，倘在父亲的遗田问题上有谁出来闹事，在沙里叶提面前一律无效。

---

①分配的份数与总份数数额有出入，疑原文书记录有误。

②［埃及］艾哈迈德·爱敏：《阿拉伯—伊斯兰文化史》（第四册），朱凯译，北京：商务印书馆，1997年，第275页。

证明人：吐尔地和加、买买提赛里木和加、买买提依明海里排伊卜拉黑木和加、托合提和加、苏皮等。

（印章1枚）

这份契约实际上涉及赠予处分财产与份额继承财产两个问题。7年前茹克亚阿依拉的丈夫将合洁渠的田地通过宗教法庭赠送给了妻子与子女。按赠予法的惯例，被继承人生前有权以赠予方式将财产赠予任何人，其数额不受限制。财产所有人去世后，其财产由其法定继承人按遗产继承法继承。但还有两项具体的规定：第一，要尽力体面地安葬亡人；第二，偿还亡人生前所负债务。这意味着，在清偿亡人生前所负债务之前，亡人在法律上仍被视为遗产的所有者，而继承人只有首先偿还被继承人的债务之后，才实际取得继承遗产的资格。偿还债务的次序有时甚为重要，特别是在亡人属于没有完全偿还能力的情况之下。按照惯例，首先应从遗产中留出安葬费用，接次是偿还以财产为担保的债务，最后偿还一般债务。上文中，我们看到，在处理父亲债务之前，继承人首先从遗产中拿出部分财物体面地安葬了父亲，这完全符合教法的要求。随后，需要对遗产进行分配继承，第一步就是要偿还被继承者生前的债务。按教法规定，遗产的管理权归国家，由沙里叶提法院代行这一职能。文中，在沙里叶提法院主持下，偿还了父亲的债务。有意思的是，需要拿钱为父亲还债时，与遗产继承法中的规定一样，同一亲等男性要付出比女性多一倍的钱财。这个事实在有关伊斯兰教法著作中尚未提及，显然伊斯兰教法面对具体问题时，有很大的灵活变通处理的空间。这也在某种程度上弥补了伊斯兰教法体系不够完整之弊病。伊斯兰教法是一部以“私法”为主、诸法一体的综合法规。教法尽管涉及的范围极其广泛，但其主体部分仅限于私人关系的领域，主要包括婚姻、家庭、继承、刑法和瓦克夫制度，即与宗教学说关系更直接、更密切的部分。还有体系庞杂，重宗教道德说教，轻司法实践。① 具体案件的审理往往取决于宗教法庭法官个人对教法的理解。

维吾尔族契约文书中有大量以教法为基础成立的遗产分配与继承关系

①吴云贵：《伊斯兰教法概略》，北京：中国社会科学出版社，1993年，第7页。

的契约。这说明清代、民国时期维吾尔族社会中伊斯兰教法发挥着主导、整合社会经济生活的作用，即使非穆斯林的汉族官吏对此也有基本正确的认识。如《新疆图志》记载，维吾尔族穆斯林的继承制度是："有子者财产归子，其女与前妻之子得分子之半；无子有女者，财产归女；子女俱无者，不立嗣；抚他人之子不得分财产，兄弟及亲戚均而分之；其妻无所出者，只分女所分财产之半；子先父母死，父母财产例不得及于其孙。"①

遗产分配之于地权转移的意义在于，由于遗产分配而使得南疆社会避免了地权过度集中。如《选编》中有一喀什人乌布里海山，是一个大地主，其土地部分来自购买，部分来自捐献，其从农民手中买到或接受捐献的土地有 140 多亩，但其去世后，其遗产继承人分配到的土地按（1930）138 号文书记载，仅在且末县就有 342 亩，经过这次分配，在一个大地主消失的同时，出现了一些中小地主，客观上增强了地权的流动，有利于社会经济的发展。

二、契约中"典""押"考察

（一）"典权"之考释

中国的典当业是一个流传久远的古老行业。它起源于公元 5 世纪南朝的寺院质贷，以后历经数代，至明清已经有 1000 多年的历史。典当业作为高利贷的主要形式之一，在中国传统的金融活动中，与一般民众的关系最为密切。与典当业有关的法权即"典权"，它是我国的传统法律制度，同时它也是现代我国民法中为数不多的、完全未受外国法律影响而独立存在的一项中国固有的法律制度。在讨论维吾尔族契约文书中"典"的问题之前，了解典权之原型——中国传统的"典"是必要的。

①[清]袁大化、王树楠、王学曾：《新疆图志》卷四十八，"礼俗"条，上海：上海古籍出版社，1992 年，第 443 页。

作为交易方式的“典”，早在我国西周时期就已经出现，①古代称为“典贴”（《玉篇》卷二五），以“活卖”为特色，源于北齐时期的“帖卖”。当时均田制度下禁止买卖露田，于是民间出现了一种附有买回条件的土地买卖——“帖卖”，这种特殊的土地买卖方式获得国家法律的认可——“帖卖者，帖荒田七年、熟田五年，地还钱还，依令听许。”②在唐代后期，均田制已经名存实亡，自由买卖土地成为可能，但以前附回赎权的土地买卖方式因为满足了小农经济条件下农民惜恋土地的心理，仍然被广泛采用。隋唐至元代末期，典权开始制度化、规范化，代表性的是唐代将典卖、质押借贷、典当统归于“质”，③几种不同形式的土地买卖同时并存开始成为中国古代土地买卖制度的一大特点。此后历朝的法律均将“典”和“卖”两种买卖形式一并规定在一个条文中，称为“典卖”。如五代后周法律规定：“如有典卖庄宅，准例，房亲邻人合得承当。若是亲邻不要，及著价不及，方得别处商量，不得虚抬例价。”④

“典”“卖”两种买卖方式之区别仅在于“典可赎而卖不可赎也”⑤。又如《大清会典事例》（卷八四）规定：旗地“止准承种，不准典卖”“恩赐地，如典卖与旗人则听”等。典与卖的区分仅保留在能否回赎这一点上，在其他方面，二者在法律上都是作同样规定。由于二者具有相同的法律性质，“两者都标志着土地所有权的变化，因而在政府法令中常常相提并论，作为同一类问题来处理”⑥。民间把这种买卖习惯统称为“活卖”。“活卖”与“绝卖”相对应，但两者在法律意义上都是所有权的转让。二者共同构成中国古代土地买卖的两种方式。“典”经历了唐、宋、元、明、清各个时期的发展，在社会中普遍存在，成为一个重要的民事法律制度。

---

①张传玺：《中国历代契约会编考释》，北京：北京大学出版社，1995 年，第 11 页。

②《通典》卷二《田制下》。

③孔庆明：《中国法制史》，长春：吉林人民出版社，1996 年，第 249 页。

④[宋]王溥：《五代会要》30 卷，上海：上海古籍出版社，1978 年，第 416 页。

⑤《明律集解·户律·田宅·典卖田宅》，载张晋藩主编《中国民法通史》，福州：福建人民出版社，2003 年，第 835 页。

⑥陈高华：《元代土地典卖的过程和文契》，《中国史研究》1988 年第 4 期，第 35 页。

（二）南疆维吾尔契约中的“典”文化

南疆历史上早已有“典”权概念，如唐代高利贷业颇为兴盛，有将典押借贷专业化了的“质库”，现存文献中唐贞观年间的吐鲁番文书中就有典地、典房契。①

吐鲁番回鹘文社会经济文书中“典”的概念的出现，应该是内地名物制度在南疆传播交流的结果，如同某些学者所说，回鹘文契约文书中的契式与语言表述“因袭的是13—14世纪汉文同类文书中的语文现象，而这种语文现象的产生发展及其对边疆少数民族地区的影响历史悠久，源远流长”②。例如，一件吐鲁番回鹘文契约文书中说：

（1）羊年正月初十，我塔西克要给吐利

（2）立一文书：我负担着卡兰税，债务

（3）累累，债主甚众，

（4）似难自立，（欲）赴逃匿。

（5）为此，我拟与吐利（商议），要把属于我所有的需要三个人

（6）丁耕作的葡萄园典押给吐利，（并且对他）说：“你可以

（7）为我偿清债务，而收留（我的葡萄园）吗？”

（8）（还）说：“如若不然，我将典押给他人了。”

（9）吐利说：“我可偿还你的债务，葡萄园

（10）不要典押给他人了。”鉴于此言，我便以“应给巴尔恰·

（11）道人半件丝绸，给卡楚克半罐酒，

（12）给玉目霞客两石谷子（和）一件黑衣服，给契丹·

（13）普化三件绸缎，这么些东西由你偿还后，

（14）你方可把我的文书取走”为条件，

（15）吐利若支付了这些东西，还清了我的债务，（那么）该

①武汉大学历史系魏晋南北朝隋唐史研究室：《敦煌吐鲁番文书初探》，武汉：武汉大学出版社，1983年，第217页。

②刘戈：《回鹘文买卖契约译注》，北京：中华书局，2006年，第202页。

(16)葡萄园将成为给吐利的抵偿物。这些东西

(17)我塔西克回来以后若能还给吐利,

(18)我吐利则退还(塔西克的)葡萄园。如果

(19)塔西克至三年回来以后,不能把这些东西

(20)还给吐利,那么葡萄园将合理合法地成为给吐利的

(21)赔偿品。证人凯尔斯辛,证人吐克伦奇·普化。

(22)这个手印是我塔西克的。我巴尔恰·吐尔迷失

(23)遵我祖父塔西克老人之嘱而书(写了该文书)。①

这是一件完整的典押契,它对典押的缘由、具体典押物件、典价、典期、赎典都做了明确的规定,说明当时该地"典"文化已相当成熟。因在高昌吐鲁番地区发现的唐代汉文契约文书中"典"与"押"系常见的概念,发挥着不可或缺的社会功能,13—14 世纪回鹘文契约文书自然有历史的传承,受其影响也是不可避免的。

今天还能看到部分出土的喀喇汗王朝时期的契约文书,②但其中已找不到"典"文化存在的证据。究其原因,可能是由于伊斯兰教反对高利贷,如《古兰经》中说,"吃重利的人,要像中了魔的人一样,疯疯癫癫地站起来"(2:275)。这是因为买卖恰像重利。真主准许买卖,而禁止重利。属于高利贷形式之一种的典当抵押也失去了在南疆伊斯兰文化大环境下存在的合法基础,我们甚至在 19 世纪初以前的维吾尔族契约文书中看不到与"典"文化相关的内容,它已经在南疆失传了。"典"作为中国内地传统的制度文化,再次传入新疆各地显然与清朝政府统一天山南北后内地大量人口迁入新疆谋生有关,如《清实录》中所言:

巴里坤屯田,加种地亩,渠水不敷浇灌,镇属各营兵少差多,暨该处磨夫工价、屯车修费等项,经前任都统海禄奏请裁汰之后,兵丁苦累,又

①李经纬:《吐鲁番回鹘文社会经济文书研究》,乌鲁木齐:新疆人民出版社,1996 年,第 110 页。

②林梅村:《有关莎车发现的喀喇汗王朝文献的几个问题》,《西域研究》1992 年第 2 期,第 97 ~ 106 页。

上年短收粮七千余石，系武员借垫，典当衣物赔偿。①

当然，军队中不可能开当铺，兵士能典当物品，说明社会上民间当铺已正常营业了，典当文化也随之传入了新疆。又如：

再降谕旨，其私行典卖及扶同侵肥等弊，应如何严行杜绝之处，着一并议定条款具奏。将此谕令知之。②

以上内容可充分证明"典"文化随入疆军民已经传入新疆，在南疆维吾尔族社会同样流行起来。在《选编》中，最早提到典当的时间是1807年，"愿将少尔县都克渠两岸的8帕特曼土地、28间房屋连同园子（和）树木卖给优奴斯王为业。价为16个元宝。这些地不是典当之地。"这起码可以说明，19世纪初"典"这个概念已为南疆普通百姓熟悉，逐渐也有当地人开始经营典当业，如036号契约文书：

清　光绪十九年　1893年1月26日

伊斯兰教历一三一〇年（狗年）七月八日

立约人印花布匠买买提，系已故毛拉肉孜买买提之子，家住喀什买提卡尔。现将柳树渠边约2察拉克一等地连同树木典给本城乌布里海山阿訇，收典款150圆（银圆）；如将典款偿还，即可收回土地。自典当之日起，该地由海山经营。该地东至典当人的地；北至沙木沙克阿訇的地；西至典当人的地；南与热合木阿卡（大婶）的地为邻，有的地段与阿达米提阿卡的地段为邻，有的地段与本人的地相连。

特此立约。

证明人：大阿訇艾维孜

该契约中受典人为当地的居民，证明当地人也介入了典当业。

由于吐鲁番地区早就有大量内地移民进入，因此"典"文化亦较南疆其他地区更为当地人所熟悉，吐鲁番地区的契约文书中有很多反映。如自治区档案馆Q15－4－00318号文书：

①《清实录》卷一二二八，第19～21页。

②《清实录》卷一六八，第20页。

克为斯将地卖给曾盛永等经中见人所立之契约

具言人:克为斯、哈沙铁毛、克礼米牙斯。只因前次将一段地当于杨新未、曾盛永名下25年,买主种了17年,下余8年为荒,自兵荒以后,卖主交于买地稞同重议论,每年高粱3石,净棉花拾5斤,六年起拾三年止,至立字之后并无异说,恐后无凭,立字为证。

同人:阿不都可斯、若子满提、麻木提、沙衣提八海、尕四

光绪六年六月初四

该文书虽名为将地卖给曾盛永等,但在文中又说是“将地当于杨新未、曾盛永名下25年”,这显然是“典卖”,有一定的赎回年限,后遇战乱,有8年时间承典人未能耕种。战乱平息后,双方重新议定在出典人给予承典人一定补偿的条件下,将回赎期顺延8年。如仅从当地“典”契的形式看,已与内地相差不大。

新疆建省以后,特别是到了民国时期,南疆社会中“典”的概念逐渐丰富,不光有“典卖”,还出现了“典押”。例如,142号契约文书:

1932年2月7日

伊斯兰教历一三五〇年九月二十九日

我是卡斯克村牙合甫阿訇。我向镇上买合苏木苏皮喀孜阿訇之子库吐比阿訇典押了土地,押金为40两银子。这40两银子,租户何时需要,我将无条件地偿还。特立此据为证。

证明人:尤奴斯阿訇、哈吉木哈西木阿訇、依斯拉木

(宗教法庭印章1枚)

与土地买卖密切关联的是土地的典押,是农民在借贷时将其土地私产提供作抵押品。债务人在借款后仍照样耕种其田地,无须缴出土地使用权。但是如果他无法依限清偿其借款之本利,最后便要丧失土地所有权。受伊斯兰文化影响,南疆地区契约关系形成的基础主要是伊斯兰教法,但内地契约文化的渗透与影响在后期越来越大。建省后,公权力逐渐开始介入契约过程。光绪三十年(1904)始,政府明文要求订立契约必须交纳契税,后来这成了政府财政的一项重要收入,南疆社会从“官有公法,民有私约”各行其是,过渡到了“公法”对“私约”的制衡时代。

民国时期新疆“典”文化情况《新疆游记》中记载较为详细：“新省契税依清宣统二年部定新章，买业每价银一两，收税九分，典价一两，收税六分，先典后买补收三分。民国以来率由旧章，又复节经前国税厅筹备处拟定契纸、契格各式呈部核准发行，民间典买田房一体遵缮报税，以杜隐匿。详定奖励及惩罚章程，考成征收官吏，切实整顿岁有增加，四年分收入已达二十四万四千八百余元，五年收入闻尚大有增益，部颁契纸式样，新省概已遵办，惟皆官厅发行，商场未设代售之所。契纸一费，则沿前清规定，每张收银五钱之旧，但彼时为藩司经征局暨各县官办，收入概归中饱。民国继兴，净提归公，较之部例征收五角，实有过之，惟上年南疆各县征收契税不无弊端，杨省长当令财厅改良契格，加入缠文，使缠民皆知定章，以免弊混，此项契格上印契格二字，而中空白，以备书缮缠文，盖从习惯而便民也。”①终于，南疆社会经济生活在制度层面上与内地完全接轨了。

（三）典文化融入南疆伊斯兰社会的原因及其地方化

由于“典当”业属于高利贷行业，“典卖”“典押”“质押”都是拿有价值的物品作抵押进行的借贷，借贷者需付出高昂的利息，这与伊斯兰教反对不劳而获、重利盘剥的观念格格不入。《古兰经》有多处禁止利息、重利、放债取利的经文（2:275～279，3:130，4:161，30:39），对各种放债取利、高利盘剥的行为严加禁止，并劝诫穆斯林应谨守拜功、完纳天课、善待穷人和奴隶、放弃余欠的重利，“真主准许买卖，而禁止重利”（2:275）。“在整个穆斯林东方世界里，《古兰经》是民政设施的根本。风俗、法律和各种内外关系统由其确定。”②因此，1759 年之前相当长的历史时期内在南疆伊斯兰化地区“典”文化失去了生存的土壤，逐渐隐匿不彰。在内地，“典”文化却是一种明文可以存在的制度，也是部分人赖以为生的方式。1759 年后，当时在南疆经营典当业的主要是内地入疆的经商之人，即所谓的“商民”，他们小有积蓄后便从事

①谢彬：《新疆游记》，上海：中华书局，1923 年，第 311 页。

②Ч. Ч. Валиханов：*Собрание Сочинений в Пяти Томах. Том* 3（Алма－Ата，1984—1985），стр. 157.

典当业，而能开门营业的首要条件就是当地必须有此方面需求。因为典当业虽对穷苦农民并无实际帮助，但它作为以财产质押为主的小额贷款，解决了部分人群短期融资困难的问题，有助于促进社会资本流动，活跃经济。它不仅在经济繁荣时期具备发展的基础和条件，经济衰退时期，典当业同样具备发展的环境和空间，这种特殊的独立经济地位是其他行业所少有的，其社会适应性极强。南疆地区又是传统的以绿洲农业为主的社会，由于农业生产有季节性，资金的需要集中于一时，即每届生产之季，需要资金者既多，故利息亦高。南疆农民受教育程度较低，缺乏判断能力，而心理上又富于保守性，故往往受高利贷的剥削而不自觉，再加之南疆农民习惯窖藏钱币，减少了农村中流动资金的供给数量，使得高利典当大行其道，它有其客观合理性。同时，无论是清政府官吏还是地方伯克，也都清楚“典”文化的含义与任其发展不加控制对民生的危害。19 世纪 20 年代，清政府在处理张格尔入侵的善后事宜时，就注意到了南疆典当业问题，如：

内地商民远赴新疆自应安分守己，贸易营生，近闻有不肖商民在回城放债，重利盘剥穷回，三月转票利上加利，迨回子无力归还即将其房屋、地土物件勒价准折偿还欠项，回子无知，受其愚弄，此等奸民深堪痛恨，现据城守营都司会同阿奇木伯克查明回城内开设小押当铺户竟有五十四家之多，着勒限三十日，责令该铺民搬出城外，不准再于回城逗留，嗣后该商民等搬出回城之后，借给回子银钱不准重利盘剥，亦不准有转票情事，并不准将回子房屋物件抵偿，着责成城守营都司会同阿奇木伯克随时严查，如该商民等仍有重利盘剥苦累回子情事，即行严拿呈报，从重治罪。①

过去利用“典”的方式进行土地交易的绝大多数是贫苦农民，富裕的地主之间的土地、房屋等买卖通常是以“绝卖”的形式进行。普通农民之所以采用“典”的方式出卖土地，其原因有两个：一是经济陷入窘迫，二是因土地

①《富兴阿奏稿》，载马大正、吴丰培主编《清代新疆稀见奏牍汇编（道光朝卷）》，乌鲁木齐：新疆人民出版社，1996 年，第 197 页。为尊重原文，本书对引文中所出现的“回回”“回子”“穷回”“愚回”等未做改动。这些词语是当时对回族百姓的歧视性称呼，是错误的。后文中出现的这些词语不再逐一说明。

系大宗财产而难以适时找到买主。因此，出典土地（实际上是贱价出售）实在是贫苦农民在情急之下的无奈之举。如前例《典田抵债协议书》中田主“负担着卡兰税，债务累累，债主甚众，似难自立，（欲）赴逃匿”。保留回赎权只是对贱价出售土地所采取的一种补救措施，但这种补救措施对农民毫无裨益，对购置土地的一方亦无任何妨害，因为已陷入破产境地的农民不可能有回赎土地的经济能力，现实中能够回赎的也极为罕见。该契约中的田主塔西克在外逃亡三年，回来后赎回葡萄园的可能性几乎没有。以“典”的方式进行土地的买卖在实际运作过程中常常走向济贫扶弱的另一面。经济状况恶劣的出典人，常以很低的典价将土地转让出去，到期不能回赎便彻底丧失了土地，而对方则以较低的代价合法地占有土地，“‘典’，这种方式，对于富人是极为有利可图的”①。因此，甚至有维吾尔族经典作家也把“典”看作是造成部分维吾尔族民众贫困化的原因：

> 从此安宁像凤凰一样离开了人间，飞进了深山密林，人们失去了喘口气的机会。有钱人靠着金钱，钻进了和太、伯克的保护圈内，逃开了赋税。可是没钱人身上的担子却一天重似一天。先是浮财，后是土地、房屋、牲畜像水一样流进了和太的当铺，谁是理解庶民疾苦、悲哀的人呢？庶民只有用眼泪把疾苦悲哀哭诉给真主。②

但处在如此尴尬境地的“典”文化在南疆却通过其地方化逐渐融入当地文化中，最终变成了维吾尔族文化的一部分。这种地方化过程是通过不断对当地伊斯兰文化的适应完成的。以上举《选编》142号文书为例，南疆有关“典”的契约中一般都没有明确回赎日期，只是表示“租户何时需要，我将无条件偿还”。

这与内地“典”契有很大不同，原因可能还是宗教的。对债务问题，《古兰经》曾表示过两种截然不同的态度。一种是严厉谴责放高利贷、“吃重复加倍的利”，同时鼓励债主照顾债户的生活困难，给予“宽限”，或以布施行善

①郦家驹：《两宋时期土地所有权的转移》，《中国史研究》1988年第4期，第31页。

②毛拉·穆萨·沙伊热米：《伊米德史》（油印本）上册，新疆少数民族社会历史调查组编译，1959年，第81页。

的方式,放弃所欠的债务。另一种态度则是强调讲借讲还,“履行各种约言”,不可减少债务的“一丝一毫”,甚至还明确规定了当事人双方要在证人的监督下,将所借债务和偿还日期写入借契之中。[1] 该契约的两种态度有彼此妥协的意味,既要保证无条件的偿还,又不将偿还日期写入契约中,这确实是一个有意思的现象。吐鲁番地区的“典”契约中也可看到这种现象。如光绪十一年(1885)十二月的一份文书中说,“何时凑足八两五钱银子,何时就可以把地赎回”,体现了债主照顾债户的困难,给予“宽限”。显然,一种外来文化要为当地人所接受,就必须融入其文化结构。这也是“典”文化在南疆伊斯兰社会成功立足的关键。

另外,事实证明,一种有价值的经济活动很容易成为一种流行的文化,甚至可以轻易打破上层建筑的制约。典当现象的发生和发展以货币经济的发展为前提,这与19世纪中期以后南疆商品经济的快速发展是相适应的。出典者需要货币,承典者支付典值货币,南疆有很多当地维吾尔族民众也被吸引进来从事典当活动,我们已经看不到从业者文化背景的影响,商品经济相对发达的吐鲁番地区更出现了多种典当文化的地方化形式。如光绪八年九月的一份吐鲁番契约中说,“肉孜·海子等人将三斗坎儿井水地以三十两银子的价格当出”。光绪十一年十二月的另一份文书说,“巴衣孜以八两五钱的价格把半天水、八斗地当出。”显然,在吐鲁番地区“典”文化相对更发达,可以用于典当融资的途径更多,处理纠纷时也更灵活。

(四)小结

中国作为一个大陆法系成文法代表性国家,在漫长的古代社会中长存的成文法只有刑法典,民法典基本上找不见踪影。这方面与伊斯兰教法民法内容丰富、体系性强形成对照。但中国内地大量的,存在于民间的契约、民事交易,丝毫没有受到缺少体系性民法典协调的不利影响,并且成长出了最具中国特色的典当制度。虽然典当文化在一千几百年前便已传入西域,

①吴云贵:《伊斯兰教法概略》,北京:中国社会科学出版社,1993年,第177页。

但随着西域文化生态环境的变迁却时起时伏。

南疆地区契约关系形成的基础主要是伊斯兰教法,但内地契约文化的渗透与影响在后期越来越大,“典”文化就是一个例子。建省后,公权力逐渐开始介入契约过程。光绪三十年(1904)始,政府开始明文要求订立契约必须交纳契税,后来这成了政府财政的一项重要收入,南疆社会从“官有公法,民有私约”各行其是,过渡到了“公法”对“私约”的制衡时代。

清代“典”文化逐渐融入南疆伊斯兰社会的过程说明文明都有互相学习借鉴的必要性与可能性。

三、契约中地价与当地民众的生活水平

关于清代、民国时期南疆土地价格的问题,学界几乎无人论及,然而它却是一个十分重要的研究课题。因为土地价格不仅决定着土地交易的成功与失败,而且左右着土地买卖发展的加快和延缓,还影响着土地制度的实行、崩溃和转变。地价又常常与租价成正关联关系,租额的高低则影响着普通百姓的生活。因此,通过地价也可以考察当时民众的生活水平。清代、民国时期南疆土地价格的实际情况与发展变化在维吾尔族契约文书中有较充分的反映,可以做一探讨。

(一)清代、民国时期的地价

19 世纪 40 年代后,特别是新疆建省后,土地私有已占统治地位,田土成了最主要的大宗商品。按照马克思商品价格理论,价格是商品价值的货币表现。但商品价值不能从商品本身得到表现,价值要由价格表现出来,就必须通过流通领域,也就是说,只有进入流通领域,商品的价值才可用货币表现出来。“商品的交换过程,是在两个互相反对又互相补足的形态变化——由商品转化为货币,再由货币转化为商品——中完成的。”①这个过程,简言

①[德]卡尔·马克思:《资本论》(第 1 卷),郭大力、王亚南译,北京:人民出版社,1963 年,第 84 页。

之，也就是买卖的过程，土地价格的实现也必须以买卖为前提。

清代南疆契约文书中的土地买卖基本上是所有权的转移，即内地的“田底”买卖，也叫“绝卖”，地价即田底价。现能见到的最早的维吾尔族土地买卖契约为1807年的，如003号契约文书：

清　嘉庆十二年　1807年8月2日

伊斯兰教历一二二二年五月二十七日

谨以主宰万物的真主的名义！

我们站在和加纳斯尔和加的遗族库奇妣妣阿衣夏姆、其女古丽苏木妣妣·哈吉尔和加、沙拉和加、其妹达吾来提、女婿托乎提海里排等人一方，代表其库车的女儿帕蒂玛和加、其母阿衣夏姆和加、托乎提海里排等具结如下：

愿将少尔县都克渠两岸的8帕特曼土地、28间房屋连同园子（和）树木卖给优奴斯王为业。价为16个元宝。这些地不是典当之地。今后我们任何人的后代均无权干涉。

地界：东边是苏皮尔干的土地，地边有坑和荆棘；南边是毛拉吐尔地和毛拉海里排的土地，另有玉素甫的一块地，另与提来克巴柯古孜尔礼拜寺的瓦克夫地接壤，中间有加罕巴克渠；西边与阿布艾里木·克白克苏皮·托克逊木匠的土地接壤，界为坑和荆棘。

证明人：艾则孜海里排、克伯克海里排、阿布杜纳斯尔、毛拉哈来什等人

（印章11枚）

帕特曼是南疆常用的重量单位，除此以外，还常用噶尔布尔、察拉克、秤子等计量单位。如清朝光绪年间，一位清军幕僚——湖南人萧雄在他的《听园西疆杂述诗》卷三中说：“彼中以十斤为一察拉克，以八察拉克为一噶尔布尔，以八噶尔布尔为一巴特满（batman，又译帕特曼），计重六百四十斤，约如内地一石之说，而察拉克与噶尔布尔则犹升斗也。往年南八城征粮，均以此例计数为额。”①清代南疆社会土地不以面积计算，而以所用籽种数来计量，

①［清］萧雄：《听园西疆杂述诗》（第3卷），上海：商务印书馆，1935年，第80页。

即一帕特曼粮食籽种所播种的耕地面积,就叫作一帕特曼土地。“回俗以内地重十斤为一察拉克,八察拉克为一噶勒布尔,即内地八十斤之数,八噶勒布尔为一帕特玛,即内地六百四十斤之数。以权准量,凡重一帕特玛者合内地仓斛四石五斗,一噶勒布尔合内地五斗六升三合五勺,一察喇(拉)克合内地七升三勺一撮二抄。”①

考察当时使用的货币,每个银元宝重约50两,16个元宝即800两银子。清政府统一南疆初期货币制度在《西域图志》中有述:“回人称钱为雅尔玛克,以一钱为一普尔。普尔为言文也,每一普尔直银一分。初以五十普尔为一腾格,后定以百普尔为一腾格,直银一两。”②清代、民国前期,新疆实行银本位制,币制虽然银钱兼用,但以银为本,以钱为末。清政府规定:①征税起点在一两以上者必须收纳银两,一两以下者,听民自便。乾隆年间,还把起点降到一钱。②银两与制钱的比价,一般定为制钱一千文换银一两。完纳钱粮时,凡小户零星、大户尾欠,纳银时每银一分收钱十文。③政府规定纹银为标准成色。④政府会计都用银两核算。不过,清代以银为主、以钱为辅的货币流通制度,与近代意义的银本位制度并不完全相同。因为,它并不存在严格意义上的主币、辅币之分。铜钱在民间的交易使用,在数额上并无法律限制,银钱之间也无正式法定的比价。所以,清代白银虽然已经取得了主要货币的地位,但实际上还未脱离银、铜二种金属并行流通的情况。③ 清代、民国时期南疆维吾尔族契约文书中地价基本上都是用白银计价,而南疆百姓日常生活中仍以用钱为主,银钱比价又在经常变动中,只有对照当时的粮价,才能知道白银的实际购买力,也才能说清地价的高低变化趋势。但清代新疆只有属于州县制的地区才有奏报粮价的职责,清朝前期新疆只有迪化、哈密、镇西、吐鲁番四厅、九县的粮价清单。④ 南疆粮价只能从当时在疆官员

①《回疆则例》卷6,载刘海年、杨一凡总主编《中国珍稀法律典籍集成》(丙编第二册),北京:科学出版社,1994年,第491页。

②钟兴麒、王豪、韩慧:《西域图志校注》,乌鲁木齐:新疆人民出版社,2002年,第479页。

③穆渊:《清代新疆货币史》,乌鲁木齐:新疆大学出版社,1994年,第70页。

④同上书,第209页。

的奏折中判断,1787 年左右南疆粮价约 0.77 两/石 ~0.87两/石,嘉庆、道光年间粮价如那彦成奏折提道:“增养廉盐菜银 1 784 两,折给粮 3 568 石。”另一处有“需加增养廉盐菜银 320 两,折给粮 640 石”。① 1 石粮为 0.5 两银子,时间为道光八年(1828)八月。而嘉庆年间南疆粮价约为 0.54 两/石 ~0.63 两/石。② 上文中 8 帕特曼土地等于 512 亩,平均每亩地价 1.56 两银子,考虑到该价格包括了土地上的 28 间房屋与树木的价格,每亩地价应在 1 两银子左右,即每亩地售价仅能购得粮食 2 石。当时的亩产量据蔡家艺先生统计:吐鲁番领队大臣统属屯兵 700 名,共种地14 700亩,岁收粮约 12 300 余石,亩产量约 0.83 石。③ 伊犁回屯丰年亩产粮1.3石左右,正常年景下,小麦的亩产为 1 石左右(约 120 斤),南疆农业条件不如伊犁,因此亩产更低,“喀什噶尔地区的亩产量,可能只在 0.5 石上下浮动”④。“清代华北一般年成两收亩产在 1 石左右,养活 1 人至少需要 3 亩口粮田。”⑤这个数字说明当时南疆的地价是很低的,每亩地售价连一人的口粮都不够。清代南疆地价低首先与土地亩产量低有关。建省前南疆普遍实行轮耕制度,不知积粪肥田,粮食产量与内地特别是南方地区一年两熟甚至三熟不能相比。另外,南疆地区长期地广人稀,人地矛盾不突出,劳动力容易通过开荒、佣工找到出路,不必通过买地获得生产资料,当然,地价就不会很高。甚至还有地价更低的例子,如 009 号契约文书:

清　道光十二年　1832 年 1 月 21 日

伊斯兰教历一二四七年(羊年)八月十七日

具结人杜来提江巴依,瓦罕人。我代表我的伙伴库尔班巴依立此据:我同库尔班巴依把从热巴其合洁渠买到的旱田两帕特曼,现连同房

①《那文毅公办理善后奏议》,载马大正、吴丰培主编《清代新疆稀见奏牍汇编》(道光朝卷),乌鲁木齐:新疆人民出版社,1996 年,第 20 页。

②穆渊:《清代新疆货币史》,乌鲁木齐:新疆大学出版社,1994 年,第 220 页。

③蔡家艺:《清代新疆社会经济史纲》,北京:人民出版社,2006 年,第 134 页。

④齐清顺:《清代新疆维吾尔族地区农业生产的发展》,《中国历史地理论丛》1996 年第 3 期,第 179 页。

⑤张研:《18 世纪前后清代农家生计收入的研究》,《古今农业》2006 年第 1 期,第 72 页。

屋、院落、树木一起,用450块银币卖给毛拉木巴热克海里排和毛拉西亚尔海里排。钱已交付,田地由他们二位分收。从此,对这块土地我不再拥有任何权利。它不是瓦克夫,不是典当地,也不是恩赐田。今后,我或我的后代惹起纠纷,一概无效。

(印章2枚)

2帕特曼等于128亩,450块银币即450个天罡。1875年起,25文红钱折5分小天罡一枚,按1900年斯坦因调查所得,当时和阗仍然一枚天罡折25枚红钱,直至1939年,毛泽民改两建元,南疆天罡与红钱的兑换比一直如此。450个天罡总共可折为11 250枚红钱,而红钱与白银的兑换率则自光绪十五年(1889)年始,至1939年,一直为400文红钱兑换一两白银,11 250枚红钱折算为白银是28.125两,则每亩地价折合0.22两白银。道光十二年(1832),小麦价0.5两/石,①比嘉庆年间略有下降,卖两亩田尚买不了1石小麦,以1人一年最低消费3石小麦计算,则可折算为7亩地的地价,上述两块地亩在粮价变动不大时地价相差悬殊必有其他原因。虽然地价的高低主要取决于地租的多少,这是确定地价的一个基本原则。那么,既然地租的多少能够决定地价的高低,那么能够影响地租增减的很多条件也就必然影响地价的涨落。

首先,南疆绿洲是灌溉农业区,水比地更重要,无水有地也没用。上述两块田土,第一块位于灌溉渠边;第二块是旱地,指无灌溉设施,主要靠天然降水种植农作物的耕地。南疆降雨稀少,因此旱地完全没有用水保障,地价自然就低。

其次,地租会随着租谷价格的涨落而变动,粮价对地价也能产生一定的影响。土地买卖也是一个流通过程,必须通过货币的中介来完成,因而地价与地租发生关系时,必然会加入一个物价的因素。在通常情况下,物价的涨落与地价的涨落是呈正比例发展的。正如上述两份契约所显示的,嘉庆年间至道光年间,粮价有些许降低,因此第二份契约中的地价低也应该与当时粮价低有一定关系。

最后,地价与人口密度有密切的关系。劳动力严重不足时,农业经营必

①穆渊:《清代新疆货币史》,乌鲁木齐:新疆大学出版社,1994年,第220页。

然比较粗放，亩产量比较低，所以地价较贱；反之，人口增加必然使耕作趋向集约，亩产量与地租量增加，所以地价随之上涨。另外，在人口稀少的时候，招佃户比较困难，劳动力之间的竞争还不明显，这就有可能使剥削率下降，地租量减少，因而地价随之下降；反之，当人口密度增加、劳动力竞争激烈、夺佃增租日益盛行的时候，地价必然上升。嘉庆年间，南疆人口比乾隆前期增加近两倍，社会稳定，经济繁荣。而1820年开始的张格尔入侵严重破坏了南疆特别是南疆西四城地区的经济，大量人口流落他乡，这也是造成道光年间地价下降的一个原因。

当然，南疆地价的高低还与外部土地供求关系有关，当竞相争购土地时，地价自然会上升。而道光年间，由于平定张格尔之乱不久，百废待兴，到处地广人稀，无主之地甚多，因此，道光年间地价就会比嘉庆时低。而到了19世纪末，南疆地价又有了新的变化，如附录一(13)号契约文书：

1897年12月21日

伊斯兰教历一三一五年(虎年)七月二十六日

我是先依黑村毛拉依布热依木班头的儿子艾孜买提吾吉。我做符合教规的坦白：从我父亲继承的纳黑拉罕亚尔所属吾宗阔勒渠浇灌的土地，按照察拉克标准核算为30察拉克，按照亩标准核算为30亩，以6两3钱银子，卖给了同村的穆海买提阿訇的儿子阿不都拉阿訇，现金收讫。同时，到衙门办理此地缴税的钱，也拿到了我们手中。特出具了字据。

就此地，如果除我之外的人起诉，我艾孜买提吾吉自己负责答复。

此地四至：东面是公用道路，北面是河，西面是河，南面是吾吉阿訇的土地，有些地方是胡达亚尔毛拉的土地。口说无凭，特立此据并加盖印章。阿不都拉阿訇支付此地的应交税金。

证明人：先依黑斯拉木·巴克阿訇、斯拉木阿訇、台外库勒阿訇

上面契约中30亩水浇地折算为6.3两白银，每亩地价为0.21两白银，地价甚至低于道光年间的旱地。而1897—1900年，小麦价格1.257两/石，远高于道光年间，粮价涨而地价不涨又是什么原因呢？

我们知道，1884年建省前，南疆实行的是按丁索赋政策，有地无地均得向国家缴纳赋税。因此，土地买卖中赋税的因素并不重要。而建省后与内

地体制划一，实行摊丁入亩，赋税按地亩征收，无地者不用承担田赋，即将内地征收常制搬到了新疆。但南疆百姓负担并未减轻，官吏乡约总是设法搜括："名目愈多，积弊愈深，不肖官吏相率浮征，变本加厉，甚有加收至数倍者。"①对于地主来说，其实际经济利益的大小，与其说是抽象地决定于地租，不如说是具体地决定于地租。赋税在地租中所占去的部分是个可变量，如果赋税与地租等量，净租就等于零，这时地主占有土地就会变成毫无经济意义的事，土地也就不再具有价格，而变成弃若敝屣的废物了。即赋税越重，地价越低，赋税越轻，地价越高。赋税负担沉重应该是当时地价低迷的原因。

民国时期的地价，张之毅在《新疆之经济》中列示了和阗民国廿九年及卅二年每亩地价（单位国币元）：

	民廿九年	民卅二年
上　地	500	1000
中　地	200～250	400～500
下　地	25～150	25～150

他解释说："上、中地价近年增加一倍，趋势甚缓，下地产量低微，尚需承粮，农民多不问津，故其价格历久不变。"②由于不知当时国币与红钱的折算关系，不好与前期地价比较，我们再看一份当时的土地买卖契约。例如，129号契约文书：

1930年7月9日

伊斯兰教历一三四九年（牛年）二月十二日

我是沙依巴克村故人赛亦德艾合买提依禅阿吉的儿子买合苏木汗。我将位于居吉兰的田地瓦纳水渠浇灌的1亩零5分地及地上的树木卖给了老城艾布都来海依阿吉，价为银子40两，现银如数收到。我不再拥有那块土地的所有权。今后我或我的后代如果告状，不生任何效力。特此立据为凭。

①［清］袁大化、王树楠、王学曾：《新疆图志》卷三十，"赋税一"条，上海：上海古籍出版社，1992年，第303～304页。

②张之毅：《新疆之经济》，上海：中华书局，1945年，第52页。

此地东部是依孜提的土地，南部是阿木渠和马路，西部是瓦克夫地，北部是我母亲再乃甫汗的土地，以地埂为界。此据上盖有我的印章，已报呈税务局。

证明人：百户长胡大拜尔地居玛阿訇

（印章2枚）

该地每亩价26.67两银子。由于该地有很好的灌溉条件，显然是上地，但每亩价格比1897年时高出了127倍，如此高的价格让人吃惊。但如果参考上文所引张之毅调查中之两年地价涨一倍，那么在南疆某些地区也是完全有可能的，何况当时“新疆已耕地人口密度，全省每平方千米计283人，南疆计320人，而四川水稻区每平方千米人口密度亦不过309人，南疆已耕地人口密度超过四川，相对于耕地之人口，已达饱和点。在此人多田少的情形下，南疆农业经济表现为两个特点：一是小农经营，叶城八扎村农户每户平均所有农地仅计八亩，田场狭小，人口密度超过江浙；二是副业占重要地位，农民仅恃狭小土地生产，不足维持生计，故南疆农家手工业特盛。明乎此，则对土著农民要求土地之强烈，亦自不难理解”①。

在地主的制约下，地价变动幅度比较大。或因连年灾荒收成锐减，农民由于经济困难而急于出卖土地以维持生存，因而地价压得很低。在文献资料中，地主利用农民的困境而压价买地的记载屡见不鲜。或由于官绅地主对赋役的优免及依势逃避转嫁，农民在重赋压迫之下急于弃田，而田价跌落。或因长期战争地价跌落。这时地主破产流离，自耕农小土地所有制扩大，地价大幅度下降。不过数十年，伴随着人口增长，土地兼并转剧，地价又行上涨。在正常情况下，由于人地比例的变化和地主的剧烈兼并，地价上涨成为中国封建社会时期的一般规律。② 据康熙五十二年（1713）上谕，从前人少田多而地价低廉，今因人多而地价昂贵。③ 此外货币关系，如银钱比价的变动，也会影响地价的涨落。

①张之毅：《新疆之经济》，上海：中华书局，1945年，第73页。

②李文治：《明清时代封建土地关系的松解》，北京：中国社会科学出版社，1993年，第329页。

③《清朝文献通考》卷二，《田赋考》。

但更重要的是土地关系本身的原因。对农民来说,为了维持生计,也为了避免地主苛重的地租剥削而急于购买土地。他们为买几亩土地,每不惜重价。当然,地价昂贵对农民买地有极大限制,失地农民想购买几亩土地是极其困难的。对地主来说,他们唯一的目的是榨取地租维持其寄生生活。他们在买地时自然会考虑地价和地租的关系。地价的剧烈变动和日趋高昂,就是在上述条件下形成的。总之,小农经济的统治地位,无论地主和农民,对土地所有权的要求都超过供给,把地价抬高到难以设想的高度。

(二)水磨

地价不仅是指土地买卖的价格,还包括水磨的价格。水磨在南疆已有上千年历史了,现今距克孜勒苏柯尔克孜自治州首府阿图什市东314国道旁的"八盘水磨"则成了永久的地名。南疆灌溉用水主要来自高山冰雪融化后的雪水与地下泉水。高山雪水沿灌溉渠道流入绿洲,由于落差很大水流湍急,当地农民常在灌渠上筑坝建造水磨以加工小麦等粮食,既方便了民众生活,也充分利用了当地水利资源。据维吾尔族契约文书记载,几乎每个较大的村庄都有水磨运转。最著名的如喀什吐曼河沿岸的水磨。"吐曼"即维吾尔族语的水磨之意。吐曼河发源于疏附县兰干乡阿克塔木一带,是由沿途无数的泉水和克孜河流域灌溉回归水混合汇流而成的一条小河,从西向东经夏马勒巴格乡再往东南方向流去,浇灌着疏附县英吾斯塘乡广阔的田野。

20世纪50年代初,吐曼河沿途水磨众多,仅乃则尔巴格乡临吐曼河的托库孜塔什村就有20多盘。在南疆,拥有水磨是财富的象征,水磨如同土地一样可以买卖、出租,作为遗产留给后代。水磨售价高低同样也与当时、当地的社会经济环境有关,我们可据此了解当时居民的生活水平,如028号契约文书:

清　咸丰八年　1858年12月30日

伊斯兰教历一二七五年(狗年)五月二十四日

具结人如斯坦木和加、阿克拜克、吾斯曼米拉甫的继承人。

趁我们健在,具结如下,我们将祖辈不久遗留给我们的水磨加上一切设施，用 325 块银圆卖给了毛拉尤素夫，钱已全收。今后，徜我们或我们身后之人就此闹出事来，在沙里叶提面前一概无效，空口无凭，具结为证。

方圆边界：东头是寺产，有堤岸为界；北头是买买提亚尔的水坝；西头是堤坝；南头是毛拉斯迪克的草坪，有道路为界。

证明人：吐尔地乡老、毛拉托乎提、夏特和加、依斯玛依尔、沙木沙克、毛拉克开克等

（印章 1 枚）

阿古柏统治时期 1 两白银大约折合 20 枚天罡①，325 个天罡约为 16.25 两白银。以嘉庆年间水浇地价格计算，约可购买 16 亩上好的土地；以当时小麦约 0.5 两每石计算，可购 32 石小麦，以 1 人 1 年食用 3 石小麦计算，养活 10 人不成问题。因此，有水磨的家户应算是当地生活水平较高的人家。即使是出租水磨，收入应该也不低，如 078 号契约文书：

1916 年 6 月 9 日

伊斯兰教历一三三四年八月七日

我是巴柯提坎人，名叫赛杜拉。

我在优奴斯王所建经文学校旁边有水磨 2 盘，以年租 20 两银子租于阿吉肉孜，但他每年仅付我 5 两银子。经我上告，政府决定每年应付我 14 两银子，双方决定，再无更改。

证明人：苏皮尼牙孜、和加吐尔地、尼牙孜等

（印章 1 枚）

每盘水磨年租金 10 两白银，而 1901—1911 年，小麦价格为 1.906 两/石②，租金尚可买 5 石小麦，养活 1 ~2 人，收益相当可观。

综上所述，南疆地价在清代、民国时期经历了由高到低最后又急剧升高的过程。乾隆年间南疆地价高是由于当时社会稳定，经济开始恢复，农民对

①［俄］A. N. 库罗帕特金：《喀什噶利亚》，凌颂纯、王嘉琳译，乌鲁木齐：新疆人民出版社，1980 年，第 41 ~42 页。

②穆渊：《清代新疆货币史》，乌鲁木齐：新疆大学出版社，1994 年，第 232 页。

土地需求增加,高昂的粮价也是造成土地价格较高的原因。嘉庆、道光年间,南疆经过多年发展,百物丰盈,粮价下跌,地价也随之下降,维吾尔族民众的生活水平有了极大提高。建省后,地价总趋势是在不断上涨,特别是上地、中地的价格上涨较快,粮价也大幅度上涨,人口压力增大,人地关系紧张,加上各种赋税杂捐,维吾尔族百姓生活困苦的程度增加。

(三)南疆农民的生活水平

家庭的收入和支出状况是衡量生活水平的重要尺度。由于土地是农户收入的最主要来源,因此可通过观察各个时期南疆农户的耕地占有量来进一步了解他们的年收入状况。

清朝统一南疆之初,"当时原垦民田二万一千二百石籽种地亩,旧存官地,于入版图后,一体归民垦种者,八百一石四斗有奇籽种地亩"①。如果将两项田土面积相加,则总额为22 001.4石籽种土地。当时喀什人口为"回民一万四千五十六户,六万六千四百十三名口"②。户均4.72人(约等于5人),人均0.33石籽种地亩。实际上每一石籽种之播种面积,视各种作物而有不同。据张之毅调查:"莎车县什康村每一察拉克种可以播种之亩数,小麦约为一亩,秈稻自三亩至四亩不等,玉米为四亩。播种量与收获量之比例如将少数之新垦地除外,小麦为一与五,秈稻为一与二十,玉蜀黍为一与二十五至五十。折算结果,民国卅二年叶城重要粮食作物每市亩产量小麦计八十四市斤,秈稻计七十一至九十六市斤,玉米计七十一至一百四十五斤。"③一石为120斤,0.33石等于39.6斤,早期1察拉克约等于10斤,按此计算39.6斤等于3.96察拉克,南疆一般1察拉克麦种可播1亩地,所以1察拉克也约等于1亩。这样算来,如果种植小麦的话,当时南疆人均占有耕地在4亩左右。如果种植玉米的话,则等于16亩左右。如果以小麦亩产80斤

①钟兴麟、王豪、韩慧:《西域图志校注》,乌鲁木齐:新疆人民出版社,2002年,第473页。

②同上书,第463页。

③张之毅:《新疆之经济》,上海:中华书局,1945年,第31页。

计算，则人均可拥有小麦320斤，可折算为2.67石。种植玉米的话（产量以平均100斤计算），人均可收获400斤，可折算为3.3石。南疆水稻种植不多，特别是早期，这里可以忽略不计。如果将小麦与玉米收获量平均一下，则大致等于人均3石。

就支出而言，主要包括三大项：一是生产，二是田赋，三是生活费用。再加上林果、畜牧收入，完全可以解决温饱问题。生产方面由于南疆农业技术简单落后，所需工具很少，并且购置一两件工具可用多年，因此生产方面的投入可先不计。清政府统一南疆之初的赋役水平大概同清统一南疆前，“诸回城向苦准噶尔赋重，自己卯（乾隆二十四年）底定时，即为减定赋额，一如内地编户征纳，人皆乐输。至布鲁特则逐水草而居，非若旦人之能习耕作、尽地利，故虽向化内附，不令纳赋，惟入觐时职贡效忱而已”①。以喀什噶尔为例，“额征粮二万五千一百九十三石五升三合一勺；额赋二万六千腾格”②。当时喀什人口为“回民一万四千五十六户，六万六千四百十三名口”③。户均4.72人（约等于5人），人均负担额征粮0.379石，合45.5斤。人均负担额赋0.39腾格。当时原垦民田二万一千二百石籽种地亩，岁征入十分之一，定额二万一千二百石。旧存官地，于入版图后，一体归民垦种者，八百一石四斗有奇籽种地亩，内兼一易地亩，计征岁入十分之五，定额三千九百九十三石五升三合一勺。共二万五千一百九十三石五升三合一勺，如今额。④ 可以算出，人均负担的额征粮为0.379石，当时粮价约为1石1腾格（1两白银），额赋可折为0.39石，共计0.77石。如果再加上生产费用，应该在1石左右。显然，当时南疆百姓的生活并不宽裕，只有从事纺纱织布等一些手工业贴补家用，生活才能维持。当然，我们以上计算略为保守，如果考虑到南疆百姓大量食用果品、放养牲畜，粮食消费量还会下降。就穿而言，乾隆年间喀什

---

①［清］王树枬、朱玉麒：《西域文库·典籍编·新疆图志》（上），上海：上海古籍出版社，2015年，第316页。

②钟兴麟、王豪、韩慧：《西域图志校注》，乌鲁木齐：新疆人民出版社，2002年，第473页。

③同上书，第463页。

④同上书，第473页。

即大量种植棉花，当地应缴的杂税中有“棉花一万四千六百三十斤”①，人均0.22斤，负担不重。南疆起码从准噶尔蒙古统治时起就穿农民自己纺织的大布，“纺线车则是中农以下的家庭，每个成年妇女都有一个的。地主们家中却没有一架织布机和纺线车的。有织布机的人家，往往少半的生活费用是靠织布纺线得来的”②。由于大布是当地非常普遍廉价的衣料，人人有衣穿也是肯定的，在历史资料中也没有当地农民穿不起衣服的记载。可以看出，当时南疆民众生活水平应该是达到了基本解决温饱。

乾隆后期至嘉庆年间，由于资料缺乏，尚无法准确计算南疆百姓的收入和支出情况。但从当时地价、粮价均比前期有较大下降来看，当时正处于经济快速发展时期，而清政府所定赋役标准主要满足了驻疆军政人员的费用，这一时期总量并无太大变化，甚至还有所减少，“喀什噶尔回民每年应纳正额粮一万四百六十六石六斗零（共一千九百七十四巴特满，每巴特满合粮五石三斗，其不尽零尾作为余粮合算），每年应纳正额钱二千三百一十千零，每年抽收税羊一千至三千余只不等，抽收税牛一二只至十余只不等，交布九千一百二十五匹”③。在经济基础增大后，人均分摊的赋役额必然减少，即意味着南疆百姓支出的减少。这一时期粮价约0.5两/石，地价约0.23两/亩，粮价比清政府统一南疆初期下降了很多（当时为1.2两/石）。地价虽也比前期下降了，但粮价下降的幅度更大，这说明农业水平的发展，农民手中余粮增加，加上国家赋税负担减轻，这一时期百姓生活水平比前一阶段有了较大提高。

阿古柏统治时期南疆维吾尔族群众生活水平严重下降，在没有大量增加耕地的情况下，阿古柏加在百姓头上的赋役负担却很沉重，“阿古柏伯克终于在1867年制定了两种税则，可以认为它们就代表了他掌权时期的两种主要的税收。第一是对全国所产谷类征收什一税，这种税叫作乌什尔。第

①钟兴麟、王豪、韩慧：《西域图志校注》，乌鲁木齐：新疆人民出版社，2002年，第473页。

②中共中央新疆分局宣传部：《新疆社会调查·阿克苏县农村调查5》，1951年，第67页。

③［清］和宁：《新疆通志》卷七，清嘉庆九年刻本。

二种税叫作扎朵提，是对所有进入喀什噶尔的商品所征收的一种关税。除了伊斯兰教教会所占有的土地，或者以为君主服军役来代替缴税的人所占有的土地外，所有土地都必须缴纳乌什尔，连那些向贵族阶级租种耕种的人也必须向统治者交纳什一税”①。

“除了乌什尔以外，还有一种对当地产品征的税即塔纳比，这是对专门用来种植蔬菜和水果的土地所征的税，顺便说一句，塔纳布是四十七码的长度名称，而塔纳比则是一块四十七平方码的土地，对这么一块大小的种植蔬菜或水果的土地征收小量税款。这种税随着地区性质不同和当年收成的好坏而变化的幅度却比任何其他的税都大。毫无疑问，这种税应该能够得到大量的税款，因为用作果园和菜园的土地比用作种植庄稼的土地多。所以，关于当地产品的两大税收：一个是谷类税，一个是水果税。税率本身并不太高，任何一个村社都可以毫无困难地缴纳。至于由于官吏的贪污使得这两种税成了多大程度的繁重负担，这就不很清楚，但即使按最好的估计，公民由此而被剥削的数量也是为数不少的。”②“据说，在很多情况下，官员们征收的税额比法定要求高达三倍之多。在这种制度之下，只有在丰收的年岁里，而且也只有很大的佃户，才能过温饱的生活。”③

光绪十三年(1887)，南路焉耆以西，上地每亩征粮四五升不等，征草五斤；中地每亩征粮三升，草三斤；下地每亩征粮一升至一升五合，征草二斤，概不征耗。需粮较少之区，本色粮可改征折色，小麦每石折银一两，苞谷每石折银六钱。④

光绪二十八年，巡抚饶应祺因认摊庚子赔款，始请加增耗羡，不分本色、折色，每石随粮征粮一钱五分，明年巡抚潘效苏又改为粮草本色一石，连耗准收粮一石五斗五升，折色一石，连耗征银二两三钱。北路向无折色，亦准每石连耗增至一石五斗五升。观此可知，田赋逐年增加之情形。至粮草额

①[英]包罗杰：《阿古柏伯克传》，商务印书馆翻译组译，北京：商务印书馆，1976年，第130页。

②同上书，第132页。

③同上书，第131页。

④[清]刘锦棠：《刘襄勤公奏稿》卷一二，第36页。

粮，自开省迄清末，因荒地渐辟，赋额加高，故粮草亦大有增加。①

因此，我们可以看到，这一时期南疆耕地面积虽有较大增加，但到了19世纪末，随着内地协饷不济，南疆农民赋税负担开始明显加重，加上人口增加，人均土地占有量下降，地价上涨，南疆农民生活水平开始下降。新疆土地辽阔，资源丰富，但未能予以开发，因而有“土地厚而社会困穷”之称。在杨增新统治新疆期间，虽然出现了相对稳定的政治局面，但除了水利、纺织方面稍有一点建设以外，其他方面依然如故。而至1937年，南疆已耕地面积计80万公顷，合1 200万市亩。② 新疆人口在370万左右，南疆占75%。③即南疆为2 775 000人，人均耕地面积4.3市亩。如果仅按土地收入折算，人均收入水平与清政府统一南疆初期几无差异，但当时的地价、粮价、地租价都远高于那个时期，支出增加，不过新疆农业恃人工灌溉，收获较为稳定，绝少旱灾，故人民生活虽极贫苦，但尚称安定。

就消费而言，各族不同，大体言之，游牧民族食肉较多，其他民族则仍以谷食为主，食肉数量较内地为多，但非每餐必备。如叶城雅瓦克村维吾尔族民众粮食消费习惯，每日两餐，一餐食小麦粉或玉米粉所烤制之饼（当地称馕），别无佐食，一餐则为玉米粉粥（维吾尔族名为乌玛什），煮时略放少许羊肉及莱菔（维吾尔族名为恰姆谷尔）。每隔若干日食抓饭一次，所谓抓饭乃用羊油炒制之米饭。普通每一成年人（男女平均计算）周年粮食消费数量，计麦粉20察拉克（每1察拉克合12斤半），玉米粉20察拉克，羊肉150斤。如依此消费数量推算，新疆全省粮食之生产量恰敷消费，绝无大量余粮。④新疆人多田少，一般农家土地所产，不敷赡养之需，必须兼营手工艺，如制毡、造纸、育蚕、纺织等，以补不足，农业与手工业结合之密切，较诸内地尤有过之。⑤

就支出而言，和阗区每亩额粮，以小麦为标准，上地十六市升，中地十二市

①李寰：《新疆研究》，重庆：重庆安庆印书局，民国三十三年，第16页。

②张之毅：《新疆之经济》，上海：中华书局，1945年，第13页。

③同上书，第23页。

④同上书，第32页。

⑤同上书，第38页。

升，下地八市升。税率之轻重可由额粮占土地产量之百分比(以产量除粮额)观之，以叶城(民国三十二年前属和阗区)为例，中地税率计 14.3%。此外，农户如系维吾尔族，尚需缴纳维吾尔族文化会粮产 1/10，充作教育文化经费(维吾尔族有自办学校)，此项什一之税，维吾尔名扎卡特，又名叶尔西雷斯，原为捐献阿吾尔(回教主教)者。故土地负担包括田赋、扎卡特两项，已达土地生产 24%，约合 1/4，不可谓不重。① 民国后期的情况据 1950 年调查，"全疆共有耕地一千九百七十一万四千三百六十一亩，按全疆农业人口平均，每人五亩九分地。和阗每人四亩八分地，莎车每人平均二亩三分地，阿克苏平均每人六亩四分地，喀什每人二亩三分地"②。人地关系进一步紧张，地价、粮价均剧烈上涨，显然仅靠农业已不可能再大幅度提高南疆民众的生活水平了。

但清代、民国时期南疆民众的生活状态基本还是好的，"维吾尔族人本性闲散，习惯于悠闲生活……尤其是在甜瓜熟了的季节，更是他们全年最悠闲时候。那时，他们……整天享用这种奇妙的瓜果。从早到晚，歌声和乐声不断"③。

四、从契约看清代、民国时期南疆的银钱流通

清代、民国时期南疆民间银钱流通、银荒钱荒以及银钱比价，历来为学者所关注，见仁见智。《选编》所收录的 314 件契约中大部分都有当时交换媒介——白银或铜钱的记载，真实反映了清代、民国时期南疆地区银钱流通的史实，具有极珍贵的史料价值，可供学者参考。

从契约所反映的货币种类看有：元宝(yambu)、银币(täŋgä)、银圆(kümüšpul)、钱(yarmaq)、银子(kümüštäŋgä)、铜圆(mispul)、白银(kümüšaq)、制钱(dačän)、红钱(pul)、天罡(täŋgä)、兰票子(新疆省银圆票)(xafiydätiza)、新钱(yeŋidollar)等。

①张之毅：《新疆之经济》，上海：中华书局，1945 年，第 56 页。

②中共中央新疆分局宣传部：《新疆社会调查·新疆农村调查 1》，1950 年，第 3 页。

③马达汉：《马达汉西域考察日记》，北京：中国民族摄影艺术出版社，2004 年，第 39 页。

（一）民间土地买卖中的银、钱流通

1. 见于《选编》契约文书中的清代银与铜货币

（1）银两。乾隆二十四年（1759）迄至民国时期的190年间，共有涉及土地（包括土地上附属物）及动产买卖的契约83张，其中仅039、057、061、062、066、069、070、073、081、083、089、092、100、106、121、122、123、129、131、136、145、148、169、193号计24张文书记载以银两交易，所占比例并不高。

关于银两称谓，在24张契约中，或"白银（kümüšaq）"或"银子（kümüš-täŋgä）"，最晚1938年的一张契约中仍使用银两交易。

我们至今尚不清楚准噶尔汗国时期白银作为货币的使用情况，但可以证明，白银作为货币在南疆社会早已使用。如《皇朝文献通考》卷十七，乾隆二十六年，"又开西域阿克苏鼓铸局。先是回地惟叶尔羌、喀什噶尔、和阗各城以钱交易，其阿克苏诸城向不用钱，或以银买卖，或以田地及货物牲畜交换。"清代承袭明朝的货币制度，实行银钱并行，"银与钱相为表里，以钱辅银，亦以银权钱，二者不容畸重。凡一切行使，大抵数少则用钱，数多则用银"①。史学界也普遍认为，"这两种货币有各自不同的使用范围，一般情况下，国家财政收入、官员俸禄、兵饷、商人大笔交易多使用白银，而民间零星交易则使用铜钱"②。清代、民国时期，特别是在清代前期，新疆商业贸易、官兵薪饷、征收赋税往往以银两为单位，但"新疆地区征收赋税，在南疆'回部地区'（不包括哈密、吐鲁番），多以钱币计算"③。契约文书中的情况也表明南疆社会早期民间经济活动中银两的使用远不如钱、天罡普遍。不动产买卖中银两的使用基本上是在新疆建省以后，特别是集中在19世纪90年代至20世纪30年代中期，原因可能与清政府在建省后强化国家货币制度有关，如斯坦因就记载有"当地没有用铜钱作为价值兑换单位，因此所有的金额必

①［清］刘锦藻：《清朝续文献通考》，杭州：浙江古籍出版社，1988年，第5002页。

②邓亦兵：《清代前期政府的货币政策——以京师为中心》，《北京社会科学》2001年第2期，第119页。

③穆渊：《清代新疆货币史》，乌鲁木齐：新疆大学出版社，1994年，第74页。

须兑换成通用的最小银币即‘钱’，比率是 8 个天罡等于 5 个钱的银币”①。即当时要求所有的金额必须兑换成小银币，即面值壹钱的光绪银圆，而未用铜钱作为基本兑换单位。

（2）铜钱。《选编》中契约文书记载用铜钱交易的时间，早为清初至康熙四十五年（1706），晚至民国时期。在这些契约中，对清代铜钱有“大钱”（da čän）、“yarmaq”等不同的称呼。自道光八年（1828）至光绪三年（1877），共 50 年，这一时期为了解决“银多钱少”的矛盾，清政府采纳了钦差大臣那彦成的建议，令阿克苏钱局于道光八年起开铸“以一当十”（一枚红钱值十文制钱）的大钱。其实质是铸币减重和减值。“当十”大钱的铸造，虽然在一定程度上缓解了货币流通的困难，但也造成了红钱的贬值，并开了咸丰年间滥铸大钱的先声，其主要影响是负面的。

“yarmaq”在《选编》040 号（1896）契约中出现，“现将祖业土地一块，连同院子、树木卖给莎车人氏衣布拉音海里排之子毛拉肉孜海里排，得铜钱 2520 枚”。另在 1913 年 068 号契约中“以 350（铜）元卖给了我哥哥买买提热黑木阿訇”。在 1920 年 090 号契约中说，“言明价格为 304 枚红钱，款项已全部交清”。1884 年新疆建省后，清政府在南疆恢复了一贯实行的银钱复本位制，大数用银两，小数用红钱。除伊犁外，无论天山南北，均一律使用红钱。于是，过去仅限于南疆八城使用的红钱一跃而为天山南北统一的钱币。直到民国时期 1933 年左右，以红钱为统一的货币单位，仍然是新疆货币制度的一大特点。建省后，新疆还开始大规模地铸造成套的仿西式银圆，计量单位上采用两、钱、分制，有别于内地的元、角、分制。除铸造银币外，约为 1908 年新疆又开始试铸铜圆，与红钱挂钩，面铸“当红钱十文”字样，仿内地式样，以一当十，铜圆四十枚当红钱四百枚，即可作银一两。以上两例中，第一例显然指的是红钱，而第二例则是铜圆，第三例指红钱。清政府收复新疆，并在新疆建立行省之后，银两的来源仍依赖临时性的“专饷”与每年内地解送

---

①［英］马克·奥里尔·斯坦因：《沙埋和阗废墟记》，殷晴、剧世华、张南等译，乌鲁木齐：新疆美术摄影出版社，1994 年，第 113 页。

的"协饷"支持。在清代至民国时期,特别是在清代,虽然维吾尔族契约文书中不动产买卖用钱的例子很少,但这不证明日常生活中用钱(特别是红钱)不普遍。如谢彬所言,"(最通用者只红钱、省票二种,余皆限于一隅。)然计算数目,犹两钱分离,而非元角分厘。至商民交易,并不知国币为何物。财厅报部计算书,虽以元计,而实际收支,则皆以两。要之极目市场,固不见银元、铜元或银铜元钞票,即调查簿记,亦莫睹银洋几元,铜元几枚帐目。如依部议,骤将田赋改征银元,官民均无所遵守。虚拟悬测,其妙莫名。自宜先使国币流通市面,旧有诸币,逐渐收废,方能尽利推行"①。从契约文书看,不动产买卖中用铜钱的例子并不多。

(3)天罡。在清代、民国时期南疆维吾尔族社会中,红钱的使用更为普遍。在准噶尔汗国时期,南疆地区使用准噶尔普尔(pul)钱,这是一种用纯铜铸成,呈红色的钱,也叫红钱。一枚红钱就是一普尔,汉文为"一文钱",比普尔大的单位是"腾格",即天罡(täŋgä),两者为一音之转,它显然是一种大于普尔的货币单位,也是南疆传统的白银称量单位。天罡原是中亚地区的一种货币名称,但在新疆,只要是银币,不管币面写着什么名目,统统都叫作"天罡"。民间还有"大天罡""小天罡"的叫法。自19世纪60年代中期阿古柏侵占南疆后,才创铸了"天罡"银币,每枚值银五分,"天罡"就成为银币的名称了。刘锦棠于光绪十二年(1886)下令严禁使用天罡,规定大数用银(两),小数用红钱;次年,又下令禁止任何人伪造天罡。但是由于种种复杂的原因,天罡一直禁而未绝。沿用日久,以后清政府和民国的杨增新又陆续在新疆铸造了名目繁多的银币,这些后来的银币也统统都叫作"天罡"。

在清代、民国时期维吾尔族契约文书中,不动产买卖中也有多件以天罡为交易货币。像《选编》中009、010、011、012等10件文书均如此,如017号契约文书:

清　道光十八年　1838年3月4日

①谢彬:《新疆游记》,乌鲁木齐:新疆人民出版社,2010年,第313页。

伊斯兰教历一二五四年(虎年)库尔班节第八日　星期四

具结人毛拉肉孜。我把热巴其合洁渠的能播200斤籽种的遗产田,用10块银圆卖给了哈法尔阿依拉,钱已收到,地已不属我有。它既非典当,也非恩赐,他人无权过问。今后,倘我身后之人闹事,一概无效。

地界:东头是卖主的地,白蜡树为界;南头是司玛依尔的地,杏树为界;西头也是司玛依尔的地,杏树为界;北头是卖主的地,杏树为界。

(印章1枚)

(4)其他货币。在清代、民国时期维吾尔族契约文书中各种交易用币中还可见有“银圆”“金币”“铜圆”“钱”。

新疆中期成套光绪银圆的铸造是1892年从喀什地区开始的,分五钱、三钱、二钱、一钱四种。

1906年,喀什还铸造了一种“大清银币”,只有一两、五钱两种。

1907年6月起由水磨沟机器局铸造机制饷银。

宣统年间,除迪化银圆局机铸的饷银系列币外,喀什亦广铸银圆,名称有宣统银币、宣统元宝、饷银、银圆等。主要铸造五钱银圆,因其使用最多。也新铸少量的二钱、三钱小银圆,但均不是系列币。银圆显然很受社会欢迎,如喀什1892年开始铸造银圆,在1893年的契约中已有反映,如036号契约文书:

清　光绪十九年　1893年1月26日

伊斯兰教历一三一〇年(狗年)七月八日

立约人印花布匠买买提,系已故毛拉肉孜买买提之子,家住喀什买提卡尔。现将柳树渠边约2察拉克一等地连同树木典给本城乌布里海山阿訇,收典款150元(银圆);如将典款偿还,即可收回土地。自典当之日起,该地由海山经营。该地东至典当人的地;北至沙木沙克阿訇的地;西至典当人的地;南与热合木阿卡(大婶)的地为邻,有的地段与阿达米提阿卡的地段为邻,有的地段与本人的地相连。

特此立约。

证明人:大阿訇艾维孜

银圆有价，其单位有五钱、三钱、二钱、一钱，上文中只谈到钱币数量，而未言及价值，估计每个银圆应为一钱，因为斯坦因所述1900年所有金额须兑换为面值一钱的光绪银圆的惯例应在此之前早已存在。

史载，新疆机铸金币始于1907年，“……就省城外水磨沟机器局督匠铸造……”①。水磨沟机器局铸造金币一钱、二钱两种，饷金一钱抵纹银三两。此后，又于1949年8月由新疆造币厂机铸面值一钱的金币，但未发行。但当时南疆市场上流通的金币种类不少，如斯坦因提到1900年在南疆广为流通的俄国金卢布，如101号契约文书：

1922年11月4日

伊斯兰教历一三四一年（蛇年）三月十四日

立约人且尔羌村已故吾买尔阿訇越台千户之子马木提托合提阿訇，女儿奥阿勒阿阿恰。

我们的母亲拉白阿依拉留在托合汗山的遗产中，将应属于我一个女儿草地的份额及属于马木提托合提阿訇一个儿子应得的草地的份额以及耕地水渠卖给了乌布里海山阿吉，价60金币。该地已与我们无干，钱已全部收讫。

由母亲遗产中给我妹妹吉乃斯合汗一个女儿的草地份额，仍留在吉乃斯合汗手中。

空口无凭，立约为证。

（印章1枚）

由于文中没有提到金币的价值计算单位，我们也难以判断其种类，但当时南疆社会中流通各种中外金币是肯定的。

2. 银钱比价的变化

在清政府统一南疆之初，50普尔等于1天罡，相当于白银1两，不久又确定100普尔为1天罡，相当于白银1两。其与红钱的比价除上文所言“100

---

①［清］袁大化、王树楠、王学曾：《新疆图志》卷三十五，“食货四·金币”条，上海：上海古籍出版社，1992年，第337页。

普尔为一天罡"外,尚难看到其他资料,但在契约文书中,其使用却很广泛。其与普尔的后期比价,《新疆游记》中有所记载:"此间金融,白银一两,兑红钱三百二十文(合银八钱),红钱四百文,兑天罡一十五枚(一枚重六分二厘五,银质,法定值红钱二十五文)。"①从这里可知,一枚天罡大概值红钱25枚。由于银钱比价并不固定,从最初的50文换银1两,到后来230文普尔才换1两白银,直至民国时期达到400文普尔换1两白银的水平,天罡与普尔钱间的比价应该也在不断变化。与此同时,不同地区天罡的价值也相差很大,如英国学者马克·奥里尔·斯坦因1900年至1901年曾在喀什噶尔、叶尔羌、和阗一带活动过,在其《沙埋和阗废墟记》②第85页、第112~113页中记载了他亲眼见到的南疆货币流通情况。当时南疆流通中原的银元宝、新疆的银圆、方孔红钱、域内外的天罡银币和无孔铜普尔以及俄国卢布、印度卢比。每个中间有小方孔的铜钱在新疆叫作"大钱",在喀什噶尔和叶尔羌折算相当于两个普尔钱。25个铜钱为1个天罡,和阗的天罡又是喀什噶尔天罡价值的两倍。8个天罡又相当于5个一钱银币的价值,也即一钱银币相当于40个方孔红钱。谢彬记载的是1917年时的情况,与1900年斯坦因所记25个铜钱换1天罡相同。因此,25个铜钱换1天罡可能是南疆民间普遍遵守的比价。

1907年还铸造了光绪铜圆"光绪元宝",市银一分五厘,这是与银两制度挂钩的铜圆,每100枚抵白银一两五钱,每枚合红钱6文。

1908年宣统元宝以一当十,铜圆40枚当红钱400枚,即可作银1两,准其纳粮完税,照价折算。每圆抵红钱10文,作市银二分五厘。

清代的新疆铜圆,只有光绪元宝和宣统元宝两个品种,与红钱挂钩,抵红钱10文。但从契约文书看,铜圆的使用远不如红钱普遍,这与谢彬《新疆游记》中所记"平常商民交易,辅币率用红钱,而用制钱者绝少"③是一致的。

---

①谢彬:《新疆游记》,上海:中华书局,1923年,第195页。

②[英]马克·奥里尔·斯坦因:《沙埋和阗废墟记》,殷晴、剧世华、张南等译,乌鲁木齐:新疆美术摄影出版社,1994年。

③谢彬:《新疆游记》,上海:中华书局,1923年,第308页。

3. 纸币

新疆纸币的发行与使用，晚于内地。光绪十六年(1890)新疆正式发行纸币，面额为红钱400文，流通于新疆全省。几乎与此同时，南疆的喀什官钱局印发了“喀什花票”，在喀什、和阗两区流通；伊犁的绥定官钱局、宁远官钱局发行了质地为油布的“制钱票”，伊犁官钱总局发行了纸质的“伊帖”。20世纪初，阿克苏官钱局发行了“洋纸花票”，后又改发油布新票。光绪三十四年(1908)，新疆藩司王树楠将迪化官钱局改组为新疆官钱总局，在镇迪、伊塔、阿克苏、喀什四道各设大局，在大多数的府厅州县设分局，发行“老龙票”纸币(正面有两条黄色长龙)。一些私商也印行“庄票”或“钱票”，用于汇兑或流通。民国之后，新疆省政府及各地官府先后发行省票、喀票(喀什)、伊帖(伊犁)、塔帖(塔城)、阿尔泰兑条等。在30年代的军阀混战中，各地割据势力大都发行纸币。此外，沙俄的卢布和俄华道胜银行的金券也在全疆流通。①

新疆的纸币，均沿用红钱制度，即不是如内地各省的纸币那样与制钱或银两挂钩，而是与红钱挂钩，纸币是红钱的兑换券。这一特点民国后仍延续了很长时间，如杨增新、金树仁时期的部分省票，1933年喀什区行政公署的纸币马绍武票，1934—1937年的和阗行政公署的纸币马虎山票等，均仍然与红钱挂钩。内地纸币兑换后也在新疆流通，如170号契约文书：

1935年10月30日

伊斯兰教历一三五四年(蛇年)八月二日

具结人艾卜杜艾力，玉田斯巴特拉人，艾卜杜艾尼哈力克之子。我将斯巴特拉的艾赫里也木安拜尔汗遗留下来的1亩半田地，加上树木，用225两钱卖给了艾布都来海依汗阿吉，钱已全收，地已不归我所有。往后，倘我反悔，在沙里叶提面前概不生效。

此据为证。

---

①新疆维吾尔自治区地方志编纂委员会、《新疆通志·金融志》编纂委员会：《新疆通志·第五十九卷·金融志》，乌鲁木齐：新疆人民出版社，1994年，第16～17页。

证明人:巴依阿訇、如斯坦木阿訇等

(印章4枚)

1933年军阀盛世才上台,其前期亲苏联共,实行"反帝、亲苏、民平、清廉、和平、建议"六大政策,新疆经济虽有所恢复,但仍是困难重重。同年,盛世才又恢复了新疆省银行,为筹集战争经费,支援财政,该行印制了两种期票,分为10两、500两2种。上文中"225两钱"可能即指这两种期票。

1939年,中共党员毛泽民为执行党的抗日民族统一战线政策,帮助盛世才整顿财政。主要措施有:改官办银行为官商合办;废两改圆,废止在新疆实行多年的天罡制;拒绝使用法币,限制金银出境;同时停止使用银圆、银块、红钱、铜圆,统一了全新疆省币制。毛泽民任新疆财政厅副厅长,将新疆省银行改为新疆商业银行。毛泽民主持工作,注册资本500万元。同年发行纸币,面额有1分、3分、5分、1角、2角、5角、1元、3元、5元、50元、100元共11种,并逐渐收回以前所发行的省票。废两改元在契约文书中也有反映,如234号契约文书:

1941年4月7日

伊斯兰教历一三六〇年(鼠年)三月十日

我是老城的苏皮阿訇。我将由吐拉克水渠浇灌的16亩二等地卖给了艾布都来海依阿吉,价钱为190块。现金如数收到。已呈报税务局。我和后代不再拥有这块土地的所有权,如果有人告状,则无任何效用。此地东部是阿西木巴依的土地,以地埂为界;西部是赛依提吐木尔的土地,以地埂为界;南部是我自己的土地;北部是杜来提阿訇马立克的土地,以土埂为界。

证明人:百户长库尔班阿不里孜阿訇

(印章4枚)

这之后各种产权交易基本上都是以纸币进行。

除用货币进行交易外,契约文书中还有用实物交易的例证,主要是用粮食。直至中华人民共和国成立前夕,实物交易仍然存在。这一方面是由于当地早期商品经济不发达,货币短缺;后期则主要是由于货币贬值严重,远不如实物可靠。

以上事实说明：

第一，清代、民国时期南疆社会的银钱流通，一方面受着市场经济杠杆的支配。随着社会上白银流通量的增加，在土地交易中，无论数额大小，白银为交易的主要媒介。另一方面，也与当时、当地的商业文化有关。如当地各种天罡银币长期流通，政府也难以禁绝，这与“凡一切行使，大抵数少则用钱，数多则用银”之说似不完全相符。

第二，乾隆二十四年(1759)至清末，新疆的财政收入主要是靠内地各省的拨款(即协饷与专饷)，而内地调解到新疆的经费，是以白银为主的。仅清朝前期，从乾隆二十五年(1760)到道光七年(1827)的67年中，新疆共获得内地各省所解的协饷达1.4亿两左右。① 白银不断流入南疆，白银数量增加，恢复了其流通领域主要货币的地位，即使在南疆广大农村，白银也普遍流行。这符合清朝统治者“用银为本、用钱为末”的货币政策，反映了“康雍乾盛世”经济良性发展的状况。

(二)关于清代南疆的钱荒

钱荒是南疆封建社会货币经济发展过程中，因流通中的红钱相对不足而引起的一种货币危机现象。从18世纪后期至19世纪初期，南疆的商业、贸易出现了空前繁荣的景象。如阿克苏“内地商民，外番贸易，鳞集星萃，街市纷纭。每逢八栅会期，摩肩雨汗，货如雾拥”②，民间大量用钱，出现了“钱贵银贱”“钱少不能流通”③的现象，于是乾隆三十六年(1771)铸钱时将原来每枚(文)重二钱减为每枚重一钱五分。三年后，又将每枚红钱的重量由一钱五分减至一钱二分。红钱不断减重造成红钱不断贬值，物价上涨，开始出现“钱贱银贵”的现象，其后果就是社会上大宗交易普遍用银两，这一时期买

①穆渊：《清代新疆货币史》，乌鲁木齐：新疆大学出版社，1994年，第77页。
②[清]七十一：《西域闻见录》(卷一)，北京：全国图书馆文献缩微中心，1989年。
③《光绪会典事例》卷二二〇，商务小字本。

卖契约中基本上不用红钱应该与此有关。虽然在大宗贸易、官兵薪饷发放、征收赋税、财政收支方面基本使用白银,但由于历史上南疆地区长期使用铜铸钱币,民间小额交易仍以用钱为主,即便发放官兵盐菜银时也搭配一些红钱,以便流通使用。为镇压张格尔叛乱,清政府调集了36 000余人的军队集中于阿克苏,部分内地来疆军队携带了大量的白银,这些银两进入南疆市场必然引起银价的下跌。于是,在南疆地区就由过去"银贵钱贱"变为"钱贵银贱"。因此,白银与红钱的兑换率也发生很大的变化。嘉庆年间至道光初年,南疆银钱的比价大体为一两白银可兑红钱250~260文,而道光七年(1827)变为一两白银仅能换80~100文红钱。清政府按那彦成的建议,采取发行高额货币,即铸"大钱"的方法,在"当五钱"外,另铸"当十钱"来解决钱荒。铸大钱必然造成红钱贬值,故这一时期也看不到土地等不动产交易中使用红钱的例子。这一方面与钱荒有关,另一方面也与红钱在银本位下价值不稳定有关。

因此,清代南疆的钱荒原因可以总结为两个,一是由于人口增加,社会经济的发展,用钱量大增,造成钱荒;二是由于白银大量涌入南疆,银多钱少,造成钱荒。在这两种情况下,清政府的应对策略都是铸减重钱或铸大钱,以红钱事实上的贬值来解决钱少不能流通的问题,引起物价上涨,大宗买卖不敢用钱。

五、清代、民国时期南疆民间契约关系的维系

清代、民国时期,契约关系广泛而深入地渗透于南疆维吾尔族社会。而维系契约关系的因素是多方面的,伊斯兰教法支持与后期官方强制是支撑契约关系的根本,民间惯例以及借之维系的伦理秩序是规范契约实施的重要方面,中证参与和证信是契约关系成立的必要前提,神咒以及公众舆论等民间习俗性手段亦有效地制约了违约行为的发生。

在丰富的维吾尔族契约文书中,土地、住宅、院棚、果园、树木、水磨、客店、水井、牲畜、道路的买卖类契约数量最多。在清代、民国时期,契约关系广泛而深入地渗透于南疆维吾尔族民间社会,而支撑维吾尔族民间契约关

系的力量是什么？迄今为止，学术界尚无人探讨。本部分以清代、民国时期维吾尔族契约文书资料为中心，对维系当时南疆民间契约关系的因素作多视角考察，旨在深入探讨传统维吾尔族民间契约关系赖以存在的社会学背景、民间秩序的特点以及制度理性与民间实际运作之间的关系等。

（一）民间契约属于地方性知识系统

从南疆社会的情况看，在清代南疆维吾尔族社会，国家并未介入民间私约的契约关系调整，如《回疆则例》中没有有关契约的内容，《新疆通志》赋税卷中也没有提及征收契税。可以说南疆契约关系完全由民间自发调整，即“民从私约”，其基础便是宗教法庭沙里叶提。

传统上，一个穆斯林的日常生活往往很大程度上受教义学和教法学的指导和约束，其中不可避免地要涉及人际关系以及个人与国家、社会之间的关系。

南疆地区契约文书虽不像内地有经过官方钤印形成的赤契（红契）及其附属的契尾等官文书，属于不完全意义的文书文本，但也有一些普遍遵守的格式，只是其程式化程度尚低。以土地买卖契约为例，其大致由立契时间、买卖事主、标的、契价、担保事宜等构成。可见，南疆契约文书作为一种社会关系的重要凭证，自产生以后，出于规范复杂的民间私约行为以稳定社会秩序的目的，其发展一直受到历代宗教法庭的关注，从而促使民间契约发展趋于规范化、格式化。在契约中也常可看到“不论是我或我的后代对此提出异议，则在教法面前一律无效”。

新疆建省后，国家公权力逐渐渗透到原本归属宗教法庭管辖的领域，国家、地方官府的政治性支配力量长期作用，并形成为常设性制约因素始终内化于普通民众心里，成为支撑民间契约秩序的终极约束力。如清末以降，很多契约纠纷不再由宗教法庭受理，而是由地方行政当局处理，210 号文书（1939）中说，“兹有本村优奴斯王创办的经文学堂瓦克夫地 35 亩，总管向县政府写禀帖，要求增加地租。原来交麦子 10 察拉克、玉米 6 察拉克，现增至麦子 13 察拉克、玉米 13 察拉克，而且要用自己的牲口送到经文学堂。如有延误，每亩处罚租子 1 察拉克”。实际上，当民间产生盗卖、侵占等纠纷时，民众往往亦通过预立合文，呈官签印，借助官府势力以杜后患，使得官府的影响力直接作用于契约效力之上。例如，自治区档案馆所藏 Q15 - 4 - 00479 号契约文书：

吐府传案张兆祥呈控霸吞园业之段氏主谋吴莹等到堂讯断之签提和葡萄沟满苏木控张老十强夺园业，与张兆祥满苏木诉呈之复诉，和乡约买买牙思就张兆祥呈控仁义八亥讨要园业一案情形之禀复，以及沙河子哎涉呈控巴易思偷卖园业和谷易沙对哎沙尔呈控其偷卖园业一案之复诉——光绪九年二、八、十一月。

具诉呈汉民(小的)张兆祥年四十六岁系陕西人，情因满苏木呈控(小的)霸占园业等情一案蒙恩准提讯，但有原情不得不诉，缘太平年仁义八亥之父卡盆子两次卖给小的义顺兴号，年限五十余年，除种过下短四十余年，于光绪五年究要此园，仁义八亥认识小的，将园付给，立写文约，六年头苏木将小的园主传齐讯问，均皆情愿将园付给小的看管，随断给年限十五年，伊等把园卖给旁人无园归给着，仁义八亥满苏木补给三年价银十五两，待三年后着满苏木把园交小的看管十二年，嗣后小的本籍来文，卡盆子实短年限四十二年，有案并底账可查，因头苏木将年限断定，小的亦未反案，今春期满，园业应归小的看管，满苏木横狡不给，四月间禀明头苏木及买买牙思等处，和息如不能和，即送到案，买买牙思等硬着伊与小的补价银三十两，小的不愿要价，因而到今，价亦未交付，控小的霸业实系抱屈，如有冒认霸业等情，甘心认罪，况照老约所断，又有文书底账并业主文约控小的霸业情难甘心，无奈只得诉明，恳祈青天大老爷做主，集讯以分真伪，以儆诬控，则小的沾感，大德于无既矣。

原诉：张兆祥

被诉：满苏木

词内园主：仁义八亥

干证：买买牙思、海姜、热米牙思、胡头八亥

光绪九年十一月　告执照人：汪允忠（等7人）

从中可以看出，呈官保产涉及的契约关系要明列在诉状上，这些契约关系一般须是合法"私约"，方可获得官方的有力保护。总之，国家、官府的强制性力量，或潜或显地体现于民间契约关系的维系上，成为维系民间契约秩序的最终力量。当然，在民间"私约"文化发达的社会中，地方官府对基层社会的管理主要靠的是"私约"得以成立的宗教教法，而非折狱。因此，即使是呈告府县的民事纠纷和诉讼，地方长官也往往采取先批令宗教法庭、乡老中证等加以调处，并"准依众议"，尽量息讼于官断之外。

（二）宗教规法以及借之维系的伦理

秩序是规范契约实施的重要方面，传统南疆维吾尔族社会是一个典型的伊斯兰宗教意识强烈的社会，伊斯兰教义、教法构成南疆维吾尔族社会关系的现实基础。因此，南疆维吾尔族传统契约关系，其主体之间的血缘联系并不重要。伊斯兰教法中关于立约人的资格，认为双方均须符合伊斯兰教法的法定资格。主要是立约人必须是理智健全的成年穆斯林自由人。因此，家庭成员之间成立契约是正常的，如030号契约文书：

清　同治十一年　1872年5月12日

伊斯兰教历一二八九年三月四日

立约人家住五道渠村，系毛拉沙比提之子。我凭着教法明确承认，该村有35察拉克土地一块，是水浇地，现情愿卖给我长子木哈买提艾里阿訇，卖价大洋90元。该地东至卖主之地，地界为沙漠；西至寺院土地，中间有土地埂；北至寺院土地和法蒂玛妣妣之地，中间有水渠。

（印章1枚）

内地汉文化重视宗族血缘关系，家庭成员内部财产的转移依祖训、族

规、家法等构成规范，一般并不通过订立契约来完成，完全由家长说了算，这与伊斯兰教私法发达、人与人之间的经济往来和商业活动都须遵循某些成文或不成文的行为规范形成鲜明对比。伊斯兰教法中最突出的有两项基本原则：一是准许和提倡公平交易，反对或禁止吃“重利”或重复加倍的利；二是注重商业信誉，要求信守契约，履行各种约言。这些思想，后来在伊斯兰教商法中得到强烈的体现，成为不可更易的“定制”。伊斯兰教法虽有诸法一体的特点，但其主体仅限于婚姻、继承、瓦克夫、刑法几个内容较充实的领域。伊斯兰教法因基本上属于“私法”，重道德说教，轻司法实践，审判权有限，如只授权卡迪审理债务纠纷方面的案件，另外还受制于审判程序的限制，如规定卡迪只能根据供词而不是根据证据执行审判。审判的基本程序是当事人出庭以后，由卡迪确定发言次序。原告举证，被告盟誓。卡迪在听取原告的诉词后，如果认为理由充分，则要求被告就所控的事实做出解释。被告如表示承认或不作回答，则作支持原告的判决。被告如加以否认，则要求原告就所诉事实举证。如果原告提不出证据，则要求被告就否认的事实盟誓。如果被告拒绝盟誓，则要求原告就所诉事实盟誓，然后宣布原告胜诉。如原告也拒绝盟誓，卡迪则宣布取消审判。这种机械的程序在一轮诉讼中有时要重复多次。原则上，举证一方为原告，盟誓一方为被告。所以，当原告举不出证据而不得不以盟誓来代替法定证据时，原告实际上又处于被告的位置了。这种习惯在民国时期一如既往，谢彬在《新疆游记》中说，“其俗信誓，誓者以足踏簝而言，谓之昂无孙，重则抱经以誓，无不惟命者”①。证据，特别是证人的口头证词，在审判过程中具有举足轻重的意义。合乎法庭规定的举证要求，通常可以保证胜诉。如果原告举出数名证人证明自己的诉词，法庭准许被告有3天的准备时间，以提出反驳的证据。但是，原告有权要求被告出席终审。届时被告如举不出反证，原告有权要求法庭做出判决，如124号契约文书：

①谢彬：《新疆游记》，上海：中华书局，1923年，第261页。

1929 年 12 月 18 日

伊斯兰教历一三四八年(鼠年)七月十六日

立约人加依村海克木阿吉。

艾布都来海依阿吉及其亲属萨扎等人曾控告说,他们的父亲乌布里海山阿吉曾上告说海克木阿吉的手中有他们 200 多只羊,海克木阿吉一直未给。这个诉讼转到宗教法庭审问时,我说这些羊已从我手中拿走了。法庭就让我发誓。此时,有许多好心人从中说和,我同意给 30 只羊以作了结。30 只羊我已经给了。艾布都来海依阿吉,艾布都力艾力木等人也接收了羊只,诉讼到此结束。

另外,海克木阿吉、尼扎木苏非关于分配问题,如何对待艾布都来海依阿吉、艾布都力艾力木阿訇等人,具结诉讼的话,则由海克木阿吉给予回答。

艾布都来海依阿吉、艾布都(力)艾力木阿訇等人,在今世已无任何权利。

特此立约为证。

(印章 2 枚)

该文书中原告并没提交证据,仅通过被告盟誓、中人说和即结束了诉讼,过程极其简单。

人证有相当的法律效力,特别是在涉及产权或债务纠纷的一般民事诉讼审判中,如 125 号契约文书:

1929 年 12 月 18 日

伊斯兰教历一三四八年(鼠年)七月十六日

我们是克非亚城已故乌布里海山阿吉的继承家属:妣妣汗、已故木海热木的继承者之母沙尔汗和安拜尔汗之婿乌布力艾里木。

我们诉讼海克木阿吉将老父乌布里海山阿吉在沙边的庄园和 200 多只羊没有归还。

乌斯曼在宗教法庭上出庭作证,经宗教法庭调查并断为:乌布里海山阿吉去世时，将羊在自己的婚事中用完了。法庭决定：

今由海克木阿吉发誓在羊的问题上并无负债。

由于几个人的调解。要海克木阿吉发誓，叫阿布杜拉阿吉给诉讼者2岁、4岁、6岁的30只羊，所以双方均同意。自我们索取了30只羊，诉讼就此了事。

有关羊的事今后我们不再向法庭诉状，若再提此事，宗教法庭绝不允许。

（印章2枚）

该文书中除被告海克木阿吉发誓外，证人乌斯曼出庭作证起了关键作用。总体审判过程与前一文书差不多。审判结果的合法性要求源自一种宗教道德信念，即一个虔诚的穆斯林绝不会在“真主的法庭”面前说假话、作伪证。可见，契约关系的有效维系，既离不开宗教法庭在处理纠纷上发挥的功能性作用，亦与伊斯兰教法制度化规范所构建的民间伦理秩序和道德意识密不可分。例如，《选编》013号文书中说，“我捐赠的土地在任何时候，任何人都无权改变它的性质，谁改变谁就是犯罪，正如‘恶有恶报’，让他两世双目失明，两世不得善终”。《选编》016号文书中说，“今后，各界人士如为这些不动产而效力，他们将在世上不断兴旺发达；如有人别有用心地把这些财产据为己有或者合伙告状侵占其所有权，那么这些人在今世将成为永不走运的人，当世界末日时，将在圣人穆罕默德面前变为黑面人而堕入火狱”。可见，契约关系的维持一定程度上有赖于民间范畴内的地方惯俗。

总之，在清代、民国时期南疆维吾尔族社会中，人与人之间通过订立契约进行关系重组、利益重构的现象大量存在。但由于个体生存仍牢牢地系于其宗教文化网络和地缘场景之中，纷繁复杂的契约关系自然离不开宗教背景的牵制。

（三）中证者参与是契约关系维持的必要前提

民间契约多在“三面议定”的特殊场景下订立。“三面议定”除了买卖双方事主外，介入的第三方情况比较复杂。从清代、民国时期相关文书看，有关中证者的称谓一般为 mäjlisählidin，在清代晚期吐鲁番地区汉文文书中一般写作“同中人”“干证”“中见人”“同人”“同中见人”“中证人”等，说明当地契约文化相对丰富。

民间契约的中证者，既是契约关系成立的必要前提，也是证信契约关系的中立身份者。在伊斯兰传统社会中，参与民事活动的事主的身份关系虽然形式上主要建立在平等关系基础之上，但其间的契约关系事实上有明显的强弱之势。因此，要使事主双方在权利与义务相对平等、局部平衡的制约下订立契约关系，中证的媒介和平衡作用便凸现出来。中人在契约关系中具有什么功能呢？

由于伊斯兰宗教法庭审判程序的机械性，不重视司法实践，维护调整契约关系仅靠被告发誓远远不够。在原被告尖锐对质时，所谓的一些“好心人”从中说和就非常重要，如《选编》012 号文书中说，“后来，在迫不得已的情况下，经一些好中人出来调解，结果田买主阿卜拉海里排出银圆 13 块，吐尔地海里排出银圆 2 块，共出银圆 15 块交给了我们。我们得到了钱，土地纠纷也就此了结”。与内地契约关系中的中人有所不同，内地契约关系一般要由中人“凭中说合”“凭中立契”才能成立，而在南疆维吾尔族社会这项功能被宗教法庭代替了。

南疆维吾尔族传统民间田土买卖、财产捐赠等民事活动发生于乡土社会既有的“关系”网络之中。因此，民间契约关系的维系，离不开乡土社会关系网络中的“公众舆论”及“人情”“面子”等的影响。梁治平曾认为，民间交易等活动……靠人情来维系，“面子”观念在其中可以最大限度地发挥效力。成功的交易一半靠中人的说辞和技巧，一半则基于其“面子”。中人面子越大，交易成功的可能性也越大，契约的稳定性也越强。[①] 这种情况在南疆应该亦普遍存在。

①梁治平：《清代习惯法：社会与国家》，北京：中国政法大学出版社，1996 年，第161～162 页。

六、小结

维吾尔族契约文化源远流长，但古代的很多契约文化因子都被 10 世纪以来兴起的伊斯兰文化所覆盖，在察合台文维吾尔族契约文书中只能看到一些古老遗风，具体已在之前述及，恕不赘述。毫无疑问，察合台文维吾尔族契约文书中各种契约关系的形成与支撑其存在的伊斯兰文化背景是分不开的。维吾尔族契约文书中有大量以教法为基础成立的存在遗产分配与继承关系的契约，这说明清代、民国时期维吾尔族社会中伊斯兰教法发挥着主导、整合社会经济生活的作用。通过对这些文书中的财产分配与继承关系的解读，可以进一步了解这种契约关系形成的历史文化背景及法理基础，了解当时南疆社会财产继承中所遵循的基本原则及这种契约关系的建立与践行，了解典押文化在南疆的流布过程，研究土地价格、货币流通与百姓生活。

典当业是一个流传久远的古老行业。南疆历史上早已有"典"权概念，如吐鲁番回鹘文社会经济文书中"典"的概念的出现。它应该是内地名物制度在南疆传播交流的结果，但在相当长时期内，南疆都不存在典、押文化。"典"作为中国内地传统的制度文化，再次传入新疆各地显然与清朝政府统一新疆后内地大量人口迁入新疆谋生有关，也与当地金融业不发达，农民需要靠典押来融资有关。典押文化的发达程度在南疆各地也有差异，汉族移民较多的吐鲁番地区典押文化相对发达。

维吾尔族契约文书也为我们研究南疆土地、货币及民众生活提供了方便。从总体上看，粮价与地价成正比例关系。清政府统一南疆之初，当地粮价较高，相应的契约中反映的地价也高；嘉庆、道光年间粮价开始下跌，同时，该时期契约中的地价也下降了。这种趋势一直持续到建省为止。建省前后至 1892 年，粮价上涨，小麦为 1.022 两/石，1901—1911 年间更涨至小麦1.906两/石。同样，这一时期地价也呈基本相同的变化趋势，但变化幅度并不相同。如 1900 年粮价比前期大涨，而地价却变化不大，究其原因，应该与建省后摊丁入亩有关。地价不仅与地租相关联,还与田赋负担的轻重有关。地价降低,则自耕农小土地所有制扩大,百姓生活生产压力相对减小;而地价上涨,则土地兼并转剧,百姓生活压力加大,生活水平随之下降。如果从收入与支出的角度来看,乾隆前期,当时南疆民众的生活水平可以达到基本解决温饱,乾隆后期至嘉庆年间,百姓生活水平比前一阶段有了较大提高。阿古柏时期多数人难以解决温饱。建省后,虽百姓生活水平有所提高,但不久各种赋税负担越来越重,加上南疆人口增加,人均耕地面积下降,地价、粮价上涨,故人民生活逐渐趋向贫苦。维吾尔族契约文书中还有大量资料反映清代、民国时期南疆的银钱流通情况。我们知道,南疆曾流通过多种货币,它们并未因改朝换代而随之马上消失,而是在民间继续使用,并自发在民间形成了公认的兑换率。虽清政府实行银钱并用制,但南疆仍以用钱为主,加上南疆在整个新疆所占有的庞大经济人口比例,南疆红钱使用范围越来越广,至 1939 年新疆币制改革前,南疆红钱成了南北疆统一的货币。

南疆社会与内地熟人社会、人情社会相比,契约关系相对发达,甚至有学者认为南疆有泰西之法。维系契约关系的因素是多方面的,伊斯兰教法支持与后期官方强制是支撑契约关系的根本,民间惯例以及借之维系的伦理秩序是规范契约实施的重要方面,中证参与和证信是契约关系成立的必要前提,神咒及公众舆论等民间习俗性手段亦有效地制约了违约行为的发生。

第三章

清代以降南疆瓦克夫制度

清代、民国时期天山南部居民绝大多数是笃信伊斯兰教的穆斯林，伊斯兰教教义、教法对整个南疆社会影响极大。而职业传播伊斯兰教文化的宗教人士赖以为生的就是来自教民捐赠的各种瓦克夫所带来的经济收益，其中影响最大、最普遍的要数瓦克夫土地了。在伊斯兰社会，瓦克夫的捐赠、经营管理、收益分配都有一整套规定，它们共同构成了瓦克夫制度的主要内容。了解、认识瓦克夫制度是认识南疆社会结构与社会性质的前提与必要条件，也是此部分写作的宗旨。

瓦克夫制度问题在整个伊斯兰世界是一个大问题，美国学者马可切斯尼（R. D. Mcchesney）多年在中亚从事资料收集与研究工作，于 1991 年出版了《中亚的瓦克夫：一座穆斯林圣陵的四百年历史，1480—1889 年》（*Waqf in Central Asia: Four Hundred Years in the History of A Muslim Shrine*. 1480—1889）。在书中他提出了多个有趣的问题：①在这么长的时期内，这种制度能够生存的经济环境是什么样的？②如此长时间的行政连续性如何保持？这样的机构经历了什么样的冲突，它们是如何解决的？③由于周围环境中的外部条件——政治、社会和经济的变化，宗教机构及其经济会发生什么变化？④这样一个长期存在的制度对其环境——土地保有权模式、农业和商业、城市化以及社会群体的形成和解体有何影响？[①] 通过研究，他认为没人会质疑瓦克夫制度在伊斯兰教区域社会和经济史上的重要性："特别是十二至十九世纪，大多数学者认为它是伊斯兰教中提供社区服务的最重要机构，它支持教育，为公共建筑和设施的建设提供资金，为穷人、贫困者和旅行者提供福利，喂养鸟类和流浪猫狗，提供公用器具等，瓦克夫制度已经彻底融入日常生活的结构中。"但由于清朝统治者与文人对伊斯兰教的认识非常肤浅，对伊斯兰教各项制度在南疆的政治意义认识不足。当时在新疆的官员及游历的文人对南疆当地宗教状况的描写也有许多错误与含混不清之处。清代汉文文献中记载清政府将瓦克夫土地等同于"寺田""香火地亩"，与内地一样采取免税政策，至于瓦克夫土地制度的其他方面则在清代诸多汉文

①R. D. Mcchesney, *Waqf in Central Asia: Four Hundred Years in the History of A Muslim Shrine*. 1480—1889 (New Jersey: Princeton University Press, 1991), p. 11.

文献中几乎没有记载,直至20世纪50年代初期,关于南疆瓦克夫制度的研究在国内外差不多是一个空白。

从现有的资料看,早期专门研究南疆瓦克夫制度的主要是外国学者,如《和卓传》的英文校译者沙敖,他在该文的附录中专门研究了南疆宗教学校瓦克夫土地的收益分配问题。瓦里汗诺夫曾于1858—1859年在南部考察过,他虽注意到宗教机构拥有土地问题,但对此并未予以特别注意,我们甚至在其文集中找不到瓦克夫一词。因此,他们只是给我们留下了片段、零碎的资料而已,还谈不上真正的研究。

中华人民共和国成立初期,新疆开展土地改革运动,瓦克夫土地制度的特殊性引起了大家的关注,形势需要学者们从理论上对这种制度做出科学解释。当时最有代表性的成果是邓力群、谷苞的《南疆的瓦克夫地问题》一文(载于《南疆农村社会》一书,新疆人民出版社1980年版),它侧重于瓦克夫土地性质与相关阶级关系的研究,文中第一次明确了南疆瓦克夫土地的种类,但随后国内外形势的变化使对该问题的研究沉寂了近四十年。20世纪80年代末以后,李进新在其与王守礼所编《新疆维吾尔族契约文书资料选编》的基础上写作了《新疆南部维吾尔族地区的瓦克夫制度问题》一文(《西域研究》1994年第2期)。与邓力群、谷苞的研究相比,该文虽然选用了《选编》中的部分材料,谈到了瓦克夫土地存在的部分问题,但理论上仍未有突破。另外,我们还要看到瓦克夫制度的表现形式容易受政治形势的影响,在伊斯兰教文化的不同区域其政治地位与法律保障程度都存在差异,这也是研究当时南疆瓦克夫时必须考虑的因素。

本部分探讨的主要问题:

(1)瓦克夫制度的起源问题。

虽然它最早与讨论土地收益的使用有关,但更是伊斯兰教"慈善"思想的反映,是为了弥补伊斯兰教继承法的缺陷而创立的。

(2)瓦克夫制度的具体内容。

(3)清代天山南部维吾尔族社会的瓦克夫土地制度。

(4)清代南疆阿帕克和卓麻扎的瓦克夫与艾提尕尔经文学院的瓦克夫。

一、瓦克夫土地制度的起源

瓦克夫即阿拉伯语 waqf 的汉译，又称作“瓦合甫”“瓦库甫”“吾克夫”“外格夫”等，原意是“保留”“扣留”“冻结”“拘住”。瓦克夫一词最早即与土地有关，即“土地如果是归全体穆斯林所共有的公产（叫‘斐物’fay，即战利品，或者叫‘外格夫’waqf，即永远管业）”①。此外，总督基金也叫瓦克夫（waqf）。

《伊斯兰百科全书》中谈到了瓦克夫制度：

在伊斯兰法律中，它指建立一种慈善财产的行为，所以它仅仅是一种财产而已。研究财产的法理学家使用的一个同义词是“ḥabs，hubus”或“hubs”（在法语中经常被解释为“habous”）。它的基本内容是，有表达虔诚行为的人宣布他的或她的部分财产是不可剥夺的（ḥabs，taḥbis），并指令某些人或公共部门作为收益的接受人来使用它。伊玛目·沙（sīʿa）瓦克夫和ḥabs 区分开来，后者指前者的不稳定的形式，其中，创立者保留处置瓦克夫财产的权力。②

瓦克夫制度产生于伊斯兰教创立初期③，《古兰经》中没有提到瓦克夫，最早关于瓦克夫的记载出现于圣训经中，一些教法学家在论述瓦克夫制度的起源时，经常引证这则极为重要的“圣训”：

伊本·欧麦尔获得了海巴尔（kaybar）的一块土地，并且到先知那里与他商量这件事，他说：“神使我获得了那里的土地，它比我的任何财产都珍贵。”他（穆罕默德）说：“假如你认为它是不可剥夺的，就施舍它的收益。”伊本·欧麦尔说：“当然，在这块土地不卖出、不继承和不捐赠的情况下，我愿意放弃它的收益，并把它们送给穷人、亲戚、奴隶、圣战者（Dihād）、旅游者和客人。假如管理者用正确的方式占用部分收益或

①［美］希提：《阿拉伯通史》（上册），马坚译，北京：商务印书馆，1979 年，第 198 页。

②*The Encyclopaedia of Islam. volume* Ⅳ（Leyden，1934），pp. 1096～1101.

③И. П. Петрушевский，*Земледелие и Аграрные Отношения в Иране* Ⅷ－ⅩⅣ *Веков*（Москва，Ленинград：Академии Наук СССР，1960），стр. 247.

用它们来供给朋友而不让自己得利，我并不反对。”①

“这条颇有争议的‘圣训’传说，事实上则是伊斯兰教法律文献中关于瓦克夫制度缘起的最早的文字记载，瓦克夫法的有关规定和全部学说都是在此基础上构筑起来的。”②虽然土地并非瓦克夫捐赠的唯一内容，但瓦克夫制度确实一开始就与土地产生了直接关系。

在伊斯兰教的财产所有权和占有权观念中，土地所有权与占有权问题十分重要。伊斯兰教原则上认为，土地是安拉的财产，只有先知穆罕默德及哈里发才有权支配，穆罕默德以后，人间有了独一的、一切土地的最高和终极的支配者和占有者——哈里发。在中世纪哈里发时代，土地的实际占有分三种情况：一为国家占有，这部分土地在哈里发的直接占有和支配之下；二为私人占有，私人占有的土地称为“穆尔克”；三为清真寺的土地，称为“瓦克夫”。土地实际占有权享有的三种不同情况体现了伊斯兰教关于土地所有权、占有权及分配权观念内涵具有层次性的特征。有关“瓦克夫土地”出租经营、收入分配、管理使用也形成了一套规定，即“瓦克夫土地制度”。在南疆维吾尔族聚居地区，土地是各种瓦克夫财产中最主要的项目，了解清朝、民国时期新疆瓦克夫土地制度，是我们进一步了解当时维吾尔族社会结构的前提条件之一。

与瓦克夫制度起源有关的还有另一条圣训：

> 使者说：“一个人死后只有三种事情可以使他永恒：继续捐赠、有用的知识和为他遥祝祈祷的孩子。”甚至，贾布尔（Dabir）也说，所有有能力这样做的先知的同伴都会创立瓦克夫（wakfs）。③

瓦克夫捐赠在此圣训中成了人生的使命之一，这在客观上有助于瓦克夫制度的兴起。瓦克夫制度的源起是否还有其他的原因呢？《伊斯兰百科全书》也有相关的内容，很多南疆瓦克夫捐赠契约开头也会引用上述这句话，如105号契约文书：

①*The Encyclopaedia of Islam. volume* Ⅳ（Leyden, 1934）, pp. 1096～1101.
②吴云贵：《伊斯兰教法概略》，北京：中国社会科学出版社，1993年，第153页。
③*The Encyclopaedia of Islam. volume* Ⅳ（Leyden, 1934）, pp. 1096～1101.

1924 年 5 月 8 日

伊斯兰教历一三四二年(马年)十月三日

以仁慈的真主的名义,真主是善行的佑助者,感赞使我们做好事的真主。

求真主赐命因这些善行而经常向我们传递回赐的消息的先知及其家属和伙伴。

正如安拉所告谕的那样:我们将永远记住他们以前所做的一切和所有的事迹。

先知曾说过,三件事情不会破坏功课:

第一样:经常性的施舍。

第二样:对别人有益的知识。

第三样:向真主祈祷的好孩子。

立约人乌布里海山阿吉。

我已将从木沙卡力巴给阿訇之子尤素夫阿訇等人手中以 200 两银子买得的一个大门进出的 7 间房产和库房并已归入我自己修建的经文学校的大房产。在总契约中已经写明是作为该经文学校两个伟大节日的瓦克夫财产。

今后,我的后辈子孙不论任何人,将不能改变这一决定。

倘若有人敢于提出异议,企图改变这一契约,则将在教法面前是无效的。他将受到今后两世永久的惩罚和痛苦。

(印章 3 枚)

瓦克夫制度的起源与这三种制度有关:第一种制度是指为圣战捐赠马匹、武器、奴隶,或为前线的士兵提供可以遮蔽的房子。第二种制度是指临时性地提供,提供者死后所提供物品可以返还给其继承人。单词 mawkūf 的正确的本意是“中止”,只是后来才获得“创立瓦克夫”的意思。第三,存在永久性的瓦克夫,通常为穷人服务,或者是为他的亲戚、后代和代理人服务。那时,他们死后,这种财产属于穷人。最后,也有为寺庙和公共利益服务的永久性的瓦克夫。早期建立瓦克夫的目的似乎是为了他的亲戚和后代,其次才是为寺庙和公共利益。如同马可切斯尼所言:“在瓦克夫历史上最重要的发展之一就是形成两种不同的演变形式——‘公共’瓦克夫和‘家庭’瓦克夫。严格地从法律角度来看,两种形式的瓦克夫是相同的。不管伊斯兰宗教与社团财产的捐赠对象是一个机构还是一个亲戚,都是合法的。但对于穆斯林社会的历史学家来说,这两种形式通常具有不同的规模,并且往往具有截然不同的社会和经济后果。公共场所通常作为他们对公共机构的首要支持对象,如喷泉、清真寺、宿舍、墓地、医院或学校。但同时也建立私人瓦克夫以帮助瓦克夫创始人的亲属和后代。在合法有效的情况下,如果创始人的亲脉濒临灭绝,这种私人瓦克夫必须最终用于公共目的。在许多情况下,瓦克夫基金可同时服务于‘公共’‘家庭’两个目的(被称为‘混合’的瓦克夫),使捐赠者家庭成员受益并支持公共机构。”①

瓦克夫随后的迅速扩张和大众化来源于这样的事实:它服务于社会、满足了某种经济需要。它只是保护地产不被国家没收或防止根据沙里亚法继承(财产)时不使财产损失太多的一种方式。甚至,它能够逃避伊斯兰教的继承法而尽可能多地保存自己的财产,同时,它能为自己的亲戚和后代提供稳定的收入以防止收入短缺。对于寺庙和公共利益,那里也存在两种类型,每一种都有自己的目的。第一类瓦克夫由寺庙或它的公益事业(学校、桥梁、喷泉)组成,第二类瓦克夫创造收益以维持公益事业的运作。最后,瓦克夫能为穷人减轻负担。

与圣训中最早关于瓦克夫起源的神圣说教相比,从现实的功利的角度来解释瓦克夫制度的来源可能更易让人理解,那便是瓦克夫制度的起源可能与伊斯兰教继承法存在的缺陷有关。伊斯兰教的继承制度,包括遗嘱继承和法定继承两种方式。前者为选择性的,后者为义务性的。遗嘱继承,按照圣训规定的基本原则,不超过被继承人全部净资产的1/3,其余2/3适用法定继承,以《古兰经》的有关规定为依据。1/3的限定,一方面是为了保证法定份额继承人的权益,同时也是为了保证继承法的全面实施,防止被继承人以遗赠的方式把全部财产转让予直系血亲,从而破坏伊斯兰教继承法的

①R. D. Mcchesney, *Waqf in Central Asia*:*Four Hundred Years in the History of A Muslim Shrine*. 1480—1889(New Jersey: Princeton University Press, 1991), p.11.

基本原则。但伊斯兰教赠予法却可突破这种限制，根据赠予法，一个被继承人可以生前赠予的方式，完全合法地将财产转让予儿子或其他血亲，所赠财产不受数量限制。生前赠予，通常采取两种形式：一种称为“希巴”，即不受限制地、无偿地转让一件财产的实体，包括占有权、使用权和处分权；一种称为“阿里亚”，即无偿地转让一件财产的用益权。这里讨论的瓦克夫制度，基本上属于后者的范围。① 私人瓦克夫制度的创立很显然是符合上述逻辑的，如189号契约文书：

1938年5月20日

伊斯兰教历一三五七年三月二十日

具结人谢里夫肉孜，乔赫且也村人。我将此处用王渠的水灌溉的1亩9分地作为永久施舍之地，交给了我的孩子尤素夫阿訇，他已经收下了，今后，倘我反悔，概不算数。

地界：东头是热比亚妣妣的地；北头是阿地力夏提的地；西头是乔力潘汗的地；南头是则纳甫汗的地。

此据为证。

（印章4枚）

但在伊斯兰社会，所谓的“公益瓦克夫”所占比重更大，这是单纯用“弥补伊斯兰继承法缺陷说”难以解释清楚的，还需要从更广泛的精神生活领域去认识这个问题。

伊斯兰教关心、重视今世幸福，主张财富相对均平的思想。《古兰经》中提出富裕者的财产中有贫者的权利，穷人可以分享富人的财产：“他们的财产中，有乞丐和贫民的权利。”（51:19）这体现了伊斯兰教具有相对均平的思想，“施舍”被看作是财产再分配的重要手段之一。《古兰经》说“不分昼夜、不拘隐显地施舍财物的人们，将在他们的主那里享受报酬，他将来没有恐惧，也不忧愁”（2:274），把施舍同伊斯兰教的“后世”说相结合。② 施舍是非强制性的，教义、教法只能作为美德加以倡导，这就是扎卡特（zakat，阿拉伯

①吴云贵：《伊斯兰教法概略》，北京：中国社会科学出版社，1993年，第145页。
②刘天明：《伊斯兰经济思想》，银川：宁夏人民出版社，2001年，第22页。

语,原意为“净化”,汉语意译为“天课”)的最初含义。“后来,人们常把扎卡特理解为‘法定施舍’,而把瓦合甫理解为‘自愿施舍’。”[①]法定施舍是从富人中征收然后在穷人中间进行分配的一种税,即伊斯兰教的“天课”;自愿施舍的财产,其全部收入应用于供养慈善机构或建设公共建筑物(清真寺、宗教学校、村医院、浴池等)。渐渐地,天课(法定施舍)失去了它的慈善性质,变成一种向穆斯林经常性征收的宗教课税,即吾守尔(ushr)宗教什一税,瓦克夫也变成了一种事实收归公有,可以无限期地加以出租的不动产,如150号契约文书:

1933年5月31日

伊斯兰教历一三五二年二月六日

具结人马木提哈黑,巴拉提哈黑之子。我当麻扎经文学堂的教师以来,收用具克利水磨租金达2年之久。而这一边的23盘磨的租金由教师艾卜都瓦力巴斯提阿訇、尤素夫阿訇收用。因此,我也从则乃甫批姚的水磨费中收用40块银圆。除此之外,我不收用任何方面的租金。此据为证。

证明人:外力阿訇、马木提汗等

综上所述,伊斯兰经济思想是瓦克夫土地制度形成的基础,也是瓦克夫土地制度得以长时间存在的基本保障因素。同时,宗教思想作为一种社会意识形态,其存在离不开一定的物质经济基础的支持,瓦克夫土地的存在,使伊斯兰宗教上层人士衣食无忧,从而才有充分的时间与精力来学习、传播伊斯兰思想意识,瓦克夫土地制度对于伊斯兰教的重要性由此可见。在新疆南部维吾尔族地区,土地是各种瓦克夫财产中最主要的项目,了解清代新疆瓦克夫土地制度,是我们进一步了解当时维吾尔族社会结构的前提条件之一。

瓦克夫土地制度是伊斯兰经济思想的具体体现,主要内容是“财产的所有者以奉献‘安拉’的名义永久性地冻结了财产所有权,并把用益权奉献给

①李进新:《新疆南部维吾尔族地区的瓦合甫制度问题》,《西域研究》1994年第2期,第18页。

伊斯兰教法确认的宗教慈善目的”①。主要是救济贫困和资助社会公益事业。在伊斯兰法学概念中，“瓦克夫地”是指按照教法通过捐献建立起来的宗教公产。“伊斯兰教法还就这种财产的捐赠和捐赠人、受益和受益人、管理和管理人、捐赠方式以及所赠财产的占有、使用、处分等一系列问题作了规定，由此形成瓦合甫制度，即一种伊斯兰教的社会经济制度。”②

（一）瓦克夫土地捐赠的基本形式

瓦克夫土地的捐赠意愿是口头或通过具有法律效力的捐赠文书确定的，口头捐赠往往事后也会补作契约，如033号契约文书：

清 光绪十一年　1885年11月15日

伊斯兰教历一三〇三年二月七日

赛派尔巴依在自己的有生之年，在将热巴其合洁渠处自己的2艾尔维尔地作为礼拜寺瓦克夫地，立约时未能帮助，因而亲口对该村卡斯木巴依、穆敏汗等人说了此事。人们给予了证明。而这些证明在教法面前是有效的，所以有关这一问题，重新立了契约。

该瓦克夫田东面是荒地；南面是买买提尤素夫的地，以灌木为界；西面接村大渠；北面接卡斯木巴依的地，以杏树为界（界限的一切标志都是明显的）。

证明人：克里木依玛目、买买提巴给等

（印章1枚）

这种文书一般都有基本相同的行文格式，文书末尾要盖有宗教法官卡孜的印章。刘迎胜先生曾专门研究过蒙古时期中亚瓦克夫土地制度情况，发表了《蒙元时代中亚社会经济研究》③一文，其中具体介绍了这种文书内容

①吴云贵：《瓦克夫制度的由来和演变》，载张永庆主编《伊斯兰教与经济研究文集》，银川：宁夏人民出版社，1991年，第140～141页。

②李进新：《新疆南部维吾尔族地区的瓦合甫制度问题》，《西域研究》1994年第2期，第18页。

③刘迎胜：《蒙元时代中亚社会经济研究》，载陈高华、余太山主编《中亚学刊》第四辑，北京：北京大学出版社，1995年，第184页。

的典型格式：

(1)赞美真主。

(2)所捐出的不动产土地及其附属设施的明细表，上述田产的四至及范围，与上述田产相邻的土地及其占有者。

(3)叙述不动产设立人订立的不动产管理规定细则，包括经营田产所得收入的开支项目、不动产诸设施专职人员之任免、田产的使用条件等。

(4)不动产的设立，以及捐出产业的文件书写过程的真实性证明。

《选编》中辑录有多件清代南疆捐赠瓦克夫土地的契约文书，如001号契约文书：

> 清 乾隆三十八年　1773年11月8日
>
> 伊斯兰教历一一八七年(猴年)八月二十二日
>
> 感赞真主！为先知祈祷！
>
> 我阿里胡孜伯克遵照真主"谁做善事，赐他十倍恩惠"之言，向真主恩海乞求，现在百什村克里克修建礼拜寺1所，并将我在奇里克的1处院房连同家具等和15帕特曼土地、1座磨房捐献给寺院作为瓦克夫，对这些财产任何人无权干涉。
>
> 8帕特曼土地的界限：东边是水磨渠；南边是买买提依明的土地，界为土坎；西边是再依里力渠；北边是马路，马路对面是达吾来提买买提明的土地，有地垅。
>
> 另7帕特曼土地：东边接巴吐尔伯克的院子，界为坑；南边是河流；西边是毛拉和加的土地，界为渠；北边是河滩渠。
>
> (印章1枚)

当然，不是所有捐赠文书都有以上四条，特别是第三条，有些文书会详细订立，一些规模巨大的瓦克夫地产，捐赠人会对其管理、使用做出严格规定。相比较而言，一些小的瓦克夫土地捐赠，如清代新疆的一些瓦克夫土地文书，这一条则简单得多，或略而不言。如上述文书内容格式相对简单。

捐赠土地作瓦克夫固然与捐赠者的宗教感情有关，但这种捐赠行为也往往包含着捐赠者借瓦克夫土地这种形式，保护自己的土地不被侵害、分割、出让、转卖的意图。刘迎胜先生便认为:"叶海亚设立巴哈儿兹长老陵园不动产时,用意是虔诚的。但叶海亚是巴哈儿兹长老的嫡孙,他的家族是一个世纪以来中亚最著名的家族之一。叶海亚设置其祖父陵园不动产的真正目的,在于褒扬自己在历史上留下名字的祖先。同时,由于陵园不动产的设立得到官方的承认,使这一笔巨额产业的出卖、赠送、转让等损减行为变为非法。文件中对巴哈儿兹长老一族的后代,享受陵园不动产的经营所得的条件作了具体规定。由此可以看出,叶海亚捐出田产,归之于其祖父陵园,含有确保其家族后代永远不致丧失生计的目的。"①类似的情况可能有广泛性,"为自己与自己的后代永久地保留土地,封建主经常把它们变为后代的瓦克夫,即变为不可剥夺的领地,变为类似于长子继承的不动产一类的东西"②,如005号契约文书:

清 嘉庆二十二年 1817年

伊斯兰教历一二三二年□月□日

叶城五渠所属祖农地方的名叫米孜拉甫谢赫艾夫立的人,在苏里唐苏布尔麻扎下边人迹未至的无主荒地上,靠自己的劳动开垦了土地,修了库房、住房,种了树木。这些财产均为永久的麻扎瓦克夫,他自己就在该麻扎当谢赫,已经定居好多年了。

该米孜拉甫去世以后,家乡的众人都同意让其子谢赫伙西瓦合、谢赫代吾来提接替其父任谢赫并为店主。经宗教法庭同意,今后在这方面别人无权过问。

东面是地埂花园,南面是崖,西面是五渠宾隆其克,北面是比乃木崖与沙漠相连。

(宗教法庭印章)

(印章4枚)

因此,捐赠瓦克夫土地不光是单纯的宗教感情问题,其背后还隐藏着复

---

①刘迎胜:《察合台汗国史研究》,上海:上海古籍出版社,2006年,第547页。

②Академия Наук Узбекской ССР Институт Истории и Археологии, *История Узбекской ССР. Том* Ⅱ(Ташкент: Издательство Академии Наук Узбекской ССР,1956), стр. 15.

杂的利益纠葛，反映着多方面的社会关系，特别是要在后面提到的家庭瓦克夫，其保护直系亲属财产继承权的意图显然强于宗教慈善意愿，这是我们必须注意的。

（二）瓦克夫制度的具体内容

吴云贵《伊斯兰教法概略》有部分相关内容，现引述如下：①

1. 赠予人、受赠人和可赠予之物

伊斯兰教法规定，凡理智健全的成年穆斯林，都有资格作为赠予人，妇女享有同等的权利。宗教法院在审查赠予人资格时，通常只考虑赠予人是否理智健全，有辨别能力。任何个人都有权接受馈赠，清真寺、学校、医院等公益事业单位，亦可接受捐赠。未成年者或理智不健全者接受赠予，须由财产监护人充当代理人。关于赠予物的性质，法律上未作过明确的规定。祖传财产、个人所得财产，动产、不动产，均可作为赠予之物。但是，所赠财产，赠予人必须拥有完全的所有权或处分权，如《选编》006 号契约文书：

清　嘉庆二十四年　1820 年 1 月 2 日

伊斯兰教历一二三五年，莎车历猴年三月十六日

请不要蒙蔽聪明和研究者的清晰的思维！

立约者我依斯冯得亚尔巴依，我为了真主的道路，为了寻求真主的喜欢，将我在阿拉肖尔的半帕特曼土地，毫无强逼与压迫地从我自己的珍爱的财产中分出来，高高兴兴地捐赠给王伯克修建的罕尼卡经文学校作为瓦克夫地。此地已与我无干，也与他人无涉，既非坟地，也非其他瓦克夫。今后，不论是我，还是我的后代，若对该地提出异议或进行改变，定会遭到安拉的恼怒，在两个世界里将是无耻的坏人。

特此，立约为证。

该地东接依布拉音的地，以埂为界；西接学校不动产地，有些地方也与要尔都西买买提的地相连，以渠分界也以埂为界；北面与毛拉达尔

①吴云贵：《伊斯兰教法概略》，北京：中国社会科学出版社，1993 年，第 145 页。

维西的地相接，以埂为界。

证明人：依斯马义海里排、阿布都克里木穆阿津、毛拉吐尔逊巴依、依斯冯提亚尔巴依等人

（印章1枚）

2. 赠予的基本条件

不言而喻，赠予是赠予人与受赠人之间的法律行为。一件馈赠是否有效，取决于三项基本条件：第一，赠予人关于馈赠的声明；第二，受赠人关于接受馈赠的声明；第三，转移所赠财产的占有权。第一项条件是为了证实赠予人是否确有真诚的动机。第二项条件涉及受赠人是否愿意接受。第三项条件为实质性条件。赠予人只有将所赠财产的占有权移交受赠人并为受赠人所接受，在法律上才构成一项有效的赠予。仅在账面上办理移交手续，没有法律效力。如果所赠之物如土地，事实上已由赠予人的佃户所占用，那么赠予人只需转移租佃权就够了。如果赠予物是作为保证物的抵押财产的取回权，则可不必转移占有权，只需通知抵押权人该财产的所有权已转让予受赠人。伊斯兰教法不重视书面证据，赠予可采取口头宣布或书面宣布任何一种形式。

3. 可分割和不可分割财产

如上所述，赠予人仅有权处理拥有完全所有权或处分权的财产。这一原则在实践中经常遇到两种情况，即可分割财产和不可分割财产的赠予权问题。按照伊斯兰教法的惯例，通常把分割后不损害用益价值之物视为可分割财产，而分割后有损于使用价值之物，则被视为不可分割财产。这一区别直接涉及共有财产能否转让问题。

原则上，赠予人仅拥有部分所有权的共有财产，如果属于可分割财产，如共有的房屋或土地，只有在赠予人所有部分从财产主体中分离出去以后才能合法地赠予他人，否则无效。反之，如果所赠财产属于不可分割财产，尽管赠予人没有完全所有权，仍可完全合法地赠予他人。但是，这种情况实际上指的是共有财产的用益权或使用权的转让。例如，甲某把自己的房子馈赠乙某，同时把与邻居丙某共有的楼梯也赠予乙某，由乙某与丙某共同使用。按照哈乃斐教法学派的惯例，无偿出让可分割而未予分割的共有财产，

属于不正常的、手续不完备的赠予，只要补办分割手续、转移占有权，仍可视为有效的赠予。而沙斐仪教法学派和十二伊玛目派法律则不予区别，即使属于可分割而未予分割的共有财产，赠予人只要放弃所有权、转移占有权，同样可看作有效的赠予。

（三）瓦克夫土地的使用与收益分配

世界上一切宗教寺庙都接受人们的捐赠，捐赠是寺庙经济中的一种特殊的经济形态，每个大瓦克夫土地的收入，都建立在对农民的封建剥削基础之上。虽然根据伊斯兰法律，瓦克夫土地被认为是真主的所有物，但瓦克夫土地产生的收入只能由捐赠瓦克夫的个人及其家族、宗教机构或慈善机构享用，如附录一（10）号契约文书：

> 1882 年 3 月 2 日
>
> 伊斯兰教历一二九九年四月十一日
>
> 为了给城里人热依木夏依·吾吉积德行善（整天除了做乃玛孜，其他什么事情也不做），获得安拉的满意，使圣人穆罕默德高兴，坦白如下：热依木夏依·吾吉的母亲布比·阿依拉积德行善（整天除了做乃玛孜，其他什么事情也不做），在八五年（注：原文如此，可能是伊斯兰教历一二八五年），为把巴达木斯亚（badamusiya）渠卡帕克拉（kapakla，葫芦）这个地方继承的大约 2 察拉克土地，作为瓦克夫捐赠给靠大路湖首的敦清真寺，写下了委托书（交给了清真寺）。当时，该清真寺把委托书遗失了，现在为完善当时（写）的原瓦克夫而重新立了（捐赠土地的）委托书，（要求）无论谁成为该清真寺的讲经布道者（hatip）、主持（yimam）、宣礼人（买曾，muaizzin）而祈祷的话，都要把这块瓦克夫土地上得到的收成用到该清真寺需要使用的事情上，剩下的收成自己可以花费，把我的父母也和穷人一视同仁，不要忘记为穷人祈祷，一定要好好祈祷。并撰写了瓦克夫（土地捐赠）委托书。不论谁对这块瓦克夫土地予以援助或者给予好处（注：应该是帮助种植或者经营），都会得到胡达在这个世界的保佑（感谢），不论何人修改了这块瓦克夫土地，都会受到

真主安拉的惩罚。瓦克夫(土地捐赠)委托书到此结束。

这块瓦克夫土地的四至:东界——艾孜木夏依·吾吉的土地,地界——土坑;北界——买买提夏依·吾吉后代的土地,有些地方是艾孜木夏依·吾吉的土地,地界——大(埂子);西界——还是买买提夏依·吾吉后代的土地,地界——大(埂子);此外,南界——还是买买提夏依·吾吉后代的土地,地界为大(埂子);西界——买买提夏依·吾吉后代的土地;南界——艾孜木夏依·吾吉的土地,地界——土坑。

证明人:买买提·艾力、海尼凡木·依斯拉伊勒……艾力阿訇

瓦克夫有税务豁免权,不向国库支付任何东西,这实际上等于将国库所具有的赋税征收权过渡到了瓦克夫占有者手中。

瓦克夫土地的使用必须有利于各种宗教机构,如清真寺、麦德利斯(宗教学校)、罕尼卡以及圣人与国王之墓;慈善机构,如医院、流浪者收容院、养老院、寡妇与孤儿及其他人休息的地方,但只有收入的一部分直接作为宗教慈善机构的费用,重要的是,瓦克夫收入的大部分则被受托人(穆特瓦里)、宗教法官、宗教神学家所得。此外,私人瓦克夫也是很常见的,这是专门确立的给予赛衣德(圣族)的赡养费及被人敬仰的苏非谢赫和其他家族的后代的费用,这种瓦克夫被称作穆特瓦里亚,瓦克夫事实上的管理者的继承权属于这些家族的首领。[①] 如果瓦克夫被指派给清真寺,则它的合法占有者一般是清真寺的穆特瓦里(受托人),每年从瓦克夫的收入中扣除一定量的支付租金的费用,这部分费用用来维护与修缮清真寺,这个清真寺是瓦克夫馈赠的对象,别的部分则发给清真寺的伊玛目,这些伊玛目在周五和周一(昏礼后)会诵读《古兰经》的片断,把它们献给先知与瓦克夫捐赠者的灵魂。[②]

随着时间的推移,清真寺的土地不断增加,加之管理上的分散性,一方面影响了土地的利用效益,另一方面其收益往往被瓦克夫监管人及宗教领

---

①И. П. Петрушевский, *Земледелие и Аграрные Отношения в Иране* Ⅷ – ⅩⅣ *Веков* (Москва, Ленинград: Академии Наук СССР, 1960), стр. 251.

②М. Абдураимов, *Вопросы Феодального Землевладения и Феодальной Ренты в Письмах Эмира Хайдара* (Ташкент: Издательство Академии Наук Узбекской ССР. 1961), стр. 29.

袖占有。称为瓦克夫的土地也豁免国家贡赋。它由某些人捐输给经学院或清真寺或麻扎的地块所组成,其收入用于保持这些建筑物的完好和进行维修。瓦克夫地通常由穆特瓦里(照管人)管理,如《选编》097号契约文书:

1921年11月17日

伊斯兰教历一三四〇年三月十八日

立约人:尊贵的祖先优奴斯王修建的经文学校的阿訇们尼扎米丁阿訇尼亚孜阿訇之子肉孜哈西木,80岁;依布拉音海力排之子木汗买德阿吉,38岁;巴拉提喀孜之子穆特外力吐尔地卡力,30岁;吾守尔阿訇之子。

该经文学校的4亩园子地,由我们——穆特外力为首的以阿訇们自己家小的名义看管,保证完好。如果以后看管不善,则在教法和政府面前成为说谎者,并将遭到地狱的惩罚。

证明人:买合苏提阿訇、赛依丁阿訇

(印章1枚)

赠予瓦克夫地的证书由捐输土地者的后裔之一保存,如果丢失可重新补写,如024号契约文书:

清　咸丰元年　1851年8月8日

伊斯兰教历一二六七年(马年)肉孜节日第十日

我向给教民们赐予幸福生活和指明行善道路的真主致敬祈祷!

向伟大真主的使者致敬、祈祷。

我叫布维西客。经文学堂在库尔玛村的土地中,有2察拉克地作为瓦克夫已达30年之久,但因找不出立约,一直被瓦克夫的敬献者胡赛音巴依的继承人阿依舍妣妣、托合塔西妣妣、托哈西妣妣作为父亲的遗产田掌握着。经了解情况的老年人证明,这2察拉克地确系经文学堂的瓦克夫地,阿依舍妣妣等也已经承认,故重立此约,以明真相。今后,凡维护此瓦克夫者则永远幸福,凡欲否认它,改变它,并就此制造纠纷者,则今世和后世都要遭难。

地界:东头是瓦克夫敬献者继承人的土地,水渠为界;南头是托乎提的土地,水渠、白蜡树为界;西头是浩罕清真寺的瓦克夫地,白蜡树为界；北头是斯拉木尼亚孜的土地，有路为界。

证明人：买买提尤素夫、毛拉尼亚孜、毛拉坎吉、杜来提苏皮等

（印章1枚）

瓦克夫地是剥削劳动阶层的一种手段。最大的瓦克夫地占有者、瓦克夫文书持有人，是中亚两个最有势力的苏非派托钵僧团“库勃拉维亚”和“纳克什班季亚”。① 为瓦克夫地进行耕作，对于农民来说也非常吃亏。农民在瓦克夫地里劳动一整年，只能得到整个收获的1/4或1/5，他们实际上落到了人身依附于某一瓦克夫地管理者（“穆特瓦里亚”）的地位。②

瓦克夫土地制度是清代新疆土地制度的一个重要组成方面，值得认真探究。

二、清代、民国时期新疆天山南部维吾尔族社会瓦克夫制度

（一）清代南疆瓦克夫的性质

天山南路的瓦克夫土地最早是什么时候出现的现在已经难以考证，但有学者认为：“新疆麻扎的瓦克夫是与第一座麻扎——苏图克·布格拉汗麻扎同时出现的”③。新疆最早的麻扎及麻扎朝拜应出现在公元10世纪，这可由《苏拉赫词典补编》中的相关记载证实：“阿里阿尔斯兰汗、‘殉教者’阿布·哈桑·本·巴伊塔什阿尔斯兰汗·萨图克布格拉汗［37叶B］于338年1月（998.1.3—2.1）末殉教，他在喀什噶尔的墓地有人［去］观瞻。”④可能瓦克夫土地制度在新疆的历史已经很悠久了。

清朝、民国时期新疆政治格局发生了很大变化，和卓时期（1680—1759

①［苏］Б.Г.加富罗夫：《中亚塔吉克史》，肖之兴译，北京：中国社会科学出版社，1985年，第330页。

②同上书，第362页。

③《新疆通史》编撰委员会：《新疆历史研究论文选编·宗教卷》，乌鲁木齐：新疆人民出版社，2008年，第270页。

④华涛：《西域历史研究》（八至十世纪），上海：上海古籍出版社，2000年，第222页。

年）政教合一的统治模式被打破，新政权实行严格的政教分离政策，作为宗教经济主要支柱的瓦克夫土地在与政府的关系、本身的经营管理上都出现了新的变化，对这种变化的认识与把握无疑有助于我们更好地研究这一时期维吾尔族的具体社会生活状况。

乾隆二十四年（1759），清政府平息了大、小和卓掀起的叛乱，最终统一了天山南北。大、小和卓作为天山南部依禅派宗教领袖，其宗教贵族身份与因其家族历年积攒的大量财富而凸现的经济地位，是其成为叛乱领导者最重要的条件，这些物质财富也包括和卓家族所占有的大量宗教瓦克夫土地收入。清政府显然了解这种带有宗教色彩的土地的价值，但其认识也仅局限于将其与内地寺院土地类比的基础上，当时的汉文文献中普遍将瓦克夫土地看作“香火地亩”。[①] 清政府处理瓦克夫土地的办法也基本上比照内地寺院土地管理政策来制定，同时，也考虑了当时南疆维吾尔族地区历史、文化的特殊情况。

我们知道，清政府在每次平定天山南路的动乱后都采取所谓的“善后”措施，其中之一便是大量没收“逆产”，这些被没收的土地中是否有瓦克夫土地，清代汉文文献中并无明确说明。但“即使是政局动荡的那个时期，瓦哈甫土地也具有相对稳定的特点。原因在于，政治的需要常常使新的统治者们尽力避免触及瓦哈甫土地。这种情形在阿帕克和加统治时期，在准噶尔汗国统治时期，都是有过的。艾赫麦德被扣留在伊犁期间，阿帕克和加麻扎占有的瓦哈甫土地，并没有因为政权的更替而发生变动”[②]。因此，我们有理由相信，没收涉及的主要是和卓及其一般追随者的个人私有土地，宗教瓦克夫土地基本上保留了下来，历史事实也证明的确如此：统一新疆后第二年，清帝乾隆即下令保护白山派和卓麻扎。他在给喀什噶尔参赞大臣舒赫德的谕旨中称：“逆贼霍集占等，虽负恩肆恶，自取诛戮，至其先世，君长一方，尚无罪戾。今回部全定，喀什噶尔所有从前旧和卓木等坟墓，可派人看守，禁

---

①《西域图志》卷三九，“风俗”条。

②刘志霄：《维吾尔族历史》（上编），北京：民族出版社，1985 年，第 442 页。

止樵采污秽，其应行修葺分例，并著官为经理，以昭国家矜恤之仁。”①参赞大臣阿里衮奉旨经办并规定：“回部喀什噶尔旧和卓木坟墓，原有三十帕特玛地亩钱粮，看守回人十二户，仍照旧管理，以供祭祀修葺，余为伊等养赡。”②和卓们之所以能与清政府对抗，正如施瓦茨在《新疆的和卓》中所说的“获得物质财富成为和卓力量的另一支柱。……和卓们通过地租从这些地产获得了巨大的财富，除这种形式的收益外，还享有所有和卓作为宗教领袖均有资格得到的什一税”。但是清政府对逃亡国外的大、小和卓派人返回收取瓦克夫土地之收获则坚决打击，这也从侧面证明这些瓦克夫土地并未被没收。如大和卓布拉尼敦之子萨木萨克“住色默尔罕(撒马尔罕)地方，同行只十余人，求乞度日”③。又如萨木萨克之子张格尔“以诵经、祈福传食各部落”④。乾隆二十四年(1759)，他们不得不冒险派人入卡，以宗教吾守尔、扎卡特的名义收取少量财物，以度危机，但却遭到了清政府的坚决打击。乾隆四十九年(1784)，查处“大和卓布拉尼敦之子萨木萨克，潜使……通寄书信，诱取银两”案，涉及喀什噶尔、英吉沙尔之毛拉、伯克多人，从重办理示惩。⑤乾隆五十九年(1794)三月，“拿获由萨木萨克差遣，及代萨木萨克科敛银物之回子巴喇特等八犯，审明全行正法”⑥。嘉庆十六年(1811)八月，“查拿指称叛裔名目，敛取钱物，并捏写回经，妄添不法语句之首从各犯”，“毛拉素皮、乌舒尔、爱玛尔、沙朵斯四名正法”⑦。至道光朝更因萨木萨克之子张格尔的叛乱活动，清政府于道光五年(1825)“严定回疆敛银条例”⑧。这些记载反映了两种可能：一是大、小和卓后裔在继续利用旧有制度谋取利益；二是瓦克夫土地仍被保留，但使用受限制。

①《清高宗实录》卷六〇九，“乾隆二十五年(1760)三月壬戌”条。

②《清高宗实录》卷六一四，“乾隆二十五年(1760)六月癸酉”条。

③《清高宗实录》卷一二〇二，“乾隆四十九年(1784)闰三月丙辰”条。

④[清]袁大化、王树楠、王学曾：《新疆图志》卷一百一五，“兵事一”条，上海：上海古籍出版社，第1103页。

⑤《清高宗实录》卷一二一五，“乾隆四十九年(1784)九月丙子”条。

⑥《清高宗实录》卷一三五一，“乾隆五十五年(1790)三月壬寅”条。

⑦《清仁宗实录》卷二四七、卷二八五。

⑧《清宣宗实录》卷八二，“道光五年(1825)五月丁酉”条。

清代、民国时期南疆社会伊斯兰教仍有广泛影响，宗教瓦克夫制度的存在与发展有一定的历史文化继承性，但国家政治、经济制度的变化必然要求瓦克夫制度做出改变，以适应新的政治和经济变化要求。即使在同时代的中亚，宗教瓦克夫财产也完全处在国家行政当局的监督之下 。“一些统治者密切关注伊斯兰宗教与社团组织的利益，并建立官僚机构来监督他们的行动。”“如果捐赠者为自己规定了管理者，并［进一步］规定苏丹和卡迪（法官）都没有权利解雇他，但如果他在政府中不值得信任，则该规定无效，而且卡迪有权解雇他并在他的位置任命另一人。”①而清政府为管理宗教瓦克夫财产，专门设置了“穆特瓦里”伯克。而对于参与宗教势力叛乱，与清政府对抗的瓦克夫财产管理者，清政府更是严惩不贷。如阿图什的萨图吐克布格拉汗麻扎的谢赫，麻扎的看守人斜黑阿訇密尔・爱玛提，就是协助白山派和卓叛乱的一个重要人物。他于咸丰七年（1857）充当倭里罕的内应，在阿尔图什庄聚众叛乱，后被清军擒获处死。他当时就是“喀什噶尔一位最有钱的人”，他作为白山派的代表人物于公元 1857 年被清政府处决后，财产充公上缴国库，“他留下了大量土地，数座庭院和大量库存粮食。当地人说，还有数万元宝。现在，其他赛依赫小心谨慎，简朴生活，唯恐遭到同行的命运”②。

天课是阿拉伯文 zakat 的意译，音译“扎卡特”，本意为“洁净”，是伊斯兰教“五功”之一，中国穆斯林称为“课功”。天课是伊斯兰教法定的施舍，即“奉主命而定”的宗教赋税，又称“济贫税”。天课被定为“天命”以后，就与施舍区分开来，“扎卡特”便专指天课了。天课也由一般的自由施舍成为按财产的比例来强制缴纳的宗教课税和宗教义务，成为一种经济制度。将从农产品收入中缴纳的天课，称“吾守尔”，从牲畜、金银等收入中缴纳的天课称“扎卡特”。农产品作为天课上缴是数额最大、最普遍的一项，其比例一般为私地收获的 1/10，有的地区又称什一税，如 153 号契约文书：

①R. D. Mcchesney, *Waqf in Central Asia*：*Four Hundred Years in the History of A Muslim Shrine*. 1480—1889（New Jersey：Princeton University Press，1991），p. 11.

②Ч. Ч. Валиханов，*Собраний в Пяти Томах. Том* 3（Алма-Ата，1984—1985），стр. 163.

1933 年 11 月 14 日

伊斯兰教历一三五二年七月二十六日

伊斯兰协会通知

兹通知伯希依利克里吉村如下居民交纳今年收成的十分之一，他们是：买合木提、吾买尔、依明。不收现金，只收谷物，不得有误，如抗拒不交，定从严处理。

交纳吾守尔是伊斯兰教徒的天职，与做礼拜一样重要，如有违背，他就是异教徒。不交纳吾守尔就是犯罪，会得到真主的惩处，必须诚心诚意地对待。

征收办法是：净谷物十分之一；干苜蓿 10 捆交 1 捆；果园、西瓜、卡木古尔等以此类推，不准少交。

征收登记，交纳后盖章，方为有效。

（协会印章 1 枚）

乾隆二十四年（1759）清政府统一天山南路以前，耕种瓦克夫土地的农民应该普遍交纳天课："查回人旧制，征收粮石，系十分取一，载在经教。至阿克苏城，乃旧（察合台）汗公地……除公地照旧征收，其余地亩，具十分取一。"①1759 年后，逃亡国外的和卓后裔生活困苦，他们不得不冒险派人入卡，以宗教吾守尔、扎卡特的名义收取少量财物，以度危机。由于此时耕种私有土地的农民直接向清政府交纳原属天课性质的"什一税"，因此，他们收取天课的对象主要应是耕种瓦克夫土地的农民，因为瓦克夫土地本身享有清政府免税的待遇，但如上所述，他们遭到了清政府的坚决打击。

据苏尔德《回疆志》载：大、小和卓之乱平定后，当时塔里木盆地各城全部耕地面积共约 21 470 帕特曼籽种地②，约 1 374 080 亩③。而截至乾隆三十七年（1772）的统计，维吾尔族农民私有地约 60 万亩，而伯克占有 419 972

①《清高宗实录》卷五八二，"乾隆二十四年（1759）三月戊子"条。

②［清］苏尔德：《回疆志》卷四，"各城户口地亩"条。

③纪大椿：《维吾尔族度量衡旧制考索》，《西域研究》1991 年第 1 期，第 59～66 页。作者认为作为地积单位的"帕特曼"具体量值并不统一，不妨笼统地以 1 帕特曼折为 64 亩方便，本文采此说。

亩地。[1] 两者相加，为1 019 972亩，我们可以很容易算出瓦克夫土地面积为354 108亩，占全部耕地面积的25.77%。参照中华人民共和国成立初南疆社会调查的材料，“在十个县中和十四个乡或村的典型调查的统计，各种瓦克夫地共占该十四个乡或村全部耕地的比例是百分之二十……照顾到这种多少不同的不平衡情况，各种瓦克夫地在南疆四个专区全部耕地中所占的比例保守一点估计为百分之十五，则南疆近一千二百万亩耕地中将有一百八十万亩各种瓦克夫地”[2]。上述计算结果也是可以接受的。清政府虽然对瓦克夫土地的产权采取了保护措施，但对参加反清活动的麻扎、清真寺、罕尼卡等宗教机构的瓦克夫土地仍会予以没收。虽然这次具体没收了多少土地已不得而知，但每次动乱后或多或少都有一些瓦克夫土地被没收入官却是事实，这些土地后来基本上变成了伯克们的养廉地亩。因此，瓦克夫土地占全部耕地面积的比率在不同时期是有变化的，但是变化不大。

清政府虽未采取将瓦克夫土地一律没收的政策，但还是将以往寺院土地上的“燕齐”编入民籍，使之变为向清朝直接纳贡的臣民。平定大小和卓之乱过程中，有“多伦回众”1 000余户，共5 000余人投奔清军。[3] 还有在阵前向清军投降的穆斯林群众“二千六百余户，八千三百余口”，其中“大半系伯德尔格、塔哩雅沁之人”。[4] 多伦又称多兰、朵兰、惰兰，“系霍集占之家奴”[5]。伯德尔格和塔哩雅沁的身份，在苏尔德《回疆志》卷一中有较为具体的说明：“从逆酋霍集占等久住伊犁，叛服无常之伯德尔格（贸易人也）、塔哩雅沁（种地人也）、乌沙克（勇战人也）等三种塔哈里克（回人以此三等人谓之塔哈里克）。”这8 000多为奴者与5 000余多伦加在一起，在万人以上。据苏尔德《回疆志》卷三统计，截至乾隆三十七年（1772），塔里木盆地各城总

①［日］佐口透：《18—19世纪新疆社会史研究》，凌颂纯译，乌鲁木齐：新疆人民出版社，1983年，第149页。

②《中国少数民族社会历史调查资料丛刊》新疆维吾尔自治区编辑组：《南疆农村社会》，乌鲁木齐：新疆人民出版社，1980年，第108页。

③《清高宗实录》卷六〇一，“乾隆二十四年（1759）十一月甲子”条。

④《清高宗实录》卷五九八，“乾隆二十四年（1759）十月丁亥”条。

⑤［清］璧昌：《叶尔羌守城纪略》，清道光二十八年刻本。

人口“约计二十万二千二十余口”。投诚清军的多伦和塔理雅沁人数占当时塔里木盆地总人口的5%以上。他们被安置在库车至喀喇沙尔一带开垦荒地，各谋生业，再也不是大、小和卓的农奴了。清政府对直接依附于和卓阶层的这部分人口的解放间接影响了当时天山南路的土地经营方式。

瓦克夫土地由于具有地权的相对稳定性，也较少受政治活动的影响，因此，从1759年至1934年，新疆瓦克夫土地的数量与用途变化不大。盛世才统治时期，瓦克夫地的地权归信奉伊斯兰教各民族的文化促进会占有，其收入的大部分用于发展文化教育事业。①

所谓瓦克夫土地的性质亦即其本质特征，下面就清代南疆瓦克夫土地的内容构成特征、所有权特征、存在发展特征三方面进行探讨。

(1)从内容构成特征上看，瓦克夫土地是一种以宗教自养为目的，兼顾有教育、慈善、互助等特征的财产形式。所谓以宗教自养为目的，就是说这种财产的设置，主要是为接续教门，使伊斯兰宗教机构内教职、学职人员得到养赡，使宗教机构附属的教育得到最低限度的支费，教有所养，寺有所养，学有所养。《和卓传》中就说：

> 在叶尔羌城中有62所以上的学校建筑物，其中29所保持完好……这29所学校赠款的总额，总计为3 670帕特曼的土地，此外还有198所房屋和店铺，这些房地租就构成岁入的部分。从现在知道的某些收入判断，叶尔羌学院的收入总额每年要达到将近400个银元宝，或者是约6 800英镑……在这些学校里好像只400名多一点的学生在受教育，他们当中有很大一部分未继续受教，而仅仅是为像他们这样的学者们提供舒适的隐居条件。②

上面所谈的是学校所得的瓦克夫捐赠情况，而学校的教师及学生的生活费都来自出租瓦克夫所得的收入，特别是瓦克夫土地的收入，使家境贫困

①陈慧生：《中国新疆地区伊斯兰教史》(第二册)，乌鲁木齐：新疆人民出版社，2000年，第365~366页。

②穆罕默德·萨迪克·喀什噶里：《和卓传》，陈俊谋、钟美珠译，载中国社会科学院民族研究所历史研究室资料组编译《民族史译文集·第8集》，内部资料，1978年，第134页。

者也能安心学习，使学有所养，这些学校的毕业生又补充了职业宗教者的队伍，教也因此有所养，因此而区别于其他土地占有形式。

（2）从瓦克夫土地所有权特征看，是占有权、经营权、分配权、用益权有所分设（分立），且执行过程中有若干预定限制约束的财产形式。吴云贵先生关于瓦克夫土地所有权特征曾有过一段精辟论述："瓦克夫"制度中所体现出的财产权观念较为特殊，一件财产的占有者以奉献给"安拉"的名义，永久性地冻结了财产占有权，并把用益权献给伊斯兰教法确认的宗教慈善目的。这种用于法定宗教慈善目的的财产制度将财产的占有权与使用权永久性地分离，这种财产制度并不等同于一般封建所有制。从法律的观点看，实际的所有权表现为占有权、使用权和处分权。占有、使用、处分虽为所有权的基本内容，但在实际生活中，人总是通过这三项权能的暂时分离和回复（如土地的租赁）来不断满足自己的生产、生活需要和发挥物的效益。这是一般规律。然而，瓦克夫制度却使这三项权能的暂时分离和回复遇到了巨大障碍，作为公益瓦克夫捐赠的财产，并未明确要求移交占有权，与此同时，习惯上承认事实上的占有权，例如长期耕种清真寺的土地，在法律上可被确认为事实上的占有，表现为拥有了永佃权。例如，《选编》041 号契约文书：

清　光绪二十二年　1896 年 3 月 15 日

伊斯兰教历一三一四年十月十一日

具结人肉孜哈里克。我把五村土板汉渠库尔班巴依开办的礼拜寺的 6 察拉克瓦克夫地（上有我自己植的树），交给了我的叔叔吾守尔巴依，由他经营并缴纳地租。

此外，我还把埋着父亲的赫地尔的 6 察拉克地连同树木、房舍一起，也交给了叔叔吾守尔巴依。作为种植在 6 察拉克瓦克夫地上的树木和赫地尔的 6 察拉克地上的小麦，今后这些田地与我无干。

地界：东头是买买提热依木的地，有埂为界；南头是吾守尔的地，有渠为界。

（印章 1 枚）

可以随意将瓦克夫土地的经营权让给他人，这与内地的永佃权转让已无差别，形成了事实上的占有。

另外,“使用权虽为捐赠者按照伊斯兰教法的有关规定所约定,但事实上仅限于宗教慈善目的”①。“按照伊斯兰教法的规定,原所有人没有处分权,无权收回、变卖、抵押、赠与或转让所赠瓦克夫财产。瓦克夫财产,由于被停止了所有权,限定了使用权,禁止了处分权,从而严重影响了物的效益的充分发挥。”②例如,《选编》045 号契约文书:

清　光绪二十四年　1898 年 1 月 16 日

伊斯兰教历一三一五年八月二十二日

以真主的名义:

感赞以自己仁慈的手明扬种种善行的真主!

感赞创造幸福与善行的道路使之通畅的真主!

向被造化者之中的佼佼者——穆罕默德先知,先知的家属及先知的伙伴们致以充满天地的敬意并为他们祈祷。

立约人依米提汗之继承人女儿萨热汗、兄弟尼亚孜阿訇、阿布拉和加、素夫亚妣妣、加米来妣妣、艾吾位德克派克和加村长。

我父在五村县的遗产 2 秤子半地与尼亚孜和加在本地的 2 秤子半地相对换。

我们根据“谁做一件善行,谁将得到十倍的回赐”的圣训教导,以及“善行能阻挡灾难”的圣训教导,为了修造后世之路,在真主的道路中,将我们的 2 秤子半地,赠送给曼苏尔伯克修建的经文学校作为瓦克夫地。

该地已与我们无干。将永不改变,不能出卖,不做坟地,所有使瓦克夫地获得繁荣幸福的手,就像劝人向善一样,将会获得巨大的报酬。如果心怀恶意,造成瓦克夫地荒废或不得收获,或对财产提出异议的人,在今世将遭难,在后世将不会受到真主的宽恕和先知的救助而受到惩罚。

①吴云贵:《瓦克夫制度的由来和演变》,载张永庆主编《伊斯兰教与经济研究文集》,银川:宁夏人民出版社,1991 年,第 153 页。

②同上。

该2秤子半地的东面接瓦克夫地，以埂为界；南面是罕尼卡瓦克夫地，以杏树为界；西面北面是尼亚孜和加的地，以墙为界。

证明人：买买提谢力夫阿訇、依玛目斯坎代尔、纳斯隆拉和加等人

（印章1枚）

清代瓦克夫土地制度也具有上述使土地占有、使用、处分权能的暂时分离和回复不能进行的问题，矛盾发展的结果首先便是使瓦克夫土地占有关系极其混乱。例如，根据20世纪50年代初的调查，瓦克夫土地按地权性质就有5种：①地权属于宗教机构的；②地权属于公共的；③地权基本上属于私人的；④地权完全属于私人的；⑤地权属于管理机构（前维文会）的。① 其次，由于缺乏土地所有权暂时分离的机制，产权纠纷便不可避免，如024号契约文书：

清　咸丰元年　1851年8月8日

伊斯兰教历一二六七年（马年）肉孜节日第十日

我向给教民们赐予幸福生活和指明行善道路的真主致敬祈祷！

向伟大真主的使者致敬，祈祷！

我叫布维西客。经文学堂在库尔玛村的土地中，有2察拉克地作为瓦克夫已达30年之久，但因找不出立约，一直被瓦克夫的敬献者胡赛音巴依的继承人阿衣舍妣妣、托合塔西妣妣、托哈西妣妣作为父亲的遗产田掌握着。经了解情况的老年人证明，这2察拉克地确系经文学堂的瓦克夫地，阿衣舍妣妣等也已经承认，故重立此约，以明真相。今后，凡维护此瓦克夫者则永远幸福，凡欲否认它，改变它，并就此制造纠纷者，则今世和后世都要遭难。

地界：东头是瓦克夫敬献者继承人的土地，水渠为界；南头是托乎提的土地，水渠、白蜡树为界；西头是浩罕清真寺的瓦克夫地，白蜡树为界；北头是斯拉木尼亚孜的土地，有路为界。

①邓力群、谷苞：《南疆的瓦哈甫地问题》，载《中国少数民族社会历史调查资料丛刊》新疆维吾尔自治区编辑组编《南疆农村社会》，乌鲁木齐：新疆人民出版社，1980年，第104页。

证明人：买买提尤素夫、毛拉尼亚孜、毛拉坎吉、杜来提苏皮等

（印章1枚）

（3）从经营消费特征上来看，瓦克夫土地是一种数量和范围都大体难以有明显变化的财产形式。由于它不以扩大再生产，而以宗教自养为主要目的，它面对的是一个数量大体有限、范围大体固定的消费对象，消费量一般来说是不会发生明显变化的。而其经营，也仅仅是为了满足这种大体有限固定的消费，即在没有新的捐入的情况下，往往也就是年复一年地经营一定数量的土地，在用完一定的租息后，大体上仍是原来的那些财产数量；在无重大事变的情况下，不太可能有多少增减，所以基本不存在今天所说的扩大经营或破产倒闭之类的问题。

在伊斯兰文化影响下，瓦克夫土地原本较少受社会环境与官府的影响。清政府以对待内地寺产的办法来对待瓦克夫地，以“逆产”之名没收瓦克夫土地后出租，造成某些宗教机构瓦克夫土地数量上的大幅度波动，只是个别时期、个别地区的个别情况，并不能因此否定上述结论。

（二）清代新疆瓦克夫财产的种类与来源

清政府平定大、小和卓叛乱以后天山南部瓦克夫土地的种类由于缺乏当时的记录，难以详述。中华人民共和国成立初，新疆人民政府组织的南疆工作队对当时塔里木盆地的瓦克夫土地状况进行了调查，这些材料至今仍是我们判断清代天山南部瓦克夫土地种类的第一手材料。考虑到瓦克夫土地存在的相对稳定性，这些材料对认识清代南疆瓦克夫土地种类有一定的参考价值。根据调查材料，瓦克夫土地根据地权占有性质有以下几种：①

第一种是地权属于宗教机构占有的瓦克夫地，这就是各地清真寺、麻扎和宗教学校三种宗教机构占有的清真寺瓦克夫地、麻扎瓦克夫地和宗教学校瓦克夫地以及一些其他名称的瓦克夫地。这三种宗教机构在有的地方是结合在一起的，在有的地方则是互相分离的。一般的麻扎都附设有清真寺，

①本节主要引述了《南疆农村社会》中的相关材料。

有的大麻扎还附设有宗教学校，一般大一点的清真寺也附设着宗教学校，但绝大多数的清真寺是独立的，很多的宗教学校也是独立的。这三种宗教机构占有的瓦克夫地数量很多，在各种瓦克夫地中所占的比例亦最大。这三种宗教机构所占有的全部瓦克夫地中，又以清真寺瓦克夫地、麻扎瓦克夫地和宗教学校瓦克夫地三种名称的为最多，如008号契约文书：

清　道光八年　1828年8月16日

伊斯兰教历一二四四年（鱼年）二月四日　星期四

具结人教师吐尔地。

我把自己在热巴其合洁渠的能播100斤籽种的田地连同树木、房屋一起，作为瓦克夫捐献给当地的大礼拜寺。从此，我无权干预，他人也无权过问。这些财产并非典当成抵押品，今后我永不反悔。空口无凭，具结为证。

那块地的东头是赠献者的土地，庄渠为界；南头和西头是尼亚孜苏皮和吾热斯他们的土地，有埂为界；北头是依斯玛依尔的土地，有湖为界。

证明人：巴克尼亚孜、依布拉依木等

（印章1枚）

捐给清真寺是最常见的，但南疆是一个伊斯兰苏非派流行的地方，麻扎朝拜盛行，所以很多信徒也给麻扎捐瓦克夫，如附录一（7）号契约文书：

1870年8月12日

伊斯兰教历一二八七年（狗年）五月十四日　星期三

我是乔勒排·乎坎。

为杜绝今世的无常，或者看到不高兴的事情而从中接受惩戒和教训，从蒙昧疏忽中觉醒。

托勒阿西（tolhax，地名）所属的村水渠浇灌的我父亲的遗产——大约10察拉克好地及其所属所有东西，为让胡达满意，永久捐献给了尊敬的依玛木麻扎作瓦克夫土地使用。

现申明此瓦克夫地四至：东面是海勒排提吾吉土地上的公用水渠，北面是和毛拉·玉素甫土地相连的公用道路，西面是清真寺瓦克夫土地，南面是和玉米迪亚尔·海力排的土地为界的水渠。

就此瓦克夫土地，我，我的后代，或者其他任何人起诉，都要下地狱，都会被地狱消灭，每个好人经营这块地，都会上天堂。特立此据，并加盖神圣的有威望的人的印章。

证明人：沙迪克阿訇、木拉提·海勒排木、主簿苏礼坦吾吉、沙木沙克毛拉

此外在较大的清真寺、麻扎和宗教学校附设的灯盏瓦克夫地、古兰经瓦克夫地、锅瓦克夫地和舍饭瓦克夫地，则为数甚少。

第二种是地权属于公共占有的瓦克夫地。这些瓦克夫地原来是为了举办各种公益事业而设置的。南疆各地属于公共占有性质的瓦克夫地，据我们的调查计有：桥瓦克夫地、涝坝瓦克夫地、腰站瓦克夫地、开山瓦克夫地、修路瓦克夫地和义坟瓦克夫地等。这种瓦克夫地的数量很小，也不是各地普遍存在的。

第三种是地权原属宗教机构占有，后因被盗卖或其他原因地权基本上已属私人占有的瓦克夫地。这是一种基本上属于私人占有但仍与宗教机构或团体保持固定联系的瓦克夫地。占有这种瓦克夫地的人，享有该项土地的永佃权，也有自由买卖永佃权的权利，但原宗教机构占有的那部分地权则不能自由买卖，因此使用或买得这种瓦克夫地的人，每年均必须向原宗教机构或前维文会交纳一定地租，如《选编》130号契约文书：

1930年7月29日①

伊斯兰教历一三四九年二月二十九日

我们是旦米尔村奴尔阿訇、布苏尔阿訇、依明阿訇。我们买了卡斯克村司马义阿訇、买买提尼亚孜阿訇的3亩瓦克夫地，每亩价格为60元。每年2月交付3个银圆，即30元，绝不拖久，如期交付。特写此据。

证明人：依玛目曲奴克阿訇、阿乌提阿訇、买买提阿訇

（宗教法庭印章1枚）

从内容看，首先买者知道要买的是瓦克夫地，而这种土地又不能公开买

①疑文书记录有误，公历对应时间应为“1930年7月26日”。

卖,所以他们交易的应该是耕种瓦克夫土地的永佃权。从便宜的价格、每年交付的条件更可以肯定是在买卖永佃权,因为土地所有权的转移一般都是当即钱货两清的。由于永佃权的长期性,使用变成了事实上的占有,有些人便将永佃权的交易替换成了土地所有权的转移,这便是所谓的瓦克夫土地的“盗卖”。例如,《选编》091 号契约文书:

1920 年 6 月 29 日

伊斯兰教历一三三八年十月十二日

我是拔希村人,名叫依玛目司马义。本村托乎提阿訇和司马义阿訇控告我出卖 4 亩半瓦克夫地。

经调查属实,我不该出卖此种土地,钱已如数退回,今后我决不报复他们。

(印章 1 枚)

这是与内地有田面权的土地有些相同但又不完全相同的一种土地。属于这种地权的瓦克夫地有被盗卖的瓦克夫地、依斯克拉提庙留克瓦克夫地、有永佃权的瓦克夫地和农民开荒的瓦克夫地。这四个名称的土地,除第二个名称的较少外,其他三个名称的瓦克夫地在南疆各地占着很大的数量。

第四种是地权原属私人占有,但因宗教信仰关系,而将一定数量的土地上一部分或全部收入长期或定期捐献给宗教机构充作宗教费用,或从事公益事业的瓦克夫地。例如捐献 1/10 收入的瓦克夫地、后代桥瓦克夫地及献给某个指定的阿訇的瓦克夫地,就是这种地权性质的土地。

以上四种地权性质的瓦克夫地,如再从公私关系上加以区分,则又可以归纳为三大类:第一大类是公地,其中一种是宗教公地,另一种公益事业的公地;第二大类是私地,这就是前述地权完全属于私人占有的瓦克夫地;第三大类是公私都有份,但基本上属于私人占有的瓦克夫地:其中一种是原属公地后来基本上变成私地但仍与“公”(宗教机构或团体)保有固定联系的瓦克夫地;另一种是原属私地后与“公”(宗教机构或团体或公益事业)发生了一定联系但基本上仍属私人占有的瓦克夫地。

据资料记载,南疆瓦克夫土地种类多达十数种。计有麦斯吉德瓦克夫、麻扎瓦克夫、麦德利斯瓦克夫(教经堂属地)、纳合西班底瓦克夫(依禅派属地)、底亚克瓦克夫(有永佃权的瓦克夫)、阿吾拉提瓦克夫(收入贡奉寺院的私地产)等。此外,还有一些供宗教公益事业用途的瓦克夫土地,如库勒瓦克夫(用于挖涝坝)、柯勒克瓦克夫(用于修桥)、其拉克瓦克夫(用于寺院灯油)、卡藏瓦克夫(罕尼卡用于散乃孜的铁锅)等。在上述瓦克夫地的类型中最主要的是寺院、麻扎(包括罕尼卡)、教经堂三类瓦克夫土地。

清代瓦克夫土地的来源有以下几种途径:

第一,前代遗留下来的瓦克夫地。不管是白山派还是黑山派在清政府统一新疆前就早已存在,它们从世俗统治者与普通信徒手中得到了大量的土地捐赠,形成了面积广大的庄园。清政府统一新疆后虽大量没收反叛的白山派所拥有的瓦克夫土地,但黑山派的瓦克夫土地未受影响,同时,白山派也有相当数量的瓦克夫土地仍然得到了保留。在大、小和卓叛乱未波及的哈密、吐鲁番地区,瓦克夫土地基本未受影响。这类瓦克夫土地是清代新疆瓦克夫土地的重要组成部分。

第二,来源于宗教主征募和非法没收的土地。一些地方盖起了清真寺或修建了麻扎,宗教主便乘机将周围的农田或划定的地区征募为瓦克夫。如喀什艾提尕尔清真寺在历史上曾非法没收了色满区 8 000 多亩土地,航里克教经堂教主也曾把疏附县浩罕区两条水渠约 6 000 亩农民的土地非法没收为瓦克夫。①

第三,来源于私人瓦克夫(即后代瓦克夫)。“由于伊斯兰教的财产继承关系,死者往往在遗嘱中把土地宣布为家庭瓦合甫。这种契约文书在南疆也多有发现。但是,拥有大片土地的地主、宗教主利用这种关系在死前把全部土地献作瓦合甫,目的是为了让子孙后代在宗教的借口下合法地世袭这些土地。如清朝温宿县维吾尔王艾力熙阿克在阿克苏县有 500 亩后代瓦合甫地,就由他的后代继承管理。这种现象在南疆维吾尔地区也较普遍。”②

另外,清政府虽不再向伊斯兰宗教机构捐赠瓦克夫土地,但南疆各级伯

①新疆社会科学院历史研究所:《新疆简史》(第一册),乌鲁木齐:新疆人民出版社,1980 年,第 112 页。

②李进新:《新疆南部维吾尔族地区的瓦合甫制度问题》,《西域研究》1994 年第 2 期,第 22 页。

克以私人名义捐献瓦克夫的活动应该还在继续，这点后面还将论及。

在清代南疆，除将土地以瓦克夫的名义捐献给宗教机构外，捐给个人的情况也不少，这可能是历史传统的延续："伊善派在天山南部占有土地，是从秃黑鲁·铁木尔时期开始的。这是一个名符其实的起点。从这时开始，瓦哈甫土地不但赐予伊善派的麻扎、哈尼卡等宗教设施，而且还赐予个人。将瓦哈甫土地赐予个人的现象，在天山南部以外地区是少见的。"①例如，074 号契约文书：

1914 年 5 月 10 日

伊斯兰教历一三三二年六月十四日

我叫托合提阿訇，是叶城镇喀里阿其依俄孜村托合提玉素甫和加的儿子。为了正道，我向阿吉努尔穆罕默德汗依禅和加奉献了用金子赎买的能播种半秤子粮食的 1 块地，他接受了此地，我不再有这块地所有权；今后，如果我或者我的后代，若在这块地的所有权方面合伙起诉，在宗教法庭面前将无效。

此地东部与坟墓相连，以墙为界；南部也与坟墓和我的土地相接，以墙为界；西部与托合提阿訇的继承人的土地相邻，以墙为界，北部与托合提阿訇的继承人的土地相邻 ，有的地方与坟院相连，以墙为界。

特写此字为据。

证明人：依玛目赛来阿訇、肉孜阿訇、克热木阿吉

（宗教法庭印章 3 枚）

（三）瓦克夫土地的管理与经营

1. 瓦克夫土地的管理

理论上讲，瓦克夫土地是神圣不可侵犯的，与其他形式的地权相比，法律地位更加可靠，这种稳定的法律地位需要借助政权力量来维持。虽然在伊斯兰国家没有形成集中的管理瓦克夫的机构，况且，瓦克夫财产被认为是个别宗教机关和个人的领地，但不论如何，国家政权对瓦克夫财产是关心

①刘志霄：《维吾尔族历史》（上编），北京：民族出版社，1985 年，第 439 页。

的，如在伊斯兰教传入波斯早期曾设立了专门的迪万——瓦克夫迪万来监督，这种迪万很早就存在，在波斯萨曼王朝时期，就有专门监管瓦克夫的迪万存在，它由宗教人士——萨德尔统领，主要管理瓦克夫赠书的真实性及解决有关瓦克夫的争端与诉讼。① 新疆喀喇汗王朝时期也存在这种管理机构：有以萨德尔为首的专门机构对瓦克夫管理事务进行监督。萨德尔办公处从瓦克夫财产征收特别税，作为监督机构的经费和监督人员的薪俸。只有国王的特别诏令，瓦克夫才能免除萨德尔办公处的监督和特别税。②

而在接受瓦克夫土地捐赠的宗教机构那里，也有专门的管理人员，负责瓦克夫土地的出租、收益分配等事宜，清代新疆天山南部麻扎瓦克夫土地的管理者为"谢赫"，如 132 号契约文书：

> 伊斯兰教历一三四九年乌守尔月□日
>
> 1930 年沙里大毛拉向县政府呈送的申述称："瓦克夫村的老百姓要求我任该村地产、财物的谢赫，并向县政府写了报告。当时，官员们决定让我代替哈第尔海里排提、哈山海里排提、阿第里海里排提任谢赫。我任谢赫确有一段时日，瓦克夫地由我管理并收取了租谷。而今，原来的谢赫想重任谢赫，因而制造纠纷，不让我管理瓦克夫地，租户不交租谷。这实在是冤枉了我。"我们就沙里大毛拉的申述做了调查，他所反映的情况属实，县政府认为，哈第尔海里排提、哈山海里排提、阿第里海里排提没有学识，粗暴固执，不能享用瓦克夫地的好处，决定撤销他们 3 人的海里排提职务，任命沙里大毛拉为谢赫，由他继续管理瓦克夫地，当地的老百姓应把租粮交给沙里大毛拉。

宗教学校与清真寺瓦克夫土地的管理者为穆特瓦里（受托人）。一般来说，中亚地区担任穆特瓦里者往往是瓦克夫捐赠者的亲属及子女。"对此巨大规模的产业，叶海亚是用委托管理的办法来经营的。细则规定，整个不动产由居住在寺院中的回回苏非派教士们，推举出两名司事（khadim）经营，而

①И. П. Петрушевский, *Земледелие и Аграрные Отношения в Иране* Ⅷ – ⅩⅣ *Веков* (Москва, Ленинград: Академии Наук СССР, 1960), стр. 250.

②魏良弢：《叶尔羌汗国史纲》，哈尔滨：黑龙江教育出版社，1994 年，第 171 页。

不动产的掌管人没塔完里(mutawallī)①对之监督。具体做法为:在陵园不动产设立的第一年,没塔完里的职务由上述两位司事担任。一年后,没塔完里的职务移交给不动产的设立人叶海亚。伊本拔图塔在不花剌逗留时,担任没塔完里的就是叶海亚长老本人。按规定,叶海亚死后,没塔完里的职务由居住在法哈巴德的叶海亚家族的男性子孙继承。这样保证陵园不动产的控制权,永远掌握在其设置人家族手中。”②穆特瓦里一般都有较大的权力与较高地位,让其低头也不容易,如139号契约文书:

1931年3月2日

伊斯兰教历一三四九年十月十二日

立约人海兹热提皮尔道堂经文学校的穆特瓦里吐尔地卡力。

该寺以阿訇尼扎木力丁、买合木提阿吉、艾布都巴斯提、尤素夫为首的教授、阿訇们上诉。在上诉书中艾布都巴斯提阿訇说,为在分给我阿訇专用的2亩瓦克夫地上打围墙加以保护瓦克夫地,吐尔地卡力却把墙推倒了。吐尔地卡力说,买尔斯买合木德阿吉欠他40秤子的账,艾布都巴斯提阿訇欠他20秤子的账,肉孜海里排欠他12两银钱。还说我们从学校的墙上朝麻扎开了一个门等等,对我们阿訇进行无礼的诬蔑。

由于双方都上诉,所以就要去上宗教法庭。有些好心人,从中说和,经我细算,没有一个阿訇欠我吐尔地卡力的账。因为我推倒了艾布都巴斯提阿訇的墙,我在公众面前请求原谅我的错误。

关于阿訇们借粮之说,纯属无中生有。

今后,我只领自己穆特瓦里的工钱,不干涉阿訇们的工资。

巴斯提阿訇的墙我将给他补修13寸。我不干涉学校的园子,再不干涉阿訇们的事务。对阿訇不干无礼之事,若再干无礼之事,我情愿解除我穆持瓦里的职务。对于阿訇们的借贷,再无任何话可说。

瓦克夫财产的管理者穆特瓦里需要遵守伊斯兰教法中的规定,出现争

①“没塔完里”即“穆特瓦里”,译音用字不同。

②刘迎胜:《十三、十四世纪不花剌不动产文书的发现及其概况》,载陈高华、余太山主编《中亚学刊》第四辑,北京:北京大学出版社,1995年,第184页。

议时宗教法庭法官卡迪有权更换穆特瓦里,这暗示了政府的作用。作为政府官员的穆特瓦里伯克更是直接介入瓦克夫事务,甚至一地的最高行政长官阿奇木伯克也会亲自了解瓦克夫管理工作,这在伊斯兰文化区域有悠久的历史。如伊利汗国合赞汗时代的大臣、历史学家拉施都丁就曾担任巴格达托钵僧寺院所有瓦克夫收入的穆特瓦里与管理人,他为我们留下了一份完整的瓦克夫收入开销清单,从这份清单中取得收入的有各类人,如侍者、看门人等。仅一个谢赫一年就能得到10 620第纳尔钱,2 832曼面包,还有这么多的肉与黄油,因不能完全消费,最后可能都卖掉了。①

《维吾尔族麻扎文化研究》一书中引用了一份资料:

> 祖祖辈辈(就任)如此光辉灿烂的麻扎和瓦克夫的谢赫、穆特瓦里、卡迪,所以自古以来的汗们、过去的苏勒坦们是承认(其地位)的。……为此我也承认上述人是谢赫、穆特瓦里、卡迪,任何人对这座荣幸的墓所和上述土地的通行都不能阻拦、阻碍,不许破坏其安定,或给其带来不便、麻烦。而且(耕作)上述瓦克夫的土地成为果园的人们,请你们按照旧规定准备好十分之一税,按照夏里亚特②的规定缴纳。……要实行对他(指谢赫)的敬意,要尊重他的想法和意见,把他的命令要理解为义务,让(你们)干的事不能漫不经心。上述土地未经许可不能占有、耕作或搞建筑。进行耕作和建筑的人对于所命令的义务若不实行,我将命令取消其效劳的机会。③

从上述文字很容易看出负有瓦克夫土地管理责任的谢赫、穆特瓦里、卡迪们的职务可能是世袭的。

对于大多数宗教机构来说,土地与果园是其最重要的业产,那里日常的灯油开支、宗教机构的管理者及其他人的口粮等费用,大部分出自田园出租。这些田园绝大多数来自信徒的捐赠和捐资购置。捐置田园的信徒成分

①И. П. Петрушевский, *Земледелие и Аграрные Отношения в Иране* Ⅷ – ⅩⅣ *Веков* (Москва, Ленинград: Академии Наук СССР, 1960), стр. 252.

②"夏里亚特"即"沙里叶提",译音用字不同。

③热依拉·达吾提:《维吾尔族麻扎文化研究》,乌鲁木齐:新疆大学出版社,2001年,第126页。该书并未指明该资料的出处。

广泛,既有饶有业产的商户,也有普通的子民百姓,还有少数官员。由于田园是寺院、麻扎的重要收入来源,故各寺院、麻扎均很重视对田园的管理。其管理主要体现在两方面:

首先是保护产权,防止侵盗。在这方面,各寺庙管理组织的普遍做法是:将田契抄成数张,或录入账籍,由穆特瓦里掌管,一届一届地往下传。《阿帕克和卓麻扎的瓦克夫》文书中也谈到他们保护寺产的做法:将文书抄写三份,分别交官府、宗教领袖与麻扎寺产管理者收藏,有问题时三份一对便知结果。

由于清政府在新疆实行政教分离的政策,清政府并未设立专门的瓦克夫土地管理机构,但清政府显然也未忽略这类土地的存在,伯克办事衙门实际上也有兼管宗教地产的责任,由穆特瓦里伯克具体负责。

由于新疆大量的土地是沙漠,在灌溉水供应正常的地区必须最大限度地利用耕作的土地,由此产生了制约土地使用和占有权的复杂制度。所以,新疆的瓦克夫管理机构是相当完备和庞大的。瓦克夫地是献给寺院、麻扎或宗教学校的土地,这些土地财产"并非典当或抵押品",作为瓦克夫"不得买卖、典当、继承、抵押、转让,表明这种土地的性质已经成为宗教的永久性公产,受到教法的保护"①。在捐赠瓦克夫地的契约中,不少人还注明,连同该土地上的房屋、树等财物一并捐赠。瓦克夫管理者大多是由苏非派的谢赫、瓦克夫土地捐赠者的后裔充当的穆特瓦里,穆特瓦里多半是捐献者的亲戚。麻扎瓦克夫的管理与收益人多为管理麻扎的谢赫,他们不仅有麻扎瓦克夫的经营权,而且父死子继,其职权世袭罔替。同时瓦克夫土地的管理也需要宗教上层人士的协助,他们的作用是为瓦克夫捐赠行为作证。在《新疆维吾尔族契约文书资料选编》中清楚可见,凡捐赠作瓦克夫的土地都必须经上述宗教上层人士的认可,盖有他们的印章。寺院或宗教学校,作为瓦克夫地的法律上的所有者,只得到该地产的地租的一部分,而大部分则落到谢赫与穆特瓦里手中。赠予瓦克夫地的证书由捐输土地者的后裔之一保存(常

①王守礼、李进新:《新疆维吾尔族契约文书资料选编》,乌鲁木齐:新疆社会科学院宗教所,1994 年,前言第 6 页。

会出现遗失的情况，有些可能是故意丢失）。

瓦克夫管理者的职务常常是在家庭中传承的。撒马尔罕的和卓阿赫拉尔圣陵的瓦克夫管理者也都是阿赫拉尔的后裔。纳格希班迪圣陵的穆特瓦里家族从1693年起就有记录。纳格希班迪的儿子也曾被统治者任命为瓦克夫的主要管理人。但不管是谢赫还是穆特瓦里，如果卷入宗教机构内部的冲突而影响其职能发挥，都有可能被撤换，如086号契约文书：

1919年7月16日

伊斯兰教历一三三七年十月十七日

我是叶城县城关镇穆特瓦里艾力海提甫阿訇的儿子阿不都拉阿訇。经文学校的宿舍是用砖修的。在分配宿舍问题上，我同塔里布勒依力木苏曲克阿訇、玉素甫阿訇吵了架。我违犯了教法，不尊重并侮辱了那些经文学校学生。经文学校学生向宗教法庭告了我的状。我被叫到宗教法庭审问并要撤掉我的穆特瓦里之职。此时，肉孜卡力、塔依尔卡力替我说情，同时原告人也撤回了状子，我深深忏悔。今后在分配经文学校宿舍方面，再不对学生们讲不尊重和侮辱性的话。不管给阿訇老人、依玛目、宣礼人和学生分配什么宿舍，我绝不阻拦和干涉。我承认罪过，写此忏悔书。

证明人：经文学校玉素甫汗、肉孜卡力阿訇、塔依尔阿吉等

（宗教法庭印章1枚）

上文中的穆特瓦里阿不都拉阿訇因不按教法行事，被经文学校学生告到了宗教法庭后，他虽贵为穆特瓦里，但仍无力与宗教法庭对抗，只好悔过认错，在其他人帮忙说情后才躲过了惩罚，说明瓦克夫财产的分配使用仍处在捐赠者的严密监督之下并借宗教法庭的权威具体实施。

民国时期的情况还可从中华人民共和国成立初期政府在南疆所做的社会调查中反映出来，如《疏附县袷袢巴扎礼拜寺调查》一文中谈道：

远在百年前，寺内只有一个海的甫，一个穆特瓦里，一个工役，三个苏伯尔汗（念经的人），共六人。以后地主们看见礼拜寺油水大，收入多，便红了眼，互相争夺权势，都想任职，因此往后任职人员便多至十三人。但与此宗教机构没有亲戚关系或政治背景的还是不能任职，一般

来说，他的历史制度是世袭传位的，如穷（大）阿訇自己任海的甫，他的父亲过去任海的甫，以后自己又让给弟弟热买都拉任海的甫15年，以后穷阿訇儿子木吾丁又当海的甫50年，以此相传数代直到现在，一贯过着坐吃享受的生活，有的甚至在自己死后儿子因小不能任职便传位于老婆或女儿。如文西穆特瓦里死后让给自己的老婆海里其汗，以后又让给儿子穆特瓦里阿吉，穆特瓦里阿吉死后文西穆特瓦里阿吉的孙子色大訇又当，因此群众反映说，管理寺产的穆特瓦里是祖辈相传的，死了传给他的女人传给姑娘，别人都不能做。①

显然，宗教机构内部管理人员特别是瓦克夫寺产管理员穆特瓦里的职务有亲属内部传承的特征。由于担任这些职务可以获得固定的较丰厚的经济收入，因此瓦克夫寺产管理在某种程度上演变成了一个或几个家族的事业。这些事业的发展既取决于这些家族的宗教地位，也与他们与当地政府的密切关系有关。

1934年8月新疆维吾尔文化促进会（维文会）成立后，瓦克夫财产转由维文会负责管理，产权关系的变动造成了新的问题，反映了宗教与世俗关系的新变化。如下纠纷便为一例：

疏附县柏什克力木庄海孜艾力克村民木沙于买尔阿吉呈称：阿不拉阿吉前往国外之际曾将寺产水磨四盘，田地六秤子交由民代为管理，彼时因无字据被区维文会收归会有，后找出证据要求发还，不给，请查明发还，以资管理。②

当时政府责令维文会调查处理，维文会调查后称：

该木沙于买尔阿吉并无管理此项寺产之正式证据，仅经大阿洪（阿訇）出具证明，唯此项证明是否发生效力并无根据，寺产地磨仍由职会管理，取消木沙于买尔阿吉之管理员资格。③

后双方争执不下，决定邀请本城大阿訇公判，后判决：查木沙呈控区维

①喀什地区档案馆：《疏附县袷袢巴扎礼拜寺调查》，1952年7月。

②喀什地区档案馆，全宗号2，目录号12，案卷号288。

③同上。

文会不给家产水磨四盘、田地六秤子一节，该民并无正式字据，水磨田地当属寺产，似应归该会管理。

盛世才统治时虽将瓦克夫财产没收归维文会管理，但由于瓦克夫财产的管理有其历史上的成规与运行中的惯性，维文会作为一个民间文化组织一时尚难适应。例如，“这样没收后就将伽师的三分之一土地荒了，疏勒三区的八十亩地亦荒下了，农民因荒而不交租，(教经堂)即减少了很多收入。到1937年(瓦克夫财产)由维文会归还给教经堂”①。此类纠纷在当时应为数不少。虽然后来瓦克夫财产的管理权并非在所有地区均全部退还给了宗教机构，但维文会因无力妥善行使管理权而陷入困境却是事实。

2. 瓦克夫土地的经营

从历史上看，新疆瓦克夫土地经营方式的变化主要表现在两个方面：一是可能经历了以强制性人身依附为特征的农奴制经营方式向租佃制经营方式的过渡；二是经历了由分成制向定额租经营方式的变化。

瓦克夫土地的经营情况因时间与地区不同而存在差异，但就中亚与新疆而言，前期特别是所谓和卓时期广泛采用农奴劳动是其重要的特点：“瓦哈甫土地和附属于它的农户，名义上是不能转让的。然而，由于当地大部分高级宗教职务是世袭的，因此，大部分瓦哈甫土地及附属于它的‘燕齐’农户，就成了世袭的财产，由几个宗教家族祖辈相传。……(清政府统一南疆之初)将瓦哈甫土地上的‘燕齐’农民编入民籍，使之变为向清朝直接纳税的臣民。而对于瓦哈甫土地以及它附属的水利设施，则不加触动。”②瓦克夫土地是否曾由具有“燕齐”身份的农民耕种，目前尚无其他资料可以证实，不过彼得鲁舍夫斯基(И. П. Петрушевский)谈到13—14世纪波斯伊利汗国的情况时说：“也可以把这类土地归入引者(燕齐)土地之列，即伊利汗送给宗教界和慈善机构作瓦克夫的土地，它们处在伊利汗的庇护下，很少有引者土地

①喀什地区档案馆：《疏附县城内航力克教经堂调查》，1952年。

②刘志霄：《维吾尔族历史》(上编)，北京：民族出版社，1985年，第533页。

像国家的土地一样拿去包收捐税。”①从伊利汗国时期瓦克夫土地也被算作“引者”土地看，也很难排除上述的可能性。马可切斯尼在其书中谈到了一个奴隶的情况：“因为他和他工作的土地一起变成了瓦克夫，穆特瓦里可以在这个奴隶变老的时候出售他，并用这笔钱购买年轻的奴隶，以便可以继续为瓦克夫提供服务。”②

在中亚，人烟稠密的水浇地大部分（在希瓦汗国达2/5，1/3在则拉夫善зеравшан盆地等）以瓦克夫的形式处在穆斯林宗教界的支配下，这些土地的收入永远处在有利于宗教机构的情况下，瓦克夫土地占有形式以其对农民特别重的剥削形式而与众不同，也因其真正的农奴制成分而特点突出。例如，瓦克夫承租人以特别的书面条件被指定在瓦克夫地上。这些条件的变更仅允许在新年的头三天进行。③在中亚，“民众及其土地常常要有一个统治者或者高官的庇护。纳瓦依提供的信息说明，在15世纪后期的呼罗珊，法律上的自由人试图通过建立滕哲关系而避免勒索和抢劫”④。瓦克夫土地因有税务豁免权，耕种瓦克夫土地的农民也可以因此免除承担的国家赋税义务，因此，许多农民为了逃税，而自愿将土地捐赠给寺院，其自身则在寺院的荫庇下成了燕齐农民——实际上就是农奴。因此，清政府统一新疆之前，燕齐农奴制度存在于南疆瓦克夫土地上也是完全可能的。宗教机构的燕齐农民实际上是在服徭役，这与中亚地区历史传统是一致的。A. 米德阶多尔夫（A. Миддендорф）专门研究了费尔干纳农民的地

①И. П. Петрушевский, *Земледелие и Аграрные Отношения в Иране* Ⅷ－ⅩⅣ *Веков*（Москва, Ленинград: Академии Наук СССР, 1960）, стр. 242.

②R. D. Mcchesney: *Wagf in Central Asia: Four Hundred Years in the History of A Muslim Shrine.* 1480—1889（New Jersey: Princeton Universiry Press, 1911）, p. 12.

③Академия Наук Узбекской ССР Институт Истории и Археологии, *История Узбекской ССР. Том* Ⅱ（Ташкент: Издательство Академии Наук Узбекской ССР, 1956）, стр. 17.

④［塔］M. S. 阿西莫夫、［英］C. E. 博斯沃思：《中亚文明史·第4卷（上）辉煌时代：公元750年—15世纪末——历史、社会和经济背景》，华涛译，北京：中国对外翻译出版公司，2010年，第355页。

位，他得出结论，徭役在汗国所有地方自远古以来都在征发。① 列宁指出，徭役制度就是地主的土地由附近农村的农民利用自己的农具进行耕种。地租形式并不改变这一制度的实质——无论采用货币支付（如分成制），或实物支付（如对分制），或代种土地（如工役租制），都是一样。②

从历史上看，封建农奴制经营模式可能始终是南疆瓦克夫土地上占主导地位的经营方式。在伊斯兰教传入新疆后，曾盛行伊克塔制度，带有封建领主农奴制色彩的庄园经济是当时大土地所有制的主要存在形式，因此寺院经济也采取了庄园制的经营方式，这与欧洲中世纪封建庄园领主制性质相当。③ 清政府统治天山南路之前，当地的瓦克夫土地经营方式到底是租佃制还是农奴制，从目前所见的资料看，应该是农奴制。

清代天山南路的瓦克夫土地由依靠燕齐制度经营改为出租经营，收取什一租，这种变化到底是什么时候完成的现在难以判断，但在《选编》中有一份 1807 年的文书谈到土地的四至时说其地“南边与提来克巴柯克孜尔礼拜寺的瓦克夫地接壤”④。这说明当时瓦克夫地已与平民的私有土地混杂在一起，已不可能再是庄园式的农奴制经营方式，从农奴制到地主租佃制经营方式的转变可能在此之前很久就已经完成了。

承租瓦克夫土地要向宗教机构交纳什一税，这是一种分成制地租。伊斯兰教主张土地分成制经营，认为这种分成制较之其他地租形式，显得公平一些，符合“互惠”的原则。据《布哈里圣训实录》和《穆斯林圣训实录》记载：穆罕默德给赫伊伯尔居民一块土地，让他们去耕种，并约定在收获时双

①Академия Наук Узбекской ССР Институт Истории и Археологии. *История Узбекской ССР. Том* Ⅰ（Ташкент：Издательство Академии Наук Узбекской ССР，1956），стр. 17.

②［俄］列宁：《列宁文集》第 3 卷，北京：人民出版社，1954 年，第 17 页。

③葛金芳认为中世纪的拜占庭和伊斯兰国家也曾有过与采邑大同小异的土地授予形式，前者是“普洛尼亚”土地制度，后者称“伊克塔”土地制度。具体见其《土地赋役志》，上海：上海人民出版社，1998 年，第 75 页。

④王守礼、李进新：《新疆维吾尔族契约文书资料选编》，乌鲁木齐：新疆社会科学院宗教所，1994 年，第 2 页。

方各分享一半实物或果实。这成为伊斯兰教主张实行分成制的依据。哈里发欧麦尔进一步废除了传统的“面积制”,实行“分成制”,规定土地税不再按土地面积征收,而按年成好坏征收。① 分成制也能使寺院最大限度地榨取瓦克夫土地上农民的剩余劳动:“在对分制农民的家里,全家人日夜工作 14 小时,自然都希望得到自己的部分收成,因为这是他们顽强劳动的结果,由于实行对分制,劳动强度达到了地主采用雇佣劳动所从来未曾达到的程度。”② 农民还要负担各种苛捐杂税。如宗教课税扎卡提、人丁税、水利税、行政管理税、果园税、财产移动税、建筑税以及特别税和各种附加税,名目繁多。③

土地租佃经营方式可能早就存在:“在喀喇汗王朝时期农村的生产关系,主要是分成制的租佃关系,这是典型的封建制生产关系。瓦克弗土地、封建主米尔克土地和国家土地都是用分成制办法出租给无地或少地的农民耕种。分成制佃农是农业生产的主要劳动者,他们在当地语言中称为‘巴尔兹伽尔’。”④值得注意的是,第一手承租土地的人并不一定是直接从事生产活动的农民。有时大片土地租给某人,他把田产分割,再出租给农民,如此居间剥削。至于后来瓦克夫土地经营方式中农奴制成分越来越多可能与 13 世纪以后蒙古在中亚及新疆地区的统治有关。蒙古征服者和察合台诸王在新疆的长期统治,使维吾尔人付出了沉重的代价。海都之乱彻底破坏了这里的生产力。维吾尔城市的经济崩溃和文化毁灭达到了极大程度。灌溉渠道毁坏,正常的贸易交往中断,手工业生产衰落,“在蒙古人的统治下,畏吾儿⑤农民的农奴化程度更趋严重。蒙古统治者在将畏吾儿封建主委派为达鲁花赤的同时,还将农民与土地一起分配给他们。分配给封建主的附庸农民和土地,一般称为‘因主’。这种将农民和土地进行分配的‘因主’制曾广

①刘天明:《伊斯兰经济思想》,银川:宁夏人民出版社,2001 年,第 77 页。

②[俄]格·格科托夫斯基等:《东方国家的土地关系》,贝金、叶林等译,北京:世界知识出版社,1959 年,第 472 页。

③李进新:《新疆伊斯兰汗朝史略》,北京:宗教文化出版社,1999 年,第 239 页。

④魏良弢:《喀喇汗王朝史稿》,乌鲁木齐:新疆人民出版社,1986 年,第 178 页。“瓦克弗”即“瓦克夫”,译音用字不同。

⑤“畏吾儿”即“维吾尔”,译音用字不同。

为流行。”①这种“因主”农奴制度在清朝汉文文献资料中写作“燕齐”“烟齐”等,1884 年新疆建省前曾广泛流行于天山南路。

另外,农奴制与分成制原本就有密切关系,它们不仅反映某种经济关系,更与某种社会地位联系在一起。在分成制下,因佃户依赖地主的生产工具、种子、耕畜等,必然对地主有着较大的依附性,佃主与佃户间实际上存在着一种奴役与被奴役的关系,佃户不能随意离开地主的土地,久而久之,一些贫苦的佃农就逐步沦入了农奴的地位。

瓦克夫土地豁免国家贡赋,这是其主要特点,也是伊斯兰社会的传统。清政府虽极力打击反叛的宗教上层人士,但“因俗而治”的基本政策仍促使它承认了瓦克夫土地具有国家赋税的豁免权。②

瓦克夫地产的兴起基本上不是当时经济自然演进的结果,而是人为培植的产物。作为宗教机构公产的土地,按照伊斯兰教规定,所有权属于本寺集体。任何个人,既无权随意处分寺产,更不准分割和出让寺院地产的产权,即宗教机构的主持者与管理者对于寺地只有管理权、经营权,而无分割、出让、买卖等独立处分权,这是我们把瓦克夫土地视为寺院经济共同体的主要依据。据《契约》中搜集到的 1840 年前后的文书记载,土地一旦成为清真寺的瓦克夫地,便由宗教法庭签署契约,以文约的形式将清真寺对土地的所有权固定下来。土地所有权一旦按约定归属了清真寺,捐赠人便“不再拥有任何权利”,即便清真寺变更这部分土地的所有权,捐赠者本人不但“无权干预”“他人也无权过问”。瓦克夫地的继承者是该寺全体宗教人士而非个人,在寺院这个共同体内,具有绝对产权的是信众这个集体。这种集体所有制即是寺院赖以成为宗教共同体的物质基础。集体所有制这个外壳与其内核之间,既有扞格抵触的一面,又有相辅相成的一面。在多数情况下,寺院地

①[俄]德·伊·吉洪诺夫:《十至十四世纪回鹘王国的经济和社会制度》,转引自[俄]皮库林等《蒙古西征研究》,陈弘法译,呼和浩特:内蒙古人民出版社,2015 年,第 11~12 页。

②费正清、刘广京:《剑桥中国晚清史 1800—1911》(上卷),北京:中国社会科学出版社,1993 年,第 91 页。

产集体所有制的外壳维护强化了它内在的封建内核,从而使其成为传统社会中最为腐朽、又最为顽固的一种大土地所有制形式。瓦克夫地产的大量增加,使土地所有权的转移速度大为降低,使原本就地少人多的天山以南,人对地的依赖程度进一步加剧。凭借对土地的所有权,一种超经济的人身依附关系在维吾尔族社会加强了,这便是农奴制在当地广泛存在的基本原因。那些身居伊斯兰宗教界高位的人,可凭借雄厚的财力,长期保有既得地位。瓦克夫田的存在便成了维系和加强教内团结、弘扬宗教伦理观念的强有力的经济手段。

不过,我们也要看到,瓦克夫土地经营方式也并非一成不变。在某种制度下,人民一定要遵从某种生产方式,别无他途,如庄园制、农奴制等,都是人为制度造成的结果。随着整个社会大环境的变迁,特别是其他所有制土地上经营方式的变化必然会波及瓦克夫土地。

与出售瓦克夫财产的问题一样,在瓦克夫财产中是否保留纳税义务也引起了学者的注意。马可切斯尼研究后认为中亚的情况:“法律和历史证据最支持的观点是,对税收负有责任的土地变成瓦克夫地后仍然会被征税。同样,没有纳税义务的财产也不会因变成瓦克夫而获得任何纳税义务。这似乎是规则,当然有许多例外。法律文件一般认为要交纳土地税(kharaj 或 jibayah)的财产在变成瓦克夫后仍要向政府交纳土地税,除非将其改变用途(如变成墓地)。”①“在中亚,由著名的 15 世纪纳合昔班底(Naqshbandi)首领,和卓阿赫拉尔(Ahrar)留下的众多财产显示,政府抵制减少或免除纳税义务的努力。在 19 世纪,他的后代仍在管理伊斯兰宗教与社团组织,他们抱怨他们承受了沉重的税收负担。”②从清代南疆伯克衙门穆特瓦里的职掌看,“在维吾尔族地区,木特斡里伯克主要是瓦哈甫地亩的管理者。但是,由于宗教财产的日益增多,木特斡里伯克不但负责征收瓦哈甫地亩的赋税,而且

①R. D. Mcchesney, *Waqf in Central Asia: Four Hundred Years in the History of A Muslim Shrine*. 1480—1889(*New Jersey: Princeton University Press*, 1991), p. 14.

②同上书,第 15 页。

‘职司售授田园房产，掌其质剂，治其争讼，兼收其税入焉’”①。按照中亚伊斯兰社会的传统，部分瓦克夫土地要缴纳土地税(kharaj)，南疆应情况相似，实际上，所有具有或产生价值的东西都会在某个时间被政府征税。Mcchesney R. D. 认为这样就容易判断清代穆特瓦里伯克的职掌并未有大的变化，当时南疆部分瓦克夫财产应该有向政府纳税的义务。

清代南疆瓦克夫土地通常以出租征收地租的形式获得收益。地租的收取并无固定的比例，要根据瓦克夫土地性质的不同、土地肥力的不同，收成好坏等情况，由租佃双方协商签约，如《选编》第227号契约文书：

1939年11月28日

伊斯兰教历一三五八年十月十五日

立约人克尔阿尔村人买托合提加郎之子曼立克巴依。

从老城苏非阿訇处租得没有渠水的6亩第二代寺院瓦克夫地。说定一年地租是75秤子玉米，三年地租共计195秤子玉米。该玉米将按时交纳。

空口无凭，立约为证。

证明人：艾沙哥、买买提艾力哥等人。

“有些土地如巴纳木(农民开荒)瓦合甫地，农民要向寺院交1/10的产量，有的每亩地租为2、3秤子粮食，也有的征收一半左右的收成。例如阿帕克和卓麻扎16 000亩土地年收租为376 000斤粮食，每亩地租20多斤；疏附乌帕尔区四乡一村清真寺127亩土地年收租为5 400斤，每亩地租40斤左右，而喀什祫袢巴扎清真寺近6 000亩土地年收租约70多万斤，每亩收租100多斤，差不多占收成的一半。实际情况是，许多瓦合甫土地管理者利用权力随意提高租额，向农民强行征收。”②例如，《选编》第205号文书：

1939年1月17日

伊斯兰教历一三五七年十一月二十六日

---

①苗普生：《伯克制度》，乌鲁木齐：新疆人民出版社，1995年，第9页。

②李进新：《新疆南部维吾尔族地区的瓦合甫制度问题》，《西域研究》1994年第2期，第23页。

具结人赛依提艾西热夫，热巴特礼拜寺坡村人。我租种着优奴斯王开办的经文学校15亩瓦克夫地，租子为4察拉克苞谷。镇公所的阿卜杜喀孜、哈米提管理长等决定让我每年出6察拉克苞谷、2察拉克小麦的租子，我也同意了。粮食由我每年用牲口驮送。

地上的树木我也不能砍伐。此据为证。

一些瓦克夫土地被一些人永久地租佃，即拥有永佃权，拥有永佃权的人每年所缴的地租很低，据对疏附县航力克教经堂的调查，与私地地租比较，只有其1/6～1/4。而且按照习惯，永佃权是可以自由买卖的，因为买得永佃权后所出的地租很低，永佃权的价格一般较高，约为普通私地价格的70%左右。①

实际经营过程中，宗教机构的瓦克夫土地租金可能是由享受瓦克夫土地收益者（神职或教职人员等）直接收取，并不通过谢赫或穆特瓦里，如143号契约文书：

1932年1月8日②

伊斯兰教历一三五〇年八月二十七日

具结人托乎提亚尔和加阿不拉巴依，热巴特礼拜寺坡村人。教师艾卜杜巴斯提上告我，说我没缴10年的50察拉克地租。伯克经询问了解情况后判决说：你可以不缴过去的地租，今后要每年缴6察拉克地租，年景好时还要适当增加一些。于时我当时就缴了2察拉克地租，并要在夏收时用自己的牲口驮送上缴。此据为证。

证明人：克尤木、艾则孜等

（印章1枚）

从上文看，教经堂教师由于直接向租种瓦克夫地的农民收租，才引发官司，这说明民国时期瓦克夫在收入分配方式上已有变化，更多的教职人员参与了分配过程。而瓦克夫土地上的业佃纠纷也不少，如118号契约文书：

1927年9月24日

---

①喀什地区档案馆：《疏附县城内航力克教经堂调查》，1952年，全宗号1，目录号1，卷号22。

②疑文书记录有误，公历对应时间应为“1932年1月7日”。

伊斯兰教历一三四六年三月二十七日

具结人艾尤甫拜赫提，米吉提东人，米夏皮尔麻扎的肉孜阿吉上诉说，米吉提东的瓦克夫地每年收11察拉克地租，艾尤甫不缴地租，已拖欠达130察拉克之多。差役前来询问后转沙里叶提判决。沙里叶提下文书，让我每年缴4察拉克小麦，8察拉克苞谷。故立此据为证。

证明人：买买提阿吉、巴拉提、达吾提等作证

（印章1枚）

租种瓦克夫土地的农民由于各种原因不能按时交纳租粮引起纠纷后，当地政府一般并不直接受理这类复杂问题，而是转交宗教法庭据教法处理，这也是民国时新疆宗教法庭仍发挥功能的原因之一。

盛世才统治新疆时，瓦克夫寺产转归维文会管理后，相关的产权、租佃纠纷便大量产生，这可能是当时的政府所始料未及的。如疏附县色尔满庄土胡村民库完色以丁二人向第三区政府状告区维文会，称：

因民等祖先以来经理麻扎维持生计，而麻扎寺地之租粮原定为120秤子，此项租粮之80秤子作为麻扎之开支，其余40秤子由民等享受谋生。此项寺地由维文会经理以来，仍由民等租种，但规定租粮较重，迭次请求该会不予减轻，感受困难。①

维文会调查后称："该人民租种香妃麻扎之寺地为数很多，无力耕种，尚欠租粮小麦45斗，但规定租粮较低，因为该民等不努力生产，而要求减少租粮与拨给租粮，曾与该民等商讨，情愿租种寺地30秤子，规定租粮小麦苞谷三十地斗，其余地亩让给他人租种。"②

原本依伊斯兰教法管理瓦克夫财产已经形成了较为完备的制度，也有相当的社会适应性，虽然盛世才改革的初衷并不坏，但显然他们对瓦克夫制度的复杂性缺乏认识，维文会也只一味考虑增加收入，从而引起诸多问题，

①喀什地区档案馆档案，全宗号1，目录号1，卷号22。

②同上。

甚至农民起义,如:

> 1932年没收了该寺土地,名义上为开办学校,解决农民贫困问题,相反的不是这样,把农民十分之一活租变为五分之一及四分之一的死租,就此逼使农民生活无依,受的压迫剥削就更加严重,农民因受不了这样残酷的压迫,即起来暴动,要求减低租额,以吐的依玛目为首的几个人领导着庞大农民进行反抗……一年后土地又归了礼拜寺,农民就仍向礼拜寺交租,直到中华人民共和国成立后。①

很显然,传统上耕种瓦克夫土地的农民只承担1/10的地租,并且是活租,而1934年8月维文会开始经营这些瓦克夫土地后,活租变成了死租,租额也显著增加了,以致农民难以承受。维文会所做调整无疑是对已存在的瓦克夫制度的一种变革,这可能与当时人地关系趋于紧张,土地利用率提高有关。如:《疏附县袷祥巴扎礼拜寺调查》一文中谈到有些瓦克夫土地"最先只交十分之一租子,后因此地处之水的上游,土质好,改为定租,不管收好收坏,每亩地需交租两秤子"。此外,地权关系的不同也影响到了瓦克夫土地的经营方式。根据中华人民共和国成立初在南疆进行的调查,从地权关系看,主要存在三种类型的瓦克夫土地:"①有永佃权的瓦克夫地,这种土地的地权基本上属于私有,租额很低,田面权②属于教经堂,农民可以自由买卖佃耕权,但价格比一般土地要低,此种土地不管是谁耕种,每年向教经堂要交出收获量的百分之十左右的租额;②捐献十分之一的瓦克夫地(底亚克瓦克夫地):这种土地是有些宗教信仰深厚的农民为了赎罪将自己私有的土地每年收获量十分之一捐献给教经堂,成为永远对宗教上的一种义务负担,这种瓦克夫地农民可自由买卖,但买到该地的农民也要交纳十分之一租额;③地

①喀什地区档案馆:《疏附县袷祥巴扎礼拜寺调查》,喀什地区档案馆,1952年,全宗号1,目录号1,卷号22。

②田面权即佃农对于地主田地的永久使用权,这类租佃关系叫作永佃制,这种佃农叫作永佃农。永佃制的特点是将土地所有权分为两部,一称"田底权",一称"田面权"。地主拥有田底权,他的权利是向农民收租;农民占有田面,他的权利是永远耕种这块土地。

权属宗教机构的:农民除交的规定的租额外(一般是十分之一),别无其他权利。”①以上三类瓦克夫土地只有第二类瓦克夫地可以进行地权买卖,但这类土地因永远要承担向宗教机构捐献1/10收获的义务,使其经营成本大大提高,难以通过土地买卖市场实现生产资料要素的优化组合,因此,“仍然是一种封建剥削的土地所有制,它成为封建剥削的土地所有制的一个重要组成部分,而与地主阶级一般的土地所有制结合在一起,严重地障碍了和障碍着南疆农业生产力的发展”②。

瓦克夫土地因有税务豁免权,耕种瓦克夫土地的农民也可以因此免除承担的国家赋税义务,因此,许多农民为了逃税,而自愿将土地捐赠给寺院,其自身则在寺院的荫庇下成了燕齐农民——实际上就是农奴。因此,清政府统一新疆之前,燕齐农奴制度存在于南疆瓦克夫土地上也是完全可能的。

瓦克夫的土地豁免国家贡赋,这是其主要特点,也是伊斯兰社会的传统。清政府虽极力打击反叛的宗教上层人士,但“因俗而治”的基本政策仍促使它承认了瓦克夫土地具有的国家赋税的豁免权。③

那些身居伊斯兰宗教界高位的人,可凭借雄厚的财力,长期保有既得地位。瓦克夫田的存在便成了维系和加强教内团结、弘扬宗教伦理观念的强有力的经济手段。

(四)瓦克夫土地的收入分配与用途

瓦克夫具有公益慈善性质,“它的受益范围首先是清真寺、宗教学校、浴池、陵园、医院等公共设施。捐赠者本人、家庭、后代以至非亲非故的贫困者、需求者都可以作为受益人。此外,瓦合甫管理人也有受益资格,这是教

①喀什地区档案馆:《疏附县城内航力克教经堂调查》,喀什地区档案馆,1952年,全宗号1,目录号1,卷号22。

②《中国少数民族社会历史调查资料丛刊》新疆维吾尔自治区编辑组:《南疆农村社会》,乌鲁木齐:新疆人民出版社,1980年,第109页。

③费正清、刘广京:《剑桥中国晚清史1800—1911》(上卷),北京:中国社会科学出版社,1993年,第91页。

法对受益的一般解释。在南疆维吾尔族地区,瓦合甫的用益大致如此。公益瓦合甫主要充作宗教费用,首先是大批宗教职业人员的供养,还有培养宗教职业者,宗教宣传、清真寺等宗教设施的修建、维护和日常杂支,以及举行各种宗教仪式的费用等。私人瓦合甫主要由捐赠者个人及家庭受益,直到没有受益人时,再用于赈济贫困和需求者,而这种情况是很少见的。"①

有关经文学院瓦克夫地的收入分配情况,《和卓传》英文本校注者英国人沙敖在19世纪游历喀什噶尔等地后有如下记载:"学院通常设置如下:第一,阿訇或校长;第二,穆达里斯(mudarris)或经师;第三,一个穆特瓦里(mutawallī),即一个执事或管理员;第四,一定数量的加卢布·卡什(jarwbkash),照字面讲即'扫除人',他们是依附于学校基金执行低下工作的世袭佣人或奴隶。穆特瓦里每年将捐献的土地基金收集起来交给阿訇,由他分成10份,大致按以下惯例进行分配:即四成给阿訇或穆达里斯;一成给穆特瓦里;一成作为修缮之用;四成供给加卢布·卡什,有时也供给学生们。""在叶尔羌城中有62所以上的学校建筑物,其中29所保持完好……这29所学校赠款的总额,总计为3 670帕特曼的土地,此外还有198所房屋和店铺,这些房地租就构成岁入的部分。从现在知道的某些收入判断,叶尔羌学院的收入总额每年要达到将近400个银元宝,或者是约6 800英镑……在这些学校里好像只400名多一点的学生在受教育,他们当中有很大一部分不继续受教,而学院仅仅是为像他们这样的学者们提供舒适的隐居条件。"②

根据现有的各种文献记载来看,清真寺瓦克夫土地的收入主要为上层宗教人士所拥有,中华人民共和国成立前疏附县的袷袢巴扎大清真寺占有瓦克夫地5 000多亩,其收入估计年约70万斤~80万斤小麦,原规定是按照下列比例分配的:总负责人(总买曾)分收入的1/10;管理寺产的(木特宛:穆特瓦里)分收入的1/10;传教的与研究经典的(司帕尔汗)分收入的4/10;主

①李进新:《新疆南部维吾尔族地区的瓦合甫制度问题》,《西域研究》1994年第2期,第23页。

②穆罕默德·萨迪克·喀什噶里:《和卓传》,陈俊谋、钟美珠译,载中国社会科学院民族研究所历史研究室资料组编译《民族史译文集·第8集》,内部资料,1978年,第134页。

麻日领导礼拜的(哈梯甫)分收入的3/10;看守礼拜寺的人分收入的1/10。①

可见,为数不多的上层宗教职业者分得了总收入的9/10。

麻扎瓦克夫土地的收益则主要为麻扎的管理者谢赫所有。清前期阿图什的苏吐克·布格拉汗麻扎的谢赫,就是当时喀什噶尔一位最有钱的人,他作为白山派的代表人物于咸丰七年(1857)被清政府处决后留下了大量土地、数座庭院和大量的粮食,还有数万元宝。

喀什袷袢巴扎大清真寺分配情况:

> 哈提甫3人30份,穆特外里2人10份,麦曾4人10份,苏皮尔汗(研究经典和传教的)50人40份,加力甫开西4人10份,共计100份。②

这里不难看出,主要神职人员在分配中占有着较多的份额。少数掌权者并不按照这种比例进行分配,他们通过克扣役工、学员、教师和其他低级神职人员的份额,侵贪寺院修缮等公益费用,巧取豪夺,占有了大部分的份额,一些农村的伊玛目、穆特瓦里等更是公开私分全部瓦克夫收入。在中华人民共和国成立初期,南疆维吾尔族地区的寺院建筑由于长期得不到维修,差不多都是破旧不堪,连著名的艾提尕尔清真寺和阿帕克和卓麻扎也是如此,文字规定的大笔修理费早已被极少数神职人员私分。③

(五)瓦克夫的社会功能

救济贫困和资助社会公益事业是瓦克夫土地收益的主要用途,如031号契约文书:

> 清　光绪七年　1882年2月11日

①《中国少数民族社会历史调查资料丛刊》新疆维吾尔自治区编辑组:《南疆农村社会》,乌鲁木齐:新疆人民出版社,1980年,第102页。

②李进新:《新疆南部维吾尔族地区的瓦合甫制度问题》,《西域研究》1994年第2期,第24页。"哈提甫"即"哈梯甫","穆特外里"即"穆特瓦里","麦曾"即"买曾",译音用字不同。

③同上。

伊斯兰教历一二九九年三月二十二日

立约人卡尔鲁克村毛拉库尔班之子鲁斯特木。

在去阿斯塔那的树旁,即在本人地边为供过往穆斯林住宿及饮水修了一座小店,挖了一个池塘和一口井,作为永久之施舍。现将从瓦特曼河引水灌溉的6斗地连同院子及附属物归于小店,并交付我儿热衣木阿訇管理。热衣木阿訇在世之时,一应小店之修理费用由地产中出之,剩余部分用来招待客人或自用。热衣木阿訇百年之后,由其子孙主管。特此立约。

小店之东是热衣木阿訇的地,地界为坑;之北是大路;之西是为库尔班之地,地界为坑;之南为水井。

有尽力维护小店之发展者,会受到安拉之宽恕,有人破坏者,将永受地狱之苦。

(印章4枚)

上文中的瓦克夫土地的收益主要用于为远来的穆斯林旅客提供住宿及饮水,这在新疆及中亚历史上都是重要的公益事业。其实,瓦克夫财产之用途民间有约定俗成的认识,捐赠者并非能主观指定,如080号契约文书:

1918年4月28日

伊斯兰教历一三三六年七月十七日

我名依禅阿吉木奴尔买买提阿訇。

我自愿将我在卡鄂勒克的10亩土地献给宗教事业,或开办学校,或经商,或开辟果园,或用于其他公共事业,我均无权过问。

地界:东边与奴尔来吉提阿吉的土地接壤;中间有渠;南边有瓦克夫地,中间有墙;西边是大路;北边是依布拉依木的土地。

证明人:木斯卡斯木、沙比尔、海米提卡力

(印章5枚)

上文中关于10亩瓦克夫地的用途,实际上完全由宗教机构自行决定,捐赠者本人并不干涉,但其所提示的瓦克夫可用之途却对我们认识瓦克夫的功能不无帮助。其功能除上述为远来的穆斯林旅客提供住宿及饮水的社会公益功能外,还用于资助开办学校,有教育功能。正如李安宅教授所说:“一个寺院就是一个大学,或者专门学校。”①它以传授宗教知识、诵习宗教经典、学习宗教礼仪为主,但也培养了基本的文化素质,就其实际结果而言,远远超出了宗教,起到了保存和发展民族文化的作用。另外,通过经营瓦克夫财产以寺养寺,直接参与或间接影响当地的社会经济活动,成为地方经济的一个组成部分,客观上具有丰富、繁荣地方经济,减轻信教群众的经济负担的作用。宗教机构由于其特殊地位,其所在地往往形成市场,吸引客商云集,在其周围形成固定的市场。如“巴扎”多为清真寺附近。此外,瓦克夫财产也常用于慈善救济行为。在伊斯兰教中,赈灾济贫是清真寺的一种制度,除捐赠瓦克夫外,穆斯林群众以“课”的形式定期交纳一定的钱财,用于济贫救困,带有明显的社会保障制度特点。

三、关于清代阿帕克和卓麻扎瓦克夫与艾提尕尔经文学院瓦克夫

阿帕克和卓名依达耶图拉,阿帕克和卓是其尊号,是中亚著名苏非派领袖玛合图木·阿杂木的后裔,出生于明天启六年(1626,一说1625),其祖父为新疆苏非白山派的创始人、玛合图木·阿杂木的长子依禅卡朗,其父为穆罕默德·玉素甫(清代汉文文献作玛木特·玉素甫)。阿帕克和卓父子二人积极参与叶尔羌汗国末期的政治斗争,支持尧乐巴斯汗登上汗位,而他们得到了叶尔羌汗国一切事务的管辖权,但这引起黑山派的不满与反抗,清康熙九年(1670),穆罕默德·玉素甫前往叶尔羌调解两派矛盾时,被黑山派信众所杀,其遗体被阿帕克和卓运回喀什噶尔,埋葬在城郊的雅各都。据说穆罕默德·玉素甫和卓很重视自己将来的麻扎,生前就指定了为自己修建麻扎的地点,强调了麻扎的崇高地位。他的麻扎被称为艾孜

①李安宅:《喇嘛教育制度》,载李安宅、于式玉《李安宅、于式玉藏学文论选》,北京:中国藏学出版社,2002年,第110页。

热提麻扎。

后来，阿帕克和卓在与黑山派的斗争中失利，被逐出喀什噶尔，他辗转于中亚、西藏等地，于清康熙十八年（1679）到达伊犁，向噶尔丹递交了达赖喇嘛的亲笔信，并陈述了自己的愿望和目的。康熙十九年，噶尔丹亲率1.2万骑兵出征南疆，扶持阿帕克和卓登上南路四城（阿克苏、叶尔羌、喀什噶尔、和阗）的统治宝座，帮助阿帕克和卓建立了政教合一的统治。

阿帕克和卓是麻扎朝拜的倡导者，他大兴土木，两度修建其父的陵墓，"使之成为白山派的朝拜地和喀什噶尔及附近最重要的建筑。据传述，麻扎的蓝色拱北门上写有一首波斯文的诗，大意为：朝拜非阿拉伯人的克尔白——麻扎，其善功如同朝拜天房，把麻扎的黄土视同睫毛膏擦涂眼睛的人，将赦免百年罪过，其土会拂净眼睛里的灰尘，去掉心灵上的不洁"①。清康熙三十三年，阿帕克和卓死于黑山派群众的暴动，被安葬在其父的麻扎旁。这时艾孜热提麻扎的声望更高、影响更大，开始以阿帕克和卓之名相称。由于阿帕克和卓的后裔死后都埋葬在这里，这座麻扎的规模也就逐步扩大，形成了一麻扎群，但一般称之为阿帕克和卓麻扎。《回疆通志》中说："回城东北十里许偏东有和卓坟，回人告祀甚虔，祭时男女具牺牲银米于阿浑前，阿浑诵经礼拜而散，门外凿放生池一区，每泛鸟雁于池中，外人不敢坏也，相传有排罕帕尔者去汝未之西万余里默克地方人，初修祀天把斋之学，西域回人世奉其教，其孙和卓迈哈莫特玉素普西来卓锡喀什土人庞雅玛施此地为传教之所，和卓没遂葬于此，回人至今祀之遂呼为和卓坟，云和卓坟西北隅有枯杨树一株，约高五丈许，下覆土筑蒙古箔，传霍集占据此地时所筑，树亦其所植，回人多语言其故。"②

清平定大、小和卓之乱后，曾明令保护阿帕克和卓麻扎，因此，麻扎的建筑与拥有的其他财产均未受侵害。嘉庆十六年（1811），依帕尔罕（即俗称香

---

①陈慧生：《中国新疆地区伊斯兰教史》（第一册），乌鲁木齐：新疆人民出版社，2000年，第342页。

②[清]和宁：《回疆通志》卷七，清嘉庆九年刻本。

妃的容妃）之兄吐尔迪和卓的妻子苏黛香（迪丽夏黛夫人）出资维修扩建了阿帕克和卓麻扎。

苏黛香从内地来此特意修建了阿帕克和卓麻扎的阁楼、清真寺和墓地，并将许多土地、水磨财产捐作瓦克夫，挖掘了人工湖，开辟了果园，她直至临终前一直在麻扎潜心修道。[①] 阿帕克和卓麻扎“周围五里，墙垣三层，甚为峻固，墙外皆回屋，屋外皆树”[②]。

阿古柏入侵统治时期，对阿帕克麻扎再次进行了扩建，于1874年基本完工。这一年年底，英国学者沙敖曾游览了这座麻扎。据他当时所见，麻扎的拱北为一四方形建筑，四角立有四根高柱，上面装饰着牦牛尾和写有经文的旗帜。今天的阿帕克麻扎外观基本保持了这次扩建后的规模、式样和风格。[③]

艾提尕尔大清真寺，坐落在喀什市解放路的正中，这是一条由北朝南的繁华街道。喀什市解放路西有艾提尕尔广场。大清真寺的大门径对广场，广场有一圆形花园，开满了鲜艳的各色花朵。

艾提尕尔大清真寺历史悠久，据目前所知最少也有556年了。这里原是一片长满了芦苇和胡杨的戈壁荒漠，曾有过宫廷成员的坟墓。大约500年前去世的喀什统治者沙克色孜·米尔扎也埋葬在这里。伊斯兰教历八四六年（1442），他的后裔在此修建了一座小清真寺，它就是当今艾提尕尔清真寺的雏形。

伊斯兰教历一二〇一年（1786），喀什一位名叫祖勒皮亚尔的女布维（苏非派女信徒）出卖自纺棉线，筹集路费，决心经由帕米尔去阿拉伯朝觐，抵达波斯时，因波斯发生战争，无法通过，遂返回喀什，她捐赠朝觐的路费，扩建

①陈国光：《清代维吾尔族中的伊斯兰教》，《新疆社会科学》2001年第3期，第70页。

②曹振镛等：《平定回疆剿擒逆裔方略》卷十二。

③穆罕默德·萨迪卡·喀什噶里：《和卓传》，陈俊谋、钟美珠译，载中国社会科学院民族研究所历史研究室资料组编译《民族史译文集·第8集》，内部资料，1978年，第130页。

了艾提尕尔清真寺。同时,她还购买了城郊帕合台克里村的40帕特曼耕地,捐作清真寺的瓦克夫。

19世纪初叶,喀什执政者伊斯坎德尔阿奇木伯克,于伊斯兰教历一二二四年(1809)为安排自己的后事,在此修建了拱北,同时还全面修缮了艾提尕尔大清真寺,在寺内挖掘了人工湖,修筑了水渠,从色满地区引来一渠清清的绿水。湖的四周种植了杨树,美化了大清真寺。

伊斯兰教历一二五五年(1839),喀什执政者主胡热丁伯克在扩建喀什市的同时,在城外修筑了城墙。于是400年以来,处在城外的乡村和艾提尕尔大清真寺被划进城内,大寺随之整修一新,并种植大量林木,美化了环境。

主胡热丁伯克是吐鲁番郡王的后代,在他执政的20年间,耕地面积扩大,挖掘了很长的水渠,农业生产得到了迅速发展。他还大力兴办科学、文化、教育事业,做了大量有益于喀什人民的事情。

19世纪60年代,阿古柏(毕杜来提)入侵并统治南疆,从1865年至1877年,他统治南疆长达12年。在此期间,他在南疆各地及当时的首府喀什修建了许多清真寺、教经堂、麻扎和驿站,以笼络人心。伊斯兰教历一二九三年(1876),他令其亲信阿里塔西达德华负责,进一步扩建艾提尕尔大清真寺。这次,清真寺被划为两部分,分别修建了东面的清真寺,西面的教经堂。在教经堂地区的北、东和南面各修建了24间和72间住房,400余名塔里甫(教经堂学生)在此起居习学经文。在东北角修建了同时可供百余人使用的闷气澡堂,叫百人取暖的暖室,以及可容纳40人的厕所。此外还开辟了四座人工湖,周围遍植各种树木,筑起了林带。同时还兴建高塔、拱北、殿堂、望月楼,从而形成了艾提尕尔大清真寺现在的形状。

艾提尕尔大清真寺修复后不久,阿古柏政权即被推翻。据《伊米德史》记载,阿古柏政权是在伊斯兰教历一二九四年十二月十六日,即古尔邦节那天(1877年12月22日)垮台的。

随着年月的推移,加上经营管理不善,艾提尕尔大清真寺的建筑物破旧损毁,树木枯萎,人工湖淤塞,水流不通,湖水污染严重。在伊斯兰历一三五二年(1934),即盛世才统治时期,阿不都克里木汗买合苏木以文教局长的身份对大清真寺做了一番维修。

伊斯兰教历一三五五年(1937)扩建城市街道时,大清真寺又被做了一番维修,面貌大为改观。在这次改建中,拆掉了大清真寺的东墙、周围的小清真寺、闷气澡堂和24间居室以及大清真寺北面的百余间商店,并在此修建了通街大道,在东墙原址树立了栏杆。这样,大清真寺的内部景色从外面亦能尽收眼底了。

从大清真寺出现之日起,至1949年中华人民共和国成立时为止,艾提尕尔大清真寺所经历的上述过程,就是它在中华人民共和国成立前的历史的缩影。

从前艾提尕尔大清真寺的主要收入来源于瓦克夫地。它拥有瓦克夫地3 000亩。同时,它还从房屋、商店、水磨中得到部分收入。

至于它的管理,从前有2名伊玛目、2名哈提甫、2名买僧、3名穆达里斯、6名穆特瓦里、1名加里甫开西、300名塔里甫。

《泉》(维吾尔文版)上曾刊载了两份契约文书:《阿帕克和卓麻扎的瓦克夫》(《泉》2005年第1期)和《喀什艾提尕尔经文学院的瓦克夫》(《泉》2004年第5期,汉文译文见附录二)。阿帕克和卓麻扎是喀什地区乃至新疆都很有名的宗教建筑,是新疆维吾尔族中苏非白山派著名首领阿帕克和卓家族的墓地,曾占有大量的不动产与动产,其经济活动与社会影响对于研究当时的寺院经济有很强的代表性。艾提尕尔清真寺是南疆最大的清真寺,在中亚地区也很有名,其寺院经济状况可以说明当时逊尼派穆斯林的经济活动。

1. 两份契约文书内容简介

《阿帕克和卓麻扎的瓦克夫》和《喀什艾提尕尔经文学院的瓦克夫》是根据喀什噶尔那个时期的穆罕默德·赛依德阿奇木伯克的吩咐在1825年3月15日写就的,而穆罕默德·赛依德阿奇木伯克是清乾隆时期为清统一天山南北做出过突出贡献的吐鲁番郡王额敏和卓的后人,其具体关系是:吐鲁番王丕尔东①之子穆罕默德·赛依德②王1816年承袭了郡王的爵位,1819年被任命为了喀什噶尔的阿奇木伯克。他在喀什噶尔内外形势十分复杂时进行了一系列社会活动。在其社会活动中,我们可以从《阿帕克和卓麻扎的瓦克夫》中了解其在这方面发挥了什么作用。这份瓦克夫文书不仅关于穆罕默德·赛依德,而且关于新疆,为研究喀什噶尔19世纪20年代的历史提供了非常重要且宝贵的信息。这份文件是根据喀什噶尔那个时期的穆罕默德·赛依德阿奇木伯克的吩咐在1825年3月15日写就的,这份瓦克夫文书是用珍贵的和阗纸书写的,宽34厘米,长222厘米,文书开头有15行阿拉伯、波斯文,剩下的内容都是用察合台文维吾尔族语书写的,重要的地名都用红色墨水,文书的两面盖有大大小小35个印章。

《喀什艾提尕尔经文学院的瓦克夫》这份文书是喀什当时(19世纪30—40年代)的执政者主胡热丁阿奇木伯克据当时的宗教与民族方式让人写成的,喀什当时的著名书法家、语言大师赛义德·加拉里丁·巴格达底于伊斯兰教历一二五二年一月二日周五(1836年4月19日)用悬体写就的。

这份契约文书写在宝贵的和阗纸上,它宽57厘米,长110厘米,字幅宽43厘米,高82厘米,上部14厘米,两边7厘米,有金粉镀层,有画有4种颜色的边框,描绘得很美丽,装饰图案中间有互不相同的20个印章,在上边在凹陷的椭圆形纹饰中间的一层层圆圈内有用美术字制作的一个很大的印章,这个印章不难推测是主胡热丁阿奇木伯克的印章。

文书的少部分用的是阿拉伯、波斯语(大约9行),大部分是用察合台文

---

①丕尔东是额敏和卓的第七子,曾被授为台吉爵,一直居住在吐鲁番。嘉庆二十四年(1819)承袭郡王爵后,在位仅一年便故世。

②亦名迈玛萨依特,是丕尔东的次子,嘉庆二十四年,出任喀什噶尔地方的阿奇木伯克。他在任内"向于地方事务均能认真办理"。当逃亡于浩罕的大和卓的后裔不断侵扰新疆时,国内有"私给逆裔传信敛钱各回犯",迈玛萨依特"留心盘获,殊堪嘉尚","迈玛萨依特著加恩在乾清门行走,并赏给大缎两匹"。1826年7月,张格尔进围喀什噶尔,"原任喀什噶尔阿奇木郡王迈玛萨依特于张逆围城时,带领回子与贼匪接仗,被白帽回子用棍击毙,殊甚悯恻。著加恩照回子郡王例赐恤。其妻子经黑帽回子阿浑藏匿。伊子阿克拉依都年甫六岁,现已投出,著准其袭封郡王。"其护卫七员也被害,清"着格外加恩恤银各二十五两"。以上内容见《清宣宗实录》卷九二至一一六。

维吾尔族语(大约43行)书写的,有些地方留空,有的地方字迹褪色了。

两份文书的第一部分是数段宗教色彩浓厚的话语,以此歌颂契约文书的订立者,如:

奉普慈特慈的安拉之名

(以非常仁慈与和善的安拉之名开始)

让大家赞颂提高跟随自己使者的朋友们的品级的安拉吧。

安拉将给捐建瓦克夫,经文学院、清真寺、陵墓的真理之友以道行,近主者、圣人会接受逊奈与学者的话语,誓言去施舍,去捐赠,向为安拉的意志力行公道的内行、道德高尚者奉献。

都阿与感谢都属于安拉的使者穆罕默德(祝愿他平安)(他是干净的沙里叶提的主人,向人世间赐福),家庭与圣门弟子,能力之星,正道之光的先知伙伴。

我们的目的:这对于心灵之窗打开的人士,智慧的主人来说不是秘密,而是像在阳光之下一样暴露无遗的篇章,这个篇章对于时代英明者的鲜明的理性、信念的证人与结果良好的学者们,对于奉行自己信仰的人士,对于那些受人尊敬的有学问的人,对于心灵明亮如镜、宽如江河、散发香水一般馨香的人面前什么都是已知的。

第二部分引述《古兰经》的一段经文及《圣训》中的相关话语以证明阿奇木伯克建立宗教瓦克夫是与伊斯兰教的旨意相符的,是高尚的行为:"人做一件好事就会得到10倍的回报。""你们对人不做好事就不会得到任何好处。""最好施舍是能使它持续不断。""如果人类死亡了,他的所有的善举也就中断了,只有三样善功能达到他:①持续地行善布施;②能给人带来益处的知识('不怜恤人类的人,胡达也不会对他仁慈。')活人祈祷的功德与他们的施舍会到达死去的人身边。"

第三部分是阿奇木伯克捐赠的瓦克夫财产的数量介绍,并对其归属与收入分配做了明确的规定。

第四部分内容两份文书略有不同。《喀什艾提尕尔经文学院的瓦克夫》的结尾是:请不要隐瞒,为了我后代的善功而捐赠的院落、园子与土地上的收获物我以委派的方式交给了经文学院,剩下的收获物我的后代、后代的后代之后(30 与 30 年之后,亦即孩子的孩子的孩子之后)可以平等地分享。《阿帕克和卓麻扎的瓦克夫》的结束是一串在麻扎附属的经文学院求学的苏非派学童的名单,他们是寺院经济的直接消费者。

2. 两份契约文书反映的瓦克夫制度内容解读

瓦克夫捐赠意愿是口头或通过具有法律效力的捐赠文书确定的,这种文书一般都有基本相同的行文格式,文书末尾要盖有宗教法官卡孜的印章。上述两份文书即是典型的捐赠文书。

《选编》中辑录有多件清代南疆捐赠瓦克夫土地的契约文书,如 001 号契约文书:

> 清　乾隆三十八年　1773 年 11 月 8 日
>
> 伊斯兰教历一一八七年(猴年)八月二十二日
>
> 感赞真主! 为先知祈祷!
>
> 我阿里胡孜伯克遵照真主"谁做善事,赐他十倍恩惠"之言,向真主恩海乞求,现在百什村奇里克修建礼拜寺 1 所,并将我在奇里克的 1 处院房连同家具等和 15 帕特曼土地、1 座磨房捐献给寺院作为瓦克夫,对这些财产任何人无权干涉。
>
> 8 帕特曼土地的界限:东边是水磨渠;南边是买买提依明的土地,界为土坎;西边是再依里力渠;北边是马路,马路对面是达吾来提买买提明的土地,有地垅。
>
> 另 7 帕特曼土地:东边接巴吐尔伯克的院子,界为坑;南边是河流;西边是毛拉和加的土地,界为渠;北边是河滩渠。
>
> (印章 1 枚)

一般的捐赠文书都包括赞颂真主,说明捐赠理由,界定捐赠之物。当然,不是所有捐赠文书都有以上几条。有些文书会详细订立,如一些规模巨大的瓦克夫地产,捐赠人会对其管理、使用做出严格规定。相比较而言,一些小的瓦克夫土地的捐赠,如清代新疆的一些瓦克夫土地文书所示,这一条则简单得多,或略而不言,如 080 号契约文书:

1918 年 4 月 28 日

伊斯兰教历一一三六年七月十七日

我名依禅阿吉木奴尔买买提阿訇。

我自愿将我在卡鄂勒克的 10 亩土地献给宗教事业，或开办学校，或经商，或开辟果园，或用于其他公共事业，我均无权过问。

地界：东边与奴尔来吉提阿吉的土地接壤，中间有渠；南边有瓦克夫地，中间有墙；西边是大路；北边是依布拉依木的土地。

证明人：木斯卡斯木、沙比尔、海米提卡力

（印章 5 枚）

南疆社会瓦克夫财产管理使用显然有一套被大众认可的制度，即使是财产数额巨大的捐赠者一般也不会对寺产的经营运作提出看法，这证明当地的宗教教法仍然行之有效。如同瓦里汗诺夫所言："教职人士通晓古兰经及其注释、国家历史。与布哈拉的毛拉相比，对事务有正确的合乎时务的观点。他们独具风格的杰作限于阐述真主的法规、训示。它不煽动宗教狂热。"①

两份文书第四部分都反映了瓦克夫的部分功能。如《阿帕克和卓麻扎的瓦克夫》第四部分是瓦克夫财产用于供养学童学习；《喀什艾提尕尔经文学院的瓦克夫》中则是"请不要隐瞒，为了我后代的善功而捐赠的院落、园子与土地上的收获物我以委派的方式交给了经文学院，剩下的收获物我的后代、后代的后代之后（30 与 30 年之后，亦即孩子的孩子的孩子之后）可以平等地分享"。

3. 两份契约文书的史学价值

阿帕克和卓麻扎属于喀什噶尔地区较有影响又保存较好的麻扎，由于阿帕克和卓在新疆宗教及政治发展史上的特殊地位，其信徒在其身后为其麻扎捐赠了大量的瓦克夫土地。Л. И. 杜曼（Думан）说："喀什噶尔阿帕克和

①Ч. Ч. Валиханов：*Собрание Сочинений в Пяти Томах. Том* 3（Алма - Ата，1984—1985），стр. 181.

卓麻扎拥有15座大型庄园、48处磨房、43 470亩耕地。”①因为不知杜曼的说法是根据什么材料，43 470亩的说法似乎很难让人相信，因为清代汉文文献最早所记仅有“三十亩”。但在《阿帕克和卓麻扎的瓦克夫》一文中仅喀什阿奇木伯克一人所捐田地就有166帕特曼，按1帕特曼约等于64亩计算，则有10 624亩，加上文书中其他捐赠地亩，总数为243.5帕特曼160.5噶尔布尔237察拉克，合17 105亩。瓦克夫土地有一个特点，即只进不出，捐赠者不能收回、不能买卖，其长远发展趋势应逐渐增加才对，因此，阿帕克麻扎的瓦克夫地从当初的“三十亩”增加到现在的17 105亩是合乎逻辑的。谷苞在其《南疆的瓦克夫问题》一文中说，1935—1936年盛世才时曾没收过一次瓦克夫地，当时的阿帕克和卓麻扎有瓦克夫土地16 000亩，几乎全被没收交给了“维吾尔族文化促进会”，但麻扎所需的一些支出仍由该会拨支。中华人民共和国成立初，也有关于阿帕克和卓麻扎的瓦克夫地的统计资料，当时阿帕克和卓麻扎所占生熟地共计17 250亩②，与1936年没收时的数字大致相同，说明这十几年里该麻扎的瓦克夫地数量没有太大增加，与1825年时的数量相比变化也不大，这可能主要与1825年后南疆社会动荡，经历数次社会变革有关。显然，杜曼的说法有夸大之嫌。

《阿帕克和卓麻扎的瓦克夫》一文书中谈到，穆罕默德·赛依德阿奇木伯克向“阿帕克和卓麻扎”捐赠了166帕特曼土地的瓦克夫土地；《喀什艾提尕尔经文学院的瓦克夫》中的阿奇木伯克也向寺院捐赠了大量田产。捐赠的原因可能为：各级伯克虽是世俗的官员，但伊斯兰教在他们未成年时为他们提供了最基本的社会化资源，在他们成为官员后依然是满足着他们精神生活的需要，因此，他们仍有强烈的宗教感情，捐赠瓦克夫土地与捐资修建宗教建筑即是这种宗教意识的体现。同时，在一个宗教还有着强大影响力的社会，热心宗教事业也有助于赢得教民的支持，更好地行政。穆罕默德·赛依德阿奇木伯克向

①陈慧生：《中国新疆伊斯兰教史》（第二册），乌鲁木齐：新疆人民出版社，2000年，第362页。

②吴东曜：《五十年代初南疆伊斯兰教概述》，《新疆民族宗教》2000年第4期，第12页。

喀什噶尔最有影响的麻扎大量捐赠瓦克夫土地也不排除其有政治意图。

还有一类捐赠者是职业宗教人士，他们的名字中多有“苏非”“和卓”“哈吉”“布维”等字眼，宗教热情显然是他们捐赠的主要原因。另一类捐赠者是一些家境富裕者，他们的名字后总缀有“巴依”一词，如“在阔什及拉大渠的旁边有托合提巴依献作瓦克夫的半帕特曼土地”“在阔什奇有胡阶什巴依献作瓦克夫的2 噶尔布尔土地与属于它的树木；有阿昔拉甫巴依献作瓦克夫的4 噶尔布尔土地”“在拉依拉克高渠旁有黑的尔热合木巴依献作瓦克夫的12 噶尔布尔土地”等。从文书看，一般平民百姓捐赠者人数也很多，可见捐赠瓦克夫在传统的伊斯兰社会有一定的普遍性。

由此可知，在清代南疆虽然清政府实行政教分离，没有正式地向宗教机构施舍过土地，但作为朝廷命官的各级伯克以私人名义向宗教机构捐赠瓦克夫地可能不在少数，这让人怀疑政教分离实际上并未做到。文书中说这66 帕特曼地是他用金银从别人那里买来的，加上原有的100 帕特曼地，很显然这是以私人名义捐赠私人财产的行为。《喀什艾提尕尔经文学院的瓦克夫》也说哈吉主胡热丁阿奇木伯克也捐赠了大量土地，作为朝廷命官的阿奇木伯克的捐赠行为显然有违清政府政教分离原则。《阿帕克和卓麻扎的瓦克夫》文书开始是几段对真主的赞颂词，这里略去不录。下面紧接着是对穆罕默德·赛依德阿奇木伯克的颂扬：

> 他是苏丹中的好苏丹，公正的汗中之汗，将学者、信士引以为友的人，对贫穷者进行教育的人，是国家宝座之主的向导，他是穆罕默德·赛依德扎萨克郡王阿奇木伯克（请胡达保佑他的财产领地）。

赞颂胡达（真主）毫不奇怪，但对穆罕默德·赛依德阿奇木伯克的诸多溢美之词却显得不同寻常。《喀什艾提尕尔经文学院的瓦克夫》中情况类似。19 世纪20 年代至19 世纪60 年代是南疆多事之时，捐赠如此多的土地应有其政治用意，他希望捐赠能帮助他与当地宗教势力结成反对和卓后裔的联盟。同时，作为瓦克夫土地的捐赠者，穆罕默德·赛依德认为他有义务与责任了解麻扎的瓦克夫土地的用途及收益分配情况，以切实加强对宗教势力的控制，这也证明清代南疆政教分离事实上仅是一种宣传而已。

4. 阿帕克和卓麻扎、艾提尕尔经文学院瓦克夫地的数量、分布及捐赠者

身份考察

19世纪20年代正是大和卓后裔张格尔窜扰喀什噶尔之时，作为阿奇木伯克的穆罕默德·赛依德捐赠如此多的土地显然有其政治用意，他希望捐赠能帮助他与当地宗教势力结成反对和卓后裔的联盟，同时，作为瓦克夫土地的捐赠者，穆罕默德·赛依德认为他有义务与责任了解麻扎的瓦克夫土地的用途及收益分配情况。麻扎的管理者召集宗教学者在麻扎的储经室集体阅读整理了全部瓦克夫文书，学者们发现有些瓦克夫土地缺少了地契，并且发现在谢赫、穆特瓦里、伊玛目、买曾、学生、做粥者、打骆驼刺者等人员间分配瓦克夫土地上的出产时存在不恰当之处，于是，他们重新整理了这些文书并制定了瓦克夫土地收益分配计划，最终整理了三份记录完整的瓦克夫文书，一份交给学者，一份给了官员，一份由麻扎的谢赫保管。在一份文件中不可能将每份瓦克夫土地的四至等交代清楚，因此，文书说："这份文件中记录的财产、作瓦克夫的土地四至没有记载清楚的话，请对照旧文件来遵循。这三份文件的每一份后附有旧文件。"

从麻扎瓦克夫土地的分布范围看，几乎涉及喀什噶尔地区的每一个乡村，具体见表3－1：

表3－1　阿帕克麻扎瓦克夫土地分布范围及具体数量表

地　名	具体数量
赛尔明	7帕特曼6噶尔布尔5察拉克
托克库尔萨克	21帕特曼3噶尔布尔6察拉克
库尔刚则明	2察拉克
塔兹工	26帕特曼1噶尔布尔
赫色勒布依	14.5帕特曼4噶尔布尔30察拉克
牌租阿巴特	2帕特曼22噶尔布尔6察拉克
汗阿里克	7噶尔布尔
伯什克勒木	8帕特曼38噶尔布尔58察拉克
阿巴德	2帕特曼1噶尔布尔
玉斯屯阿剌图什(上阿图什)	3噶尔布尔

续表

地　名	具体数量
洋萨尔	128 帕特曼 6 噶尔布尔 12 察拉克
库尔昂	10 帕特曼 12 察拉克
塔孜浑	11 帕特曼 7 噶尔布尔 12 察拉克
哈喇刻尔	6 噶尔布尔
阿巴德	1 帕特曼
阿拉浑达(阿喇古)	7 帕特曼 9.5 噶尔布尔
米依夏尔	0.5 帕特曼 3 噶尔布尔 24 察拉克
卡孜艾勒克	1.5 帕特曼 2 噶尔布尔
卡拉扬达克	2 噶尔布尔 10 察拉克
古力吐拉村	1 噶尔布尔
加依艾勒克	0.5 帕特曼 4 噶尔布尔 26 察拉克
玉斯屯阿喇图什(上阿图什)	3.5 帕特曼 15 噶尔布尔 76 察拉克
冬达拉	40 帕特曼

中华人民共和国成立初,也有关于阿帕克和卓麻扎的瓦克夫地的统计资料,具体见表 3 - 2:

表 3 - 2　阿帕克和卓麻扎瓦克夫地产分布统计(1952.7)

土地 \ 亩数 \ 县名		疏　附	疏　勒	英吉沙	伽　师	岳普湖
土地(亩)	熟地	6645	4600	5000	500	5
	荒地	—	—	—	500	—
其他财产	水磨	6	24	—	—	—
	房屋	300	200	—	15	—
	店铺	—	2	—	—	—
	果园	4	—	—	—	—

(注:上表引自吴东曜《五十年代初南疆伊斯兰教概述》,《新疆民族宗教》2000 年第 4 期)

从捐赠者的身份看,首先,各级官员都有可能捐赠瓦克夫地,如上文的喀什噶尔阿奇木伯克穆罕默德·赛依德便是。《选编》中001号契约文书中记载:"我阿里胡孜伯克遵照真主'谁做善事,赐他十倍恩惠'之言,向真主恩海乞求,现在百什村奇里克修建礼拜寺一所,并将我在奇里克的一处院房连同家俱等和15帕特曼土地,1座磨房捐献给寺院作为瓦合甫,对这些财产任何人无权干涉。"

5. 阿帕克和卓麻扎瓦克夫与艾提尕尔经文学院瓦克夫的经营管理与收益分配

虽然在清代南疆专门设有穆特瓦里伯克(亦可译作"密图瓦里""木特瓦里""密塘瓦里"等),但其职掌已非伊斯兰世界中管理瓦克夫的事务,《西域图志》中说是"职司售授田园房产,掌其质剂,治其争讼,兼收其税入焉"。《西域地理图说》中说是"专管买卖房产地土之职"。《回疆则例》中说是"管理买卖田园房屋税契"。穆特瓦里伯克实际上是代政府负责民间土地、房屋买卖并征收契税的官员,人数不多,如在叶尔羌城设有五品的穆特瓦里伯克1人,和阗城设七品穆特瓦里伯克1人,阿克苏地区雅喇赛哩木设有七品的穆特瓦里伯克1人,库车有七品的穆特瓦里伯克1人外,其他地区竟然未设此官职,特别是在宗教机构甚多的喀什噶尔未设此官职让人不解,他们也不再代表政府管理瓦克夫事务。宗教瓦克夫土地从现有的资料看是由各宗教机构内部设立的穆特瓦里在具体管理经营。

由于喀什噶尔阿奇木伯克穆罕默德·赛依德向阿帕克麻扎捐赠了大量的瓦克夫土地。因此,他认为有必要了解这些土地收益的用途。麻扎的经管者于是在该文书中具体叙述了收益分配情况为:每年所获产品分为10份,4份在周一、周日、节日与守夜日时做馕、煮粥、点灯,为大人高尚的精神祈祷祝福以求带来好运。还有3份由谢赫、阿訇领取,另有1份用以关心背井离乡者,再拿出0.5份作穆特瓦里的管理报酬,还有0.5份作伊玛目、买曾应得的报酬,再拿出1份作为煮粥者、打扫者等人的报酬。

另据吴东曜《五十年代初南疆伊斯兰教概述》一文介绍,阿帕克和卓麻扎的16 000亩瓦克夫地产,年收入可达18 800秤子(1秤子约为20市斤),其中尚不包括教徒供奉的"切其布乃"粮("切其布乃"即农民收获的第一堆新麦堆尖上的一筛子,计约1.5秤子)在内。下边是阿帕克和卓麻扎的一份分配契约：

麻扎杂费开支，一份；

麻扎谢依赫开支，四份；

三十名苏泊尔汗开支，一份；

一名穆特瓦里开支，半份；

二名伊玛目开支，半份；

二名哈提甫开支，半份；

五名买曾开支，半份。

两份文书中所列开支情况基本相同，可能是麻扎多年延续的规定。但从中可以看出，麻扎瓦克夫土地的主要收入除用于维持麻扎日常开支外，主要进了麻扎的实际掌管人——谢赫、阿訇的口袋中，穆特瓦里所得也不少，而其他人所得很少，谢赫、阿訇、穆特瓦里是事实上的宗教地主。

从以上分配形式看，基本上是采取按比例分配的办法，《和卓传》中也说是按这种办法："穆特瓦里每年将捐献的土地基金收集起来交给阿訇，由他分成十份，大致按以下惯例进行分配：即四成给阿訇或穆达里斯；一成给穆特瓦里；一成作为修缮之用；四成供给加卢布·卡什，有时也供给学生们，总计十成。"①

6. 阿帕克和卓麻扎瓦克夫的功能

按照西方研究俄罗斯问题的专家观点认为，包括清真寺、经学院、苏非道堂、圣陵等伊斯兰文化设施的瓦克夫起了三种社会功能：第一，提供符合法律依据的理性投资，比如开展经训规定的宗教礼仪活动、宗教教育和宗教学科的研究等；第二，起穆斯林社团维系正常经济生活的调节和平衡的作用，如要求生产者提供服务，要求商业、住宅和零售部门供应货物等；第三，财产和财政的管理职能，比如用于文化设施的商业部门税收（租金）被文化设施重新分配成薪水、奖学金、维修费用、重新投资的资本。此外，中亚地区的家族陵墓或圣地的瓦克夫还可以起着

①穆罕默德·萨迪卡·喀什噶里：《和卓传》，陈俊谋、钟美珠译，载中国社会科学院民族研究所历史研究室资料组编译《民族史译文集·第8集》，内部资料，1978年，第133～134页。

保存财产和维护子孙后裔(他们受托管理陵墓)社会地位的功能。① 从阿帕克麻扎实际功能看,也没有超出上述三点。

麻扎的管理者基本上是和卓家族的后裔。“我发现他(寺院的照管者)也和神圣的家族有亲属关系,他们中的一些成员总是被委托照管圣墓、经院和隶属于该圣墓的房地产。”②而在麻扎学习的学生则来自各地:下阿图什、汗渠、上阿图什、牌祖阿巴特、阿帕尔村、塔什玛勒克、塔孜浑、伯什克勒木、胡什阿巴德、托克库扎克、库尔昂、洋萨尔,登记在册享受麻扎提供的生活费用完成学业者接近80人之多。③ 这么多的学生多数家境穷困,是麻扎为他们提供了接受宗教教育的机会,有些人将来便成了宗教职业者。

《和卓传》中也说:“我们穿过无数的经院建筑,它是到这里学习神学的学生们的住所,还有其他一些建筑,表明存在着一个很小的宗教居住区。在夏季,在这整个充满着宗教和学术的宁静气氛中于古树荫下想必是十分媚人的。”④

在一些民族传统节日里,麻扎又变成了一个市场交易中心。瓦里汗诺夫1858年在喀什噶尔旅行时曾有如下记录:“伊斯兰教历八月十五日是穆斯林节辰。自古以来,喀什噶尔就非同一般地庆贺这个节辰。时临节辰的晚祷之时,来自边远的城镇和村庄的朝圣者云集在阿帕克和卓墓地。阿帕克和卓是现今和卓们的祖先,在伊斯兰世界里他是一个至尊的圣人。喀什噶尔城成了一个名副其实的花园。而这些花园环绕着这个陵墓的四周。饭馆老板和出售水果、糖、包子和各类食物的商贩纷至沓来。夜间,墓地、清真寺和其他一些建筑物张灯结彩,五颜六色,祈祷之后直至翌日在花园里继续

①吴云贵:《瓦克夫制度的由来和演变》,载张永庆主编《伊斯兰教与经济研究文集》,银川:宁夏人民出版社,1991年,第143页。

②穆罕默德·萨迪卡·喀什噶里:《和卓传》,陈俊谋、钟美珠译,载中国社会科学院民族研究所历史研究室资料组编译《民族史译文集·第8集》,内部资料,1978年,第132页。

③《阿帕克和卓麻扎的瓦克夫》,见《泉》(维吾尔文)2005年第1期。

④穆罕默德·萨迪卡·喀什噶里:《和卓传》,陈俊谋、钟美珠译,载中国社会科学院民族研究所历史研究室资料组编译《民族史译文集·第8集》,内部资料,1978年,第130页。

游园。”①

而阿帕克和卓麻扎也是许多人的栖身之处：“在这里有无数乞食的回教托钵僧，有单身汉，也有全家的，他们住在壁龛和坟墓的穹隆下面。当我们这队人马走近时，他们走出来用喧噪的祈祷和深切的敬意要求布施。”②

四、小结

维吾尔族契约文书中有相当一部分是关于宗教瓦克夫财产的捐赠、经营管理、收入分配及由于偷卖、永佃权出租、转让而引起各种纠纷的记载。在伊斯兰社会，瓦克夫的捐赠、经营管理、收益分配都有一整套规定，它们共同构成了瓦克夫制度的主要内容，了解、认识瓦克夫制度是认识南疆社会结构与社会性质的前提与必要条件。瓦克夫制度起源于伊斯兰社会的慈善济贫行为，也有借瓦克夫而为后代预留财产的目的存在，这都是瓦克夫制度所允许的。伊斯兰经济思想是瓦克夫土地制度形成的基础，也是瓦克夫土地制度得以长时间存在的基本保障因素。同时，宗教思想作为一种社会意识形态，其存在离不开一定的物质经济基础的支持，瓦克夫土地的存在，使伊斯兰宗教上层人士衣食无忧，从而才有充分的时间与精力来学习、传播伊斯兰思想意识，瓦克夫土地制度对于伊斯兰教而言是其存在的经济基础。

捐赠瓦克夫土地不光是个单纯的宗教感情问题，其背后还隐藏着复杂的利益纠葛，反映着多方面的社会关系。伊斯兰教法对瓦克夫赠予人、受赠人与可赠予之物都做了具体限定，而瓦克夫土地的使用与收益分配也在实践中形成了公众认可的制度，由此，瓦克夫财产的捐赠在南疆形成了相对固定的模式，但并非完全整齐划一，有些条款可以省缺，甚至可以以口头声明代替书面契约。

①Ч. Ч. Валиханов：*Собрание Сочинений в Пяти Томах. Том* 3（Алма－Ата，1984—1985），стр. 177.

②穆罕默德·萨迪卡·喀什噶里：《和卓传》，陈俊谋、钟美珠译，载中国社会科学院民族研究所历史研究室资料组编译《民族史译文集·第8集》，内部资料，1978年，第129页。

南疆瓦克夫土地约占当地耕地面积总额的1/3，其经营管理既受当时社会大环境的影响，同时也产生反作用，特别是1840年后，伊斯兰逊尼派田地出租经营模式取代了苏非派无偿征用劳役的模式，这对整个南疆社会农地的经营方式都产生了重大影响。宗教作为一种上层建筑，离不开一定的经济基础支撑，除依靠经营瓦克夫财产外，它还广泛征收天课，不断扩大其经济基础。但瓦克夫财产由于被停止了所有权、限定了使用权、禁止了处分权，从而严重影响了物的效益充分发挥，加剧了南疆人地紧张关系。而瓦克夫财产的管理者谢赫或穆特瓦里不仅有麻扎瓦克夫的经营权，而且父死子继，其职权世袭罔替。寺院或宗教学校，作为瓦克夫地的法律上的所有者，只得到该地产的地租的一部分，而大部分则落到谢赫与穆特瓦里手中。由于担任这些职务可以获得固定的较丰厚的经济收入，因此瓦克夫寺产管理在某种程度上演变成了一个或几个家族的事业，这些事业的发展既取决于这些家族的宗教地位，也和他们与当地政府的密切关系有关。

依靠瓦克夫制度，在南疆产生了著名的阿帕克和卓麻扎与艾提尕尔经文学院两大宗教机构。通过目前发现的关于这两大宗教机构的瓦克夫契约文书，我们可以更进一步地了解瓦克夫制度的运作过程。这两份契约文书记载了当时任喀什噶尔阿奇木伯克的吐鲁番郡王后代向这两个宗教机构捐赠瓦克夫的事实。他们因捐赠瓦克夫而受到了如同宗教圣人般的赞美。这两份契约文书都遵循捐赠瓦克夫财产的一般规定，通过这两份文件我们也可以了解当时宗教与政治的关系，了解在南疆政教分离事实上并未落实，朝廷命官仍然通过捐赠瓦克夫的形式与宗教界保持着密切联系。从这两大宗教机构的瓦克夫地的分布看，它几乎遍及喀什噶尔的各个角落，可见其影响力之深入社会。从其功能来看，这两大宗教机构不但引领民众的精神生活，而且积极参与教育、慈善、经济活动，它的受益范围首先是清真寺、宗教学校、浴池、陵园、医院等公共设施，捐赠者本人、家庭、后代甚至非亲非故的贫困者、需求者都可以作为受益人。此外，这里还供养了大批宗教职业人员，培养宗教职业者，宣传宗教，修建维护清真寺并保证其日常杂支，以及支付举行各种宗教仪式的费用等。总之，清代、民国时期的南疆社会仍是一个政教合一、宗教势力强大的社会，瓦克夫制度为其提供了必要的经济基础。

第四章

察合台文维吾尔族契约文书与南疆民地及经济社会关系的发展

一、南疆的民地

所谓民地，是就民间私有土地而言，包括地主、自耕农、半自耕农占有的土地，清代南疆地主土地所有制在民田中所占比重并不大。这类土地的所有者要向清政府交纳十分之一的国税，故也称为什一税土地。

直接统计这类土地的面积有一些问题。维吾尔族农民对农业生产的产量，是按照收获量对播种量倍数的传统方法计算的，所以"喀什噶尔田土，无科则亦无亩数，以籽种计算收数"①。由于清代南疆使用籽种量来代替土地面积作计算单位，因此，首先必须确定两者之间的对应关系。计算籽种量最常用的单位是帕特曼。同理，噶尔布尔与察拉克的用度与帕特曼是相同的。清朝统一南疆后通过行政手段规定了帕特曼、察拉克的度量标准。据《维吾尔族史料简编》（下册）载：1 帕特曼相当于清代的官石 4 斗 4 升；又据《回疆志》卷七"叶尔羌"条载：自乾隆二十六年（1761）起，1 帕特曼改按 5 石 3 斗折算。而《回疆志》卷三"交易"条说："计量米粮并无升斗，以察拉克、噶尔布尔、巴特满计之，每一察拉克乃十斛；每八察拉克为一噶尔布尔，乃八十斛；每八噶尔布尔为一巴特满，乃六百四十斛。"纪大椿认为："不妨笼统地将 1 巴特满土地折算为 64 亩，即 3.932 2 公顷或 58.98 市亩（为方便起见可折算为 60 市亩）。这样既便于同察拉克折算，即 1 察拉克土地折合 1 亩，又便于同塔纳甫折算，即 1 塔纳甫土地折合 2 亩。"②而作为地积单位的噶尔布尔，纪先生虽未具体给出一个换算标准，但根据帕特曼、噶尔布尔、察拉克之间存在的八进制换算关系，即 1 噶尔布尔大约是一帕特曼的 1/8 的话，则 1 噶尔布尔约等于 8 亩。

乾隆二十四年（1759），清朝统一南疆之初即着手调查准噶尔蒙古统治时的"旧制"，以确定赋税征收标准。之后，无论是私人著述的《回疆志》，还是官方主持编撰的《西域图志》《乾隆户部则例》《嘉庆大清会典事例》《同治

①《光绪大清会典事例》卷一六三，第 5 页。

②纪大椿：《维吾尔族度量衡旧制考索》，《西域研究》1991 年第 1 期，第 64 ~ 65 页。

户部则例》,都提到了南疆东四城与西四城征收十分之一税的情况。

由于清政府在南疆的赋税政策的主要目标是依靠维吾尔族人的贡赋来解决驻扎当地官兵的费用问题,征收的基本原则是以用定取,虽规定了什一税的税率,实际征收时则依据统一南疆之初为各地所规定的赋税额度,将其包给当地土著官员——伯克分摊征取。在南疆人口大量增加,荒地开垦速度加快后,实际上单纯根据上述税赋总量来推算南疆维吾尔族农民私有土地的数量看起来误差已经很大了。

清朝统治之初,南疆八城的人口将近22万人,加上哈密、吐鲁番,人口则在25万左右,即清政府统一新疆的初期,天山南路的维吾尔族人约有25万左右。乾隆四十二年,南路有32万人左右。道光六年(1826)前后,南路人口增加至65万左右。① 在60多年的时间里,南疆人口增加了2倍多。由于这一时期人口统计的意义主要是将人口作为征收赋税的单位,因此,这些数字可帮助我们了解当时的人地关系。与此同时,耕地的规模据《西域图志》(1776)所提供的数字,库车、阿克苏、乌什、和阗、叶尔羌和喀什噶尔六城纳粮总额为53 812石,至道光十三年增长至116 305石,当时的额征粮为十分之一税。1760年到1830年间也增加了2倍以上②,其后到19世纪50年代,耕地一直在扩大。1845年至1850年的5年中,先后升科的新垦地,按每亩五升税率计算,每年额征粮为30 144石。按当时的生产水平,前后两个阶段税率相差不大,如此计算,这次新垦地的额征粮,大约相当过去30年增长的数额,换句话说,这次新垦地亩也就相当于过去六城30年增垦的耕作面积。③ 人地关系发生了显著的变化。1887年清朝直接调查登记的耕地面积数已达850万亩④,1905年更是达到了955.54万亩⑤。

①佘太山:《西域通史》,郑州:中州古籍出版社,1996年,第456页。

②殷晴:《探索与求真:西域史地论集》,乌鲁木齐:新疆人民出版社,2011年,第396页。

③同上。

④《钦定大清会典》卷十七,光绪二十五年。

⑤新疆维吾尔自治区地方志编纂委员会、《新疆通志·农业志》编纂委员会:《新疆通志·农业志》,乌鲁木齐:新疆人民出版社,1994年,第59页。

但日本学者堀直以为120年间耕地面积增加8倍以上,这是不可想象的事。他认为主要原因是佐口透的计算方法有误,即“佐口氏所推算的收获率10,与实际相比是过高了。若把他假定的收获率减一半即5的话,耕地面积的推测数就猛涨到原来的2倍。换言之,依照佐口氏用税额求耕地面积的办法,推算当时回疆农业比较符合实际的收获率为5。按照这一假设,可粗略推算出,回疆在18世纪60年代的耕地是200万亩,19世纪20—30年代是400万亩,19世纪80年代为850万亩。这样,大体每60年翻一番”①。

堀直的意见很显然更有道理,因此,可以认为,在清朝统治新疆的150年间,就私人土地占有而言,尽管土地总量在增加,但人口也几乎在同步增加,总的人地关系并未发生太大的变化,经济形态也总体维持不变。这种经济形态可以概括为是一种与古典经济形态相对立的自然经济形态,即租佃关系不发达、农业与手工业紧密结合、经济活动以自给自足为主。直到民国时期,这种大格局也未有根本改变。张之毅所著《新疆之经济》中称:“南疆农户每户平均所有农地,根据各县纪册计算,和阗全县为十五亩,墨玉下哈力克村为二十三亩,叶城八扎村为八亩。每户农地之狭小,与江浙无二致(据主计处估计,浙江每户平均农田计十三亩)。南疆农业劳动以家庭劳动为主,除地主外,极少雇用外工,此亦小农经营之特色。”②傅希若也说:“新疆因耕地受天然环境限制无法扩展,按耕地面积计算,人口密度全省平均每方千米为183人,如只就南疆论,每方千米达320人,这样的密度和内地已不相上下,人口可谓相对过剩(一般人所说新疆人口稀疏是由总面积计算而来,大概每方千米只有两个人,这种说法对了解新疆农业社会真实情况是大有妨碍的)。且新疆的农业土地,在这种条件下,每户农地狭小,平均不过10亩左右,皆采家庭劳动方式,保有小农经营的特色。”他还据日文资料所载之比例表进行分析,得出结论说:“所列数字说明50亩以下的农家占全体的84.1%,可见农地之过于零散。100亩以上的占4.4%,其中是否有大地主拥有大量土地?”因为这个问题关系南疆维吾尔族社会与地主经济相关的租佃

①[日]堀直:《回疆玉米考》,《西域研究》1994年第4期,第66~67页。
②张之毅:《新疆之经济》,上海:中华书局,1945年,第88页。

制度是否发达,因此有给予关注的必要。他认为:“新疆的租佃制不仅在农村社会中已经存在,即在游牧社会中也有此种关系。不过新疆的租佃关系有所谓合种者,表面看来似与雇农无甚差别,在这种制度下,佃户称为合种人。他们只出劳力或很少的资本,大部农本如土地、水、牲畜等等完全由地主担负。合种人与地主采行分租办法,即按一定比例分配生产品。在南疆大半是对分。”①他所谓的合种即伙种,这种制度在中华人民共和国成立前的南疆广泛存在,本质上讲它是租佃关系的初级形态。

二、南疆农业经营方式与生态环境

农业经营方式不同于土地经营方式,土地经营方式,即土地所有权和劳动力所有权结合的方式。如果从生产关系的角度划分,南疆农村土地经营可分为租佃、雇工与自耕三种形式。那什么是农业经营方式?国外研究有一些不同表述。在德国,农业经营学开山鼻祖泰尔(A. D. Thaer),以及屠能(J. H. VonThunen)、艾瑞保(F. Aereboe)和布林克曼(T. Brinlmnann)等,在他们有关农业经营的著作中都认为,农业经营方式指的就是农业种植制度或土地利用方式。这更多属于农业生产经营技术范畴。国内学者认为,农业经营方式是关于农业自然特点所引出的农业生产技术方面的问题,专指农业生产要素的组合方式或生产的技术途径,即农业经营方式是指为了实现一定经营目标,通过生产要素的组合表现出来的生产技术途径。②

南疆绿洲生态环境极其脆弱,当地民众在恶劣的自然条件下从事农耕。根据历史资料,南疆绿洲除去全球气候变化引起的降水变化使得部分绿洲变成沙漠的说法外,还有由于当地民众农业经营方式不当而造成的沙漠化的说法,但这还缺乏足够的证据,相反,当地数千年间在基本保持生态环境

①甘肃省图书馆书目参考部:《西北民族宗教史料文摘(新疆分册)》(下),兰州:甘肃省图书馆,1985 年,第 960 页。

②王征兵:《中国农业经营方式研究》,北京:中国科学文化出版社,2007 年,第 18 ~ 19 页。

不变的情况下，从未发生大规模饥荒。① 此外，当地还创造了特有的绿洲文明，使南疆社会维持了已持续几千年的发展状态，当地的农业经营方式必有其可持续的道理。

农业经营方式有地域特色与民族特色，不同的经营方式对环境的影响也就不同，尤其像南疆绿洲这样生态比较脆弱的地区，这种影响显得尤为明显。目前，从民族地域文化角度探索清代、民国时期南疆绿洲生态环境与农业经营之间的关系的成果很少，笔者试从南疆居民的农业经营方式入手，探讨清代、民国时期当地的生态环境变迁。

（一）清代、民国时期南疆绿洲农业经营方式

在天山以南地区，种植、园艺与坡地畜牧业结合的方式一直是居主导地位的农业经营方式。

从土地利用方式看，休耕制在1759年清政府统一天山南路前就已存在，之后很长时间内也普遍存在，故清朝汉文文献中多有记载。早在乾隆二十四年(1759)，对定长奏折的谕旨上就写道：

> 定长称，除乌鲁木齐外，其他地亩，较之初种时，渐觉歉薄等语。此等田亩，虽不能如内地人工粪治，可以常年耕种。但地颇宽敞，彼此递年互调耕作，自有余力。②

喀什噶利亚也实行着轮耕制，"回疆地亩宽阔，如百亩分三年种植，所谓歇二种一"③。所谓的"一种二歇"④等，说的可能是三圃制度。阿克苏、喀什噶尔、叶尔羌实行着"一歇一种"的制度。以上主要说明在新疆，特别是在喀什噶利亚的农业生产中，存在着轮耕制。这可能是由于生产力不高的缘故。但是，据说现在喀什噶利亚的轮耕地已经不多了。⑤ 随着南疆人口的繁衍，

①[英]凯瑟琳·马噶特尼、[英]戴安娜·西普顿：《外交官夫人的回忆》，崔延虎、王卫平译，乌鲁木齐：新疆人民出版社，1997年，第339页。

②《清实录高宗卷》卷六〇一，"乾隆二十四年(1759)十一月甲子"条，第8页。

③[清]那彦成：《那文毅公奏议》卷七七，道光八年四月十九日，第32页。

④[清]那彦成：《那文毅公奏议》卷七六，道光八年四月十九日，第22页。

⑤张之毅：《新疆之经济》，上海：中华书局，1945年，第69页。

耕地趋于紧张，加之施肥技术的普及，略显粗放的轮耕制度逐渐为精耕细作的生产方式所代替。

我国封建社会经济结构的传统特点是自给自足的自然经济，南疆维吾尔族农村经济也不会例外。但是维吾尔族农业经营又有它的特点，就是不单纯依赖于农耕，也不单纯依赖于粮食生产，而是因地制宜发展园艺业、畜牧业，解决了部分食品问题，如《和阗布龙塔斯木其村调查》说，在这里桑树多，此外几乎家家户户都有几棵桃树、葡萄，再就是沙枣子、核桃、杏子等随处都是，春天青黄不接的时候，一般贫困农民多是一天吃两个苞谷馕，另外用桑葚来充饥的，秋后的桃子、葡萄不但成为一般农民的下饭菜蔬，而且也成了一般人民的饮料和主食，他们下地工作时，带几个馕，装一筐葡萄或桃子，一天的伙食都解决了。在这里用1元钱，能买1个麦面馕，而1元钱却也可以买到4斤葡萄，或30个桃子，或25个核桃，这些水果因为几乎家家都有，在村里就是毫无销路的（城内价格稍高），因此这些廉价的果，便成了贫苦人重要的东西。①20世纪50年代初，南疆社会调查时，有些来自内地的工作人员囿于原有的文化意识，认为当地半年粮食半年果是生活极端困苦的表现，其实这种看法不完全正确，这种情况正反映了南疆当地维吾尔族群众生活方式与绿洲生态的和谐。南疆多种果木既可解决薪柴问题，又能防风固沙，涵养水分，解决部分食物问题，是农业经营的重要内容。从大量的契约文书看，土地、房屋与园子、树木是密不可分的，如003号契约文书：

清　嘉庆十二年　1807年8月2日

伊斯兰教历一二二二年五月二十七日

谨以主宰万物的真主的名义！

我们站在和加纳斯尔和加的遗族库奇妣妣阿衣夏姆、其女古丽苏木妣妣·哈吉尔和加、沙拉和加、其妹达吾来提、女婿托乎提海里排等人一方，代表其库车的女儿帕蒂玛和加、其母阿衣夏姆和加、托乎提海里排等具结如下：

愿将少尔县都克渠两岸的8帕特曼土地、28间房屋连同园子和树

①《和阗布龙塔斯木其村调查》，喀什地区档案馆，全宗号1，目录号1，卷号22。

木卖给优奴斯王为业。价为16个元宝。这些地不是典当之地。今后我们任何人的后代均无权干涉。

地界：东边是苏皮尔干的土地，地边有坑和荆棘；南边是毛拉吐尔地和毛拉海里排的土地，另有玉素甫的一块地，另与提来克巴柯古孜尔礼拜寺的瓦克夫地接壤，中间有加罕巴克渠；西边与阿布艾里木·克白克苏皮·托克逊木匠的土地接壤，界为坑和荆棘。

证明人：艾则孜海里排、克伯克海里排、阿布杜纳斯尔、毛拉哈来什等人

（印章11枚）

契约中谈到土地所有权时，常说"……开垦了土地，修了房子，种了树木"，以及"……田地连同树木、房屋一起……""土地连同地里的树木""地及所属树木""祖业一块，连同院子、树木"等将土地与房屋、树木相联系的话语。这固然一方面反映了伊斯兰教法对土地所有权的认识，即土地属胡达所有，人们可以在土地上盖屋、种树而拥有所有权，买卖让渡土地只能是土地上的附属物，而非土地本身。另一方面这种意识也促使人们有地就种树、建房，以拥有其所有权，结果起到了保护绿洲脆弱生态的作用。

契约中谈到土地四至时，经常碰到"以杏树为界""以丛生灌木为界""白蜡树为界""……边是杏园""……边是果园""……边是草坪""花园"等，可以知道耕地四周一般都有大量树木。果园也广布于南疆各地，如谢彬《新疆游记》中说："住库车，晨间缠商某（其父曾为阿奇木）邀觇偎郎于其果园。园广约二三亩，群果杂植，最蔚可观，中建亭榭，足供游憩。新疆民俗，喜建果园，贫者用供生计，富者兼资游观，一若南方之有花园。而库车特甚，每岁春夏，环城几为香国。"①20世纪50年代初南疆社会调查《和阗县五区三乡三、四、五村调查》中也说，"每户农民都是按照自己生活上的需要，种植各种作物，有小麦、包谷、棉花、大麦、苜蓿、胡麻、蔬菜等。绝大多数都种着三种以上的作物，最起码是小麦、包谷、棉花。地特别少的也要种上两种。土地周围栽种各种供给烧柴用的树木，如沙枣、柳、杨、榆之类。另外还辟出一小

①谢彬：《新疆游记》，上海：中华书局，1923年，第180页。

部分土地作葡萄园，还掺杂种些桑、杏、桃、胡桃等果木树”①。近代南疆维吾尔族契约中有不少是关于果园经营问题的，如115号契约文书：

1926年12月15日

伊斯兰教历一三四五年六月九日

我叫吐尔地卡力，我起诉如下：

我有一处果园，以8年的期限租给了买买提艾山。原先议定每年付租费50两银子，可是8年来他并无付给我一文钱，我先后向有关地方起诉40次，均无效果。

后来他谎称我在某年某月某日，曾借了他30只羊，想用羊来赖掉应付的租费，我认为这是天理难容的丑事。

此外，吾麦尔阿吉、肉孜海里排还欠我银两（吾麦尔30两，肉孜50两），并要求他们如数归还。

如果他们归还我银子，付出租费，我再无意见，请政府为我做主。

另外，我还有6亩园子租给了吾买尔阿吉和肉孜海里排。

（印章2枚）

此类关于出租、出售、遗留果园的契约充分说明南疆农业经营并非单纯的粮食生产，而是林果业、农业有机结合，既满足了当地居民的消费需求，又充分保护和利用了有限的水土资源，是一种绿色可持续农业经营方式。

除农业外，南疆还农牧结合，互相支持，牧业可为农业积肥，农业、林果业可以为牲畜提供饲料。据《和阗布龙塔斯木其村调查》，这里因为土质瘠薄碱又很大，耕种必须施肥，肥料普遍都是利用牲畜粪便混合柴草制成的。普通苞谷、麦子、棉花地，每亩施肥20～30口袋，每口袋装5秤子以上，布价值半秤子苞谷，稻田每亩须施油渣2口袋，共重20秤子，价13秤子苞谷。所以一般农家饲养牛羊驴子的重要意义，却在于积存和制造肥料，通常一头牛或驴或者四五只羊所制肥料，种四五亩的地就勉强够用了。

假使购买肥料种地，那么2/3以上的收获，就都花在肥料上了，必然会得

①《中国少数民族社会历史调查资料丛刊》新疆维吾尔自治区编辑组：《南疆农村社会》，乌鲁木齐：新疆人民出版社，1980年，第15～16页。

不偿失，因此就产生了下列几个现象：

第一，牲口少或没牲口的人家，给地富或城里人家代放牛羊不要工资，只要粪便，而这种好差事，一般贫穷人还很难找到。中贫农中有十来家是这样得来肥料的。

第二，没有牛羊驴子，又找不到别人的牛羊来放，只好捡点粪，找点土来对付。如雇农莫汗买提租3亩瓦克夫地没有粪只收了8秤子，收获减少了2/3以上。

第三，牲口少粪不够用。如中农艾则孜有9亩地，只有5只羊，粪不够用，自己种四五亩，把2.5亩地都租出去了（另外荒了2亩）。

第四，据老乡说，伙种地只要伙伴出人力再出肥料，便可多分得收获量的1/3，否则少得1/3。①

《南疆农村养畜业》②中说，从农村畜产品的占有和其变化上，我们初步看出了农民与养畜业的联系及养畜业与农业的结合情况。现在，我们将更进一步地来考察这种联系和结合。

农民只有少量土地或完全没有土地，土地上的收入不足维持自己的生活，特别是在繁重的负担与各种残酷的剥削下，就不得不从事其他副业来贴补生活，养畜业就是其中之一。

养1只畜产品，约等于种三四分地。少数农民收入中相当大的部分是靠饲养牲畜。例如，伽师县古莫勒克村买买提阿孜一家三口人，有1亩地，不伙租土地，也不卖零工，主要依靠饲养牲畜和纺纱过活。他养7只羊（1公6母），每年卖四五只小羊，收入四五十秤子苞谷（每只值人民币10万或14万元，旧币），约为全部收入的1/2。再如，阿不都乌甫尔一家五口人，有3亩地，除纺纱外，生活靠喂羊弥补。一年喂3次，每次2只，买价每只5秤子苞谷，卖价15秤子，除饲料外，能赚40秤子苞谷，约为总收入的1/3。

---

①《和阗布龙塔斯木其村调查》，喀什地区档案馆，全宗号1，目录号1，卷号22。

②中共中央新疆分局宣传部：《新疆社会调查·新疆农村调查1》，1950年，第166页。

农民还把饲养畜产品作为储蓄方式。他们以出卖劳力和从其他方面得来的钱购买畜产品饲养，到必要时出售，再买回农具、种子或其他必需的东西。因为畜产品便于买卖，价格又较稳定。更为主要的原因是，这种储蓄看起来是消极地储积财富，但实际上有发展生产的积极意义。

再则，农民饲养畜产品，既有便利的条件，又有农业生产上的需要。南疆农村中树木很多，枝干供给了燃料，叶子还可以喂羊；同时，土地上农副产品除了当作牲畜饲料外，别无其他大的用处。饲养一定数量的畜产品，不仅不多花投资，而且有家属照管，也不多花人工。肥料是很重要的农业生产资料，而畜粪是主要的肥料。有些农民愿意替人饲喂牲畜，就是为取点粪。种植业给饲养业生产提供了条件，饲养业也直接有助于种植业生产。

牛、羊肉是信仰伊斯兰教的维吾尔族人民的主要肉食。牛、羊油不仅是他们所吃的主要动物油，又是制肥皂和蜡烛的原料，牛奶也是很好的食品。羊毛是生活用品——毡、绳、袜、毯和毡靴的原料。皮子又可做皮袄、帽子、靴子、风箱和辔头。骨灰，在有些地区亦作为肥料。

农村养畜业不仅与维吾尔族农民的生活密切联系着，而且由于手工业和种植业的结合，直接与他们的农业生产和手工业生产密切关联着。① 南疆维吾尔族契约文书也间接反映了上述事实，如《维吾尔族契约文书译注》303号契约文书：

1934 年 2 月 5 日

伊斯兰教历一三五二年(兔年)十月二十日　星期日

我们是城里艾提尕尔大门(注:大巴扎)斯拉木阿吉·喀孜的儿子尼亚孜阿訇、托乎提·尼亚孜阿訇。我们做符合教规的坦白:我们在努尔山村的帕孜勒阿吉的后代买买提·依明·吾吉、玉素甫·喀日、买买提·艾力巴依的手中寄养了 82 只绵羊，期间，我去了一趟，拿回来了 25 只，寄养剩下的 57 只不愿意给。另外，我去时顺便给买买提·克热木哥哥和古丽苏木汗·阿吉带去了一些礼物，我回来时，他们织出了一块白

①《中国少数民族社会历史调查资料丛刊》新疆维吾尔自治区编辑组:《南疆农村社会》，乌鲁木齐:新疆人民出版社，1980 年，第 155 页。

毡子要作为饯行的礼物让我带回来，(但是)这块毡子留在了买买提·克热木阿吉的手上，并没有给我。我受到了委屈，所以提出诉讼。努尔阿訇派出了士兵，在审问我们之前，来了很多好人，劝告说："你们是亲戚，就不要打官司发誓了。总体讲，买买提·依明巴依、玉素甫·喀日、买买提·艾力巴依等人支付25两银圆，买买提·克热木阿吉拿出1张白毡子，这场官司就算了。"双方听了这些话同意了，官司当场结束。

尼亚孜阿訇和托乎提·尼亚孜阿訇拿到了25两银圆和1张白毡子，满意了。今后，就羊或者毡子的寄养或者托付事宜上，或者其他原因，在他们身上没有我们的任何东西。以后，仍就此相关事宜说假话起诉，在宗教法庭面前我们的话全为假话，我们就是无耻小人。空口无凭，特立此据并加盖值得尊敬的人的印章。

证明人：吐沙拉村的哈提普(hatip，专门主持星期五乃玛孜的人)玉赛因阿訇、桑普拉(村)的哈斯木阿訇

上文虽为诉状，但从中我们可以看到将牲畜寄养在他地的情况。显然，南疆农牧结合既合理消费了农业秸秆等剩余物，又解决了一些无地人口的生计问题，并且农牧业在一定程度上互相促进、良性循环，极有利于生态环境的保护。维吾尔族谚语也说："有四只山羊的人不需要林园，有四个儿子的人不需要骏马。"①

维吾尔族农民善于搞多种经营，特别是手工业与商业。由于土地与其他生产资料占有的集中及封建水利制度的不合理，广大的农民单纯靠农业收入连最低限度的生活也不足以维持，便不得不靠副业补助。因此，副业收入便在农民生计上占了相当大的比重。全村308户农民与手工业者中，有260户纺线，103户养羊，84户卖柴火，83户养蚕，12户织布，8户做皮靴或补皮靴，6户缝衣服，6户弹棉花，3户轧棉花，3户榨油，卖面、擀毡、熟皮与做帽子的各2户，编筐子、制肥皂、宰羊、卖奶子、赶毛驴、贩大米、卖葡萄的各1户。除纺线、养羊、养蚕为各家妇女的副业外，共计137户的成年男子都兼营

①张春实：《维吾尔谚语》，乌鲁木齐：新疆人民出版社，1984年，第190页。

一种以上的其他副业。①

(二)南疆绿洲农业经营方式对南疆生态环境的影响

现代绿洲是人类积极适应与改造自然生态的结果,因此,正确认识和遵从绿洲地域系统的发展和演化规律就显得十分重要,而当地民族文化则更多地反映了各民族的生存方式和他们处理人与人、人与自然和谐关系的知识和智慧。适度耕种、用养结合、有序循环,便可达到持续利用绿洲的目的。仰仗已形成的这种制度,便可使产出多样化。他们的产出分为耕地和休闲地两大部分。耕地产出主粮、杂粮、蔬菜、衣料作物、药用作物,应有尽有;休闲地则是木材、柴薪的产地,同时又是放牧、采集的场所。整个系统产出之丰、产量之高,不是单纯的水田灌溉农业所能比的。另外,由于人口的急速增加,原有的农业经营模式失灵了,如轮耕制。水源不足,水利设施修建与维护成本增加。传统的轮歇耕作系统必然陷于崩溃,南疆传统的农业经营方式成为了历史。南疆传统农业经营方式的变迁与所有文化事项一样,是一个历史过程。在特定历史条件下产生、兴盛,随着历史条件的变化也必然会衰落、消亡。但我们应该肯定传统农业经营方式的历史、生态和文化价值,从中找出其精华以继承。承认各民族适应、利用自然的文化体系才是最重要的。

"绿洲是干旱地区的自然和人文的综合体,原始的自然属性被社会属性所叠加,形成双重属性的绿洲景观,其产生和发展受到自然环境的严格控制。但促使其有飞跃的突变,是社会生产方式变革的巨大作用。有人类社会以来,又经过了漫长的历史时期,新疆绿洲的发展并不快,直到清末新疆有耕地 1 050 万亩,1949 年估计绿洲面积有 2.25 万 Km^2 左右。"②

人类不是受自然界任意摆布的动物,人类的活动并不是直接由人类所

①《中国少数民族社会历史调查资料丛刊》新疆维吾尔自治区编辑组:《南疆农村社会》,乌鲁木齐:新疆人民出版社,1980 年,第 23 页。

②钱云、刘秀娟:《新疆绿洲的形成、演变和发展》,《新疆社会科学》1996 年第 1 期,第 30 页。

处的环境决定的。人类在特定的自然环境中所采用的方式只是在多种方式中理性选择的结果。

20 世纪 60 年代的环境感应论者认为文化决定个人或群体的价值体系，反过来又影响人对环境的心理评价。

清代、民国时期南疆居民的农业经营方式具有多样性，除种植粮食作物、经济作物外，还经营蔬果业，兼营畜牧业和商业。林果的种植，不但不会破坏南疆绿洲的地貌，还对沙地有较强的固定作用，可以防止沙土的流失和风蚀；南疆居民还习惯在园地空闲处种植苜蓿，如 094 号契约文书：

1921 年 2 月 15 日

民国十年一月八日

立约人法射村吐尔地阿訇、色吾子村吾守尔阿訇。

我们与尼牙孜阿訇伙种一块地，我给他 10 秤子小麦、1 秤子杂粮。可他不问我一声，便将麦场上的粮食装走了，将牲口放到苜蓿地吃我的苜蓿。因此，我上诉要求赔偿。若上述事实不符，则我甘受教法处置。我同尼亚孜阿訇起誓，如果尼亚孜阿訇敢起誓的话，他就会解脱起诉；我如果起誓时死去，则我自己负责。

我的亲友再申诉也无效。特此立约。

（尼亚孜阿訇手印）

（印章 3 枚）

苜蓿宜采取浅耕。现代实验证明：浅耕可以防止土壤深层水分散失，使自然降水有效地保存在土壤耕层内，保持表土湿润，减轻风蚀、水蚀。① 从事畜牧业养殖，且是放养，则需要良好的植被，这就需要保持南疆植被的覆盖率，从而更好地从事畜牧业。从事商业，则会相对减轻南疆人口的压力，减少对沙土的开垦，保护当地的植被和池沼。事实也是如此，清代、民国时期南疆的生态环境还是良好的，农林结合、农牧结合、手工业商业吸纳部分富裕劳力，使得南疆绿洲地区避免了因为粮食作物种植导致的过度开发。

---

①辛存岳、郭青云、魏有海等：《干旱地区农田浅耕对杂草控制及土壤水分、养分的影响》，《中国农业科学》2006 年第 8 期，第 1701 页。

毫无疑问，清代、民国时期的南疆生态环境发生了很多变化，如位于南疆的我国最大的内陆河——塔里木河，据《西域水道记》记载，清初还是“河水汪洋东逝，两岸旷邈，弥望菹泽，商贩经行，所不能到”①。1899 年 9 月 17 日至 12 月 7 日，瑞典探险家斯文·赫定曾乘大木船由叶尔羌河上的麦盖堤下行至图拉河尔岗卫。但在清末（1910）撰写的《新疆图志》中，所记却是：“西南上游，近水城邑田畴益密，则渠浍益多，而水势日渐分流，无复昔时浩大之势。”②但相较于 20 世纪 50 年代后的巨变，在清代至民国时期长时间内却保持了生态环境基本稳定，这还是在南疆地区人口快速增长的情况下达到的，虽有当时农业生产技术落后、生产工具简单、影响自然的能力有限的原因，但当地维吾尔族居民符合生态保护观念的农业经营模式也不能忽视。

反观 20 世纪 50 年代后南疆进行的水土开发，由于缺乏对水资源的统筹安排，片面强调扩大粮食耕地面积，忽视了生态环境保护，结果使已开垦地的土、水、肥关系失调，有种无收的土地面积逐年扩大，土地沙漠化严重。1949 年以后，因在中上游地区大规模发展农业，引水灌溉，使到达塔里木河下游的水量不断减少，致使尾闾湖罗布泊和台特马湖分别于 1972 年和 1977 年干涸。

历史上由于经营方式的变化而引起环境变迁的例子不胜枚举，像毛乌素沙地，“经营方式——农耕、放牧也更迭交替，每次经营方式的更迭也都带来了生产的衰退，加速了自然条件的恶化，助长了沙漠化的速度”③。

通过以上分析可以看出，除去自然本身的因素外，不同的经营方式对生态环境的影响十分明显：在清代、民国时期，南疆绿洲居民的农业经营方式具有多样性，主要从事粮食生产、蔬果种植、畜牧业和商业，这样的经营方式对南疆生态环境变化的影响不很明显，与此对应的是较良好的生态环境。而 1949 年以后，大量汉民进入南疆，主要从事单一的农田开垦，这样的经营

①［清］徐松：《西域水道记》（外两种），北京：中华书局，2005 年，第 89 页。

②［清］袁大化、王树楠、王学曾：《新疆图志》卷七十，“水道四”条，上海：上海古籍出版社，1992 年，第 668 页。

③中国科学院中国自然地理编辑委员会：《中国自然地理·历史自然地理》，北京：科学出版社，1982 年，第 252 页。

方式对环境造成很大的破坏。当然这并不是说南疆当地居民的经营方式对生态环境的恶化没有一点影响。清代以降，随着当地人口的增长，当地居民对南疆绿洲的开发力度加大，对环境开始恶化也应负一定责任。所以，并不能说南疆当地居民的农业经营方式优于汉民的经营方式，只能说在不同的时期和地域，尤其是像塔里木盆地这样生态比较脆弱的地区，当地居民的经营方式更有利于生态环境的良好运行，这也是一种宝贵的地方性知识财富。

（三）南疆传统的地方性知识体系与绿洲生态环境

地方性知识是指各族的民间传统知识，其使用范围要受到地域的限制。文化人类学及其当代分支学科——生态人类学则不然，它不仅高度关注各民族的各种地方性知识，而且致力于发掘、整理和利用地方性知识去开展生态维护。各民族各地区的地方性知识，一直在潜移默化中规约和引导着不同群体的社会行为。维吾尔人世代生存于南疆绿洲上，千百年来形成了丰富的尊重自然、认识自然和利用自然的知识体系，它包括生境的信仰、生境的本土认知和生境的传统管理制度、知识和技术等，这些"地方性知识"来自文化持有者的内部视界，在一定的区域内是最有效的。《西域图志》载："山南诸回部，有城郭宫室，故居处有恒；有沟塍陇亩，故田作有时；男识耕耘，女知纺织。"①南疆农业经营方式甚至变成了南疆维吾尔人的一种生态伦理思想。"与其有千两黄金，不如有一块田地。"②"水是土地的血脉，地是农民的命脉。"③"有园林的人，就是有靠山的人。"④"精心栽培，瓜果飘香，园林荒废，终身郁伤。"⑤"伐一棵，种十棵。"⑥"多养牲畜，丰衣足食；不养牲畜，一贫

---

①[清]袁大化:《西域图志》卷三十九，载《新疆通史》编撰委员会编《新疆历史研究论文选编》(元明卷)，乌鲁木齐：新疆人民出版社，2008 年，第 194 页。

②马俊民:《维汉对照维吾尔谚语》，乌鲁木齐：新疆人民出版社，2007 年，第 60 页。

③同上书，第 136 页。

④张春实:《维吾尔谚语》，乌鲁木齐：新疆人民出版社，1984 年，第 130 页。

⑤同上书，第 101 页。

⑥马俊民:《维汉对照维吾尔谚语》，乌鲁木齐：新疆人民出版社，2007 年，第 62 页。

如洗。”①一定意义上有注意资源、保护环境的积极意义，体现了一种注意生态伦理的思想，这种思想又由于与宗教说教相切合，而进一步得到强化。《古兰经》指出：“他（安拉）以大地为你们的席，以天空为你们的幕，并从云中降下雨水。而借雨水生出许多果实，做你们的给养。”（2:20）。穆圣也说：“任何人植一棵树，并精心培育，使其成长、结果，必将在后世受到真主的赏赐。”“当一个人手里拿着一棵枣树苗，明知明天就要死亡，也要把这棵树种下去。”②维吾尔先民保护环境、美化自然的生态伦理思想在生产生活方式中有生动体现：维吾尔族人挖渠时种杨树、建磨房时种柳树、屋后建果林、庭前种葡萄。没劳力的孤寡人家也栽种葫芦、南瓜、紫茉莉和牵牛花来美化庭院。没有种植花草、果树的维吾尔族人家很少见。

1. 生境的传统管理制度、知识和技术

《新疆林业》1982 年第 2 期刊载的《我国最早的森林法》有这样的内容：从南疆的昆仑山北麓的古国——鄯善（现叫楼兰）王国古地出土了在公元 3 世纪用当时的国语佉卢文记载的森林法，其中规定“不论是谁都严禁随意砍伐树木。对于砍伐有根的树木者，罚一匹马；森林在生长期禁止砍伐，违者罚一头牛”。佉卢文是西域鄯善国、于阗国在公元 3 世纪到 4 世纪曾经使用过的一种文字，说明早在 1500 年前，西域地区的不同族群就已经认识到了保护林木的重要性。③

晚清时期，新疆传统官吏——伯克很少干预村民对生境资源的管理和利用。在生境资源的管理上，当地村民主要是在其传统信仰和认知体系下，遵循适度利用的原则，以传统的习惯法、知识和机制为行为规范，最终维持人与自然的和谐关系。

多样的生计方式首先表现为当地人按照生计方式来划分生境空间：一是农业生境空间——“耕种的地方”；二是畜牧业生境空间。在南疆发现的大量维吾尔族契约文书中，有些是关于农地经营方式的，有些则是关于草场

①马俊民：《维汉对照维吾尔谚语》，乌鲁木齐：新疆人民出版社，2007 年，第 201 页。

②马明良：《伊斯兰文化新论》（修订本），银川：宁夏人民出版社，2006 年，第 166 ~ 167 页。

③王炳华：《我国最早的森林法》，《新疆林业》1982 年第 2 期，第 49 页。

的，如《维吾尔族契约文书译注》162 号契约文书：

1911 年 4 月 25 日

伊斯兰教历一三二九年（鱼年）四月二十五日　星期二

我们是桑普拉恰合玛克（sampul qahmak）村的夏·吾吉的儿子买买提夏阿訇、尼扎米丁阿訇、艾合买提夏阿訇。我们做符合教规的坦白：努尔山村帕孜勒毛拉的儿子买买提·克热木巴依、买买提·热依木巴依，从城里人肉孜·吾吉的儿子斯拉木阿訇、阿帕尔阿訇手中，把努尔山村我们两只小山羊大小的草原（注：用小山羊的羊皮丈量土地，下同），没有询问我们，价格自己谈好后购买了。所以我们向衙门提出诉讼。

衙门审讯之前，乡邻们进行了调解，帕孜勒毛拉的儿子买买提·克热木巴依和买买提·热依木巴依购买的两只小山羊的土地得到了合情合理的裁决，留给艾力木阿訇、托乎提阿訇、买买提·热依木阿訇、买买提·克热木阿訇的后代手上，四只小山羊皮的草原卖出的时候，两只小山羊的草原由夏·吾吉的儿子买买提夏阿訇、艾合买提夏阿訇、尼扎米丁阿訇购买，还有两只小山羊的草原由帕孜勒毛拉的儿子和夏·吾吉的儿子平等购买。诉讼结束，特立此合法字据并盖章。

证明人：艾合买提托乎提、先依黑阿吉、亚库甫巴依

以上契约可以说明南疆维吾尔族社会从来就是农牧兼营的社会，宜农则农，宜牧则牧，形成了一种合理利用土地、水资源的制度。

2. 水利用的制度、知识和技术

村民在长期的生产生活过程中，形成了一套传统的水资源利用制度、知识和技术。各地均产生了分水机构，针对灌溉水村民按村落文化习惯，把村子分为上下游，规定灌溉用水时间。村民还利用高山雪水下流时的势能，在灌渠闸口处修建磨房，从事粮食加工。在农忙灌溉用水量增大时，为防止水磨碍流，磨房会主动歇业。从叶尔羌汗国时起，南疆就有负责治水灌溉工作的官员——密喇布伯克。乾隆二十六年（1761），叶尔羌办事都统新柱关于密喇布的职务说道：

叶尔羌形势，毗连戈壁，雨水亦少，全赖引水溉田，是以设有密喇布

伯克，专司其事。查回部旧例，凡怠于灌溉，及紊乱成规者，俱有罚项，以充公费，毋庸另给。唯引水时，须派拨丁役，从叶尔羌河源，逐次查勘，行二日至爱济特呼、其密沙尔等七处，俱须于一日内，分道行走。现任密喇布伯克迈达雅尔，系和田人，未带丁役，恳照噶匝纳齐、商伯克之例，给丁役五十人办公。①

在清朝统治以前，乡村中就有关于水利的规定。违反者被科以罚金，以充公费。

3. 土地利用的知识和技术

村民在长期的农业生产过程中，积累了丰富的土地利用的知识和技术。如园地林间套种牧草、瓜类，土地一般精耕细作，固定时间浇水、施肥、松土、间苗。在地埂上种植薪柴树，既解决燃料问题，又能防风沙，形成了对土地最大限度的利用。

村民的饮食结构一般为早餐奶茶加麦面食物，中午为麦面食物、蔬菜、果类，晚餐为奶茶加麦面食物。这种饮食结构也是在多年特有农业经营方式影响下形成的。

4. 动植物资源利用的知识和技术

动植物资源的开发利用既要不断扩大动植物资源产量，提高质量，又要为动植物资源的二级开发提供数量更多、质量更好的原料。前提是保护好各种动植物赖以生存的环境。为此，在动植物资源的开发利用上，南疆维吾尔族世代相传，积累了丰富的经验，构成了相关的地方性知识宝库，其中维吾尔族药物学更是博大精深。

全区有维药600余种，较常用的360种左右，其中本地产的约160种，占维药种数的27%。《新疆维吾尔药志》收载药物124种：常用维药中，属于民族专用的约有30种，主要有巴旦杏、索索葡萄、孜然、驱虫斑鸠菊、刺糖、洋甘菊、莳萝、唇香草、新疆鹰嘴豆、异叶青兰、雪莲花、胡桐泪（胡杨）等。②“维

①《清高宗实录》卷六三二，乾隆二十六年三月丁未。

②李峰、马淑然：《中国民族医药学概论》，北京：中国中医药出版社，2009年，第111页。

药中习惯用芳香性药物，常用的有麝香、龙涎香、海狸香、黛衣草、丁香、豆蔻和荜茇等，此外，还较习用性峻毒烈的药物，如马钱子、曼陀罗、天仙子、骆驼蓬等。”①

由于动植物资源的医学实用性，人们有意保护其生长地，这在客观上起到了保护村庄周边生态环境的作用，而且效果显著。

三、私有土地占有者所承担的国家赋役

赋役是国家机器存在的经济体现②，南疆私有土地占有者是清政府赋税的主要承担者。从征收的地赋种类看，主要有两种：什一税与什五税。私有土地每年以土地总收获量的约 1/10 作为田赋上缴官府（这部分粮食主要供驻军官兵食用）。另外，以每户丁口（男丁，男子 16～60 岁为丁）多少交纳一定的普尔钱。

新疆内属之后，设官分职，开屯列戍，年需饷银 300 万两。据《平定陕甘新疆回匪方略》载，乌鲁木齐都统平瑞云：“新疆地处边陲，内地接济各城官兵岁饷银三百余万两，即乌垣所，已占三分之一。”自乾隆二十五年（1760）起，迄同治三年（1864）新疆回民大乱止，共 105 年，合计支出协饷 31 500 万两，而新疆历次变乱之临时军费尚不在内。至新疆本省收入，最大宗者莫如田赋与杂税。

乾隆二十五年，清朝在南疆曾按准噶尔时的旧例收税，当时维吾尔族伯克们都恳告说旧时税率太重。因此，清朝将税率降低。如喀什噶尔每年征粮仅 4 000 帕特曼，棉花 1 630 察拉克，红花 365 察拉克，钱 6 000 腾格。其他毡罽及零星杂税完全免除。叶尔羌，正赋 35 370 两，粮 30 500 石，布 57 569匹，棉花 15 000 斤；税银 1 649 两（留作本城公用官兵盐菜口粮）；另交黄金 30 两，清油 800 斤，铜 3 000 斤。布古尔（今轮台）维吾尔族 1 000 多户，

---

①颜承云、谷继伟、宗希明等：《我国民族药资源概述》，《黑龙江医药科学》2003 年第 6 期，第 46 页。

②中共中央马克思恩格斯列宁斯大林编译局：《马克思恩格斯选集》（第三卷），北京：人民出版社，1995 年，第 22 页。

每年纳粮 2 000 石,作为官兵口粮;另交铜 1 080 斤,送乌什铸钱,硝 200 斤和磺 300 斤,送伊犁造火药。至于商税,旧时外藩商人来南疆贸易,20 分抽 1,现改为 30 分抽 1。维吾尔族商人到外藩贸易,以前为 10 分抽 1,现降低为 20 分抽 1。此外,牲畜税也是 20 分抽 1,缎布皮张税 10 分抽 1。① 清政府统治南疆后的第一年,面对当地维吾尔族人的贫穷化,部分减轻了居民的赋税负担,结果清政府逐渐平息了广大农民中的骚动,并逐渐吸引农民参加到自己阵营来与和卓势力斗争。

什一税与什五税,主要征收粮食,它与征收的布匹一起叫正供。南疆农民每年额征粮食 66 000 余石,大布 14 万匹②,另外还要交丁钱 6 万余腾格(一腾格合银一两)。道光朝中期,这一地区田赋粮增加到 11.63 万石(人丁税不变)。同治朝初年,官府在这一地区应征赋税额基本保持在这一水平上。光绪初年清朝重新统治新疆后,南疆维吾尔族地区赋粮 242 933 石,赋银 13 087 腾格(这时赋银是粮折银,不是丁税银)。光绪十年(1884)新疆建省后,在南疆维吾尔族地区,也与内地划一,实行摊丁入亩,土地均以亩征粮,"上地每亩科粮五升、四升不等,科草五斤;中地每亩科粮三斤,科草三斤;下地每亩科粮一升五合、一升不等,科草二斤。耗草不另加征"。对一些比较特殊的土地,还作了补充规定:"凡旧日额征铜金地亩,一律改征粮石",即把过去一部分应交粮食而折交铜、金等实物的土地,仍改为征收粮食;过去由各级伯克以"养廉地"名义占有的土地,在"招佃承租"之后,"额粮照例收纳",一样向国家缴纳赋粮;对原"义学坛庙香火各官地",即原由政府拨给各清真寺、经文学校、麻扎等国家的土地,也按规定缴纳赋粮;"距城二百里以外",比较偏远的土地,可以把应交粮食变价成银钱缴纳。同时还规定,农民在缴纳田赋时,可以按"小麦六成,苞谷四成"的比例交粮。③ 据刘锦棠奏报,光绪十二年全疆共征收"本色粮二十七万六千五十一石三斗一升四合一勺,额征本色草一千四百九十万二千七百一斤七两七分,额征粮草折色及地

①[清]赵尔巽:《清史稿·食货四》。

②[清]和宁:《回疆通志》,第七至一一卷。

③[清]张寿镛:《清朝掌故汇编》(上),扬州:广陵书社,2011 年,第 287 页。

课银五万九千一百四十八两四钱一分一厘四毫四丝七忽”①。

上面我们简单回顾了清代南疆地区赋税征收的基本情况。地赋主要是以实物缴纳的,是一种产品税,由国家占有,但国家占有剩余产品的规模在缴纳什一税与什五税的两类土地上是不一样的。清政府将没收了的所谓“逆产”分配给当地农民耕种,向他们征收什五税,而剩下的农民则交什一税。什一税税率较低,这显然与宗教什一税(吾守尔)有直接关系(载在经教)。在伊斯兰社会,什一税与土地税(哈拉吉)相比,税率相对较低,因为在伊斯兰教传播早期,只有穆斯林才可享受缴纳什一税的待遇,异教徒与后入教者则须缴土地税,税率一般在 2/10 至 5/10 不等。② 在清朝统治南疆的150 余年中,南疆占有私有土地者基本上是按什一的税率缴纳国家赋税的。

交纳什五税的农民的生产经营条件与中国古代均田制类似。缴纳什五税的土地主要来自清政府没收的大、小和卓及其他们的追随者——普通农民的土地,但国家与对分制租佃农民间的关系,清楚的只是租赋的额度,不清楚的问题还有许多。例如:①用谁的生产手段耕种土地;②在国家与对分制农民间存在什么样的法律关系;③在什么样的条件下可以拒绝耕种国家的土地,这种承租是否是以强迫依附于土地为条件的等。由于资料有限,这些问题目前很难回答。

为什么清政府从一部分土地上征收什五税,同时从剩下的土地上征收什一税? 首先,在第一种情况下,我们会遇到原属于国家,但不久前交给居民的土地占有情况。在第二种情况下,农民自古以来占有土地,它只是名义上的国家所有。另外,在对分制条件下耕作的土地,显然存在另外的生产资料关系。农民使用国家的生产资料——土地、水利、籽种、牲畜等来工作,而在缴纳什一税的土地上农民独立地以个人的生产资料耕种土地。

对分制农民不能被视作可自由租佃,他与国家之间的租佃关系完全不像国家与商人间的租佃土地关系。对分制农民们被剥夺了生产资料,他们完全地依附于国家。但在这种情况下,农民们以劳动为条件,依附于土地所

①[清]张寿镛:《清朝掌故汇编》(上),扬州:广陵书社,2011 年,第 287 页。
②金宜久:《伊斯兰教辞典》,上海:上海辞书出版社,1997 年,第 304 页。

有者——封建国家，显然有被强迫的性质，是一种由于社会生存压力产生的强迫，在没有祖传的土地又买不起或买不到土地时，只有接受封建国家的强迫性条件——缴纳什五税。如马克思所说："土地所有权的前提是，一些人垄断一定量的土地，把它作为排斥一切人的、只服从自己个人意志的领域。"①很显然，这种强迫性条件是以国家拥有土地所有权为前提的。

这类农民被迫上缴的剩余产品占总产的50%，这自然导致农业发展的不可能性，对分制农民自身再生产的不可能性。他们被迫去寻求国家帮助，这样，就建立了永远的循环，在这种循环中，对分制农民的终点也就是起点。留在直接生产者手中的剩余产品的一部分，虽由他们生产，但只能勉强保证他们自身及家庭的生存，因为必须考虑到除去上缴的50%，剩下的部分对分制农民还有责任缴纳各种赋税，这些与农耕劳动无关，这在所有的居民中分配（摊派），不难证明，在摆脱所有的赋税的情况下，被征收后剩下用于供养对分制农民自己及家庭的部分产品只能维持基本生存。

戴逸主编的《简明清史》说到清代"每人每年四石粮是维持生活的最低标准"②。另外，许涤新主编的《中国资本主义的萌芽》一书也认为"每人平均占有粮食580斤"③。看来，清代人均年耗粮580斤，比较接近常年水平。以全国当时比较通用的1石约120斤计算，580斤折合4.8石。这种计算实际上是以人均最低消费水平为标准的，如果南疆对分制农民将一半收获上缴的话，人均占有粮食不足330斤，即2.75石，远达不到清代内地最低口粮水平。加上这些农民可能在这种情况下还要用部分谷物去换取别的产品或商品，这类农民生活之艰难可想而知。

针对上述两种农民土地占有形式，还要说明的是占有农民的剩余产品并不被局限于10% ~50%的实物租，他们还要缴纳各种形式的捐税，除了农业产品，还有各种手工业品，这证明了农村家庭手工业的存在是与农业结合的。

---

①[德]马克思：《资本论》（第3卷），载中共中央马克思恩格斯列宁斯大林著作编译局译《马克思恩格斯全集》（第25卷），北京：人民出版社，1974年，第695页。

②戴逸：《简明清史》（第二册），北京：人民出版社，1984年，第348页。

③许涤新、吴承明：《中国资本主义的萌芽》，北京：人民出版社，1985年，第187页。

因此，我们考察的不同实物税及贡赋都是农业与家庭手工业相结合的产物。

除此之外，国家还可以无偿征发各种劳役，这些赋役负担被认为是合法的。《伊米德史》中就说："可汗说：如果真主给你们这样安排过的话，那么我也给我的臣民交代五件事：①种地交粮（十分之一）；②传递驿站书信；③按惯例贡麻塔；④随时上报民心所向；⑤充当各种差役。除以上五种差役外不得增减。地方官享受规定的俸禄土地和人口，不得随便鱼肉百姓。"①

南疆封建土地所有权的特性决定了其基本生产单位不是燕齐的封建领地式庄园，而是农民小家庭。在此基础上建立起来的地主制和小土地所有制都是以农业和手工业结合的自给自足为特征的。

由于一家一户的生产单位的自给自足程度远远低于有成套生产和经营体制的燕齐庄园，所以发展以市场交换为基础的商品经济来补充家用乃是必然。因此，小农经营虽带有明显的自然经济特色，但它并不阻碍商品经济的发展，燕齐农奴制庄园经营模式才是造成南疆农村社会自然经济形态长期存在的根本原因。

随着南疆维吾尔族地区社会经济的发展和清朝整个吏治的腐败，这一赋税征收制度的落后和弊端也暴露出来。对此，经办此事的左宗棠经过深入调查分析得比较透彻："回疆田赋，按丁征派，不均之弊所由来久矣。高宗之于回疆，令各城阿奇木伯克总收总纳，未暇分地与丁，盖圣意在抚绥荒服，不欲纷更。……迨后因仍不改，百弊丛生，小民备受阿奇木伯克掊削，呼诉无门。而丰镐旧家子弟西来者，多以阿奇木伯克为鱼肉，常赋之外，需索频仍，上征其十，下征其倍，而回民乃不胜其苦。"②"内地征收常制，地丁合而为一，按亩出赋，故无无赋之地，亦无无地之赋。新疆则按丁索赋，富户丁少，赋役或轻，贫户丁多，则赋役反重，事理失平，莫甚于此。"③

①毛拉·穆萨·赛拉密：《伊米德史》（油印本）上册，新疆少数民族社会历史调查组编译，1959年，第77页。

②左宗棠：《左文襄公书牍》卷二一，光绪十六年金陵刻本。

③同上。

四、家庭经济与文化生活面相

清代以降，南疆与内地交流的频繁及宗教制度的发达，使其社会经济文化生活别具特色。至今发现的大量察合台文维吾尔族契约文书，为清代以降南疆社会经济与文化生活研究提供了最为珍贵的第一手资料，使我们复原和重现当时社会经济与文化生活的情态成为可能。

在南疆农村社会中，家庭是最基本的生产与生活单位。从中华人民共和国成立初在南疆进行的社会调查所得资料看，南疆乡村始终以核心家庭为主。南疆地处丝绸之路必经之地，历史上即是多种族、多宗教、多种文化的荟萃之地，外来人口较多，宗族意识不强。片片绿洲形成的乡村不像内地乡村一样，形成聚族而居的单位。伊斯兰教是居住于绿洲上的社区成员的主要精神依托，一系列经济、社会与文化活动基本上是以清真寺为中心展开的。

南疆乡村社会有大量的清真寺、麻扎、经文学校等宗教机构，它们为社会成员提供各种服务。在讨论南疆乡村社会经济与文化生活这一问题时，我们应当注意的是乡村社会中的等级、阶级和阶层之间的差别。尽管宗教在南疆乡村社会经济、文化生活中拥有不可替代的组织和协调作用，但事实上，隐藏在这些组织背后的等级与阶级的观念，却是森严的。在乡村社会经济与文化生活中，家庭、村庄成员权利和义务并不是平等的，而是有着清晰的等级和阶级界限的。

由于伊斯兰宗教文化的影响，加上人口的迁入、迁出频繁，南疆绿洲社会很早就成了一个契约关系发达的社会，家庭是社会的细胞，它是南疆乡村社会经济与文化生活的基本单位。家庭是由夫妻关系与亲子关系结成的最小的社会生产与生活共同体。

从国内外有关家庭的分类来看，我们大体上可将传统南疆的家庭分为主干家庭、核心家庭、累世同居的联结家庭与重组家庭等。从大量的契约文书资料及中华人民共和国成立初南疆社会调查材料看，当地主要存在核心家庭、主干家庭、重组家庭与联合家庭。这四种家庭类型中，哪一类家庭占据主导地位呢？根据拜合提亚尔·吐尔逊的调查："19世纪50年代至今，核心家庭一直是新疆农村的主要家庭形式"①。主干式家庭主要为家庭中幼子结婚后形成的家庭。在家庭内部仍以老人为主，其他成员听从其安排。只有当老人因年岁很大或生病，失去组织协调全家的能力时，幼子的母亲或幼子本人才能担任户主的角色。这种家庭形式在南疆各历史时期始终存在，今天仍旧如此，但其数量少于核心家庭。联合家庭因可以防止家产分割和保证家庭经济与劳动力的集中，在南疆社会也不少，一般为幼子或独子与父母同住，结婚后亦不分户、不分家的家庭。但从历史上南疆社会父子、兄弟姐妹之间严格按教法程式进行田产交易、钱财借贷的契约大量存在的事实看，这种联合式大家庭从来不占南疆农村社会的主流。南疆农村离婚率向来比较高，丧偶的现象也时有发生，但因维吾尔族具有给丧偶或离婚者积极介绍配偶使其早日建立新的家庭的习惯，单亲家庭便转变为新的核心家庭。因其建立在不同血缘关系重组的基础上，称其为重组家庭，在南疆维吾尔族社会中占有不小的比例。

南疆农村社会家庭内部成员大体上呈金字塔状分布，高居金字塔尖的是家长。家长不仅掌握着整个家庭的田宅、钱物等经济命脉，而且控制着家庭成员的日常经济与文化活动。在绝大部分家庭中，丈夫是绝对家长，有决定权，地位最高。之所以如此，除了伊斯兰教的影响之外，主要还是由两性的生物特征，相对艰苦的生存、生产环境以及传统因素等决定的。丈夫的这种权力和地位具体体现在家庭内部分工、继承权和处理家庭与社会的关系等方面。作为妻子，对丈夫的这种权力和地位是认可和支持的，甚至因此而感到生活有指望和保证。伊斯兰教不反对一夫多妻，规定一夫最多可娶四妻，但这不意味着南疆农村社会家庭中，妇女的地位就十分卑微。如同加里·S.贝克尔所说："一夫多妻的发生率主要是由妇女对产出的相对边际贡献决定的，所以，当一夫多妻较多时，妇女的收入和男人对妻子的竞争也会较大。这种观点为下述事实所佐证，即在那些一夫多妻发生率较高的社会

①拜合提亚尔·吐尔逊：《现代农村维吾尔族家庭规模与结构、家庭关系及家庭功能初探》，《西域研究》2005年第3期，第121页。

里，男方给女方的聘金相当普遍，并且一般来说，这种聘金比较多。”“一夫多妻的增加，归因于妇女贡献的增加导致男性推迟进入婚姻市场，直到他们的年龄和经验变得更为有效，因为在婚姻市场上效率（能力）是更为有利的，特别是当一夫多妻的发生率变高时更是如此。同样的，一夫多妻的增加可能导致进入婚姻市场的妇女更年轻一些，因为对妻子的需求较大，年轻妇女的负担由于结婚而加重。在许多一夫多妻较多的社会里，男人结婚较晚而妇女似乎早婚。”①

在南疆绿洲社会，妇女的地位虽不如男子，但也有相对独立的经济，有继承权，男子可以休妻，但必须在经济上给予妇女一定的补偿。例如，附录一（8）号契约文书：

1878年12月5日

伊斯兰教历一二九五年（虎年）十二月十日

我是努尔（nur）村的艾比拜布维，我坦白：我嫁给了同村的买赫迪阿訇，他没有给我休书就把我赶出了房子，所以我提出诉讼。起诉书出来后，我们被叫到宗教法庭询问。买赫迪阿訇说自己没有把我赶出去。宗教法庭要求买赫迪阿訇提供证人，买赫迪阿訇没有证人而准备发誓。民众说：“你们在家里没有一起睡觉吗（你们是一家人）？买赫迪阿訇给你休书，为你的待嫁期（100天）支付10个天罡吧。”双方同意，官司结束。出于情分，待嫁期费用10个天罡、1个孩子、休书全部给了我。今后，原告艾比拜布维对被告买赫迪阿訇就待嫁期费用提出诉讼或者为自身原因找理由而提出诉讼，全为假话。

合法契约订立交付。

伊斯兰教除了五功之外，还有五典。所谓五典，即伊斯兰教教徒之间应尽之礼。《古兰经》对孝敬父母、敦睦家庭、事上爱国、广惠乐群等问题，在第4章36节、第2章237节、第4章59节和第38章25节中，都分别做了具体、明确的规定，穆罕默德在这些方面的言行也广见于《六大圣训集》之中，因而

①［美］加里·S.贝克尔：《家庭经济分析》，彭松建译，北京：华夏出版社，1987年，第63页。

构成了伊斯兰教伦理观的基础。清代伊斯兰学者刘智以经、训为依据，在其《天方典礼择要解》中融汇了中国儒家的“五常”说，分别以夫妇、父子、君臣、兄弟、朋友为序列，建构成中国伊斯兰教伦理学的“五典”论。他没有按儒家“父子有亲、君臣有义、夫妇有别、长幼有序、朋友有义”规定其序次和内容，而是以伊斯兰教教义为本，重组“五典”的序列并扩大其内涵。他认为：“人之生也，非一听于阴阳之气，自相摩荡而成者也。”（《天方性理》卷Ⅰ《人》）。他说，安拉先造化“阿丹”（亚当）、“哈娃”（夏娃），阴阳摩荡，故“夫妇原为一体，生齿繁衍，互为配偶”，才衍化为人类，所以“夫妇为人道之首”，被列在“五典”之先。然后，有“夫妇而后有上下，在家为父子，在国为君臣；有上下而后有比肩，同出为兄弟，别氏为朋友”，如此则“人伦之要，五者备矣”。其内容是：“君仁臣忠父慈子孝，夫受妇敬，兄弟挚协，朋友信义等。”从维吾尔族契约文书及其他文献中也可感受到这种宗教伦理的影响。以夫妇关系为例。

丈夫与妻子的关系，在创立伊斯兰教之前，妇女没有任何地位，她们被当作是一样财产，是奴隶的奴隶。伊斯兰教把这个规矩给改良了一下，规定了如下教规：

丈夫与妻子的关系。丈夫是妻子的衣服，妻子也是丈夫的衣服，妻子是丈夫的田地，可以自由耕耘，丈夫应该喜欢、怜悯、保护、教育妻子，丈夫的权利比妻子高一级，妻子要服从丈夫。

丈夫怎样管女人。如果妻子不听话或是惹丈夫生气的时候，丈夫可用三种方法进行管教：第一种方法是“劝诫”，即是说服。这办法如行不通，则用第二种方法“同床异被”，等妻子服软。再行不通，就可用第三种办法：打。[①]

休妻与离婚也是准许的，休妻分已婚休妻和未婚休妻，未婚休妻又分既聘休妻与未聘休妻二种。未聘休妻，即未拿聘礼时休妻，男方须给女方离仪，多少看男方经济情况而定。既聘休妻，是已拿聘之后休妻，则女方应退

①西北民委南疆工作组：《南疆伊斯兰教情况》，1952年，喀什地区档案馆，全宗1，目录1，档案号0052。

一半聘礼,男方给女方留一半聘礼。已婚休妻,则聘礼全归女方,且男方已给女方之全部财产一律归女方,丝毫不得取回。如果女方要离婚,则必将财产归还男方。

休妻只准两次,到第三次就不能重归前好。在第一次休妻时,在待婚期间(即百日内)可以重合,待婚期满后,可再订婚约。第二次休妻,待婚期间可重合,但待婚期满后,就不能再订婚约,必须女方再嫁后后夫死了,或是又把女方休了,再过待婚期,才能与前夫重订婚约。第三次休妻,则根本不准复合。①

以上契约证明,已婚休妻必须给予妻子休书,还要为其支付一定的待嫁费。当然,结婚聘礼全归妻子所有,丈夫虽有休妻的权力,但必须以经济上的补偿为代价,这反映了伊斯兰教文化中妇女地位的提高。又如附录一(16)号契约文书:

> 1925 年 9 月 24 日
>
> 伊斯兰教历一三四四年(羊年)三月六日
>
> 我是吐外阿孜乃(tuwai azinai)村艾买提巴依的女儿阿依汗布维。我坦白地写下这份契约:我和阿孜乃村的依玛木·尼牙孜阿訇结婚 5 年了,生了 1 个孩子。我丈夫依玛木·尼牙孜阿訇和吐尔逊汗布维有染,把我和孩子赶出了家门。我在和依玛木·尼牙孜阿訇没有离婚的情况下,回到自己母亲家借了 5 两银钱维持生计。我派人叫依玛木·尼牙孜阿訇把我从母亲家带回,但是依玛木·尼牙孜阿訇说他已经给了我休书(说我们已经离婚了)。其间,依玛木·尼牙孜阿訇并没有给我写明确的休书,而且和吐尔逊汗布维结婚了,所以我向阿吉大官人提出诉讼。阿吉大官人把依玛木·尼牙孜阿訇和我叫来,还有家乡的许多人一起,我说:我们两个人已经离婚了,根据宗教教规,依玛木·尼牙孜阿訇给我支付 4 两银钱,我不再起诉,在家乡人的劝告下,我同意离婚。依玛木·尼牙孜阿訇给我的支出和孩子的抚养金一共 4 两银钱已经拿到

①西北民委南疆工作组:《南疆伊斯兰教情况》,1952 年,喀什地区档案馆,全宗 1,目录 1,档案号 0052。

了我的手上。今后孩子不再向依玛木·尼牙孜阿訇索要抚养金而由我来抚养。根据宗教教规，如果今后孩子的衣食住行等抚养金还向依玛木·尼牙孜阿訇索要的话，这些要求全部违背宗教法规。

特立此据。

立据人：阿依汗布维

证明人：托乎提·乃孜尔伯克、库尔班·尼牙孜阿訇、塔西·铁木尔阿訇、毛拉·玉素甫阿訇

这份契约中男主人婚姻出轨，赶走女主人与他人结婚，而女主人通过宗教法庭要求得到的只是一份休书与待嫁费及孩子的抚养费，虽然整个过程符合伊斯兰教教法（沙里叶提）的规定："凡被休的妇女，都应得一份照例的离仪，这是敬畏的人应尽的义务。"（2:241）"离仪的厚薄，当斟酌丈夫的贫富，依例而赠予：这是善人所应尽的义务。"（2:236）这些仍有浓厚的父权制社会的特点。

五典中的其他内容在维吾尔族家庭社会中也发挥着重要作用，如父母与子女之间"层层负责"。父母对子女有养育的天职，养育孩子是父母的责任；善待父母，给他们养老送终是子女的义务。父母与子女的关系建立在这种世代相传的共识基础之上。母亲主要照管子女的生活事宜和学习，与子女相处的时间较多，所以较多地给孩子传授一些日常生活常识、习俗、礼节和礼仪等。父亲对子女则主要起到一种精神依托和生活保障作用，给孩子们传授一些基本生活经验、生产技能及为人处事的道理和方法。父母还要尽其所能为孩子成家立业做准备，从住房到家庭的必备品都由父母准备。婚姻大事全由父母操办，直至分家出去另过，才算告一段落。相反，当父母亲年龄大了，失去劳动和生活能力时，子女则应赡养父母，使他们晚年得到照料。① 这些内容在契约中也有反映，如附录一（15）号契约：

1924 年 9 月 10 日

伊斯兰教历一三四三年（马年）二月十日

①阿孜古丽·吾甫尔：《浅谈伊斯兰教对维吾尔族婚姻家庭生活的影响》，《城市建设理论研究》（电子版）2013 年第 29 期，第 5 页。

我们是泰克萨尔(taiksar)村的托乎提·买买提吾吉的儿子买买提吾吉,阿布都拉吾吉的女儿苏非耶布维。我们坦白:我们的孩子卡马勒丁小时候送给喀拉塔木恰塔克(Kara tam qiatak)村的沙依都拉苏非的儿子托乎提阿訇抚养。托乎提阿訇把我们的孩子卡马勒丁抚养了10年,教给了文化和教义,同时还成了家。我们希望托乎提阿訇把我们的孩子卡马勒丁还给我们,就给同乡人艾合买提·海力帕木、卡马勒丁阿訇、斯拉木阿訇、亚生阿訇、克力木阿訇等说了。他们说:你们本来就是亲戚,把卡马勒丁阿訇给肉孜的父亲买买提吾吉,以后卡马勒丁阿訇要照看上了年纪的亲父亲买买提吾吉。这些话托乎提阿訇愿意了,把卡马勒丁阿訇还给了自己的亲父亲买买提吾吉和亲母亲苏非耶布维。我们作为他的父母收到了卡马勒丁阿訇。买买提吾吉、苏非耶布维、卡马勒丁阿訇我们如果产生卡马勒丁阿訇给托乎提阿訇干过活或者托乎提阿訇那儿还有卡马勒丁阿訇的东西等有关的话语,铁木尔阿訇、肉孜·买买提阿訇可以作证,这些话语在宗教法庭前面都是假话。卡马勒丁阿訇给妻子帕提买布维写了休书,今后如果有什么意见,全是假话,有民众为证,也立了字据。

证明人:托乎提夏依百户长、阿布都拉阿訇、吾斯曼阿訇、斯依提·穆赫买提阿訇、阿布都拉阿吉、司马义阿訇

买买提吾吉与苏非耶布维两人因故将未成年的儿子送给亲戚抚养达10年之久,亲戚为其成长付出了巨大心血。一般情况下没有要回的理由,但在该文书中,亲生父母仅因上了年纪需要孩子照看的缘由就要回了送养的孩子,显然伊斯兰伦理中孝敬父母的思想仍有极大的说服力。

五、南疆农村高利贷问题

对南疆农村的高利贷问题,中华人民共和国成立后研究成果一直很少,借助20世纪50年代初南疆社会调查报告及有关察合台文维吾尔族契约文书可"以管窥豹",在一定程度上弥补此前研究的不足。

高利贷,作为一种最古老的借贷资本,随着清政府统一天山南北,在南

疆绿洲社会又重新兴盛起来。从20世纪50年代初南疆社会调查资料看，南疆高利贷非常普遍，几乎乡乡有高利贷者，外来的汉民、当地地主富人成了南疆农村高利贷的主体，其剥削面很广。除了尚有田产可抵押的农民外，贫、佃农中负债者不少，主要是所欠租粮或旧债折成高利贷本金。进入民国后，田赋和五花八门的杂项捐税，使农民负担倍于晚清。同时，民国时期南疆修建了多条公路，城乡经济生活越来越紧密地与国内外市场联系在一起，加速了南疆部分地区自然经济的解体，传统的粮食生产也日趋商品化。而种植经济作物，不仅需要投入数倍的劳动，而且还要投入数倍的资金，从而大大增加了农民对现金的需求，加剧了农村的金融问题。对经济力量薄弱的农民来说，借高利贷是其唯一选择。而越是经济发展快的地区，高利贷的剥削率就越高，如喀什、阿克苏地区高利贷远比和阗普遍。

作为一种前资本主义的借贷资本，高利贷在南疆特殊的社会历史条件下，活动内情也显得复杂纷繁，呈现出新的特点。

盘剥形式五花八门，借贷条件更加严苛。察合台文维吾尔族契约文书中有不少是反映当时高利贷剥削内容的，如036号契约文书：

清　光绪十九年　1893年1月26日

伊斯兰教历一三一〇年(狗年)七月八日

立约人印花布匠买买提，系已故毛拉肉孜买买提之子，家住喀什买提卡尔。现将柳树渠边约2察拉克一等地连同树木典给本城乌布里海山阿訇，收典款150元(银圆)；如将典款偿还，即可收回土地。自典当之日起，该地由海山经营。该地东至典当人的地；北至沙木沙克阿訇的地；西至典当人的地；南与热合木阿卡(大婶)的地为邻，有的地段与阿达米提阿卡的地段为邻，有的地段与本人的地相连。

特此立约。

证明人：大阿訇艾维孜

以典押土地借贷的形式在当时南疆社会是有普遍代表性的，又如附录一(14)号契约文书：

1916年3月3日

伊斯兰教历一三三四年(鸡年)四月二十七日

我们是恰哈(qakar)村的海迪且布维、再依乃布维。我们坦白:我们以本村斯热克托乎拉克(黄胡杨树)渠浇灌的富饶的土地共4份大概1察拉克土地为抵押,从村里的吾买尔阿訇的儿子依明巴依阿訇手中借了30个天罡,并立字据。如果要永久卖掉此地的话,加盖千户长的印章就可以卖掉。到钱付完之前(这些钱还没有准备好),我们负责照看该地上出产的所有东西。我依明巴依本人什么时候备齐钱,什么时候把这块土地交付给我依明巴依。

该地地界:东面以依明巴依的土地为界;北面以卡斯木巴依的土地为界;西面以毛依丁巴依的土地为界;南面以吐尔逊汗布维的土地为界。

证明人:托乎提·吾吉、塔力甫阿訇

该契约反映了抵押借高利贷的情形,虽然没有约定利息,但钱主可以随时出售该地,说明贷款的条件是严苛的。

20世纪50年代初,南疆社会调查组《疏附县地主高利贷的剥削情况社会调查》及《喀什市高利贷调查材料》中有如下资料:

疏附县山尔爱乡木什庄,地主史的克有土地250秤①,羊360只,牛13头,树2 000余棵,其剥削敲诈的事实如下:

①史的克曾于1948年秋季借给该庄贫民托胡地大小绵羊6只(折大米30秤,合白洋20元),契约规定6个月连本带利共交100秤大米(当时交5秤),尚欠95秤,延至1949年9月,因无法交还即将稻地3秤变卖还清欠6只羊(此地值银90两)。

后又向该地主借来35秤,并以荒地75秤,肥地20秤作抵押(每年可收大米200秤),故至1950年秋收,仍还大米35秤,其无钱清还,地主即将地亩归他,使该民一家7口人难以度日。

②1947年6月,该庄农民哈的尔江向地主史的克借贷10欠勒克马1匹(值白洋12元),写明6个月后还大米6秤清账,至6个月,该民无钱还米,地主即加息10秤,又限6个月交还,至期仍无法清还,地主又加

① "秤"同"秤子"。

重1倍，至今地主将该民15秤地（合白洋720元）及骆驼3只（合白洋50元）和一切家具尽数变卖还债，但还欠地主大米10秤，实无法补欠，故去年弃家逃至楷普平水金矿做工。

木什庄地主肉子黑其尔每年春节贷放粮食4 000秤左右，半年内连本带利回收8 000秤，如：

阿洪伯克去春借大米10秤，秋时还大米20秤。

以上借贷形式主要是借物还粮，借粮还粮，利率30%至100%不等，借期多为6个月，到期不能清偿，则常常要变卖土地、牲畜偿还，实在无法补欠，则只能一逃了之。也有借钱还钱，借钱还粮的形式。借钱还粮主要是因为当时通货膨胀十分厉害，借钱还粮更有利、更保险，如：

③骑九旅士兵李春堂借给本城南门外悦胡地现洋15元，5个星期后本利清还30元（纯利15元）。

④高玉芝借给本城南门外司的克白洋40元，每星期利息8元。

⑤本城内土肉村提巷阿其木汗（女人）借给阿不都拉白洋2元，待秋收后连本带利交麦子一口袋（合白洋4元）。

⑥维吾尔族人小贩阿不提因为买东西无款，素与南门外的当铺李春堂（汉族）认识，向他无押品的（这是所谓开了天高地厚之恩）借了40元（当时并未交银圆是以票币折合），利息1个星期8元。到1星期东西未买又赔了本，在那1个星期未能偿还，到第6个星期未把款凑齐而高利贷者讲了情面不要复利只要单利，算下来6个星期的利息48元加本40元共88元，阿不提无法偿还，而李春堂又操以前故伎，向法院控诉还企图叫法院给他押追，适逢我军军事代表到法院，他才把这事件给办了，只准付了利息八元。①

以上高利贷者放贷利息最少是20%，而贷期仅仅有短短的7天，过1天（即8天）即为二期。若延不归还，即送官衙押追鞭笞，追讨没收破落的锅碗偿高利贷者屡见不鲜。本地地主富人也有从事高利贷者，如上引文中例①、

①西北民委新疆工作组：《南疆社会调查》，1952年，喀什地区档案馆，全宗号1，目录号1，卷号46。

例②之事实。他们一般是春借秋还或秋借半年后偿还，利率高达 100% 。借当者都是生活贫困到了极点，自无什么家当，经过这些剥削者和统治者的无情压迫和剥削，倾家荡产者经常存在。

高利贷者队伍也发生了具有时代特征的变化。在南疆干高利贷剥削勾当的多半是统治阶级和他们的有关者，过去主要是汉人，但也因此结下民族间的仇恨。所以在 1932 年，新疆农民革命起来就杀尽了高利贷者，很多善良的汉人也大遭屠杀。1933 年后（盛世才未投蒋期间）彻底禁止和取消了高利贷，到 1944 年以后国民党统治新疆，他们又干起放账押当的事业来。这些人在职的时候利用或勾结高利贷者做重利盘剥的无耻勾当，或直接作典押当，这些高利贷者直接或间接地和统治官衙有勾结。

到了 1944 年 11 月底，喀什就有公开的所谓合法的高利贷机构（政府给营业牌照的）35 家，多数是汉族的奸商或少数与统治者政府有势人员有关系的人（如哈文煜，维吾尔族名阿不都哈，他当时为疏勒警察局副局长）。他们的利息最少的是 20% ，多的是 40% ，1 星期为 1 个当期，过 1 天即为两期，当值顶多是 3/10，在当票上写的是银币天罡，而付款时付的票子在市价每 2 天罡 10 元，而付款时顶多付 9 元，赎时是 1 元者定要付足老天罡尾数收票币，市价 10 元者非要 11 元不行，否则就要纹银，穷人因生活逼迫又无保障只得忍受宰割，只有 1 天的延期，但也得交两期的利息，过 1 天延期即要出当。①

六、论南疆绿洲社会纠纷解决

诉讼文化的发达与当地经济文化的繁荣有密切关系。南疆绿洲被中亚称为小布哈拉，商业发达，当地从来没有发生过饥荒。虽然雨量稀少，但雪山融水水量稳定，加上密如蛛网的灌溉渠道，造就了旱涝保收的片片绿洲。随着经济的发展，社会关系纷繁复杂，原本单纯的熟人社会的社会形态受到外来因素的冲击，各种力量和人群关系在各种社会因素的动态博弈中流动，

①西北民委新疆工作组：《南疆社会调查》，1952 年，喀什地区档案馆，全宗号 1，目录号 1，卷号 46。

不可避免地产生了各种纠纷，衍生了当地独特的诉讼文化。察合台文维吾尔族契约文书中包括部分诉讼文书，各地档案馆中有一些词状，笔者试图以其为对象，探析清代、民国时期南疆社会民间纠纷的解决过程，以期还原社会纠纷解决的真实图景。

（一）词状的内容解读

在察合台文维吾尔族契约文书中有一部分告词和诉词，时间跨度从清朝到民国。考虑到一种制度的变迁需要长时间的社会经济、政治、文化等因素的合力作用，即使时间上属于民国时期的案件，但实质上仍然沿用了清代解决纠纷的机制。而在南疆不同地区，这种变化的程度是有差别的，如吐鲁番地区 1877 年后民事案件也主要由官府审理。因此，许多察合台文诉讼状须首先译为汉文，诉讼结束后，相关材料作为案卷便保留下来，在今天档案部门仍有许多当年的这类诉讼案卷，这也为我们研究当地纠纷解决的机制提供了便利。而在民国时期的南疆其他地区，官府也逐渐介入民间纠纷处理，察合台文诉讼状译为汉文在民国时期的南疆各地已逐渐成为趋势，在各地区档案部门均能见到此类案卷。

从词状的行文程式上看，递送到官府与递送到宗教法庭的讼词有所不同。从行文形式具有的逻辑看，可以区分为两大类。递送至官府的讼状一般开头首先“介绍讼主身份、诉由”，表明诉讼的行为动机，然后详细叙述事情的经过，陈述对方的恶行恶状，自己的无辜可怜。结尾一般有“无奈只得诉明，恳祈青天大老爷做主，以分真伪”等，请求官府查明事情真实情形。这类词状整个行文的形式逻辑严密，对争论问题的焦点把握到位，条理明晰，具有很高的专业水准。其次，这类词状，一般都会涉及契约的问题，如自治区档案馆所藏 Q15－4－00479 号契约文书：

吐府传案张兆祥呈控霸吞园业之段氏主谋吴莹等到堂讯断之签提和葡萄沟满苏木控张老十强夺园业，与张兆祥满苏木诉呈之复诉，和乡约买买牙思就张兆祥呈控仁义八亥讨要园业一案情形之禀复，以及沙河子哎涉呈控巴易思偷卖园业和谷易沙对哎沙尔呈控其偷卖园业一案之复诉——光绪九年二、八、十一月。

具诉呈汉民(小的)张兆祥年四十六岁系陕西人,情因满参木呈控(小的)霸占园业等情一案蒙恩准提讯,但有原情不得不诉,缘太平年仁义八亥之父卡盆子两次卖给小的义顺兴号,年限五十余年,除种过下短四十余年,于光绪五年究要此园,仁义八亥认识小的,将园付给,立写文约,六年头苏木将小的园主传齐讯问,均皆情愿将园付给小的看管,随断给年限十五年,伊等把园卖给旁人无园归给着,仁义八亥满参木补给三年价银十五两,待三年后着满参木把园交小的看管十二年,嗣后小的本籍来文,卡盆子实短年限四十二年,有案并底账可查,因头苏木将年限断定,小的亦未反案,今春期满,园业应归小的看管,满苏木横狡不给,四月间禀明头苏木及买买牙思等处,和息如不能和,即送到案,买买牙思等硬着伊与小的补价银三十两,小的不愿要价,因而到今,价亦未交付,控小的霸业实系抱屈,如有冒认霸业等情,甘心认罪,况照老约所断,又有文书底账并业主文约控小的霸业情难甘心,无奈只得诉明,恳祈青天大老爷做主,集讯以分真伪,以儆诬控,则小的沾感,大德于无既矣。

原诉:张兆祥

被诉:满苏木

词内园主:仁义八亥

干证:买买牙思、海姜、热米牙思、胡头八亥

光绪九年十一月　告执照人:汪允忠(等7人)

除吐鲁番地区官府较早介入地方民事纠纷审理外,南疆大部分地区一般民事纠纷均由宗教法庭依照伊斯兰教教法沙里叶提处理。即使民国时期,地方政府也依然将多数民事案件交宗教法庭审理,即使是地方政府处理的纠纷,有些最终仍需通过宗教法庭才能结案,如喀什地区档案馆馆藏文书:

具禀小的赛万提,系塔亦庄人,为估买吞骗恳恩追究事。情因卡伦庄伯八提巴依于三十三年四月买小的毛牛五个,每个价银二十五两,计银一百二十五两,又买头羊十只(个),每个价银五两,计银五十两,二共

计银一百七十五两，当时交银五十两，下余银一百二十五两，限至八月相还。嗣后小的屡次催讨，伯八提巴依言说还清，实属有意吞骗，不顾他人血本攸关，恳求青天大人秉公讯明断结以逞(惩)刁风而安良善。谨呈上禀。

而官府在讼状后批示仍交地方土著官员处理，而其又会交给宗教法庭，最终仍由宗教法庭处理，如官府接上述诉状后批示：

伯八提巴依去年四月买尔毛牛头羊，下欠银两何至今不还，其中有无轇轕仰正阿奇木查明举覆，毋得徇情袒庇，致干并究。

光绪三十四年九月三十日①

而呈交宗教法庭审理的诉讼状则按南疆维吾尔族地区的传统行文格式写就，开头一般是诉讼日期（以伊斯兰教历计算）、诉讼人、事由、处理结果。这类文件一般都是案件原、被告认可的宗教法庭判案书，判案手段既有伊斯兰宗教法庭常用的盟誓，又有参考众人意见，如附录一(3)号契约文书：

伊斯兰教历一二四九年（鸡年）五月二十日　星期四②

应当公布于众的是，我们是乔尔芳妣妣、阿依鲜妣妣、毛拉托乎提、穆罕默德苏非，在热巴提有我们母亲留下的12噶尔布尔田地，在我们不知情的情况下，我们的一个亲戚哥哥把这块地与15棵树一起卖掉了。我们问他为什么卖时，他不愿意回答，我们就上诉了。案子公正地判决了，在沙里叶提面前让他说，毛拉乃则尔一部分话说了，一部分话不愿意说，说这些人没有这样的地。当时，镇上的人居中请求，毛拉阿不都拉海力排拿出13个天罡，毛拉吐尔迪海力排拿出2个天罡买了所有的地。这两个海力排将钱给了我们，我们以及乔尔芳妣妣、阿依鲜妣妣、毛拉托乎提拿到了钱，结束了12噶尔布尔田地与树木的诉讼，我们在阿不都拉海力排与毛拉吐尔迪海力排那里及我们的哥哥毛拉乃则尔那里，不管是地钱还是树我们都没有任何要求，我们互相都满意了，诉讼无条件地结束了，以后我们或我们的后代中向我们的哥哥毛拉乃则尔、

①喀什地区档案馆藏文书，全宗号1，目录号1，卷号31。

②疑原文书的星期记录有误。

毛拉阿不都拉海力排、毛拉吐尔迪海力排主张两种财产中的我们的一点权利而诉讼的话，在沙里叶提中都是无效的，为此我们写下带朱印的信。

证明人：毛拉萨木萨克海力排、依玛目依斯玛依勒哈解蔑明、千人长热黑木巴依、百人长毛拉尼牙孜、穆罕默德哈解、伊斯拉木哈解、艾则孜巴依、克翻特苏非、库特鲁克苏非

从词状的内容看，南疆社会对于诉讼的观念，并不具有近代法秩序下的“诉讼”的特征，其提起诉讼的理由包罗生活巨细，从婚姻纠纷、田土纠纷、邻里的口角纠纷都可以诉讼。在南疆社会，严格的民事、刑事、行政这样的分类并不存在，只要人们觉得一件事违反了社会中日常的情理、公正，违背了内心所形成的共同体的常识，就可以起诉。

（二）南疆社会纠纷解决方式概况

笔者所见诉至官府解决的南疆社会词状，大部分只有官府在了解案情的各个阶段的零星批词，很少有最终的判决结果，且官府的批语也很简单，多数案件最终仍通过当地宗教法庭解决。清政府在南疆社会通常按清律负责处理刑事案件，而婚姻、继承、钱债、田土之类，官府都不会主动管辖。民国时期虽官府有义务管理民事，但官员们对当地文化习惯了解不深，或嫌麻烦而仍旧交由宗教法庭办理，而伊斯兰教宗教法庭则一直处理民事纠纷直至20世纪50年代初，如20世纪50年代初的《宗教与阿訇调查材料》中称：

喀什是全疆宗教势力最强大的中心地域，人民的生活自由、幸福都被经典上的教条所束缚着，人民的心理上仅知有胡大，不知有国家，因此阿訇说句话胜过政府命令，阿訇盖个摩尔胜过法律。如去年在疏附县发生一通奸案件，阿訇便将男女两人抓去，涂成黑脸倒束驴背，当众游街。又有一女子因丈夫久出未归，无法生活，另行改嫁，不久前夫回来，见妻改嫁，便告到阿訇处，经阿訇判决，认为未经盖章，擅自改嫁，有

违教条，这个可怜的女子，被压迫着鞭打着游街示众。①

南疆绿洲社会有长久的伊斯兰文化传统，伊斯兰教教法（沙里叶提）是宗教法庭裁判纠纷的主要依据。德国学者马克斯·韦伯（Max Weber）称其为“卡迪司法”。马克斯·韦伯在给各国法律分类时，分别以“实质”和“形式”作为基准，把法律分为形式非理性的法律、实质非理性的法律、实质理性的法律和形式理性的法律。在韦伯的语境下，“形式”是指使用“法内标准”，同案同判；“实质”是指使用“法外标准”，如诉诸道德、宗教、政治或伦理的裁决；“理性”是指裁决案件的依据明确可查，合理可喻；“非理性”则与之相反，如诉诸灵魅、情感或未经反思的传统等，实际是没有确定的依据和标准。根据这种类型内含的界定，卡迪司法的核心特征是超越形式和程序而诉诸法外考量和个案裁量，目的是追求实质正义，其后果具有同案不同判的恣意性和不确定性。韦伯把传统伊斯兰教国家“沙里叶提法院”（即伊斯兰法法院）的法官作为典型。伊斯兰法是一种宗教法制度，法律被认为是真主的命令，穆罕默德以真主使者的特殊地位享有无可争议的立法权，而在他逝世之后直至19世纪中叶的伊斯兰法现代改革之前，哈里发及其所领导的政府不具有公开的立法权，而只能通过发布“行政命令”等方式来弥补伊斯兰法的不足，这些“行政命令”在效力上远远低于宗教法。因而法官遇到法律问题，首先会到《古兰经》《六大圣训集》中去找答案；他们如果找不到问题的答案，则会把目光转向“公议”和“类比”。而“圣训”“公议”和“类比”都与法学家的活动有关，深深打上了不同法学派和法学家个人主张的烙印。法官遇到有争议的问题时，往往要诉诸自己的解释和在不同学者观点之间进行选择。伊斯兰法的这种特征无疑导致了司法的不确定性。在沙里叶提法院中，缺乏正式的司法程序，也没有上诉制度，更没有形成像英国法那样遵循先例的原则，由此卡迪司法具有更大的自由裁量权，而卡迪独任制审判进一步增加了判决的任意性。

伊斯兰宗教法庭一般采用证人作证或盟誓的办法，借助神明的力量来解决无法辨明的纠纷。也常采用第三方调解纠纷的方式，如果纠纷两方最

①西北民委南疆工作组调查：《喀什宗教情况》，喀什地区档案馆，全宗号1，目录号1，档案号13，1952年。

终达成合意，便可由宗教法庭认可盖章形成文书了结案件。由于不重物证，加上判决的任意性，常导致卡迪司法的不确定性。由于南疆社会人们处于一个物质和精神都十分接近的圈子，所以很容易产生纠纷，同时也正因为彼此共同生活在这种圈子里，纠纷也容易平息。① 从词状中可以看出，无论选择哪一种纠纷的解决方式，都是纠纷当事人认为最有利于实现自己的主张的方式。案件更多是在第三方的主持下以调解和解决的。诉讼双方都尽量从伊斯兰教教规中寻找根据以加强自己诉求的合法性，如附录一(9)号契约文书：

1882 年 2 月 6 日

伊斯兰教历一二九九年三月十七日

我是阔依其村吾斯曼。我坦白地供述：我向同村的牙库甫、苏里坦在去年卖了 25 察拉克玉米，每察拉克作价 2 个天罡，一共 50 个天罡。我催促他们付钱，但是他们不愿意，所以我根据教规提出诉讼。衙役吐尔逊·买买提把我们叫到宗教法庭讯问的时候，牙库甫、苏里坦发誓说：我们买玉米这件事是真的，但是钱已经全部付完了。

旁边的群众劝解后，牙库甫、苏里坦给我吾斯曼付了 25 个天罡，我愿意这样做，其他的钱就免了。我和牙库甫、苏里坦之间的官司已经明了。以后我吾斯曼如果再关于这件事提出诉讼，我就是奸佞小人。牙库甫、苏里坦两个人说：今后如果我们做伤害吾斯曼的哪怕是一个指头大小的事情，我们也是奸佞小人。宗教法庭写了调解书给了我们。

(宗教法庭盖章)

在一个伊斯兰文化占主导地位的社会，判断是非的标准主要来源于宗教教法的规定，如上文中提出诉讼的根据也是教规。被告方以发誓的方式证明自己的无辜，宗教法官也认同乡间情理的合法性，绝大多数纠纷最终在几个回合的较量之后，选择以第三方的调解了事，宗教法庭的作用显然不是

①［日］高见泽磨：《现代中国的纠纷与法》，何勤华等译，北京：法律出版社，2003 年，第 206 页。

要弄清事实真相，审判时超越形式和程序，亦无确定的依据与标准，在双方没有明显的对错之分时，追求实质正义，极力促成双方接受一个相对合理的结果，定下类似于调解协议的明确双方权利义务的契约文书，或者是在纠纷一方有明显过错的时候，与有理的一方保持一致，并凭借自身的权威地位要求理亏的一方立下诸如保证书或道歉函的文书，承认其错，纠纷便宣告解决，如附录一(11)号契约文书：

1887 年 2 月 18 日

伊斯兰教历一三〇四年(鱼年)五月二十四日　星期三

我们是恰塔克(qatak)村的艾比拜布维、未成年人(被监护人)海迪且布维、买买提·吐尔逊。

在喀拉喀什(墨玉县)库依(奎亚乡)有我们的 15 察拉克土地。该地村里的依玛木(住持)买买提毛拉、吐尔逊·吾吉、托乎提·吾吉等人是我们的监护人。我们在恰塔克(qatak)村有 60 察拉克土地，我父亲的哥哥阿布迪力木巴依凌辱监护人，霸占了这块土地由自己耕种了。我们由堂哥肉孜阿訇很好地抚养，并教给文化知识。

这 60 察拉克土地每年收成为 300 察拉克玉米、150 察拉克小麦、50 察拉克棉花。已经 5 年了，阿布迪力木巴依种植我们的土地 5 年了，什么也没有给我们。

葡萄树每年收成为 20 察拉克葡萄，一点也没有给我们。我们的杏树丰收了 5 年，一个小果园也丰收了 5 年，还有我们的 3 棵核桃树，每年出产 10 000 个核桃，5 年了，什么也没有给我们。我们的 35 棵白杨树阿布迪力木卖了 3 个天罡，一分也没有给我们。26 棵大沙枣树和 6 棵桑树全被砍掉，还从监护人吐尔逊·吾吉处拿了 13 察拉克棉花、22 察拉克玉米，也没有给我们。

为把这些财物让阿布迪力木还给我们，我们提出了诉讼。吐尔逊阿訇从和阗来，把原告、被告、监护人、千户长、民众等人叫到一起，把监护人买买提毛拉、吐尔逊·吾吉手中的监护契约拿出来加以核实，所有的人坐在一起核算，把阿布迪力木所欠被监护人的 43 察拉克小麦、136 察拉克玉米、棉花、马兰、核桃、被砍掉的树木等以市场价折算成了现金

189 个天罡，以及今后 5 年的钱物（ailai，被监护人应该得到的财物）、徭役（差事）、钱物（公粮、给衙役上交的钱）共 43 察拉克小麦、30 察拉克玉米、55.5 个红钱，全部从阿布迪力木那儿拿到了。

剩下的 101 察拉克玉米、134 天罡算在阿布迪力木身上。

105 察拉克玉米、134 个天罡①，我们艾比拜、买买提、托乎提从阿布迪力木手中得到，诉讼结束。这些钱我们都拿到了手上。艾比拜布维、海迪且布维、买买提·托乎提阿訇的监护人买买提毛拉、吐尔逊·吾吉，今后如果说阿布迪力木巴依身上还有收成、树木、水果等东西而起诉，将全为假话。

我是阿布迪力木，今后如果艾比拜布维、海迪且布维、买买提·托乎提、买买提毛拉、吐尔逊·吾吉等人说我阿布迪力木还有他们的钱物而起诉，将全为假话，我阿布迪力木巴依和这些土地上的树木、水果毫无关系，如果我再耕种这些地，再订合同。特立此据。

证明人：阿不都热扎克阿訇、买买提·尼亚孜阿訇、伽帕尔巴依、莫明巴依、买买提·巴依

我们在上述契文中并没有看到宗教法庭法官据以处理案件的律例条文。他所做的主要是查清事实，根据监护契约核算数据，尽量让双方兑现已做出的承诺。其处理问题的方式是有独特的文化依归的，这也是进入民国后长时期内官府仍然无法取代宗教法庭处理民事纠纷的原因。

七、清代、民国时期南疆土地面积民间计量方法及实质

耕地面积的多少是衡量南疆农业发展水平高低的重要标准，南疆绿洲社会亩积单位的纷杂、丈量工具的多样，使得当时所统计的耕地面积其准确性和可信程度存在很大问题。这时期南疆民间习惯不以亩顷，而以籽种、产量等为单位计亩。造成这一现象的根本原因在于绿洲封闭的自然环境，其实质则是掩盖了地主阶级对农民阶级的地租剥削。

①玉米的重量数和天罡数疑记录有误。

中国内地封建社会中,亩、顷一直是历代王朝计算土地耕种面积最主要也是最基本的单位。但南疆地处边远,或因风俗习惯相异,亩积计算与内地相比显示出较大差异,这无疑给南疆经济史研究带来了很大的不便与困难,影响了我们对当地田土耕地面积总数与农作物亩产量的精确统计和分析。

南疆发现的大量察合台文维吾尔族契约文书中有大量的民间计量田土面积方法的原始资料,把它们分门别类地归纳和整理出来,并进行简单的探讨和分析,或许对南疆社会经济史研究有所帮助。

(一)清代、民国时期南疆田土面积民间计量方法及实质

清代、民国时期,南疆片片绿洲由于沙漠戈壁阻隔,交通不便,形成了大大小小的文化区,因而,各地在计算田土面积时,所使用的计量方法和计量单位便很难有统一的标准。从目前掌握的维吾尔族契约文书看,既有以该块田土的收成多少即产量来计算田土面积的,又有以该块田土的播种数量多少来计算的,也有用亩、分、厘作为计算标准的。有的地区甚至使用灌溉的数量等作为田土面积的计量单位。下面,我们谨对掌握的材料,将明清时期我国南疆各地民间田地面积的计量方法及其计量单位,粗略地进行整理和分类。

首先,在我们目前所接触到的资料中,以该块田土播种数量来计算田土的习俗,在南疆存在的地区最大、分布的范围最广,甚至清政府也因俗而治,用这种计算方法分给伯克养廉地,如《西域图志》卷三十谈及伯克们准爵诏禄之制,说以授地为差。三品伯克,每员给 200 帕特曼籽种地亩,种地人百名。清政府在计算田赋粮征收标准时,也充分考虑了南疆田土面积计算标准的特殊性,如《西域图志》卷三十二谈及哈密屯垦收获分数,曰:“或以籽粒计,或以亩计,惟是籽粒土宜不一,布种多寡,复以地殊,积算参差,难于合会。兹载收获分数,概以亩计。每亩以斗起分,以亩收一石为十分。合各种土宜,统计成分,庶编纪划一,览若列眉。而岁入粮储之实数,亦缘是可考见云。”这种以籽种数计算田土面积的办法甚至还传到了伊犁。《西域图志》卷三十二谈及伊犁屯田时说:“乾隆二十五年,令阿克苏回人三百名携带籽种,

偕同绿营官兵，如法试种。计种黍米籽种九十石五斗，得收获黍米千一百三十三石有奇。种粟米籽种二百一十一石，得收获粟米二千六百二十二石。爰于二十六年开垦设兵为定制，其回民受田之户，论籽种，不计顷亩。每户各种二麦一石，谷黍五斗。二麦收获约二十分有奇，黍谷收获约四十分有奇。定以岁输十六石为额，余则听收以资养赡，与世业无异云。”

以籽种数计算田土面积大概是地广人稀的农业区的习惯，其所使用的最基本计量单位是帕特曼、噶尔布尔、察拉克、塔哈尔等，它们既是计量工具，又是重量单位，还可以表示田土面积。喀什噶尔等地早已使用帕特曼（Patman）这种计量单位。从中外人士的一些记载来看，它既是衡器，又是量具，还兼用于计算土地面积。帕特曼是古代伊朗使用的计量单位，在中亚和新疆等地广泛使用，南疆亦不例外。类似此等事例的记录，可谓是比比皆是，不胜枚举，如 001 号契约文书：

清　乾隆三十八年　1773 年 11 月 8 日

伊斯兰教历一一八七年（猴年）八月二十二日

感赞真主！为先知祈祷。

我阿里胡孜伯克遵照真主“谁做善事，赐他十倍恩惠”之言，向真主恩海乞求，现在百什村奇里克修建礼拜寺 1 所，并将我在奇里克的 1 处院房连同家具等和 15 帕特曼土地，1 座磨房捐献给寺院作为瓦克夫，对这些财产任何人无权干涉。

8 帕特曼土地的界限：东边是水磨渠；南边是买买提依明的土地，界为土坎；西边是再依里力渠；北边是马路，马路对面是达吾来提买买提明的土地，有地垅。

另 7 帕特曼土地：东边接巴吐尔伯克的院子，界为坑；南边是河流；西边是毛拉和加的土地，界为渠；北边是河滩渠。

（印章 1 枚）

这里的 15 帕特曼土地实际上是指能播种 15 帕特曼籽种的土地。帕特曼作为计量单位，历史上不同地区、不同时期并不完全一样。乾隆二十四年（1759）七月，定边将军兆惠奏，1 帕特曼折合官石 4 石 5 斗，1 噶尔布尔折合

5 斗,1 察拉克折合 10 斤。[1] 过了一年多,即乾隆二十六年(1761)正月,叶尔羌办事都统新柱奏,1 帕特曼折合官石 5 石 3 斗。[2]《汉书·律历志》称"三十斤为钧,四钧为石",则 1 石等于 120 斤,此例历代相沿不变。按照这一折算标准去折算帕特曼原来的 4 石 5 斗,当是 540 斤,1 噶尔布尔为 5 斗即是 60 斤;去折算帕特曼后来的 5 石 3 斗,应是 636 斤,就其整数,算作 640 斤,1 噶尔布尔定为 80 斤,1 察拉克重 10 斤。[3] 值得注意的是,帕特曼这个单位在所发现的建省前察合台文维吾尔族契约文书中较为普遍,这之后则逐渐消失了。噶尔布尔在建省以前的契约中也有部分使用,其意为"筛子",目前尚不知其作为重量、容积、亩积单位的具体来历,后来也很少遇见了,如附录一(1)号契约文书:

伊斯兰教历一二一五年(鼠年)十一月三号　星期五

明确无误的是,叶城县人伊斯拉木巴依哈吉把一个叫水渠的地方的 20 察拉克田地上一年的收成捐给了当地的清真寺作瓦克夫,但今天清真寺的伊玛目毛拉雅库甫却起诉说他不把我的地给我,毛拉雅库甫说这块地是我父亲活着时捐给清真寺的,我父亲死后我成了清真寺的伊玛目,有 1 噶尔布尔的地是我的,其他的是旱地。为了功德我想把旱地开出来做耕地,伊斯拉木巴依说要起诉,村里的几个人申诉说这 20 察拉克地是伊斯拉木巴依捐给清真寺的。我们都知道,要先让伊斯拉木巴依满意。雅库甫海力排给了 10 察拉克小麦,伊斯拉木巴依收下了小麦,说这块地上没有任何属于我的权利了,经历任何的惩罚,为了让胡达满意,我将其捐作瓦克夫,从今往后,我或者我的后代中有人就这块地提起诉讼的话在沙里叶提面前都是无效的,这点我已在沙里叶提面前承认了。

土地四至:东面与旱地相连;南边与大路相连,以地埂为界;西面与乔尔达西的地相连,以杏树为界;北面与伊斯拉木巴依留给自己的地相

---

①《平定准噶尔方略·正编》卷七十五。

②《清高宗实录》卷六二九,"乾隆二十六年(1761)正月下"条。

③纪大椿:《维吾尔族度量衡旧制考索》,《西域研究》1991 年第 1 期,第 61 页。

连，还与巴巴克苏非的地相连，以杏树为界。

证明人：尼牙孜千人长、撒力赫和卓、毛拉哈吉·乃则尔、胡西尔·穆罕默德

噶尔布尔在维吾尔族契约文书中使用并不广泛，主要用在和阗、喀什地区，而且在这两个地区也不太常用。如果按纪大椿先生的办法，帕特曼、噶尔布尔、察拉克三者间是八进位关系，1 帕特曼籽种可播 64 亩的话，则 1 噶尔布尔籽种应播田土面积为 8 亩，即 1 噶尔布尔等于 8 亩。察拉克是使用时间最长，使用地区也最广泛的田土面积计量单位。特别是民国时期，帕特曼与噶尔布尔都已很少使用，而察拉克则替代了上两种单位在生活中普遍应用，当然，这时它主要用作重量单位。现在能看到的 18 世纪察合台文维吾尔族契约文书中使用察拉克单位的很少，最早是在 1800 年，如 002 号契约文书：

清　嘉庆五年　1800 年□月

伊斯兰教历一二一五年□月三日

具结人斯拉木巴依，热巴其人。

我把自己在合洁渠的 20 察拉克土地上一年的庄稼作为瓦克夫献给了当地的礼拜寺。我还上诉依玛目毛拉牙库甫不把这块地给我。毛拉牙库甫申辩说："这块地是我父亲在世时作为瓦克夫的，父亲去世后我当了依玛目，靠种这块地的一部分维持生活，其他都是旱田，是我开发的，但是斯拉木巴依不承认。"其实，村里人都说这 20 察拉克的地是斯拉木巴依作了瓦克夫的地，并劝说毛拉牙库甫向我道不是。于是毛拉牙库甫给了我 10 察拉克小麦，我满意了，现在我为了真主，把这块地作为瓦克夫。今后，倘我或我的后代闹出官司，一概无效。

（印章 1 枚）

根据 20 世纪 50 年代初的调查，南疆各地民间所用察拉克的标准始终不一样，和阗、墨玉、皮山等地 1 察拉克等于 16 老斤，疏附 1 察拉克等于 20 老斤，阿克苏和库车 1 察拉克等于 24 老斤。考虑到乾隆时官定察拉克标准为 10 斤，并且历史上察拉克还存在着随时间推移而逐渐增大的趋势，将 1 察拉克定为 10 斤较为恰当，而作为亩积单位时，1 察拉克籽种可播面积可折算为 1 亩左右。

除此之外,从汉语中借用的度量衡单位在南疆田土面积计算中也广泛使用,如计算田土面积时,也用汉语中的重量单位“斤”来表示籽种量,如017号契约文书:

清　道光十八年　1838年3月4日

伊斯兰教历一二五四年(虎年)库尔班节第八日　星期四

具结人毛拉肉孜。我把热巴其合洁渠的能播200斤籽种的遗产田,用10块银圆卖给了哈法尔阿依拉,钱已收到,地已不属我所有。它既非典当,也非恩赐,他人无权过问。今后,倘我身后之人闹事,一概无效。

地界:东头是卖主的地,白蜡树为界;南头是司玛依尔的地,杏树为界;西头也是司玛依尔的地,杏树为界;北头是卖主的地,杏树为界。

(印章1枚)

借用于汉语的“斗”也常用来表示播种一定籽种量的田土面积,如031号契约文书:

清　光绪七年　1881年2月11日

伊斯兰教历一二九九年三月二十二日

立约人卡尔鲁克村毛拉库尔班之子鲁斯特木。

在去阿斯塔那的树旁,即在本人地边为供过往穆斯林住宿及饮水修了一座小店,挖了一个池塘和一口井,作为永久之施舍。那将从瓦特曼河引水灌溉的6斗地连同院子及附属物归于小店,并交付我儿热衣木阿訇管理。热衣木阿訇在世之时,一应小店之修理费用由地产中出之,剩余部分用来招待客人或自用。热衣木阿訇百年之后,由其子孙主管。特此立约。

小店之东是热衣木阿訇的地,地界为坑;之北是大路;之西是为库尔班之地,地界为坑;之南为水井。

有尽力维护小店之发展者,会受到安拉之宽恕,有人破坏者,将永受地狱之苦。

(印章4枚)

有时也会遇到借自汉语的“斛”,1斛原为10斗,后改为5斗,如089号契约文书:

1920年1月27日

伊斯兰教历一三三八年五月六日

乃则尔村吐尔地库杰克，系素甫尔盖和加之子。立约如下：现将祖业32斛地连同树木、水沟卖给叶城县努尔买买提汗阿吉，得银20两。

该地东面与水沟相连，南边与水渠相连，西边与买买提阿訇的地相连，北边与卖主的地相连。

证明人：巴拉提阿訇、艾买提阿訇、色衣提、卡斯木阿訇、亚库尔阿訇、尼牙孜阿訇、买买提阿訇

首先，用所播籽种量来表示田土面积在南疆应有悠久的传统。迄至20世纪50年代初，这种计量方式在南疆仍有一定代表性，由此而形成的计量风俗，在清代几乎遍及南疆各地，具有一定的普遍性，甚至在天山以北地区也有这种计量习俗的存在，其影响不能谓之不广。

其次，普遍以田土真实量度面积为计量单位在南疆应是较晚的事情。新疆建省以后，曾对各地的耕地做过一次丈量，开始以亩和土地的等级作为征收粮赋的标准。一般常见的计算单位是亩、分、厘。虽然亩在南疆普遍使用是建省以后的事，但在这之前，实际上在南疆已经开始使用了，但尚未使用分和厘，如019号契约文书：

清　道光二十年　1840年

伊斯兰教历一二五六年

我是来吾克村吐尔地尼牙孜托乎提的儿子，我承认已将我母亲遗嘱给我一亩半地连同地里的树木以3500钱卖给了热合买提阿訇，钱我已如数收到。对出卖的土地和树木我已无权过问。

地界：东边是依布拉因塔里甫的地，界为埂；南边是吐尔地尼牙孜的地，界为棘；西边是瓦克夫地，界为棘；北边是依布杜外力的地，界为棘。

证明人：阿布杜哈力克、阿比提等

（印章2枚）

分和厘的使用从目前维吾尔族契约文书看是建省以后的事情了，如068号契约文书：

1913 年 1 月 10 日

伊斯兰教历一三三一年(羊年)二月一日

立约人:阿拉立村买买提尼亚孜阿訇之子热合买提阿訇

我将从阿拉立古录起小渠进水处的第二块 1 亩 1 分 8 厘半地同地上之树木一起,以 350 元卖给了我哥哥买买提热黑木阿訇,价款已全部收清并交了草场税。该地不论种与卖均已与我无干,我也无权过问。

钱已收清,立约为证。

该地东起买主地界,北至水渠;南面是海地且妣妣的地和买主的地,以墙为界。

证明人:库尔班阿訇、买买提艾则孜等

另外,为实地测量田土面积,在南疆曾使用一种木制的工具,形似 90 度角尺,汉语口语叫“弓”。用其量测的土地面积即以弓为单位,如附录一(19)号契约文书:

1939 年 12 月 17 日

伊斯兰教历一三五八年(鸡年)十一月五日

我努尔阿訇有吉亚村的热吉甫阿訇和卡迪尔阿訇给写的证明书,这是吾曲木村的努尔阿訇提出的诉讼。我努尔阿訇有 5 个兄弟、3 个姐妹(共 8 个兄弟姐妹),从父母手中得到 2 块土地。这 2 块地,2 个儿子、3 个女儿共 5 个人的地换成钱并出具了收据。一个弟弟阿不都拉阿訇去世后,他的地分给了 4 个人,4 个人中,塔里甫阿訇也去世了,他的地分给了 3 个人,但是去世的塔里甫阿訇欠有写了收条的 127 两棉花钱的账。塔里甫阿訇去世后,哥哥库尔班阿訇、沙比尔阿訇拿到了他的地,不愿意付钱。马虎三时期我哥哥库尔班阿訇跑到策勒不愿意回来,(库尔班阿訇说)这些地出产的价值 3.6 万两银币小麦、玉米,320 察拉克粮食给了(努尔阿訇)。这冤枉我努尔阿訇了,我到玉龙喀什局长和宗教法庭提出诉讼。对此,政府方面安排艾沙兄长,宗教法庭安排守墓人阿力木阿訇、依明阿訇一共 3 个人,把他们(库尔班阿訇、沙比尔阿訇)叫来证实。库尔班阿訇把地要区别分配,努尔阿訇有区别地划分了土地。库尔班阿訇得到土地,要求下达支付人力徭役费的法旨(文件),承认努尔阿訇出具的收条是真的。之后政府方面的艾沙阿訇、守墓人斯拉木和本村的吾吉阿訇、卡斯木阿訇等人到地上查看。丈量这块地共51弓(丈量土地的木制工具),这块地中给库尔班阿訇的遗产有16.5弓土地,加上有争议的4弓土地一共20.5弓土地,全部为库尔班阿訇的。去世的阿不都拉阿訇名下的土地有20.5弓,4个人合伙的土地还有10弓,这些土地按照宗教教规决定归努尔阿訇所有。但是库尔班阿訇说这块地的钱是他付的,徭役粮食当时就算清楚了。我们前面说的过去的事情(热吉甫阿訇和卡迪尔阿訇给写的证明书)正是如此。我们的话都是真的,并出具了宗教法庭的证明。

证明人:吾吉阿訇、卡斯木阿訇

最后,在我们目前所接触到的资料中,以该块田土的限制物为单位来计量的情况也时有存在,反映了南疆各地自然、经济的多种多样,如附录一(17)号契约文书中有表示土地分界的"埂子":

1930年12月4日

伊斯兰教历一三四九年(鼠年)七月十三日

我是库亚村先木斯丁吾吉的家人热伊斯丹布维,我坦白:用库亚渠浇灌的和我女儿乔勒畔布维为界的6埂子土地及该地所属树木、该地上的三扇门板房子及其家具,用20两银子永久卖给了热西丁阿訇,现金收讫,我作为卖主花掉了。

这块地的买主出具委托书到衙门批准(盖衙门章)立即生效。今后我热伊斯丹布维或者后代有人对(卖主热西丁阿訇)提出诉讼,那时说的话全部无效,全部是假话,特立此据。

该地东面以肉孜阿訇的地为界,北面以肉孜阿訇的房子和乔勒畔布维的地为界,南面以小果园为界。

证明人:肉孜阿訇、艾克木·吾吉、卡斯木阿訇

有时也用"果园"来表示土地单位,如附录一(4)号契约文书:

1858年2月26日

伊斯兰教历一二七四年(狗年)七月十二日　星期五

我将玉素屯(yustun)吐热拜特(turibait)村的大约1果园土地及土

地上的树木、三扇门板的房子、一扇大门用65个天罡卖给了哈米提·吾吉,现金收讫。

这块地的地界为:东面为亚库甫阿依拉的土地,以一棵杏树为界;北面以瓦克夫为界;西面是买主的土地,以杏树为界;南面是买买提苏非的土地,以水渠为界。

证明人:毛拉苏非、亚库甫·吾吉、买买提夏依·吾吉、乃西排提·然苏勒、阿不都热衣木

甚至在维吾尔族民间还有一只牛大小的土地(指将一只牛的皮裁成细条接起来所能圈占的土地面积大小)与山羊皮大小的土地(指将一只山羊的皮裁成细条接起来所能圈占的地块大小)这样的说法,如附录一(12)号契约文书:

1891年8月12日

伊斯兰教历一三〇九年(马年)一月六日

我们是和阗桑普拉村毛拉库尔班毛拉的儿子托乎提阿訇,阿比旦布维的后代尼亚孜阿訇、吐尔逊阿訇、塔力甫阿訇及其女儿热比艾·布维、木合特热木·布维、吉乃斯坦·布维。我们做符合教规的坦白:在努尔布孜山所属的努尔克日克,我托乎提阿訇的布拉克比西所属草原,加上布雅厄黑勒(草原),(我把)这些我继承的夏季、冬季、春季、秋季一张小山羊皮大小的草原翻一番,卖给了哥哥亚库甫巴依。还有我的一番夏季、冬季、春季草原,(作为)阿比旦布维的后代(我)在努尔克日克巴西、克日布拉克比西厄黑勒、布雅厄黑勒等夏季、秋季、冬季、春季继承的草原,我用100两银子卖给了我的合伙人买买提·克热木、买买提·热依木、买买提·依明、玉素甫、买买提·艾力,现金收讫。给他们划分了草原,确定了地界,空口无凭,特立此据,并加盖印章。

证明人:千户长托乎提·买买提阿訇、买买提·尼亚孜阿訇、托乎提毛拉

以上,我们着重从田种、面积和土地限制物及其他几个方面,分别简单地列举和勾勒了我国南疆地区清代、民国时期各种不同的田土面积计量方法和计量单位。应当指出的是,由于南疆地区大部分地理上有封闭性和复

杂性的特点，我们无法具体掌握到更为全面而系统的原始资料。事实上，南疆地区民间各种独特的田土面积计量方法和计量单位，远不止上述所罗列的种类，只是目前我们尚无法全面了解和掌握而已。

（二）南疆地区民间田土面积计量方法的起源及形成原因

从以上所列举的南疆地区民间田地面积的种种计量方法和计量单位中，我们不难发现，这种不依国家标准计量单位亩、顷来计量田土面积的现象，在清代、民国时期南疆各地及北疆部分地区，具有一定的普遍性，这是新疆经济史尤其是新疆农业经济史研究中不容忽视的问题。

那么，清代、民国时期南疆地区这种复杂多样的民间田土面积计量习俗究竟起源于何时？其原因何在？这是我们不能不深究的问题。

从历史上看，南疆地区以播种量来计算田土面积可能是一种传统了，如出土的13—14世纪回鹘文契约文书中就有多处事例。例如“半石土地租用了，该地需要下多少种子，（我们）两个人均摊”①；“我米四儿因需要种谷子的土地，而自愿租了凯依姆杜的位于西卡堡的半石土地”②；“租了（可以播）两石（种子的）土地”③；“位于羌古尔谷口的七斗土地以及位于突尔特克利·确克（地方）的四石土地”④。只是文中的“石”“斗”都是中国传统的度量衡单位，这说明吐鲁番地区与中原地区存在源远流长的文化联系，当地所发现的大量唐代汉文文书即是明证。而清代、民国时期南疆常见的本地度量衡单位却在中亚都能找到，这说明这一时期南疆所用本地度量衡单位与中亚有关，但到底是从中亚传入还是中亚借用了南疆原有的度量衡单位，或者相互借用，这个问题就目前掌握的材料而言还难以说明。

作为一种传统，其形成绝非一朝一夕之功。从乾隆二十四年（1759）始，清政府已在南疆完全行使了管辖权，为何清朝的最高统治者都从法律上颁

---

①李经纬：《吐鲁番回鹘文社会经济文书研究》，乌鲁木齐：新疆人民出版社，1996年，第60页。

②同上书，第71页。

③同上书，第73页。

④同上书，第96页。

布和规定了田土面积全国统一的标准计量单位——亩、顷，而南疆地区的广大范围内，民间却拒绝使用这一法定的标准计量单位呢？

前述《西域图志》卷三十二谈及哈密屯垦收获分数，曰“或以籽粒计，或以亩计，惟是籽粒土宜不一，布种多寡，复以地殊，积算参差，难于合会”①。这里说得很清楚，相同的籽种不一定适合同样大小的土地，播多少种子，要看不同的土地土质的好坏，这样放在一起计算，难以统一起来。南疆是一个典型的绿洲农业地区，长期地广人稀，与中原地区雨水充沛、土地肥沃相比，南疆地区沙多田少，每块田土的实际产量相对较为低下。因而，人们从较为实际的立场和观点出发，在计量田土面积时，往往并不去看其实在的面积的大小，而只注重从其收获量、播种数等方面来衡量其价值。同时，南疆的绿洲地区严重依赖高山上融化后的雪水灌溉耕地，有水便有地，耕地的多少不完全由其面积大小决定。同样面积的耕地，由于灌溉条件的不同，可能产量差别很大。或者说，仅以土地面积大小来说明投入产出比意义不大。南疆绿洲沙多土少、地多水少、土瘠地贫的自然环境，是造成南疆地区以播种量计量田土面积的一个极为重要的原因。后期由于生产技术的改进，农业灌溉使用渠沟网络，有些耕地已经变成了稳产高产的田地，所以也可以以面积单位来计算收获量，建省前南疆有些地区已经采用亩积来计量的原因也在此。

新疆建省以后，曾对各地的耕地做过一次丈量，开始以亩和土地的等级作为征收粮赋的标准，把土地分成了上、中、下三等。据20世纪50年代初的调查，区分上地、下地，是以施肥多少及水量的充足与否决定的（尤其以水）。如肥料水量充足时，能有40倍收成，即种1秤子——16斤，可收40秤子，如水量缺少，即使施肥，也可能连籽种都收不回来。② 据《英吉沙县巴仁区第五乡色力克行政村社会调查》，年征收公粮时，常年产量上地270斤，中地180

①钟兴麒、王豪、韩慧：《西域图志校注》，乌鲁木齐：新疆人民出版社，2002年，第450页。

②《疏附县英阿瓦提村概况》，喀什地区档案馆，全宗1，目录1，卷号22。

斤,下地120斤。[①]不同质量的耕地收获量差别很大。解决了土质划一问题后,便可对相同质量的耕地进行丈量,以完成摊丁入亩,按占有的土地面积大小征收粮赋。由于各地帕特曼、噶尔布尔、察拉克实际称重并不统一,有明确标准的中国传统亩顷制便在南疆推广开来。帕特曼、噶尔布尔这两个单位最早消亡可能还与它们表示较大数量有关,因为建省后需要按耕地面积精确计算赋税量,当然以小块土地为单位更准确。当然,由于绿洲的封闭性,互相之间缺乏紧密联系,造成南疆田土面积计算单位演进上有先后之分。在大量种植经济作物、商品经济较为发达的吐鲁番地区,甚至建省前就已经以亩、分、厘来计算田土面积,比当地以地面上栽植的果木数量来计算田土面积更进了一步。而在和阗、喀什的部分水土条件较差的地区,直至20世纪50年代都还在使用传统的田土面积折算方法。这也可算是另一种人地和谐关系的表现。

综合以上分析,建省以前南疆民间不以亩、顷,而以播种量为单位计量田土面积的根本原因,在于南疆自然环境的限制以及由此而产生的各地计量习俗的社会差异。应当说,在生产力发展相对落后的南疆地区,使用播种量为单位来计算田土面积的做法有其合理的一面,毕竟它能够较为真实地反映出一块耕地的实际价值。试想,一块灌溉困难的贫瘠土地,即使费尽九牛二虎之力使用亩、顷这些清朝的法定土地面积计量单位来计量其面积,又有多大意义呢?

(三)南疆地区民间田亩折算及其实质

人们在统计新疆耕地面积的时候,往往只习惯于用亩、顷等标准计量单位来进行,这样就将以田种和其他方式为田土面积计量单位的广大南疆地区忽略了,从而影响了统计数据的准确性和全面性,这也是造成我们对当时官方统计的耕地面积产生怀疑的重要原因之一。有的统计者注意到了这一问题,便以自己所能见到的某一地区的折算标准为依据,进行统一折算。这

①《英吉沙县巴仁区第五乡色力克行政村社会调查》,喀什地区档案馆,全宗1,目录1,卷号22。

一做法虽比前一种忽而不计的做法大大前进了一步,但由于各地折算标准不一、差异较大,其折算统计出来的耕地面积数据依然缺乏科学性和应有的精确度。

为说明这一问题,现将一些学者的折算标准分述如下:

以该块田土播种量计算田土面积为例。就在南疆使用最广泛的察拉克来说,俄国军官库罗帕特金在《喀什噶尔》一书中记录了 2 种不同的察拉克。他经过实测后指出:1 察拉克小麦重 24 俄磅(фунт)、大麦重 25 俄磅、玉米重 26 俄磅。这一记录表明,察拉克不仅是衡器,还是一种容器或量具,因装载物的不同而有不同的称量。1 俄磅折合公制约 410 克,则 1 察拉克粮食重 9.84千克~10.66 千克,比清政府官定标准高出 7 成上下。库罗帕特金在同书又记载,1 帕特曼约合 12 普特(пуд)。1 普特折合 16.38 千克,则 1 帕特曼重 196.56 千克,1 察拉克重 3.07 千克,只相当于清官定标准的一半。[①] 这就说明南疆市场上通用着两种同官定标准迥异的察拉克。显然,不同地区尽管都使用察拉克为田土计算单位,但不同地区的标准并不一致。这种播种量多寡的不同,实质上反映了地区与地区之间集约与粗放经营的耕作方式与生产力发展水平的高低差别。

从以上所列举的南疆各地田亩折算情况,我们不难看出,地区与地区之间的折算标准是极为混乱和复杂的。这就说明,要想用一个统一的计量标准对南疆地区民间田亩面积计量单位进行统一折算的话,不仅是徒劳的,也是根本不可能的。因此,我们在分析和探讨南疆清代、民国时期耕地面积的问题时,必须实事求是,因地制宜、因时制宜、因俗制宜,否则我们便无法了解关于那个时代耕地面积统计的真实、准确和全面的数据。

既然清代、民国时期南疆地区民间计量田土面积的方法和计量单位如此混乱和复杂,以至于我们无法用一个统一的标准来进行折算。那么,我们不禁要问,南疆地区建省前这种不以亩、顷而以产量、田种等计量田土面积的现象,其实质究竟是什么呢?

①[俄]A. H. 库罗帕特金:《喀什噶尔》,中国社会科学院近代史研究所翻译室译,北京:商务印书馆,1982 年,第 56 页。

清代、民国时期，南疆地区民间不以亩、顷而以播种量等来计量田土面积，其实质主要是为了保证田主的经济利益免遭损害。以种计田，可以不问田土面积的大小而只管按种或产与租之比的惯例来征收地租。南疆以田种计租的习惯十分普遍，在很多地方甚至形成了各具特色的所谓乡例。这种以田种等单位计量田土面积的现象，掩盖了土地肥瘠与否对农作物收成大小的影响，在一定程度上保证了田主对佃农的地租剥削。

总而言之，清代、民国时期，南疆地区所盛行的各种不同的民间计亩习俗，虽然形式上复杂多样，也因计量工具和各地使用的计量单位不同而千差万别，但是有一点却是共同的，即都在一定程度上掩盖了这种计量方法和计量单位背后的地租剥削。不过，在对这一问题予以足够重视的同时，我们也应看到，即使是在广泛采用民间计量习俗的南疆地区，以亩、顷为计量单位的现象也依然大量存在——南疆各地地方志中田土面积总数就是以亩、顷称计。但问题恰恰在于当地官员究竟是如何统计和折算出这些亩、顷数的，它到底在多大程度上反映了各地田土面积的真实情况？限于资料和篇幅，这里就不一一赘述了。

八、天山南路维吾尔族社会地区经济发展之不平衡——以地权转移为例

清代，天山南部维吾尔族社会土地所有制形态主要有国有土地（官地）、宗教瓦克夫地与私有土地三种。其中，国有土地与瓦克夫地属不可买卖的土地。因此，本文仅涉及私有土地。

有私有土地，就有土地买卖。《选编》中有关清代天山南部（南疆）土地买卖的内容，为研究清代维吾尔族社会土地买卖提供了弥足珍贵的资料。另外自治区档案馆、自治区博物馆等处也收藏有部分这类文书，使我们有可能对清代新疆天山南部维吾尔族社会的土地买卖情况进行研究。清代维吾尔族社会土地买卖的发展，与清代新疆土地制度、赋税制度和军事制度的变化有着密切关系，对清代维吾尔族社会政治、经济和文化各方面产生着深刻的影响。

（一）清代天山南部维吾尔族社会土地买卖的发展及其特点

天山南部维吾尔族社会主要是一个农业社会，绝大多数居民从事种植、园艺业，土地资源十分宝贵，土地私有制历史悠久，伊斯兰教传入天山南部并未妨碍土地私有制的继续存在。伊斯兰教教义授给一切穆斯林（包括农民）以拥有不动产——土地的权利。后来的伊斯兰教法学家将这种（可以买卖的）土地称为“穆尔克”。[①] 20世纪初在莎车郊外发现的属于喀喇汗王朝时期的文书中也有很多土地买卖的资料。[②] 刘戈曾研究过一件喀喇汗朝时期的阿拉伯文文书，证明当时土地买卖的存在：“地是从一个人那里以规定价格用现钱买的。”[③]叶尔羌汗朝的经济制度大体上是延续自喀喇汗朝以来新疆南部就已形成的带有伊斯兰教印记的封建经济制度，但又有所发展变化。具有代表性的是土地制度。[④] 属于个别封建主和其他个人私有的土地称为穆尔克（mulk）地，可以继承、转让、买卖。叶尔羌汗国时期，由于“苏尤尔加尔”（soyurghal 赏赐）制度的普遍实行，不少“汗之公地”变成了事实上的私有土地。《中亚蒙兀儿史》中提到了“苏尤尔加尔”赏赐存在的事实：“两个月末了，大家平安地从各处满载而归，各人按照自己所得的战利品的多寡，向汗交纳觐见礼品（pishkash）。汗为了赢得民心，根据蒙兀儿古俗把财富分为许多份（soyurghal，苏尤尔加尔），发给他的士兵。”[⑤]这里所说的财富虽不是土地，但根据同时期中亚的情况，土地确是叶尔羌汗国时期“苏尤尔加尔”赏赐的主要对象。沙·马合木德·楚剌思《编年史》中说：“阿吉·穆拉德因代替汗去朝圣而受到奖励，他向汗要了‘一块土地，（相当于）8

---

①哈全安：《麦地那国家土地关系初探》，《历史研究》1994年第5期，第132～139页。

②李经纬：《莎车出土回鹘文土地买卖文书释译》，《西域研究》1998年第3期，第18～28页。

③刘戈：《一件喀拉汗朝时期的阿拉伯文文书》，《民族研究》1995年第2期，第95～99页。

④李进新：《新疆伊斯兰汗朝史略》，北京：宗教文化出版社，1999年，第236页。

⑤[蒙]米儿咱·马黑麻·海答儿：《中亚蒙兀儿史——拉夫德史》（第二编），新疆社会科学院民族研究所译，乌鲁木齐：新疆人民出版社，1986年，第249页。

个拉伊雅特’,汗签署了尼禅,赠给了归他个人所有的土地(mulk)。”①因此,叶尔羌汗国时期存在大量的私有土地是可信的。在所谓的和卓时期(1678—1759年),作为宗教上层的和卓与世俗的统治者——伯克都占有很多土地。《和卓传》中说:“达涅尔也被遣送回家并且确认了他的四个城市的政权。他以他祖传土地的收入来满足自己,而被迫把自己国家的其他收入交给加尔梅克人。”②其祖传的土地,显然是其私有财产。乾隆年间清政府统一新疆之前,伯克们拥有私有土地也是不争的事实,以至乾隆年间清政府录用他们时甚至没给品秩较低的伯克划拨养廉地,因为他们私有的土地数量已足够多。因此只拨给了他们有依附性质的农民“燕齐”,以无偿耕种他们的私有土地。由上可知,清朝统一天山南北前,天山以南维吾尔族社会土地私有制早就存在,并未因伊斯兰教的传入与蒙古人的统治而发生很大的变化。

魏良弢先生在其《叶尔羌汗国史纲》一书中说:“在清朝统一天山南北时私有土地的数量是相当大的,约占耕地总数的85% ~90%。私有土地的所有者要向国家交纳收获量的十分之一,即‘哈拉吉’(kharadj)土地税。”③以新疆建省为分界,天山南部土地买卖的发展存在差异明显的前后两个时期。在清政府统治新疆前期,清政府将“汗之公地”及没收的大量“逆产”变成了国有的“官地”,其中大部分交予伯克作有“职田”性质的“养廉地”。这部分土地在使国家赋税收入减少的同时,亦使国有土地与私有土地的比例发生了显著变化:“有人估算说,在清代南疆维吾尔族地区,当时占人口不到1%的各级伯克,占有高达50%以上的土地,是完全可能的。”④这部分不能进入生产资料要素市场流通的土地,加剧了土地市场上的供求矛盾,致使地价昂

①О. Ф. Акимушкина, *Шах - Махмуд ибн фазил Чурас: Хроника. Критический Текст* (Москва: пер., комм., иссл. и указ, 1976), стр. 287.

②穆罕默德·萨迪卡·喀什噶里:《和卓传》,载达力扎布主编《中国边疆民族研究》(第2辑),北京:中央民族大学出版社,2009年,第43页。

③魏良弢:《叶尔羌汗国史纲》,乌鲁木齐:新疆人民出版社,1986年,第178页。

④齐清顺:《新疆建省与南疆维吾尔族社会经济的变革和发展》,《新疆大学学报》(哲学社会科学版)1999年第1期,第56~62页。

贵，普通农民无力买地，土地向伯克、宗教上层、商人手中集中。《新疆维吾尔族契约文书资料选编》中收录的多件涉及清代维吾尔族社会土地买卖的契约文书，即反映了这一趋势。如从《选编》中收录的嘉庆十二年(1807)至清光绪九年(1883)间的 12 件土地买卖文书看，买主几乎都是高级伯克(王)、宗教界人士、商人。具体情况列表如下：

文书编号	买 主	卖 主
003	优奴斯王	和加纳斯尔和加的遗族
007	谢赫瓦尔	毛拉肉孜
009	毛拉木巴热克海里排和毛拉西亚尔海里排	杜来提江巴依，瓦罕人(外地人)
010	毛拉阿卜拉海里排	沙木沙克苏皮
011	吐尔地和加	巧尔旁妣妣
012	阿卜拉海里排和吐尔地海里排	巧尔旁妣妣、阿色亚妣妣、毛拉托乎提苏皮
016	毛拉坎吉	海米旦夫人
017	哈法尔阿依拉	毛拉肉孜
019	热合买提阿訇	吐尔地尼牙孜托乎提的儿子
020	依斯拉木和加	毛拉塔里
030	木哈买提艾里阿訇	毛拉沙比提之子
032	牙库甫和加	喀孜阿布杜赛买提

(注：表中的文书编号为《新疆维吾尔族契约文书资料选编》中的编号)

伯克与宗教人士是清代维吾尔族社会具有优越经济地位的阶层，他们有免税的待遇[①],特别是那些高级伯克(三品、四品伯克)。出卖土地者都是平民百姓,或因家境衰落,或因卖地求生。这种买主与卖主身份地位上的显著区别在光绪年间清政府再次恢复对新疆全境的管辖权以前一直没有什么变化,与这一时期南疆维吾尔族社会明显的社会等级特征也是相吻合的。土地的高度集中便造成维吾尔族社会农业庄园式经营的发达。由于"大土地所有是庄园式经营的前提条件"[②],可以认为这一时期单向的地权转移是庄园能遍布天山南部各个绿洲的又一重要原因。

从这一时期土地买卖的对象看,主要是耕地及其上的树木、房屋等。买卖形式主要是"绝卖"或称"死卖",即一般正式的土地买卖,卖主不得以任何方式保留赎回权,故又称之为"绝卖"或"卖断",文契上一般要写明"听凭永远管业""永断葛藤"等。反之,活卖则是卖主保留回赎权利的方式。保留回赎权利有一定期限,过期不赎,即成绝卖。南疆土地买卖具体由伊斯兰宗教法庭管理,需要签订有伊斯兰社会通行格式的地契。

1884 年新疆建省,废除伯克制度,伯克们的养廉地或"听民自占"或"收归官有"以佃租给农民耕种。这些措施打破了原有的等级界限,使维吾尔族社会的结构出现了重新整合的趋势,这之后土地买卖也出现了许多新的特点。反映清政府重新恢复对南疆统治的清末天山南部土地买卖关系的资料除《选编》中的部分文书外,自治区档案馆收藏的这一时期的很多吐鲁番地区地契也非常重要。与前一阶段相比,这一时期天山南部的土地买卖有了新的内容。

同治年间,农民起义,新疆经历了较长时期的战乱,新疆社会结构中出现了很大变化,"旧制……荡然无存,万难再图规复"[③]。伯克阶层已经"家

①Ч. Ч. Валиханов:*Собрание Сочинений в Пяти Томах. Том* 3(Алма - Ата,1984—1985),стр. 162.

②同上。

③[清]刘锦棠:《刘襄勤公奏稿》卷三,第 44 页。

产荡尽”[1],衰败没落了。大量的官地“听兵民自占,旧时经界无可遵循”[2]。新疆农村出现了大量的自耕农,私有土地数量空前增加,这种变化实际上在清政府驱逐阿古柏入侵者,完全收复天山南部之初即已呈现。1879 年,“南北疆各地共征粮二十六万一千九百余石”[3];清光绪六年(1880)又增至三十四万七千二百余石[4]。而以往新疆岁纳米粟仅十四万三千余石[5]。这反映了当时有缴纳地赋粮义务的私有土地数量增长之快。

私有土地数量的增长,扩大了土地买卖市场的容量,地权转移也更加频繁,地权转移的形式逐渐多样化,但这种变化因地区不同而差别较大。土地买卖(不包括吐鲁番地区)已不局限于死卖(绝卖)一种模式。同时这一时期内地将土地分为上、中、下三等的做法也在新疆出现[6],这在上述文书中也有所反映。例如,036 号文书言将“2 察拉克一等地连同树木典给本城乌布里海山阿訇”;057 号文书中说:“托合提布维将 70 户的 5 亩二等地卖给了 69 户的托合提阿訇的儿子肉孜阿訇。”这些都可证明这类以土质给土地定等,确定赋税标准的办法在维吾尔族社会广泛推行的事实。这一新的情况也为土地买卖过程中地价的确定增加了新的参数。

另外,这一时期文书中也出现了规定土地税由谁缴纳的条款。如 040 号文书中说“土地税由买方交纳”。因为建省以前,清政府在天山南部实行的是从准噶尔蒙古统治时期延续下来的按丁征税派役的传统。在这种制度下,一个成年男丁有地无地都必须承担国家的赋役,因此土地买卖并不涉及买卖双方原有的赋税义务的转移。建省后,新疆与内地一样,实行摊丁入亩,居民所承担的赋税义务与其所占有的生产要素——土地面积的大小直接挂钩。因此,土地所有权的转移必然使赋税义务发生转移,这在契约文书

---

①[清]刘锦棠:《刘襄勤公奏稿》卷一五,第 11 页。

②[清]刘锦棠:《刘襄勤公奏稿》卷一〇,第 59 页。

③[清]左宗棠:《左文襄公奏稿》卷五六,第 22 页。

④[清]刘锦棠:《刘襄勤公奏稿》卷三,第 21 页。

⑤[清]袁大化、王树楠、王学曾:《新疆图志》卷一,“建置一”条,上海:上海古籍出版社,1992 年,第 9 页。

⑥新疆社会科学院民族研究所:《新疆简史》(第二册),乌鲁木齐:新疆人民出版社,1980 年,第 259 页。

中不可不做规定。

这一时期引人注目的是吐鲁番地区土地买卖上表现出的诸多地区特点，如土地买卖的频繁程度、大量的土地买卖引起的纠纷、活卖占绝对优势等。自治区档案馆馆藏的多件清代吐鲁番地区土地买卖文书有宝贵的资料价值。

（二）伊斯兰教法与土地买卖

从上述12件嘉庆、光绪年间地契的行文格式看，它跟大部分伊斯兰时期的文献一样，开头一般会写上“以真主的名义”等字眼，下面是以伊斯兰教历纪年标记的契约文书签约时间，这部分有时也会放在最后。值得注意的是纪年中还普遍使用十二生肖法，这也是维吾尔族契约文书常用的方法，在13—14世纪蒙元时期高昌维吾尔经济文书及20世纪初在莎车发现的喀喇汗朝时期的契约文书中都使用这种格式，这构成了维吾尔族社会的重要传统。这一时期的土地买卖都是死卖或绝卖，起码目前可以看到的契约文书资料反映的情况是这样的。并且文书中一般要声明所卖土地不属于典当地、瓦克夫地、恩赐地、坟地。土地既为私有，则其间的四界是很清楚的，如009号契约文书：

清　道光十二年　1832年1月21日

伊斯兰教历一二三七年（羊年）八月十七日

具结人杜来提江巴依，瓦罕人。我代表我的伙伴库尔班巴依立此据：我同库尔班巴依把从热巴其合洁渠买到的旱田2帕特曼，现连同房屋、院落、树木一起，用450块银币卖给毛拉木巴热克海里排和毛拉西亚尔海里排。钱已交付，田地由他们二位分收。从此，对这块土地我不再拥有任何权利。它不是瓦克夫，不是典当地，也不是恩赐田。今后，我或我的后代惹起纠纷，一概无效。

（印章2枚）

这种情况与伊斯兰教法的相关规定有关。天山南部的居民绝大多数是维吾尔族人，“他们是伊斯兰教的信徒，所以新疆的农业和宗教保有相当密切的关系”①。清朝平定南疆，“对其宗教纯取放任，不加干涉，教民仍诵经礼拜；沿用伊斯兰教教历书；判断诉讼，引用教规，不从国家法律”②。伊斯兰法民法领域体系庞大，与中华法系有较大差异。中华法系一大特点则在于轻视民事法律关系，有关的民事法规主要集中在身份、婚姻、继承等方面，与商业有关的民事法律关系则规定很少或几无规定。因此，清政府统一新疆后，虽然对宗教势力多方限制，但对宗教法庭处理民事纠纷的权力未加干涉。③这12份文书的书写格式完全采用伊斯兰社会通行的做法，伊斯兰教法在公证买卖契约的合法性与调解处理纠纷上在维吾尔族社会都享有权威，如010号文书中说：“今后，倘我或后代闹事，在沙里叶提面前一律无效。”011号文书中说：“今后，若我自己和我的后代提出异议，在教法面前是无效的。”剩下的文书中也有部分提到了教法，说明当时宗教法庭依照伊斯兰教法在处理地权交易问题。伊斯兰教沙里叶提教法按照宗教道德和商业交易惯例规定：“售出之物必须是卖方拥有完全所有权或处分权之物。”④而瓦克夫、典当地、恩赐田与坟地，或属私人无权处分的财产（瓦克夫），或属不拥有完全所有权的财产（典当地，恩赐田与坟地），这里我们看到了伊斯兰教法中经济活动的规范，看到了天山南部土地买卖发展与伊斯兰教实际上存在密切的关系。毫无疑问，沙里叶提法承认死卖或绝卖——土地所有权的完全让渡或转移是合法的土地买卖形式，在契约文书中一般卖方在收到地款后还要声明就此永远放弃土地所有权，明确所卖土地的四至，界限一般为地埂、水渠、道路、树木、墙壁、荒地等。

从买卖的对象看，虽卖出的是耕地、园林，但根据伊斯兰经济思想，实际上可以买卖的只是土地上的树木、房屋、院落，多份契约文书中都特意指出土地上存在的房屋、院落、树木显然不是没有原因的，如019号文书：

①傅希若：《新疆的农业社会》，载甘肃省图书馆书目参考部编《西北民族宗教史料文摘（新疆分册）》（下），兰州：甘肃省图书馆，1985年，第962页。

②曾问吾：《中国经营西域史》，上海：商务印书馆，1936年，第323页。

③王东平：《清代回疆法律制度研究》，哈尔滨：黑龙江教育出版社，2003年，第213页。

④吴云贵：《伊斯兰教法概略》，北京：中国社会科学出版社，1993年，第175页。

清　道光二十年　1840年

伊斯兰教历一二五六年

我是来吾克村吐尔地尼牙孜托乎提的儿子，我承认已将我母亲遗嘱给我的一亩半地连同地里的树木以3 500钱卖给了热合买提阿訇，钱我已如数收到。对出卖的土地和树木我已无权过问。

地界：东边是依布拉因塔里甫的地，界为埂；南边是吐尔地尼牙孜的地，界为棘；西边是瓦克夫地，界为棘；北边是依布杜外力的地，界为棘。

证明人：阿布杜哈力克、阿比提等

（印章2枚）

在伊斯兰社会，并不承认私人对土地拥有所有权，认为土地所有权只属于真主，但谁在一定的地块上耕种，谁挖了坎儿井、灌溉渠，谁筑了围墙，种了果树，谁就有权占有这块土地上的收获。私有的封建土地所有制也就是在这个基础上形成的。同样，国家的土地也可因此被占有者出卖。久而久之，对土地、坎儿井、灌溉渠等的所有权就可以成为世袭，私有土地在逐渐地发展。① 当然，土地也可以进行买卖，但并非买卖土地本身，而是买卖土地占有者用人力在土地上投下的东西，如所栽种的树木、建成的房屋、灌溉用的水渠等。② 因此，我们就在这些文书中看到将土地（使用权或经营权）出售时，总不忘强调其在土地上经营的成果——树木、房屋等，显然卖主对这些实物拥有所有权，这也是构成他出卖土地合法性的基础。这种将经营权与所有权灵活处理的做法有利于伊斯兰社会处理复杂的土地问题，发展农业生产。有学者也说："一部分伊斯兰教法学家主张经营土地有两种方式：即自己耕种，或者无偿地给有能力的教胞去耕种。这样，土地的所有权属于土地的占有者，而土地里收获的果实归土地耕种者所有。这种把所有权与经营权分离的做法，旨在突出土地的经营问题，具有鼓励农业经营的意义。"③

①王治来：《中亚近代史（16—19世纪）》，兰州：兰州大学出版社，1989年，第37页。
②同上。
③刘天明：《伊斯兰经济思想》，银川：宁夏人民出版社，2001年，第61页。

伊斯兰教法虽不承认典押等“活卖”土地形式的合法性，但面对变化了的社会实际，也有很强的适应能力，如036号契约文书：

清　光绪十九年　1893年1月26日

伊斯兰教历一三一〇年（狗年）七月八日

立约人印花布匠买买提，系已故毛拉肉孜买买提之子，家住喀什买提卡尔。现将柳树渠边约2察拉克一等地连同树木典给本城乌布里海山阿訇，收典款150元（银圆）；如将典款偿还，即可收回土地。自典当之日起，该地由海山经营。该地东至典当人的地；北至沙木沙克阿訇的地；西至典当人的地；南与热合木阿卡（大婶）的地为邻，有的地段与阿达米提阿卡的地段为邻，有的地段与本人的地相连。

特此立约。

证明人：大阿訇艾维孜

这是一份新疆建省后订立的典型的典卖土地文书。由于土地典押事实上存在不平等性，如同高利贷盘剥，而《古兰经》禁止信仰伊斯兰教者放债。因此，维吾尔族中原本并无从事典当者，因而，“维吾尔族贫苦农民遇到困难之时，多向汉人、‘满人’及外部人之在中流寓放债营生者借贷银两”①。上文中的出典者“印花布匠买买提”显然已经在某种程度上脱离了农业生产，由于急需钱用，而临时将地典让出去，这只是一种权宜之计，往往要承受出典带来的损失。很显然，维吾尔族社会已经逐渐接受了这种土地经营权转移的新形式，有维吾尔族人充当典权人这个事实与当时社会形态、政治形态、民族经济发展状况有关，说明伊斯兰教对变化了的社会存在很强的适应性。

虽然变化已经出现，但幅度可能并不大，如上述036号文书没有加盖宗教法庭的印章，这个现象本身也耐人寻味，是否意味着宗教法庭对“典当”土地仍不认可，就不得而知了。这一时期的其他有关土地买卖的文书（吐鲁番地区除外）书写格式基本上仍保持着伊斯兰社会传统的方式，末尾还要盖上宗教法庭的印章，以示合法。《选编》中收录的这一时期7件有关土地买卖的文书中，我们只看到这一件涉及“活卖”。显然，在伊斯兰教法具有绝对权

①穆渊：《清代新疆货币史》，乌鲁木齐：新疆大学出版社，1994年，第275页。

威的南疆大多数地区，土地买卖形式的变化还只是开始。

上述《选编》中所辑的土地买卖文书中土地交换的对象一般是货币，只有032号文书为实物——玉米。这除了与南疆地区商品经济有所发展有关外，可能还与伊斯兰教提出货币地租的合法性问题有关，即伊斯兰教不允许以实物租地，而主张以现金租地。穆圣说："三种人可以耕种地，自有土地者，蒙人赠地者，以金银租地者。"①当然，经济的发展有其必然的规律。正如马克思所言："货币地租在其进一步的发展中……必然或者使土地变为自由的农民财产，或者导致资本主义生产方式的形式，导致资本主义租地农场主所支付的地租。"②货币地租加速了封建经济体系的瓦解，但伊斯兰经济思想对于商品经济的发展促进作用还是应该肯定的。

此外，清代前期天山南部地区土地买卖的结果应该呈现出土地向某一、二个阶层手中集中的趋势，最终可能会使土地买卖发展的势头停滞下来，但实际上在清政府统治新疆的整个时期，土地买卖都非常活跃，这与伊斯兰教财产馈赠与遗产分配与继承制度有很大的关系。伊斯兰教遗产分配是伊斯兰教为避免财产高度集中于少数人手中所实行的财产再分配措施之一。《新疆图志》卷四十八记载，维吾尔族穆斯林的继承制度是："有子者财产归子，其女与前妻之子得分子之半；无子有女者，财产归女；子女俱无者，不立嗣；抚他人之子不得分财产，兄弟及亲戚均而分之；其妻无所出者，只分女所分财产之半；子先父母死，父母财产例不得及于其孙。"③

"继承"一词在伊斯兰继承法中专指法律明文规定不可更改的一项宗教义务，遗产的分配称为遗产分割，一切合法得来的财物都可作为遗产而分配。《选编》中辑录不少涉及分配遗产田的契约，如034号契约文书，契主一次性将209帕特曼地以及所属树木的所有权赠给了女儿，另将3帕特曼地及所属树木赠给了儿子。两者相加为212帕特曼地，约等于13 568亩，是一个

①刘天明：《伊斯兰经济思想》，银川：宁夏人民出版社，2001年，第62页。

②［德］马克思、恩格斯：《马克思恩格斯全集》（第25卷），中共中央马克思恩格斯列宁斯大林著作编译局译，北京：人民出版社，1974年，第898页。

③［清］袁大化、王树楠、王学曾：《新疆图志》卷四十八，"礼俗"条，上海：上海古籍出版社，1992年，第443页。

惊人的数字。只有通过财产的不断馈赠与遗产分割,土地高度集中的势头才能得到遏制,从而保证社会小自耕农的一定存量,这对开展正常的土地买卖是有益的。

(三)土地买卖的地区差别

中国封建经济的发展,历来有地区间不平衡的特点,在历史发展过程中,天山南部不同地区的人民也形成了不同的生产方式。天山以南吐鲁番地区"地当孔道,为南疆门户。自前代以来,数用兵。同治初,安集延酋帕夏父子袭据之。光绪三年(1877),北路大定,刘锦棠遣兵破其垒,城遂复"。"回众之胁从及流亡皆返耕,而汉民牵车服贾者,亦襁至焉。"①由于"吐鲁番古称南路腴区"②,"田肥美,掘井浇灌。有黍、麦、梁、菽、蒲、桃、草、棉、果、瓜之饶,气候炎歊,食物常足"③,"稻麦高粱瓜果葡萄棉花芝麻之属饶裕称最"④,与天山以南其他地区相比不仅在自然地理、物产上有诸多特点,而且在土地买卖的对象、形式上也具有鲜明的地区特色。乾隆四十四年(1779)清政府将辟展办事大臣改为吐鲁番领队大臣并迁至吐鲁番城,设置了吐鲁番直隶厅。⑤吐鲁番在行政上被分成两部分,即清朝直辖吐鲁番以西至托克逊为止的吐鲁番盆地西半部;吐鲁番郡王领有的喀喇和卓以东至辟展、齐克腾木地区。喀喇和卓附近是吐鲁番郡王领地和吐鲁番直隶厅辖区的交界地。⑥之后直到近代,吐鲁番社会一直分为吐鲁番郡王领地和吐鲁番直隶厅所辖两部分。当地维吾尔族人处于吐鲁番直隶厅的直接管辖下,为内地地主经济生产方式的传入提供了便利,大量内地移民又使该地直接处在内地

①[清]袁大化、王树楠、王学曾:《新疆图志》,"建置二"条,上海:上海古籍出版社,1992年,第19页。

②中国社会科学院中国边疆史地研究中心:《新疆乡土志稿》,北京:全国图书馆文献缩微复制中心,1990年,第232页。

③同上书,第226页。

④钟广生:《新疆志稿》,民国二十年铅印湖滨补读卢丛刻本,第43页。

⑤宋伯鲁:《新疆建置志》卷二,北京同和书局铅印本。

⑥[日]佐口透:《新疆民族史研究》,章莹译,乌鲁木齐:新疆人民出版社,1993年,第166页。

汉文化的辐射范围中。清政府于光绪三年(1877)重新收复新疆后,1884年新疆实行行省制,吐鲁番领队大臣被废止而代之以"同知"一职,清政府在吐鲁番实行"改土归流",吐鲁番郡王领地也属于新疆省政府的直辖之下。吐鲁番王虽仍有王之称号,但势力已逐渐衰落,其占有的土地数在中华人民共和国成立前甚至不如一个普通地主马兰苏多。① 流寓此间为生的汉人人数增多,使吐鲁番地区的生产方式、法律制度与南疆其他地区间的差异逐渐增大。

通过调阅自治区档案馆收藏的吐鲁番地区大量有关当地土地买卖的文书,既可以了解当时吐鲁番地区土地买卖的基本情况,又可对其与南疆地区差异性加深认识。

光绪年后吐鲁番地区土地买卖文书格式已同内地无异,契约的内容一般包括:卖地人的姓名,卖地的原因,土名、税亩、四至、买主姓名、价银、银的成色,此外还得声明银(钱)是否当日交足,有无下欠,即交收过割承纳粮差,永远管业。而后是写立文契时间,最后是卖主、中间人签字画押,反映了在吐鲁番直隶厅管辖下当地法律制度几同内地的事实。清政府在光绪年间重新恢复在吐鲁番的政权时,设立了善后局,有关"命盗、钱债、田土、户婚事故各案件,概由局员察律办理"②。官府取代宗教法庭,直接参与管理当地土地买卖事宜。私人间所订地契都需交官公验,交纳契税,经官府加盖钤印后,谓之"红契"。红契有更强的法律效力,也能为官府带来一笔可观的收入,官府对此十分重视,如馆藏Q15-7-2151号文书:

为谕饬事,照得民间典买田宅,例应呈核税契,以重官课。查载不税契者笞五十,仍追税契内田宅价钱一半入官,立法甚严,本府莅在之初,曾面谕该约目人等,留心稽查,据实呈核,乃日久并无一户核究契税,似此置若罔闻,殊属不成事体,亟应再行严谕,以儆玩泄,为此谕仰该约目等,迅即挨查一如各户民将前典买田宅园业、积年陷契未税,以

①苏北海、黄建华:《哈密、吐鲁番维吾尔族王历史》,乌鲁木齐:新疆大学出版社,1993年,第228页。

②[清]左宗棠:《左文襄公奏稿》卷五七,光绪朝刊本,第1页。

及近来典卖房屋田地，未赴衙门核税，令其照章投税，宽其既往，倘再仍前陷匿，该约目等不为查核，抑或查核不实，一经察觉，或被告发，除将业主重办外，定将该约目等一并究治，决不宽贷，切切毋违此谕。

右谕仰各处大尔瓜、乡约等准此。

光绪二十九年闰五月二十五日

这种变化主要是在光绪三年（1877）清军驱逐阿古柏反动政权后发生，之前当地诸如土地买卖之事还是由宗教法庭处理的，如馆藏 Q15 -7 -002320 号文书：

关于审理葡萄沟沙塔尔阿吉已呈控萨布克霸占园地抗不退还一案中，萨布克拿出剪裁半节片纸为证，其中年、月、日期及中证姓名模糊不清，碍难为凭。原告词内称葡萄沟有祖遗园子一所，咸丰六年凭中给沙塔尔阿吉收买，限二十年，原业归主，立据各执半纸一节。查阅该原告所呈回文合同字据系于文字当中剪断，形如锯齿，字名多不完全。饬传识字缠民翻译，内载清真一千二百七十三年□月初三日，园子卖与阿斗哈尔自己，当咸丰六年起为满，自愿画押，小的控则八海干证克四木尕阿札木苏目阿苏满等字样。合同原无二十年业归原主一语，亦未载及价值、地名、四抵界址，据内亦无当日回目毛拉图记。详询缠回土俗，当卖产业从无如此写法，更无字句剪缺，若此形式，其为私自伪造无疑。

其中萨布克所持契约的一半系咸丰六年（1856）出卖土地给沙塔尔阿吉的地契，用维吾尔族文书写，但因格式不符合当时伊斯兰宗教法庭此类文书的通行格式，故被官府认定系伪造之物。但即便如此，吐鲁番地区当时土地买卖与南疆其他地区相比就已很不相同，如在《选编》中，同一时期南疆其他地区土地买卖主要是“绝卖”，而在吐鲁番地区，在同治年间实际上已经普遍存在“活卖”。有些变乱前订立的地契的执行因战乱中断了，之后不得不根据变化了的情况重新修订，如馆藏 Q15 -4 -00318 号文书：

克为斯将地卖给曾盛永等经中见人所立之契约

具言人：克为斯、哈沙铁毛、克礼米牙斯。只因前次将地一段当于杨新未、曾盛永名下 25 年，买主种了 17 年，下余 8 年为荒，自兵荒以后，卖主交于买地稞同重议论，每年高粱 3 石，净棉花 15 斤，六年起十三年止，至立字之后并无异说，恐后无凭，立字为证。

同人：阿不都可斯、若子满提、麻木提、沙衣提八海、尕四

光绪六年六月初四日

该份文书实际上是对前次文书的修订。由于回民起义前当卖的土地因变乱导致使用年限未满，土地经营权仍在买主手中，卖主与买主重新达成协议，但条件发生了些许变化，不过买卖双方对此均已表示认可。馆藏Q15－4－00318号文书也说明同样的问题。

但并非可以因此断定"绝卖"在吐鲁番不存在，实际上馆藏的这些地契中仍有一些与"绝卖"有关。如馆藏编号Q15－4－00222号文书，"户民玉散巴亥将祖遗园业一段卖于丁有才名下，子孙永远为业"即可为证。"绝卖"在清代天山南部各个地区都普遍存在，只是在吐鲁番地区与"活卖"相比所占比率很低而已。

"活卖"一般包括土地典当、土地质押、土地租佃等。在馆藏的吐鲁番地区土地买卖文书中，数量最多的是有关土地"当卖""租卖"的文书，一般会具体写明管业年限，显然是活卖。"因为土地所有者将土地租给别人耕种，收取一定的地租或一定数额的'价直'，这实际上是一种出卖土地所有权的行为。"①就笔者在自治区档案馆查阅结果看，租佃契约中最多的是这类"租卖"，其对象可以是园地，也可以是水利。其次是土地典当——"典租"。显然，吐鲁番地区除了以上官府认可的合法土地交易形式外，非法的"偷卖"也大量存在，成了清代吐鲁番地区土地买卖中的又一重大问题。下面分别说明：

1. 租卖

即钱主一次或分次将田主的土地使用权买到手，在经营期间不再缴纳地租，等到租限期满，再将土地使用权归还田主，买卖色彩非常浓厚。因立契时常要明确差粮交割的问题，而"耕者助而不税"，因此封建国家要向土地所有者征收一定税额的土地税，我们所列举的这些契约中都涉及差粮交割，显然不是"租"，如果是"租"，差粮问题就不会这么复杂了。"租卖"说是卖

①赵云旗：《唐代土地买卖研究》，北京：中国财政经济出版社，2002年，第279页。

也有问题。虽看起来与一般的“活卖”无甚差别，有具体的经营年限，立契时，要明确钱粮交割事宜，但笔者所见契约中均未写明回赎字样，也未见因回赎而出现纠纷的情况，即意味着经营期满，自然如 Q15 -7 -02320 号文书中所言“原业归主”，更像是“预租”与“活卖”的结合。所谓“预租制”，“在中华人民共和国成立前的江阴、溧阳等县称‘现佃租’，高淳县称‘超租’，丹阳县叫‘寅交卯年租’……其特点是先交租后种田，佃户均无永佃权”①。由于传统中国社会民法不发达，吐鲁番地区在产权问题上本来应具有明确意义的土地交易形式，但其趋向于可以说是处于“租”与“卖”中间的一种含混状态，差役田赋的承担因而也无一致的规定，由买主与卖主商定，具有明显的当地文化特色，有别于南疆其他地区，也与内地情况不同，如馆藏 Q15 -5 -726 号契约文书：

立写出卖葡萄园高田树文字约人：买买提保什户同子哎罗提八亥。父子二人因为差粮外债不便，将己祖业园地一段计葡萄树 142 墩，高田果（杏桃梨）树 44 棵随带住房 2 间阴房 1 所挂葡萄木刺 64 根一并在内，今同人当面言明出卖于王绪贵名下，管种年限 10 为满，共作 10 年，园地价银 180 两整，其银当日交清并不短欠分文，其园 5 年限后经管其，光绪十八年春季起二十七年秋后为满，其园东抵河坝墙为界，西抵业主墙为界，南抵祖奴尔墙为界，北抵崖埂为界，四界分明，每年帮完官粮银 1 两，应出差事等项地主人承纳不与典主相干，倘若亲族人等异言阻挡者地主人父子承当，空口无凭，立卖约为证。

同中人：祁万和、阿不你牙思、搭藏

立卖园约人：买买提保什户、哎罗提八亥

代笔人：乡约王瑞堂

所谓“高田”，是指南疆果园中的果实，如桃、杏、核桃等。

这是一份典型的租卖土地文书，文中说地主将葡萄园地、高田果（杏、桃、梨）树等“出卖于”王绪贵，明显不属抵押，也未谈及回赎，与典押无关，王

①成汉昌：《中国土地制度与土地改革——20 世纪前半期》，北京：中国档案出版社，1994 年，第 80 页。

绪贵得到了为期 10 年的使用权，期满要将园地退还地主，属租用性质，要交租金“地价银”180 两整。租佃土地耕种除必须规定年限外，一般都是按土地经营周期按年交租，像上文一次预交十年租金的情况在同期的内地也不多见，何况文中还说“其园 5 年限后经管其”，即承租人还要等 5 年才能真正获得使用权，出租的条件可谓苛刻。有时，这种“租卖”会在期满后双方立约后继续延续。如馆藏的 4 件同为 Q15 - 4 - 107 号的文书谈的是同一块地，经四次“租卖”，经营权由光绪四年(1878)延至民国二十二年，前后长达 55 年，初步具有了“永佃”的性质。所谓“永佃”，即如同内地，占有权同使用权(经营权)分离，即所谓的“田骨”与“田面”分离，是租佃制下土地使用权(经营权)进入市场的结果，实际就是占有权与经营权的彻底分离并彼此完全独立开。写立租卖契后，买主实际上只得到了经营权，土地经营权一经商品化，必然会使土地市场的土地交易量成倍增长，构成了土地市场发育到高级阶段的又一重要特征。

吐鲁番地区“租卖”的普遍存在可能与内地移民大量进入该地有关。吐鲁番地区居民主要是由土著维吾尔族人与内地移民组成。“土著则居处不迁，各甘其食，美其服，安其俗，乐其业，老死不相往来。客民则转徙无常，其俗剽轻，仰机利而食，饥则集，饱则飏，其所耕地，时赢时缩，不可为常额。”① “关内细氓奔走万里，大都觊近利，竞锥末，不肯轻弃其乡，劣积赢蓄，即挈囊橐返故里，无殖田园、长子孙之计”②。即内地移民大多愿意在吐鲁番临时经营，“死买”土地者很少。从涉及“租卖”的文书看，承租人多为内地移民，出租人多为当地维吾尔族人。移民流动性大，又多无不动产，一旦出现主佃纠纷，难以收回租金，“租卖”制有利于保障田主的利益。同时，吐鲁番地区买卖对象多为葡萄园，葡萄作为经济作物，受市场行情影响较大，需要更加灵活的经营方式来规避风险，对买主而言，“租买”比单纯的佃租提供了更多自主经营的可能性。由于葡萄园经营过程中仍需大量投入，卖期越长，买主的收益越稳定。因此，经营期限一般都很长，多数在 10 年以上。但是租期过

①钟广生：《新疆志稿》，民国二十年铅印湖滨补读卢丛刻本，第 48 页。
②同上书，第 50 页。

长,也产生了其他问题。出租人多由于“手头不便”等原因急需长期租卖土地,换取大量货币救急,因此地价主要由当事人双方会同中人商量确定,执行过程中因战争、地租变化等不可预见的原因,会出现各种纠纷,有时不得不诉诸官府,如馆藏 Q15 - 4 - 00479 号文书中的张兆祥在同治年变乱前与卡盆子订下契约,预租卡盆子园地 50 多年,后因战乱原因未能行使经营权,光绪五年(1879)双方再次立约确认前次契约的有效性。但后来原主却将葡园另卖予别人,而补给他 3 年的地价,显然当初双方商定的地价过低,而原主有意缩短经营期限,但未能与原承买人协商一致,因而引起诉讼纠纷。这说明清政府重新收复吐鲁番地区后,当地土地买卖活跃,土地价格上涨,以前过低的地价收入已给出租人带来实实在在的压力。当然,对普通农民来说,一次交清大笔地价实非易事,买卖双方也会使用一些变通的方法。例如,馆藏 Q15 - 5 - 603 号文书中说的仍然是张兆祥,这次他又租买了别人的园地,难免手头紧张,好在经双方协商,园主同意分 3 次支付地价。

2. 典租

吐鲁番地区还有一种重要的活卖形式,即“典租”。农民因经济困难或无力耕种时,将田地出典,订立赎期,得到一笔押金,又叫典当田,如馆藏 Q15 - 7 - 1814 号契约文书:

为偷卖葡园,业不由主,恳恩作主,俯准传讯,以追葡□□,究偷买偷卖事。情因小的在连木沁有祖遗葡园□□□墩,于光绪四年,小的二叔叔都缸买提同小的三叔父□□□葡园一百墩,当于汉□卢万名下,当价银壹百□□□,限三年,银到回赎,立有合同当约,各执一纸,不□□□当之后,小的二叔病故,留小的等年幼,到期无银取□□,嗣后卢万亦故,卢姓亲戚将此葡园原价转当郭□明名下,郭姓归家,又当于吕文亮,后吕姓又转当闫嵩年名下,去冬闫姓向小的声称,伊要归家,要小的取赎葡园,小的言及无银取赎,闫姓要小的拿出银四十两,将葡园赎回。今春小的来城,向小的姐姐家中借银,该大尔瓜和家卖提听知小的借银赎取葡园,即串通大玉石托乎的买提等,控说小的借下伊等银四十两,向闫姓将约哄去,将小的并大玉石二人葡园一并卖于前充四苏目哈得尔名下,共卖银一百八十两,小的听知,即问大尔瓜,因何你将我葡园偷卖，该大尔瓜声称闫姓卖的，小的问四苏目，言从大尔瓜手买的，似此恃目欺民，业不由主，小的情难甘忍，只得呈明。叩乞大老爷案下，电鉴做主，俯准差传，以究偷卖，则小的永感公侯于万代矣。

词内：饶子卖提、和家卖提（系大尔瓜）、闫嵩年（买业）、大玉石托乎的卖提、哈得尔（系前四苏目）

约据临审呈验

光绪二十五年四月初十日告

虽以偷卖为由上告，但纠纷却缘起于园地“典卖”。典卖原本就存在不平等性与危险性，园地一旦典出，就面临着失去的危险，但同时小农对小块土地的占有，正是在地权不断典当、买卖中实现的，在其农业再生产或人口再生产出现中断与危机时，也只有通过出卖田地来换取购买能力，恢复和延续其再生产，典卖的存在实际上有其合理性。同时，由于土地是中国传统社会最重要的生产资料，也是买卖双方争夺的焦点。争夺主要是以交易的形式出现，而交易的各方经过长期的实践，最终达成“典”这一形式的默契。典，意味着以较低的价格出让地权，但保留了回赎的权利，如无力回赎，则有失去所有权的危险。另一方面，典，也给资金力量不足的人提供了置产的机会。总之，典，给争夺双方提供了一个地权争夺的缓冲地带，而这个地带容纳了传统——人情、道德、习俗等。①

3. 水权买卖

馆藏的地契中还有不少清代吐鲁番地区有关水利买卖的契约文书。新疆是一个干旱地区，水资源缺乏，水利与土地在农业生产中具有同等重要的作用，“民争水而不争地”②。在清代南疆，水有两种占有形式：一种是与土地相结合，占有土地多相应的水量也多，土地少水量也少，这是最普遍的形式；另一种是与土地相分离单独占有水量，水可以买卖、典当和出租，与土地一样。在吐鲁番地区水的占有主要采用后一形式。吐鲁番以坎儿井（一种地

①周翔鹤：《清代台湾的地权交易——以典契为中心的一个研究》，《中国社会经济史研究》2001年第2期，第9~15页。

②曾问吾：《中国经营西域史》，上海：商务印书馆，1936年，第428页。

下引水渠）浇灌为主，有的坎儿井系私人投工修建，则属于私有的财产。“开一坎井需费数万金”①，“亦有掘不及泉，因荡产者，然得泉则立富”②。“吐、鄯、托、哈密一带，常以坎井论富，譬如说某人是大巴依（富人）就以拥有若干坎井为难，这些巴依就靠水剥削农民。”③水权作为地权的有机组成部分也在买卖，有时水、地分卖，有时水地同卖，各种纠纷不断，均体现了水利在吐鲁番的特殊地位，如馆藏 Q15－4－00177 号文书：

赵喜殿买卖坎儿井地亩等给吐厅之禀文及领结

具墨领（小的）赵喜殿，情因凉州工有祖业坎儿井一道出卖于缠民屈路尧，今当堂领到大老爷案下领得缠民屈路尧买（小的）坎儿井一道价银四百五十两整，所具墨领是寔。

具墨领（小的）：赵喜殿

该文书中的卖主赵喜殿将祖传的坎儿井卖给了当地维吾尔族人屈路尧，但未能及时取得坎儿井价银，最后通过官府追回了欠款。可见，水权买卖与土地买卖一样都是合法的。

4. 偷卖

在土地的占有权与使用权分离的过程中，产生了所谓的“偷卖”问题。从契约文书看，吐鲁番地区的“偷卖”有两种情况：一是田主将田卖出去后，不遵守协议，又将田再次卖于其他人而产生的纠纷；一种情况是买者取得了对土地长期耕作的权利之后，并不是长期耕作或永远耕作下去，而是瞒着田主将耕作权部分或全部转租或转卖，收取一定的地价。因为这种情况只是“私相授受”，地主和政府都是禁止的，所以被冠以“偷卖”一名，以体现其非法性，如馆藏 Q15－4－102 号文书：

汉民吴应福呈控买买提利等偷卖葡萄园业案

吴应福：今正月小的租买葡萄园沟阿哈提园子一块，内计葡萄五百七十墩，付价银一百一十两，高粱五十石，准看照三年为满，现有文约为

①曾问吾：《中国经营西域史》，上海：商务印书馆，1936 年，第 429 页。

②钟广生：《新疆志稿》，民国二十年铅印湖滨补读卢丛刻本，第 45 页。

③傅希若：《新疆的农业社会》，载甘肃省图书馆书目参考部编《西北民族宗教史料文摘（新疆分册）》（下），兰州：甘肃省图书馆，1985 年，第 958 页。

证，园子交清，小的即雇呼尔半在园受苦经营，小的前往西湖贩卖杂货，不料阿哈提之亲戚买铁利牙何不二人将园偷卖于陈义杨云名下，今小的归来，不准进园，即同阿哈提寻伊理论，竟然霸道行凶，信口胡说，伏思买园数月，费工无算，一旦偷卖他人入园，致小的业不由主，银园两空，不得已恳祈青天大老爷提案，以惩刁风，俾业归银主，则小的永祝公侯于万代矣。

光绪四年五月二十七日

上面文书中的吴应福虽出价银租买了阿哈提的葡萄园，但不久经营权又被园主的亲戚卖给了他人，致使吴应福经营权无法实现，“银园两空”。这是一起典型的土地占有者妨碍土地经营权合法转移的案件。本案中的买主显然忙于外出贩卖，雇人经营，长时间不了解具体情况，才导致事实上的“偷卖”成立。

又如馆藏 Q15－7－1915 号契约文书：

底湖麻以大洪喊控阿哈买提等偷卖地亩不完粮差一案之诉状

告状人：小的麻以大洪年 58 岁，被告系吐鲁番民籍，偷卖地亩不完粮差乞恩做主，追究而儆不当粮差事情。因小的父阿拉阿洪生时娶继母过门，两年后，小的父病故，分与后母枣尔沙一涝坝水，计地七斗五升，又分与四斗地，水一天，准后母生时用。不料枣尔沙病故，有伊前夫所生之子阿哈买提、牙合甫弟兄二人，偷将水地七斗五升，偷卖年限五年，价银天罡叁佰伍拾个，只得租利，不完粮差，后又偷卖小教柯阿洪名下九年，银四拾伍两，仍是小的当差完粮，后又绪柯阿洪年限壹拾五年，银贰拾两，仍是小的当差，今欠年限肆年，该阿哈买提，牙合甫又偷卖年限二十年，小的知道挡阻，小的之祖业，枣尔沙生时应分所吃，枣尔沙故后，应是小的之业，该伊弟兄霸种，卖二十余年，小的每年当差完粮几两，陷害小的年年屡账，该欠外债百余金，似此霸种地亩，不完粮差，陷害无辜，情所难容，只得呈明，即乞大老爷做主，以惩偷卖地亩，而究垫完粮差，俾小的不受粮差之害，则永感靡涯矣。

原告：子麻以大洪

被告：阿哈买提、牙合甫、柯阿洪

光绪二十六年二月

上述文书中的“偷卖”则是因水地继承问题而产生，如果本案棗尔沙之子有权继承其母的水地，则“偷卖”不能成立。显然棗尔沙之子阿哈买提、牙合甫二人认为他们是母亲水地的合法继承者，因而将土地经营权卖给了他人，而原告麻以大洪则认为自己才是父亲水地所有权的唯一合法继承者，棗尔沙之子无权出卖属于自己的土地使用权，而他还当差完粮则更证明了其对土地所有权诉求的正当性。

由于特殊的地理、气候条件，在吐鲁番地区偷卖“水地”的事不在少数，如馆藏 Q15 - 7 - 1944 号契约文书：

三堡比咀巴喊控主麻子偷卖水地一案之诉呈，甘结并吐鲁番抚民府批示

告状人：缠妇比咀巴三堡人，距城七十里，为偷卖水地，乞恩做主，追究水地事，缘三堡坎尔上有（氏）父分与坎水一天，（氏）丈夫生时，向（氏）言伊当三年，使贪价银还夫账债，今丈夫病故，有小教主麻子云称（氏）丈夫死卖与伊，并坎内房屋，俱已死卖，似此情难甘忍，只得呈明，叩乞大老爷案下做主传案，以追坎水，而究偷卖，则（氏）永感靡涯矣。

原告：（缠妇）比咀巴

被告：（小教）主麻子

光绪二十六年四月初一日

一方面是土地（包括水利）所有权与使用权的分离在加剧；另一方面，土地（包括水利）的占有者又以偷卖为名努力阻止这一进程。偷卖者既包括土地（水利）的占有者，也包括使用者，当“偷卖”与“死卖”“活卖”纠缠在一起时，处理起来并非易事。对这个问题的研究有助于我们进一步认识内地“田骨”与“田面”分离的过程及其变革时期吐鲁番地区地权交易的复杂化。

总的来看，这一时期在天山南部广大地区（吐鲁番地区除外）土地买卖主要还体现为土地所有权的交易——“绝卖”，间或可以看到“活卖”的存在，但并不普遍，自然经济特色较浓，宗教与经济活动的关系相当紧密，土地买卖主要仍由宗教法庭管理，经济活动的形式有浓厚的地方色彩。而在吐鲁番地区，由于内地移民人数众多，土地资源紧缺，劳动力与土地给合并不容

易。建省后,按地征赋,土地经营成本增加,愿意购买或预租土地的主要是具有一定生产技能的内地移民,因此土地使用权的转移相当频繁,地价波动很大,土地所有者不愿轻易“绝卖”土地,而通过“活卖”能实现地权转移中的更高价值。因此,绝卖在吐鲁番地区已经很少见到了,这与天山南部其他地区形成了鲜明的对比。这证明吐鲁番地区市场经济已经发展到了一个新的阶段,这与内地文化对当地的广泛影响是分不开的。

5. 余论

建省以前的南疆广大地区基本上还处于自然经济条件下,手工业与农业结合紧密,土地周转、买卖的频率相对较低,买地者多是权贵阶层,他们往往运用经济手段强制达成交易,买卖的土地面积相对于建省后为大。如统计《选编》中辑录的建省前 12 件文书所涉及的土地买卖数量,最大的为 003 号契约中的 8 帕特曼地,约等于 524 亩,最小的为 019 号文书中的“一亩半地”,且为经过分割后的“遗产田”。买卖土地面积大可能与自然经济条件下土地集中联片有关。建省后,由于普遍改革了赋税征收制度,农业生产的商品化、货币化程度有所提高,土地买卖呈现出新的特点,特别在吐鲁番地区,由于内地移民众多,地权交易中“活卖”所占比例极高,地权转移频繁;买卖的土地面积一般都不大,量值较大的“帕特曼”单位已难看到,特别是在吐鲁番地区,往往具体到以葡萄墩数来计算土地面积,量值更小。土地畸零现象意味着农业的自然经济色彩的渐褪,商品经济色彩的渐浓。

总结清代新疆天山南部土地买卖的原因,可能主要有以下几点:

(1)小自耕农的普遍贫困化是导致私有土地买卖的重要原因。乾隆二十四年(1759)清政府统一新疆后,在广大南疆地区保留了传统的伯克制度,在哈密、吐鲁番地区则实行札萨克制,这两种制度都有浓厚的封建领主制色彩。在南疆维吾尔族社会,伯克、宗教上层人士具有优越的政治、经济地位,并且他们有免税的身份,成了维吾尔族社会的各级世俗与宗教领主。在建省前的南疆还实行准噶尔蒙古时期就已存在的按丁征赋的制度:“内地征收常制,地丁合而为一,按亩出赋,故无无赋之地,亦无无地之赋。新疆则按丁索赋，富户丁少，赋役或轻，贫户丁多，则赋役反重。事理失平，莫甚于此。”①这种不合理的赋役制度等于变相鼓励各级领主兼并土地，导致“豪强兼并，习染成风，伯克土霸，日增其富。小户回子，少有积蓄，辄为所咀嚼。以故人口虽繁，不能殷实，多贫乏之人”②。维吾尔族的伯克，则依仗官势，暴虐甚于官府，如霸占民田、官田，再将所占田地强迫人民无偿耕种，或转卖于安集延商人。③再加上水利为阿奇木伯克等把持，他们只顾自己田地：“回疆雨泽稀少，灌溉农田全资水渠之利，向来阿奇木及大小伯克等引水浇地，只图自便，辄将去路阻遏，以致下游回地歉收，穷回受累。”④从而也就使得社会上贫者愈贫，富者愈富，不少农民只好出卖土地，沦为农奴。由于封建地租、捐税、强征强派，无偿劳役和高利贷剥削，南疆农业经济日益落后，乃至趋于破产。维吾尔族农民生活越来越贫困，不仅为生计所迫而出卖土地，而且不少人因无力负担地租和土地税而宁愿将土地转让给他人或捐赠给宗教机构。⑤

（2）随着商品经济的发展，农业商品化程度的增强，土地日益成为人们追逐求利的对象，因而土地的周转和土地买卖亦日益加快。建省前后，大量的官地变成了农民的私有土地，土地市场容易扩大。同时，大量的内地移民进入新疆，需要租佃或购买土地，这使得整个天山南部地区土地买卖处于活跃状态，特别是内地移民较多的吐鲁番地区，法律制度环境有利于地主经济的发展，制约土地租佃与买卖的人为障碍被消除，从而使当地出现了多种形式的土地买卖。“吐鲁番岁产草棉三百余万斤，葡萄二百万斤，皆陆运，由伊犁出俄地销行者十之六，由归化城入内地销行者十之三，在本境及省城一带

①［清］左宗棠：《左文襄公全集》卷五三，光绪朝刊本，第34页。

②［清］七十一：《新疆纪略》。

③新疆社会科学院：《新疆简史》（第一册），乌鲁木齐：新疆人民出版社，1980年，第321页。

④那彦成：《那文毅公办理善后奏议》，载马大正、吴丰培主编《清代新疆稀见奏牍汇编》（道光朝卷），乌鲁木齐：新疆人民出版社，1996年，第44页。

⑤陈国光：《清代维吾尔族中的伊斯兰教》，《新疆社会科学》2001年第3期，第66页。

销行者十之一。其余粮食、果实销行本地,并无赢余焉。”[①]说明吐鲁番地区农产品商品化率极高。“园圃之利富于农十倍”[②],加上“夫客民伎巧诚非土著所及”[③]。内地移民愿意在吐鲁番发展并有技术优势,这无疑促进了当地土地买卖的活跃,特别是土地经营权买卖的增长。

(3)高利贷也是引起土地买卖的重要原因。高利贷者在放债时,一般都顾忌债务人无法偿还,要求以财物作为信用担保建立借贷关系。用于担保的财物,最主要的便是土地。在土地抵押担保的基础上,又发展了直接的土地典当。这种借贷契约关系的发展,反映了抵押土地导致丧失土地所有权的普遍性。清代天山南部高利贷主要由内地商民经营:“内地商民向在各城放债,重利盘剥穷回,三月转票,利又加利,一年之后将其房屋、地土贱价准折,偿还欠项。”[④]无疑,高利贷也有促进土地买卖发展的作用。

九、小结

南疆的民地,虽然由于度量衡制度中的地方差异,实际上很难统计准确的亩积数,但南疆人口数量增加很快,造成人地关系紧张是不争的事实。而对于南疆私有土地经营方式的注解,不能简单地只考虑人地关系,还应注意其历史继承性和地域差异。

耕地面积的多少是衡量南疆农业发展水平高低的重要标准,南疆绿洲社会亩积单位的纷杂、丈量工具的多样,使得当时所统计的耕地面积其准确性和可信程度存在很大问题。以籽种数计算田土面积大概是地广人稀的农业区的习惯,其所使用的最基本计量单位是帕特曼、噶尔布尔、察拉克、塔哈尔等,它们既是计量工具又是重量单位,还可以表示田土面积。普遍以田土

①中国社会科学院中国边疆史地研究中心:《新疆乡土志稿》,北京:全国图书馆文献缩微复制中心,1990年,第242页。

②钟广生:《新疆志稿》,民国二十年铅印湖滨补读卢丛刻本,第49页。

③同上书,第50页。

④那彦成:《那文毅公办理善后奏议》,载马大正、吴丰培主编《清代新疆稀见奏牍汇编》(道光朝卷),乌鲁木齐:新疆人民出版社,1996年,第46页。

真实量度面积为计量单位在南疆应是较晚的事情。人们从较为实际的立场和观点出发,在计量田土面积时,往往并不去看其实在的面积的大小,而只注重从其收获量、播种数等方面来衡量其价值。耕地的多少不完全由其面积大小决定,同样大小面积的耕地,由于灌溉条件的不同,可能产量差别很大。或者说,仅以土地面积大小来说明投入产出比意义不大。南疆绿洲沙多土少、地多水少、土瘠地贫的自然环境,是造成南疆地区以播种量计量田土面积的一个极为重要的原因。应当说,在生产力发展相对落后的南疆地区,使用播种量为单位来计算田土面积的做法有其合理的一面,毕竟它能够较为真实地反映出一块耕地的实际价值。南疆地区民间不以亩、顷而以播种量等来计量田土面积,其实质主要是为了保证田主的经济利益免遭损害。

私有土地数量的增长,扩大了土地买卖市场的容量,地权转移也更加频繁,地权转移的形式逐渐多样化,但这种变化因地区不同而差别较大。土地买卖(不包括吐鲁番地区)已不局限于死卖(绝卖)一种模式。这一时期引人注目的是吐鲁番地区土地买卖上表现出的诸多地区特点,如土地买卖的频繁程度、大量的土地买卖引起的纠纷、活卖占绝对优势等。很显然,维吾尔族社会已经逐渐接受了这种土地经营权转移的新形式,有维吾尔族人充当典权人这个事实与当时社会形态、政治形态、民族经济发展状况有关,说明伊斯兰教对变化了的社会有很强的适应性。此外,清代前期天山南部地区土地买卖的结果应该呈现出土地向某一两个阶层手中集中的趋势,最终可能会使土地买卖发展的势头停滞下来,但实际上在清政府统治新疆的整个时期,土地买卖都非常活跃,这与伊斯兰教财产馈赠、遗产分配与继承制度有很大的关系。吐鲁番地区与天山以南其他地区相比,不仅在自然地理、物产上有诸多特点,而且在土地买卖的对象、形式上也具有鲜明的地区特色。这可能与内地移民大量进入该地有关。

南疆绿洲农业经营方式以地方性知识系统为支撑,保证了人类活动与生态环境间的和谐。南疆绿洲生态环境数千年内虽发生了不少变化,但除去当地气候降水变化的因素,人类活动并未造成大的生态环境恶化。特别是在清代、民国时期南疆人地关系持续紧张时,能保持良好的生态环境,说明当地的农业经营方式必有其可持续的道理。

维吾尔族农业经营有它的特点，就是不单纯依赖于农耕、粮食生产，因地制宜发展园艺业、畜牧业，解决了部分食品问题。维吾尔族农民善于搞多种经营，特别是从事手工业与商业，在一定程度上缓解了人地紧张关系。

高利贷是农村经营活动中的一种特殊形式，如果不考虑附着于其上的道德因素，在一个融资困难的社会，它有其存在的价值。作为一种前资本主义的借贷资本，高利贷在南疆特殊的社会历史条件下，活动内情也显得复杂纷繁，呈现出新的特点。高利贷者队伍也发生了具有时代特征的变化，过去主要是汉人，后来在当地民族中从事高利贷者也不少。1933 年后盛世才彻底禁止和取消了高利贷，到 1944 年以后国民党统治新疆，社会上一些人又干起高利贷生意，做重利盘剥的无耻勾当，或直接作典押当，这些高利贷者直接或间接地都和统治官衙有勾结。

南疆社会生产以家庭为单位，核心家庭一直是南疆农村的主要家庭形式，同时由于伊斯兰宗教文化的影响，加上人口的迁入和迁出频繁，南疆绿洲社会很早就变成了一个契约关系发达的社会，甚至夫妻离异也要根据经典由契约来规范离异后的抚养义务，使夫妻权利与义务关系基本平衡。

南疆绿洲被中亚称为小布哈拉，商业发达，加上密如蛛网的灌溉渠道，造就了旱涝保收的片片绿洲。随着经济的发展，社会关系纷繁复杂，原本单纯的熟人社会的社会形态受到外来因素的冲击，各种力量和人群关系在各种社会因素的动态博弈中流动，不可避免地产生了各种纠纷、衍生了当地独特的诉讼文化。从词状的行文程式上看，递送到官府与递送到宗教法庭的讼词有所不同；从词状的内容看，南疆社会对于诉讼的观念，并不具有近代法秩序下的“诉讼”的特征，其提起诉讼的理由包罗生活巨细，从婚姻纠纷、田土纠纷到邻里的口角纠纷等都可以进行诉讼。在南疆社会，严格的民事、刑事、行政这样的分类并不存在。在沙里叶提法院中，缺乏正式的司法程序，也没有上诉制度，由此卡迪司法具有更大的自由裁量权，而卡迪独任制审判进一步增加了判决的任意性。其处理问题的方式是有独特的文化依归的，这也是进入民国后长时期内官府仍然无法取代宗教法庭处理民事纠纷的原因。

第五章

从阶层到阶级——清代、民国时期维吾尔族社会结构之变迁

清代新疆天山南路维吾尔族社会既有长时间的稳定发展，也有剧烈的冲突动荡，原因是多方面的，但用社会学的方法结合不同时期土地占有关系的调整，从整合分化入手探讨其社会结构的变迁，也是一个新的研究途径。研究清代回疆的社会结构，主要着眼于寻求其时代的特征与意义，但只有从历史的角度做比较研究，才能揭示其社会结构演变的轨迹，发现其中的一般规律。

一、清代以前维吾尔族社会的结构状况

维吾尔族是一个具有悠久宗教信仰传统的民族，历史上曾经历“三次大的宗教信仰危机”①，特别是缘于伊斯兰教大规模传入新疆南部地区而引起的所谓“第三次信仰危机”，对喀喇汗王朝以来维吾尔族社会结构的形成与变迁产生了巨大影响，这种影响的结果直至清代仍然存在。

国内学者将社会结构通俗地定义为“社会结构是用来表示社会被划分为不同的社会集团和各集团之间稳定联系体系的术语”②。确定不同的社会集团一般从分析等级概念入手。等级概念与阶级概念不同，等级主要指按身份、职业等条件，将社会成员分等，规定其承担不同的权利、义务。阶级的概念是指社会中在职业、收入、权利和社会影响方面彼此有别的大的团体，这些团体是自发形成的，进出自由，成员经常变化，其成员加入某个团体不是依据出身，而是取决于教育、能力、个人品质和机遇等因素。等级与阶级的区别在于前者是法权身份，后者是经济地位。等级与阶级不一定一致。历史上的维吾尔族社会本质上属于等级社会，阶级表现为等级，往往根据其身份与职业来确定其社会地位。

喀喇汗朝时的社会结构状况在优素甫·哈斯·哈吉甫《福乐智慧》一书中有清晰的表述。《福乐智慧》是公元11世纪我国历史上喀喇汗朝时期用回鹘语（古代维吾尔族语）写成的一部长诗。《福乐智慧》的作者优素甫·哈

①拓和提：《维吾尔族历史文化研究》，北京：民族出版社，1995年，第128页。
②舒小昀：《论社会结构的划分》，《唯实》2002第7期，第18页。

斯·哈吉甫通过四个具有象征意义的人物形象间的对话，表达了作者对社会、法度、伦理道德、哲学、治国之道等问题的看法，通篇观察，作品较清晰地展示了建立在职业结构基础之上的社会结构的状况。作者面对社会结构剧烈变化的现实，有“礼崩乐坏”的切肤之痛，希望在宗教的基础之上，借助一套社会伦理思想来调整社会各阶层的关系，形成一个以国王为主导，传统文化与宗教伦理思想相结合的意识形态为基础的整合力量，来稳定当时的社会结构。就当时的职业结构来说，作为社会资源的职业种类相对于漠北时期丰富了很多，以作者谈到的一些有代表性的职业看，可将其归纳为三个阶层：①贵族阶层——国君；②特权阶层——宫廷办事人员、大臣、将领、御前侍臣、宫监、使节、书吏、宫廷司库、御膳监、侍酒官；③平民阶层——黎民、圣裔、哲人、学者、医生、巫师、圆梦者、星占士、诗人、农民、商人、牧人、工匠。作者对每一阶层在作品中做集中描述，说明他已意识到这三个阶层的存在，并且对每一个阶层采用不同的叙述语体，如对贵族与特权阶层是引导与劝诫，对平民阶层是尊重与希望。他还从国王与宫廷人员、宫廷人员与黎民百姓、国王与黎民百姓的关系来阐述不同社会集团对社会结构整合（包括合法的价值观念、文化教育制度、政治组织与社会控制体系、社会经济组织及制度等）的理解，强调了要发挥宗教应有的社会调适功能。《福乐智慧》中对作为统治阶级的国王及特权阶层有不少关于其共同特征的表述：

首先，国君的身世要纯正高贵，
要英勇无畏，有狮子的勇气。
父亲是君主，儿子天生是国君，
儿子应当有父亲的胆识。①
用你的右手挥舞战刀，
用你的左手施舍金银；
说话时舌头要如糖似蜜，

①优素甫·哈斯·哈吉甫：《福乐智慧》，郝关中译，北京：民族出版社，2000年，第260页。

尊卑贵贱都会向你称臣。①

身世优越,即天生优越,

优越之人,出人头地。②

富有智慧,身世高贵,

身世卑贱之人人品不纯,

大臣职务不能让他担当。

身世高贵之人恪守信义,

品行不纯之人会带来灾殃。③

门第高贵之人秉性和善,

对人民怀一片赤诚心田。④

很显然,无论国王还是大臣,都无法忽视血统与门第,这是平民阶层进入极权与特权阶层最大的障碍。但任何社会不同等级间的界限都不是绝对的,都会提供流动的机会,只是自由程度上相差很大。《福乐智慧》中谈道:

国君器重臣仆,出于他的功劳,

谁若建立功劳,低贱亦可变为尊贵。

立功吧,奴隶因功劳而成为伯克,

谁没有功劳,心愿万难得遂。⑤

不幸的人因立功而获得高位,

无能的人永远被拒之门外。

为国君效力要忠贞不渝,

建立了功劳,会百事顺遂。⑥

但为国王立功的机会并不多。因此,一般的平民阶层向上流动的可能

①优素甫·哈斯·哈吉甫:《福乐智慧》,郝关中译,北京:民族出版社,2000 年,第 274 页。

②同上书,第 262 页。

③同上书,第 289 页。

④同上书,第 290 页。

⑤同上书,第 84 页。

⑥同上书,第 85 页。

性不大。

值得注意的是这一时期伊斯兰教虽已占统治地位，但对社会各阶层的控制远不像后世那样严厉，所谓的圣裔也仅是国王与大臣关心与尊重的对象而已，并不享有特权，地位与普通平民差不多。① 文中不少地方直接引用代表民族文化精华的警句和谚语来说明事理，这都反映了那个时代知识分子的文化特征。

西辽时期，按照伊宾·阿尔·阿西尔的记载："他们占据了整个突厥斯坦国家。当他们占领城市以后，对于它的居民未作任何改变，只从每户——从城市居民，此外也从农村居民——收一个第纳尔。"②可以认为，西辽时期维吾尔族社会基本上仍保持了以原有的职业结构为基础的社会结构。

蒙古的入侵与统治为当地社会带入了许多草原游牧社会的思维习惯与统治方式，也严重冲击了当地社会原有的结构模式，"蒙古国的最高统治集团是成吉思汗的'黄金家族'，全蒙古百姓都是他们的臣民。按照分配家产的体例，成吉思汗将百姓分配给诸子、诸弟"③。如同巴托尔德所指出的："民族的观念从私法领域转移到国家法律领域。国家被认为是整个汗族的财产，因而把它分成许多封地；有时强大的附庸完全不承认帝国首领的统治权。"④同时，蒙古帝国是倚仗军事征服建立起来的，政治压迫建立在军事征服的基础上，蒙古作为一个有共同认同的群体，在被统治民族身上强行获得了渴望的特权，在社会结构中普遍拥有较高的等级地位，这种等级地位又依靠不易变化的血统、民族认同观念来维持，处于社会结构顶层的汗来自"黄金家族"，处于第二等级的大臣、将军也主要来自蒙古人或突厥化了的蒙古人，后来由于在中亚与蒙兀儿斯坦的蒙古人陆续接受了伊斯兰教，民族融合的速度大大加快了，"不论他们经历了什么样的变化，其原因与其说是由于

①优素甫·哈斯·哈吉甫：《福乐智慧》，郝关中译，北京：民族出版社，2000 年，第 559 页。

②阿西尔：《全史》卷十一，载《吉尔吉斯人及吉尔吉斯地区历史资料》（第一辑），多伦堡本，第 66 页。

③韩儒林：《元朝史》（上册），北京：人民出版社，1986 年，第 86 页。

④В. В. Бартольд. Сочинения. том Ⅰ. стр. 330.

血统的混合,不如说是由于这一民族皈依于伊斯兰教。伊斯兰教的传播始终会促使生活方式和风俗习惯发生变化。”①民族融合的结果是这种某一民族垄断一个或几个社会阶层的局面发生了变化,社会等级地位的确定逐渐排除了民族因素,亦即标准由二元变成了一元,等级间的流动性增强了,这应该说是有进步意义的。但民族的完全融合要经历很漫长的历史过程,起码在叶尔羌汗国初期这种高等级社会阶层对权力的民族垄断特征尚很明显。

米儿咱·海答儿《中亚蒙兀儿史》中谈到了叶尔羌汗国时期的社会基本阶层:于阗和哈实哈儿的居民可以分为四类。一类叫秃曼(Tuman),意思是农民,他们臣属汗,每年向汗交租税。一类叫忽钦(kuchin),意思是士兵,臣属于我的家族。第三类叫爱马(imak,或作 aimak),他们每年都有一定量的谷物和衣物等薪给(mukata),也臣属于我的家族。第四类是司法部门的官吏,以及清真寺与礼拜场所的管理人,他们大部分出自我的家族。这些人不必在此一一列举。②

应该说米儿咱·海答儿在这里只是对构成当时社会人数最多的平民阶层做进一步的分类而已。除了平民阶层,叶尔羌汗国还有特权阶层:汗与各级大臣及宗教封建主。俄文版《楚剌斯》史的译注者阿基穆什金在谈到当时国家的关键职务时说:“诸如汗的阿塔雷克、大臣、叶尔羌和喀什噶尔阿奇木,库什伯克,伊沙噶伯克,穆特瓦里。”很显然,叶尔羌汗国是一个等级社会,“马黑麻·海答儿的这种社会划分,基本上是以民族—职业为标准,它反映了叶尔羌汗国当时及其后一段时间的社会经济结构;但这不是阶级划分,未能提示出其社会阶级对立的实质,即秃曼中地主与农民的对立,爱马中牧主与牧民的对立,以及整个社会中封建统治阶级与劳动人民的对立”③。

叶尔羌汗国时期社会结构中另一重大变化是原本为平民的伊斯兰宗教人员中和卓阶层的崛起与等级地位的上升,特别是汗国中后期出现的黑山

①[蒙]米儿咱·马黑麻·海答儿:《中亚蒙兀儿史——拉失德史》(第一编),新疆社会科学院民族研究所译,乌鲁木齐:新疆人民出版社,1985 年,第 93 页。

②同上书,第 215 页。

③魏良弢:《叶尔羌汗国史纲》,哈尔滨:黑龙江教育出版社,1994 年,第 192 页。

派与白山派两大和卓系统，操纵朝政，废立君王，上至军政要务，下至百姓生活，无不受和卓家族势力的影响。其中两个因素对这种情况的出现起到了关键作用，一是高贵的血统，一是所谓的一些有关和卓的灵验之事。就前一因素讲，其意义与成吉思汗"黄金家族"的概念有异曲同工之妙，顺应了伊斯兰教重视血统的传统，这也使得和卓最终有机会剥夺汗权，建立政教合一的政权。阿基穆什金也说："在蒙兀儿朝（东土耳其斯坦）发生过影响的纳合西班底耶——和卓派领导者的系谱见于一系列史料，系谱之链自然直接取决于其中给谁编撰的封号，或者取决于某人从属于这两个派系——白山派或黑山派——中的某一派。阿黑麻·卡桑尼后裔的接续可根据18世纪文献最真实地确定下来。同时，他的先辈构成的谱系，这些文献又很不一致，虽然它们将其世系提升到阿里·本·阿布·塔里布，但在系谱中产生了不同的名字和不同的代数。按我们的看法，最后所提到的情况是这种系谱的伪造性的毋庸置疑的证据。很明显，由和卓们本人制订乃是为了证明他们对王朝最高权力的企求也有其出身上的'神圣性'。"①"他们的世系在狂热的穆斯林看来是毋庸置疑的，其渊源比那些掌握世俗大权的汗和速檀长久得多。"②就后一因素而言，和卓们充分照顾了当地人传统文化中迷信观念深厚的特点，"这些流沙荒漠给亚洲人的迷信思想留下了多么深刻的影响，而它给这个地区造成那样多鬼怪和幻象的故事，也毫无足怪"③。"这些教士的陵墓变成了有求必应的圣地。历代诸汗还赠予大量土地予以供奉，然后再由主持陵墓的长老以墓中所葬的那位圣徒的名义把无数恩典赐给愚昧的农民。"④

宗教和卓阶层最终颠覆了叶尔羌汗国汗权，走上了权力与地位金字塔的顶峰，他们制定的制度，甚至他们的思想成了那个时代南疆维吾尔族社会

①О. Ф. Акимушкина, *Шах - Махмуд ибн фазил Чурас: Хроника. Критический Текст*, *пер.* (Москва: комм. , иссл. и указ, 1976), стр. 256.

②［蒙］米儿咱·马黑麻·海答儿：《中亚蒙兀儿史——拉失德史》（第一编），新疆社会科学院民族研究所译，乌鲁木齐：新疆人民出版社，1985年，第141页。

③同上书，第79页。

④同上书，第141页。

整合的基础，自然他们也成了清政府统一天山以南地区最大的利益受损者与清政府主要的打击对象。

二、清政府统一天山南路至新疆建省(1884年)南疆的社会阶层结构

清政府对天山以南的统一实际上是一个通过激烈的武力对抗实现政权转换的过程，这种转换也使南疆维吾尔族社会结构的整合与冲突进入了新阶段。整合包括建立在社会合作基础之上的社会资源有序配置、社会内部各要素(如社会群体、阶级等)相互依存及政治参与等。冲突则涵盖文化与观念的冲突、非法政治斗争、以经济关系为核心的社会反抗等。整合往往受制于组织化的社会体系(合法化的价值观念、文化教育制度等)的调适能力。如果调适得当，就会使整合克服分化，抑制冲突的发展，保持社会结构的相对稳定。反之，则会使分化克服整合，导致社会冲突的剧烈发展。这种冲突一旦突破社会结构自身的调节能力，就会造成结构的变迁与重组。而冲突的加剧则与基于社会分配体系之上的社会分化体系(主要指社会等级结构、阶级结构、权力结构等的生成)有关。

清政府统治南疆之初也是新的社会等级结构、权力结构生成之时，当时的社会冲突十分激烈。虽然清政府在南疆实行"因俗而治"的政策，整个维吾尔族社会的阶级结构没有发生太大的变化，但清政府对其等级结构与权力结构进行了彻底有利于清政府的改造。

在准噶尔蒙古统治时期，在南疆维吾尔族社会出现了一个集世俗权威与宗教权威于一身并且自诩有高贵血统的和卓阶层，而世俗的官员——伯克完全依附于和卓阶层，他们职掌发生了变化甚至生死都由和卓们决定。如《西域闻见录》卷四中有这样一段文字："开斋之日，竟夜鼓吹。至辰刻，其阿奇木伯克鲜衣怒马，金丝黄阿浑(訇)帽，驼、马皆饰以锦鞍，各五、七对，旗帜鼓乐，海兰达尔歌舞纷纭前导，伯克、阿浑(訇)等皆白圆帽，围随左右，其阿奇木之心腹人等，控弦操槊、披甲护卫，一同入礼拜寺讽经……谓之'入则爱伊谛'。未归王化以前，是日之阿奇木伯克入寺礼拜毕，即有阿浑(訇)等

议其贤否。以为贤，则留之，以为某事无道，某某事尤无道，则与回众废而杀之，以故阿奇木多拥兵自卫。今虽不敢擅而兵仗尚沿其旧，是日回人之拜答饮宴，亦犹中原之‘元旦’也。”①从中我们不难判断和卓木们与伯克们相比显然身处权力结构的更上一层。除此之外，宗教上层在经济生活中也垄断性地占有更多的土地与劳动力资源，这一点第三章中已多有提及，此处不再赘述。

关于清代南疆的社会阶层结构情况，1858—1859 年间在新疆考察的乔汗·瓦里汗诺夫有准确的描述：“小布哈拉（малой бухарии）的居民就其社会地位和影响来看，可分为三个法定阶层：官吏（伯克）、宗教人士（阿訇）和平民。前两个阶层的人免征赋税。第三个阶层又可分为城市居民和种地人两种。”瓦里汗诺夫谈及三个阶层的划分时，显然更多地关注了他们的经济生活状况。马克思也非常关注社会结构中的生产关系：“人们在自己生活的社会生产中发生一定的、必然的、不以他们的意志为转移的关系。这些生产关系的总和构成社会的经济结构，即有法律的和政治的上层建筑竖立其上并有一定的社会意识形式与之相适应的现实基础。”②对这三个阶层的存在状况，特别是对他们在生产关系中的地位与作用的进一步研究也是我们认识清代南疆整个维吾尔族社会结构及其变迁的最基本的工作。

（一）伯克（官吏）阶层

乾隆二十年（1755）清军平定准噶尔后，大、小和卓得以返回南疆，但不久即以宗教为号召发动叛乱对抗清政府。鉴于历史的教训，在清政府统一新疆的过程中，有意扶持利用世俗的官员阶层建构自己的统治基础，而当地原有的半割据者——各城阿奇木伯克由于南疆原本就有的地域差异造成的互不认同加上大、小和卓扩大统治范围严重威胁到他们的个人利益，便率先

①丁世良、赵放：《中国地方志民俗资料汇编·西北卷》，北京：北京图书馆出版社，1989 年，第 315～316 页。

②［德］马克思、恩格斯：《马克思恩格斯选集》（第二卷），中共中央马克思恩格斯列宁斯大林著作编译局译，北京：人民出版社，1995 年，第 82 页。

归附清朝，这是清政府得以迅速平定大、小和卓叛乱的重要原因之一。清政府统一新疆以后，支持了世俗的伯克，令其署理维吾尔族地区的各项民政事务，大大提高了伯克在维吾尔族社会权力结构中的地位。乾隆二十五年(1760)六月，高宗便指出："阿浑乃回人诵经识字者，与准噶尔喇嘛相似。从前厄鲁特等不知事体，听信喇嘛，致生变乱，岂可使回人仍因旧习。著传谕舒赫德等，晓示各城回人，嗣后诸事，唯听阿奇木等伯克办理，阿浑不得干预。"①虽宗教上层——主要是白山派和卓并不甘心失去曾拥有的权力与地位，但是与清政府的较量却一败再败，"其叶尔羌、阿克苏、乌什各有霍(和)卓，恐怕大兵查拏，皆隐姓名，充当阿浑，念经修善"②。由各级伯克组成的，行使维吾尔族社会全部民事行政权力的阶层形成了。

伯克阶层的存在首先与清政府法律规定有关。平定大、小和卓叛乱之初，高宗便传谕兆惠："将来办理回部，唯于归顺人内择其有功而可信者授以职位，管理贡赋等事。"③也就是说，只有有功于清政府并且可信的人，才能被任命为伯克。所以首先被任命为伯克的是早已归属清廷的哈密、吐鲁番地区的王公贵族，其次是归属不久的原回部统治者，如霍集斯、鄂对、噶岱默特等。可是到乾隆后期及嘉庆年间，在清政府统一新疆的过程中，著有军功而被封爵者多已去世，于是出身门第又成了选拔伯克的一个重要条件。《回疆则例》规定："叶尔羌、喀什噶尔、阿克苏等三城阿奇木伯克缺出，由驻扎各城大臣将应调人员出具考语，如伊等祖父著有劳绩，并将世袭爵秩一并注明，移咨参赞大臣汇总，按其世袭品秩开列衔名，请旨调放。"④这又表明，由于门第成为选拔伯克的一个重要条件，所以有爵秩的王公贵族及其后代不但优先得到任命，而且被授予叶尔羌、喀什噶尔、阿克苏三个重镇的阿奇木伯克。

至道光八年(1828)平定张格尔叛乱后，清政府选拔伯克的标准更加系统、具体。宣宗明确指示："嗣后，各城三品至五品伯克缺出，由本城大臣查明，先尽出力受伤或家口被害之人，次尽死事之子孙，次尽出力世家，并视其

①《清实录高宗朝》卷六一五，"乾隆二十五年(1760)六月辛丑"条。

②[清]璧昌：《守城辑要》第二册。

③《清高宗实录》卷五七〇，"乾隆二十三年(1758)九月戊戌"条。

④《回疆则例》卷二。

人才能否办事，逐细声明，照内地体制造具四柱清册，一劳绩，二资格，三人才，四世家，填注事实，出具切实考语，将应补之人开列四、五员，咨送参赞大臣验看。”①

这样劳绩、资格、人才、世家便成为清政府选拔任命伯克的四项标准。与此同时，对六、七品伯克的选择也做了新的规定，清政府要求“各城大臣详加遵选，查明俸满应升及应补之人，亦造四柱清册，酌保三、四员，咨送参赞大臣验放”。②

清政府首先参照中原职官系统，为伯克规定了具体的品秩，不同品秩的伯克其经济待遇与政治权力差别很大，《西域图志》言：“回部官职大小，旧有等差，伯克其统名也。我皇上抚定西域，设官置辅，（伯克）仍旧其名，而宠之以天朝之品秩，自三品以下至七品不等，回人中有从戎效力及输诚内附者，量才以授，而数之多寡，则因乎地之大小，事之繁简，或有添设裁减，则办事大臣随时奏请，未有定数。”③为便于伯克在任职期间行使职权，清政府给伯克们颁发印记并设置公署。乾隆二十六年（1761），清政府把南疆三十一个城镇分为三个等级。叶尔羌、喀什噶尔、阿克苏、和阗为四大城；乌什、英吉萨尔、库车、辟展为四中城；沙雅尔、赛里木、拜城、库尔勒、玉古吉（轮台）等二十三处为小城，分别颁以图记。其大城伯克图记的分寸，视内地佐领，中小城以次递减。各城阿奇木伯克的图记都由军机部统一铸造，刻有满、蒙、维三种文字。而在前一年，清政府则首先为喀什噶尔的阿奇木伯克设置了公署。以后，其他各地也陆续设置。清政府为伯克颁发印记并设置公署，是与清政府将伯克改为流官这一变化相适应的，它一方面表明各级伯克职权轻重及地位高低之别，同时又给阿奇木等伯克以权威，这对于建立维吾尔族地区新的社会秩序也是必要的。“宠以品级”的结果是在伯克阶层内部又产生了新的阶差：大伯克（三、四品）与小伯克（五、六、七品）的差别，即大伯克在城，小伯克在乡。真田安通过对伯克人员籍贯的分析认为，清朝伯克制度

①《清宣宗朝实录》卷一三八，“道光八年（1828）七月辛丑”条。
②同上。
③《西域图志》卷三十，官职二。

存在着内在矛盾，即土著伯克与非土著伯克的对立。因三、四品高级伯克多为非当地人士担任，所以这种对立又表现为城市与乡村间的对立。①

1. 大伯克

从现有的资料看，大伯克主要来自南疆维吾尔族社会的官宦世家，如南疆的七大回王世家（包括哈密、吐鲁番王）：哈密额贝都拉家族、吐鲁番和额和卓家族、库车鄂对家族、阿克苏霍集斯家族、拜城噶岱默特家族、和阗和什克家族、乌什色的瓦提家族。相对于小伯克，他们垄断了几乎所有阿奇木伯克的职位。②清朝平定南疆之后，禁止伯克世袭，担心伯克家族会由此形成势力，不便统治。如乾隆四十三年（1778），叶尔羌阿奇木伯克鄂对病故，叶尔羌办事大臣高朴奏请以鄂对之子鄂斯满接办其父阿奇木伯克事，乾隆不允，“朕以为若如此，父子相继办事，竟似叶尔羌阿奇木为伊家世职，久之与唐时藩镇何异？”③但采取的对策主要是异地为官的所谓“回避政策”，即“大伯克回避本城，小伯克回避本乡”，并不影响这几大世家豪族盘踞在南疆社会权力结构的顶端。

这几大家族在南疆经济生活中的地位也非常显赫，据佐口透研究，拨给200—80帕特曼播种量养廉地的高级伯克28人，占有3 090帕特曼播种量的地亩，占全部养廉地的40%。而拨给32—5帕特曼播种量地亩的下级伯克117人。他们的人数占伯克总数的60%，而他们仅有2 889帕特曼播种量的养廉地，占养廉地总额的30%。总之，养廉地和燕齐农民大部分集中在高级伯克手中。④而同期整个伯克阶层占有南疆40%的耕地。同时，这几大家族依靠手中掌握的权力，搜刮积聚了大量的私有财产，对伯克私有财产——清政府总是尽力保护，如：

又谕日，永贵等奏称，阿克苏阿奇木伯克色提巴勒氏，因伊旧居乌

①［日］真田安：《清伯克制度创设期喀什噶利亚绿洲社会》，载护雅夫《内陆亚洲、西亚的社会与文化》，日本：山川出版社，1983年。

②曾问吾：《中国经营西域史》，上海：商务印书馆，1936年，第325页。

③《清高宗实录》卷一〇六八，“乾隆四十三年（1778）十月戊午”条。

④［日］佐口透：《18—19世纪新疆社会史研究》（上），凌颂纯译，乌鲁木齐：新疆人民出版社，1983年，第152页。“200—8”和“32—5”在原文中表示地亩面积。

什，祖父坟墓在彼，请将从前房产之入官者，稍为拨给，遣三四户人前往守视，所给官项，由阿克苏抵交等语。色提巴勒氏前在军营，颇属奋勉，已加恩授为散秩大臣，阿奇木伯克，奉职亦属尽心。今已先垄之故，请派数户前往守视，自宜允行，所有给予田产，著加恩赏赐，不必由阿克苏抵交，著传谕永贵等遵照办理，并晓示色提巴勒氏知之。①

又如：

乌什办事大臣绰克托奏，据布古尔阿奇木伯克玛玛达布拉、拜城阿奇木伯克阿拉瑚里等呈称，我等系乌什所属托克逊地方回人，自投诚后，仰蒙大皇帝恩施，授为阿奇木伯克，数十年来乐业安居，惟等我是祖茔，现在乌什东，茔傍有祖遗田地，恳将此田赏给等语。即交乌什阿奇木伯克迈玛特阿普都拉等详查。据报称，托克逊山根下果有玛玛达布拉等祖茔田地，此田自三十一年乌什事后，给予阿克苏移来之回民两户耕种，然托克逊地方甚大，除此田外，尚有未耕之田，另行择给阿克苏回民，其玛玛达布拉茔田，请赏给阿拉瑚里，从之。②

伯克们还有粮赋豁免权：

璧昌等奏，查明叶尔羌阵亡之被害伯克回子等子弟，请承袭翎顶并免派差徭一折。叶尔羌四品伯克玉素普等或临阵捐躯，或守城被害，前令璧昌等查明该伯克等有无子嗣及近支可以承袭，兹据查明具奏，自应予以恩施，四品伯克玉素普之胞侄阿布拉，六品伯克迈玛底里之子迈玛底敏，六品伯克莫洛黑雅斯之子迈玛特呢雅斯，六品伯克莫洛伊布拉依木之子迈玛特哈色木，五品阿奇木伯克迈玛沙并其弟苏拉满沙之胞弟散沙，五品伯克爱散之胞弟，六品顶带回子入则，以上六名，均著援照成案，赏给五品翎顶，世袭罔替，照例豁免粮赋。③

伯克优越的经济地位还体现在大量占有水利上，因为在南疆水利比土地还要宝贵。伯克们获取经济利益的手段远不只上述这些。由此可知，他

①《清高宗实录》卷六五九，“乾隆二十七年(1762)四月丁亥”条。
②《清高宗实录》卷一一五九，“乾隆四十七年(1782)六月辛卯”条。
③《清宣宗实录》卷一八八，“道光十一年(1831)五月庚申”条。

们在南疆经济生活中相对于其他阶层也拥有极大优势。

2. 小伯克

高级伯克基本上来自上述的几大回王家族，其他阶层的人，特别是南疆库车以西地区的维吾尔族人几乎无望成为高级伯克，而小伯克则基本上都由当地人充当。小伯克的经济地位如前文所说，与大伯克间存在巨大差距，无法像上文中的大伯克一样大量占有土地，但他们同样也享受清政府法定额度内的所谓养廉土地与无偿占有燕齐农民的剩余劳动成果。因此，他们的经济生活与平民阶层比仍然非常富足。加上他们要负责基层赋税征收等事务，常常处在阶级矛盾的中心，他们的社会声望、文化特征、价值观虽与大伯克都有许多差异，但当时阶级与阶层的一致性，使他们身上仍表现出许多共同之处，突出表现在对待本民族群众反抗清政府压迫上。瓦里汗诺夫也持类似的看法：享有继承权的伯克们，换言之，当地的贵族，多年来通过压榨和贿赂手段从人民手中搜刮了大量资金和财产，他们拥有大量的土地、菜园和数座庭院。他们的土地和菜园无偿地由人耕种，房舍的修建亦不花费分文。贵族们向官吏敬献了巨款后可捞到当权者的位置，在一年任职期内，这笔款就增生利息。小伯克虽没有祖遗领地，然而他们的享受亦不亚于贵族，用人给他们供应粮食、食物、金钱。只要官达五品，即可得到土地、住宅和金钱。凭借这些财产的助力，他们的后代享有继承权。① 官吏们组成了一个与人民格格不入的对立阶层，全然效忠于清朝官吏。②

在清政府统治南疆之初，1765 年 2—8 月间发生了乌什变乱。主要原因是乌什阿奇木伯克阿布都拉的贪纵暴戾与办事大臣素诚的盘剥宣淫，连高宗都认为“朕以回人断无无故作乱之理，必系彼处大臣官员等，将伊等苦累不堪，致启衅端……”③。变乱发生之初，我们看到了南疆高级伯克的表现：变乱发生后，叶尔羌的阿奇木伯克鄂对（被清封为贝勒）“日夜愁哭，两目尽肿。伯克阿浑等纷纷来告以乌什之乱，热依木含糊应之。约以次日饮酒议

①Ч. Ч. Валиханов：*Собрание Сочинений в Пяти Томах. Том* 3（Алма – Ата，1984—1985），стр. 163.

②同上书，第 178 页。

③《清高宗实录》卷七三七，“乾隆三十年（1765）五月甲辰”条。

事。众等懽忻而来。酒半,热依木忽大怒曰:‘尔等皆无赖回子,受大皇帝深恩,得有今日。今乌什逆乱,尔等欲从之,谋为不轨。吾力尚能诛杀尔等,莫想出我之门矣!’众回闻之,皆出其不意,大惊。且各门均有人马,不能窜逸,仓卒莫知所为。众大惧,跪而求曰:‘我等实无反心,惟求阿哈察保全!’热依木曰:‘尔言不反,谁则信之?今为尔等计,须将各家所藏器械尽行交出,则显无反心之实矣。’众回诺。于是热依木将利害之处详细开导,温言慰藉,许以不死。众皆大喜,整酒欢饮。热依木复遣歌舞之回妇回女,将伯克阿浑等灌之大醉。而使其心腹回目,一面将各家器械查出,呈交办事大臣收库,一面将各家马匹城外牧放者悉驱之数百里深山中放养。次日众等皆醒,无可奈何,惟听鄂对调遣而已。鄂对日领伯克齐聚大臣衙署,起更始散。其地乃宁贴无事。”①“阿克苏回众亦微有不安之意,时其阿奇木伯克色提卜阿勒第赴京入觐,回至肃州,七日夜驰行六千余里,入阿克苏城,回众乃不敢动。”②“库车办事大臣鄂宝既带阿奇木伯克鄂斯满前赴乌什,而城中不逞之徒亦思因之作乱。伊什罕伯克阿拉雅尔稽查严密,日带伯克等晨赴办事大臣衙署,起更始散,以故得以无事云。”③如果乌什变乱清廷的坚定支持者主要是从清的统治中获益较多的高级伯克阶层的话,随后发生的几次变乱,特别是1820年开始的张格尔入侵,中、下级伯克的表现可使我们看到整个伯克阶层对清政权的阶级认同意识在增强。

张格尔入侵前在回疆联络交结的也主要是宗教界人士,如喀什噶尔的阿訇博巴等,众伯克等并无一人得信。即使那些身为朝廷命官,却被喀什噶尔参赞大臣斌静的家人凌辱之伯克,也只通过正常渠道向上控告而已,并无与张格尔勾结“滋事洩忿”之举。④张格尔入侵,将图舒克塔什卡伦城池烧毁,死亡者除满兵十三名,工斯图阿尔图什(上阿图什)六品阿奇木伯克阿布都尔满亦遇害;⑤工斯图阿尔图什回庄六品阿奇木伯克托里牙克,将上年从

①[清]和宁:《回疆通志》卷十二,清嘉庆九年刻本。
②同上。
③同上。
④曹振镛等:《平定回疆剿擒逆裔方略》卷三。
⑤《清仁宗实录》卷四,“嘉庆二十五年(1820)九月甲子”条,第20~22页。

逆回子他什帕拉特章获，审明后传集回众，环视斩决条示，得旨嘉奖。① 张格尔入侵中站在清政府一边而遇害的小伯克还有不少，说明伯克阶层不光清政府用法律的形式把它确定下来了，而且本阶层的人员也认同了。

作为一个阶层，总有其特有的文化特征，文化人类学的基本任务和研究对象为对于所有这些文化的差异、交流和共生的逻辑和规则的认识和解释，我们不妨从文化人类学的角度加深对伯克阶层的认识。

清廷为了令全国汉人蓄留满洲发辫，不惜大动杀戮，强迫服从，彻底执行，但道光八年(1828)七月十九日那彦成会同杨芳、武隆阿奏云："臣等钦奉谕旨，伊萨克现已蓄留发辫，并伊子孙及现充伯克各回子等均愿蓄发辫，情词真切具见爱戴之忱，洵堪嘉奖。其赏世职之回子等愿留发辫固属可嘉，若习俗相沿难于骤改，亦听其便，钦此。仰见皇上本风俗以为治理，曲尽物情之至意，伏查现充伯克各回子，均因伊萨克得蒙恩典，纷纷告请愿留发辫，以表爱戴天朝之忱，是回子等深以准留发辫为荣幸，若一律准其蓄留漫无区别，转不足为重。臣等酌议，嗣后凡阿奇木伯克以下至四品伯克方准蓄留发辫，至尽忠有功伯克子孙准其蓄留以示宠异，实属欣羡而无疑难，其余四品以下均不准妄自蓄留，以示限制，俾知顶戴天恩，即属非常之荣，得此鼓舞奋兴勉期向化，畏神承请藩服，并谕饬各城阿奇木转饬遵照谨奏，奉朱批依议"②。从《回疆则例续例》中，也可知清廷不仅不强制回人留长辫，相反地规定："各城回子王公以下之有世职，及尽忠有功伯克之子孙，愿留长发辫者，准其蓄发。其余伯克之中，如有愿留发辫者，阿奇木及伊什罕伯克之官至四品者，亦许蓄发，四品以下概不准蓄留发辫，以示限制。"③目的便是"得此鼓舞奋兴勉期向化"④，显然是把这种行为看成了文化认同的一种表现了。瓦里汗诺夫谈到个中原因时说："因为在新疆，商人作为一个阶层来说是不复存在的，加之宗教人士不具影响力，于是乎在贵族和平民之间横立着一个不

①《清宣宗实录》卷二七，"道光元年(1821)十二月丙戌"条，第 13 页。

②《那文毅公筹画回疆善后事宜奏议》卷七八，第 2 ~ 4 页。

③《钦定大清会典事例》卷九九三，理藩院禁令、回部禁令及《钦定回疆则例》续纂例。

④《那文毅公筹画回疆善后事宜奏议》卷七八，第 2 ~ 4 页。

可逾越的障碍。贵族们的利益、特权和身份与人民格格不入。他们恪守清朝礼仪不同人民往来，尽管人民见到他们时要毕恭毕敬地低头行礼，然而对他们憎恨至极。”①伯克们以南路官员为楷模，在一切方面仿效清朝官吏，但他们知晓宗教教规、国家历史，有汉文和满文知识。在伯克身上“文化涵化”的规则再次具有了说服力。显然，这种阶层差异已转化成了阶级对立，这无疑对当时清政府在南疆的统治是有利的。伯克衙门处于社会整合力量的地位，就成为社会矛盾的焦点，其他阶层、团体往往把攻击点集中在伯克阶层方面。

（二）宗教职业者

15 世纪末伊斯兰教已渐控制西域世俗政权，伊斯兰教教职人员已形成一个独立的阶层，包括“司法部门的官吏及清真寺与礼拜场所的管理者”②。16—17 世纪维吾尔族史籍《拉什德史》中载，喀什噶尔大毛拉玉素甫曾任茂特色布（宗教检查）伯克，其续编记有受理民事诉讼的哈孜伯克和设于军队的斯帕哈孜等，皆位大伯克之列。③

按瓦里汗诺夫的说法，小布哈拉的宗教界分为世袭的赛伊赫和职业毛拉两类人，他们分别组成了两大宗教派别——白山派与黑山派的首领集团。其中最有社会声望的当属血统高贵的玛赫杜姆・阿扎木的后裔，他们常被称作和卓。准噶尔蒙古统治时期，当时整个南疆社会在政教合一的和卓阶层的主导下开始整合，当时主要的社会阶层有宗教上层——和卓，管理世俗事务的各类伯克，承担繁重赋役的平民，与清政府统治之初的南疆社会阶层结构基本相同，但就各阶层的社会声望，在权力结构中的地位与经济实力、文化影响力而言，和卓阶层无疑远胜于伯克阶层。

①Ч. Ч. Валиханов：*Собрание Сочинений в Пяти Томах. Том* 3（Алма – Ата，1984 – 1985），стр. 162.

②［蒙］米儿咱・马黑麻・海答儿：《中亚蒙兀儿史——拉失德史》（第二编），新疆社会科学院民族研究所译，乌鲁木齐：新疆人民出版社，1986 年，第 215 页。

③О. Ф. Акимушкина， *Шах – Махмуд ибн фазил Чурас*：*Хроника. Критический Текст*，*пер.*（Москва：комм.，иссл. и указ，1976），стр. 180.

清政府对南疆的统治是从对和卓阶层的打击开始的，首先是支持白山派和卓波罗尼都——大和卓回南疆从黑山派手中夺取统治权，随后又派出大军直接与大、小和卓作战，军事打击严重削弱了和卓阶层的有生力量。在平定和卓阶层发动的一次次反叛后，清政府总会进行所谓的“善后”，其中最主要的措施就是没收和卓及其追随者的土地、园林等财产，这使和卓阶层元气大伤。没收南疆以前的统治者——封建主的土地，将其转交给新任命的伯克，这是伯克燕齐地亩来源的最主要途径。这方面最早的资料是平定大、小和卓之乱时定边将军兆惠的报告：

定边将军兆惠等奏……其随逆回逃窜之人，田亩入官充饷，令三倍交纳，共一千二百帕特曼。又应交钱一万三千余腾格，俱折收粮石，旧果园七所，岁征葡萄，令藏干入贡，布拉呢敦新果园十三所，所获无多，即充官兵赏赉之用。①

清军在叶尔羌也没收了逆产：

余照喀什噶尔之例，其随辉逃窜人等已种地亩与房屋园林，一并交收入官。②

《回疆志》中也有关于没收参加和卓及其后裔领导的反清运动者的财产与土地的内容。

这些被没收的土地，由清政府通过伯克衙门出租给农民耕种，收取什五租。在《回疆志》中我们还可以看到如下内容：

在阿哈雅尔地区，被没收入官的土地有140亩，这些是被追随霍集占叛乱的农民抛弃的，这些土地如今都重新耕种并被征收十分之五的赋税。

书中也有关于喀什噶尔地区更加详细的没收土地的材料，具体的数字是由税收额来确定的。

在大和卓波罗尼都那里没收的耕地可播种400帕特曼籽种，在迈拉木处没收的耕地可播种165帕特曼籽种，在追随迈拉木的岳普湖人那里没收的耕地可播种35帕特曼籽种。

---

①《清高宗实录》卷五九三，“乾隆二十四(1759)年七月庚午”条。
②《清高宗实录》卷五九八，“乾隆二十四(1759)年八月庚子”条。

在叛乱者伊什克·阿克·阿不都里也木处没收的耕地可播种 20 帕特曼 6 噶尔布尔 2 察拉克籽种。

在叶尔羌地区霍集占处没收的耕地能播种 900 帕特曼籽种。

清政府平定大、小和卓叛乱后，没收叛产，将部分没收的土地分给穷苦农户，征收什五税。据苏尔德《回疆志》载：大、小和卓之乱平定后，清政府没收大、小和卓及支持叛乱的封建主在喀什噶尔、叶尔羌的果园共 60 座，在叶尔羌的水磨 18 处，库车、阿克苏、喀什噶尔、叶尔羌等地的土地约 1 770 帕特曼籽种地（1 帕特曼籽种约合今 64 千克）。当时塔里木盆地各城全部耕地面积共约 21 470 帕特曼籽种地①，被没收的土地约占当时塔里木盆地全部耕地面积的 8.4%，如果计算和阗没收的大、小和卓的土地，阿克苏原属察合台后裔汗王的土地，那就更多了。张格尔之乱平定后，清政府于道光八年（1828）将支持张格尔叛乱的封建主的房屋、土地等作价出售，共得银 18 余万两。搜集到的道光十二年（1832）至道光二十三年之间书写的《契约》所记，当时 1 帕特曼籽种地约值 50 两银子。18 万两银子中，按有 9 万两来自出卖房屋和其他财产，9 万两来自出卖土地计算，这次没收的土地就有约 1 800 帕特曼籽种地。也就是说，这次封建宗教主及其追随者又失去了约占塔里木盆地耕地面积 8.38% 的土地。这两次大规模的没收共计将占塔里木盆地16.78%的私有土地变成了由清政府控制的“官地”。②

和卓阶层在生产关系中丧失重要性还不仅仅限于大量的私有土地被没收。过去他们都有大量的门徒，这些人向和卓们提供什一税，甚至“在外国有许多门徒，他从他们那里接受什一税”③。但在白山派和卓们反叛清政府后，清政府严禁教民将财产奉献给国外的和卓。因此，这部分收入也没有了。但这项措施可能主要是针对反叛的白山派和卓的，瓦里汗诺夫就说：

①［清］永贵、苏尔德：《回疆志》卷四，清博览堂抄本。

②陈慧生：《中国新疆地区伊斯兰教史》（第二册），乌鲁木齐：新疆人民出版社，2000 年，第 4 页。

③穆罕默德·萨迪卡·喀什噶里：《和卓传》，陈俊谋、钟美珠译，载中国社会科学院民族研究所历史研究室资料组编译《民族史译文集·第 8 集》，内部资料，1978 年，第 68 页。

“作为保守党的黑山派留住家乡,每年向自己的首领马尔格兰和卓奉献厚礼。”①当时这个人是住在浩罕的。

但未参加叛乱的和卓——谢赫阶层经济地位仍然优越:“享有继承权的教职人员,圣徒墓地的赛伊赫拥有墓地的所属土地进款,因此极为富裕。大阿图什村的沙土克·布格拉汗墓地的赛伊赫是喀什噶尔的首富。沙土克·布格拉汗是小布哈拉皈依伊斯兰教的第一个信徒。这个赛伊赫于 1857 年被处决后,其财产充公上交国库。他留下了大量土地、数座庭院和大量库存粮食。当地人说,尚有数万元宝。现在,其他赛伊赫小心谨慎,操简朴生活,唯恐遭到同行的命运。”②

清代南疆社会等级结构中,刚开始政治因素的作用十分突出,以后经济因素的作用渐重。清代南疆维吾尔族社会是一个穆斯林人口占绝大多数的社会,“在整个穆斯林东方世界里,《古兰经》是民政设施的根本。风俗、法律和各种内外关系统由其确定”③。宗教职业者在宗教和政治方面的影响极为强烈。“伏查回子最重阿浑,以其熟悉回经,堪为众人之表率,愚回惟阿浑之言是从,是阿浑乃众回纲领,以罗易固人心。”④“各城大臣及阿奇木之于回众原不能随时亲身开导,教谕回众,全在阿浑。”⑤“……各名下应交纳粮赋及‘阿尔板’钱文概予优免。其余喀什噶尔、英吉沙二城黑帽阿浑子弟霍卓拉克萨顶等八名亦准免其粮赋,以示奖励。”⑥清政府“因俗而治”即意味着必须承认以宣扬宗教精神为使命的和卓阶层存在的现实合法性,承认和卓阶层拥有的社会地位,以至有对该阶层过于迁就的嫌疑:“对饶有影响的人士,非但不追究参与谋反之事,反而留用原职,甚而给以重用,委任高官。这种政策颇像土耳其人的政策。如他们启用叛乱者为所发乱之省的省督。处决

①Ч. Ч. Валиханов:*Собрание Сочинений в Пяти Томах. Том* 3(Алма - Ата,1984—1985),стр. 180.

②同上书,第 163 页。

③同上书,第 157 页。

④[清]那彦成《那文毅公奏议》卷七八,1932 年刊本。

⑤[清]那彦成《那文毅公奏议》卷七九,1932 年刊本。

⑥[清]那彦成《那文毅公奏议》卷七八,1932 年刊本。

赛伊赫阿訇是例外之举。这是按阿奇木伯克的意愿行事的,是追逐个人私利的结果。这是由于赛伊赫阿訇是喀什噶尔最富殷的人。”①事实上南疆公共权力也并非由伯克一个阶层单独行使,行使这种权力的机构——伯克衙门更像是一个政教合一的组织②,因为大量的职业宗教者也参加了当地社会管理与日常行政工作,特别是司法活动主要由他们负责。“宗教人士掌握司法审判大权。阿里木阿訇是宗教界首领和头目,同时亦是总审判官。”“地方权力机构,即镇子的官吏,在各个方面听命服从州的管辖。在喀什噶尔和州内任职并领取薪俸的官吏有 61 人,教职人员 55 人。在叶尔羌,官吏 136 人,教职人员 95 人。从古代起,小布哈拉的这种官职体系就有了。”③在这里,我们看到清代南疆世俗的伯克阶层与宗教和卓阶层在权力结构中几乎处在相同的地位,变化在于从前伯克阶层是和卓意志的执行者,而现在和卓等人必须接受伯克的举荐与挑选,按伯克的要求办事。从《选编》中看,宗教法庭处理最多的事务乃是调节土地买卖、遗产继承、捐赠瓦克夫等经济关系,甚至宗教活动也受到世俗权力的干预,如《回疆则例》规定:“各城莫洛回子有习念黑经者,查出即行报明审实,分别久暂,酌拟发遣、枷责,咨部覈覆遵办。仍于每岁孟春,由该管大臣申明定例,出示晓谕,严行饬禁。”④但由此也使南疆与中亚浩罕等地有了文化生活上诸多的差异。“教职人士通晓古兰经及其注释、国家历史。与布哈拉的毛拉相比,对事务有正确的合乎时务的观点。”“他们独具风格的杰作限于阐述真主的法规、训示。可以认为,这些是所有穆斯林这类著述的优秀之作。它不煽动宗教狂热,憎恨厌恶那一套礼仪的陈规繁节。”“在这里,伊斯兰教要遵循当地风俗习惯,宗教狂热有所收敛。

①Ч. Ч. Валиханов:*Собрание Сочинений в Пяти Томах. Том* 3(Алма - Ата, 1984—1985),стр. 177.

②周泓:《伊斯兰教在近代新疆的世俗化与地方化——伯克制度及新疆伊斯兰文化与内地的相异》,《西北师大学报》(社会科学版)2003 年第 4 期,第 98 ~ 102 页。

③Ч. Ч. Валиханов:*Собрание Сочинений в Пяти Томах. Том* 3(Алма - Ата, 1984—1985),стр. 173.

④《钦定回疆则例》卷六。

妇女享有自由。”①瓦里汗诺夫甚至认为这是“对伊斯兰教偏见的胜利”②。但综上所述，职业宗教者阶层特别是和卓阶层由于个人财产——大量土地被没收，使他们在生产关系中的地位已大大下降，从而为南疆维吾尔族社会结构在清政府主导下整合提供了可能。但是，由于南疆最有社会声望的阶层——伯克阶层对其他阶层的文化影响力有限，这种整合始终没有进步，而与此相反，职业宗教者阶层社会地位的下降构成了南疆社会结构中冲突的因素，整合与冲突力量的此消彼长使南疆社会长期处在动荡不安中。

宗教职业者阶层内部也可以分化出亚阶层，区分的标准主要是看其在社会经济生活中的地位及社会声望，如“和卓极为殷富，他们经常得到虔诚笃信的穆斯林人的礼物，拥有大量的土地和村庄。农民为他们终身交租。其他和卓则穷苦潦倒，为了糊口常招摇撞骗，给穷人治病，出售护符，收集捐赠”③。在南疆社会还形成了一个专事乞讨的“托钵僧”阶层，中亚称“德尔维希”，新疆称“海兰答尔”，类似“苦行僧”，他们虽穷困潦倒，但作为苏非修炼者在南疆社会广受尊重，如《回疆风土记》载：“海兰达尔有如内地之香火道人，而娶妻生子，与回子同，但留发作二辫耳。衣衲红蓝相间，帽高顶无翅。每逢八栅尔之期，或回子年节，辄聚数十百人，击鼓跳舞，歌唱喊叫。或在八栅尔上，或入回子之家，募化钱米衣物，回子无不乐施”④。这也说明宗教职业者的社会威望、影响力与其文化身份也有很大关系。文化特别是意识形态文化对社会结构变化的重要影响表现为：“社会结构要变化，要发展，要同改变了的形势相适应，只有通过社会中各个阶级的思想习惯的变化，或者说到底，只有通过构成社会的各个个人的思想习惯的变化，才会实现。社会的演进实质上是个人在环境压迫下的精神适应过程；变化了的环境同适应另一套环境的思想习惯已经不能相容，这就要求在思想习惯上有所改变。”⑤但

①Ч. Ч. Валиханов：*Собрание Сочинений в Пяти Томах*. Том 3（Алма - Ата，1984—1985），стр. 164.

②同上书，第 171 页。

③同上书，第 183 页。

④［清］七十一：《西域闻见录》卷七，“风俗”。

⑤［美］凡勃伦：《有闲阶级论》，蔡百受译，北京：商务印书馆，1997 年，第 140 页。

清代南疆维吾尔族社会的不同阶层间远未形成一致的信仰、价值观及态度，而清政府也忽视了对南疆社会的整合："陛下不强迫人们去加入自己的人群。他喜人们集团各自不同的按自己的方式去生活。"①因此，在清统治时期，南疆社会始终存在分化与整合的不平衡性矛盾，每当伯克制度职能失效，宗教便会重新以一种社会角色、组织形态和整合力量抬头，这也是南疆多次变乱的深层次原因。

从宗教社团的对外关系看，只要宗教社团不是与世无涉的，它就必然要与世俗的各种实际社会力量打交道，与世俗的实践活动相交织，因而不可避免地以一种社会集团的身份参与世事。从宗教的内部关系看，宗教社团实际上是与社会结构模式具有同构性的小社会。清代南疆维吾尔族人中受教育水平最高的是宗教界人士，但他们在清政府的统治下找不到实现自己价值的途径，他们所认可的应获得高等级的资格是以伊斯兰社会中的普遍看法为依据的，即对宗教的虔诚、有关宗教的丰富学问、显赫的出身等，但这些清政府都不认同，他们的共鸣者便是那些逃亡的和卓，加入和卓的队伍便成了他们的选择。

清代南疆社会各阶层中伯克阶层拥有的政治权力、经济实力虽使其有资格成为最有声望的社会阶层，可以为其他阶层提供更多的服务，但由于其权力之源在于作为异教徒的清政府，因此伯克掌握政治权力的合法性甚至伯克阶层存在的合法性不光受到宗教界的质疑，也不为普通民众所尊重。不论在政治权力还是在宗教力量主导维吾尔族社会整合上，清政府与宗教势力是尖锐对立的。伯克阶层与宗教上层相比，其优势不仅在于其手中的行政权力，而且在于其经济地位，而流亡的宗教人士常要冒险入境获得少量财物，这使得这个阶层的功能不能发挥，每次入侵最重要的事就是大肆搜括财物，这使得这个阶层功能紊乱。

南疆的等级结构给维吾尔族社会带来了某种程度的贵族至上的倾向。只有贵族才有权出任南疆一个大的行政区——一城的阿奇木。伯克有徭役

①毛拉·穆萨·赛拉密：《伊米德史》（油印本）下册，新疆少数民族社会历史调查组编译，1959年，第168页。

优免权、官职抵罪权、朝觐权、后代优先递补官职权。大伯克有剃发易服权。

虽然如此,阿訇在新疆社会还有权威影响,伯克亦不敢以势相加:“凡回子家务、争讼事件,阿訇一言剖断,回子无不遵依。”①由此,清政府在社会政治领域,有意提高了伯克的地位,而这并没有避免伯克与阿訇势力的勾连,反而促成二者的联通,阿訇皆由伯克推举,“尤为隐患”。②

值得注意的是,职业宗教阶层与伯克阶层一样也享有免税权,因而这两个阶层都有特权阶层的特征,职业宗教阶层也很难被排除在世俗权力之外,他们也常与伯克一起在社会生活中共享权力。如农村“渠道的管理系由村民共同组织,负责人员之产生也都由村民推举。每一水渠还有渠官,叫做米拉布伯克,全县所有之渠归大阿洪掌管,这里表现了农业与宗教结合的特点”③。

(三)平民

平民,包括城市平民、佃农、半自耕农、自耕农和庶民地主。从法律来看,他们的法律地位是平等的,是国家赋税、徭役的承担者。

新疆原本可耕之地就很少,约占全省总面积24%,且多为沙漠和高山所隔断。南疆从库车起,沿塔克拉玛干沙漠边缘迤逦向西,经阿克苏转南至喀什,再向东至和阗被分隔为库车沃洲、阿克苏沃洲、喀什沃洲、莎车沃洲及和阗沃洲,其中最大者不过800万亩之耕地。④

关于南疆建省前的土地占有关系,日本学者佐口透有个大致的推算:18世纪后半叶回疆的耕地面积为农民私有地约60万亩,伯克养廉地约42万亩,官有土地约3万亩,总面积约1 374 080亩。这里他没有提到瓦克夫土地问题,但据推算,瓦克夫土地约占25.77%,总面积为354 108亩,私有土地约占耕地面积的44%,伯克燕齐地约占30%。日本学者崛直虽然认为计算方

①[清]那彦成:《那文毅公奏议》卷七七,1932年刊本。

②同上。

③甘肃省图书馆书目参考部:《西北民族宗教史料文摘(新疆分册)》(下),兰州:甘肃省图书馆,1985年,第958页。

④同上。

法可能有问题，土地总量可能在200万亩左右，但总量增加后对上述不同阶层间土地占有关系比率影响不大。在以上几种类型耕地中，伯克的燕齐地亩与宗教瓦克夫地是免税的，两者相加所占比率超过了总量的55%，但南疆每年的赋税徭役负担是按户分摊的，无地之人也有缴纳赋税的义务。因此，租种瓦克夫地的农民除了向宗教机构缴纳什一税外，还要拿出收成的另外1/10上缴政府，实际上真正免税的土地只有伯克的燕齐地一种。从新疆建省前平民阶层内部数据资料看，平民阶层主要分化为这样几个亚阶层：

（1）地主。他们拥有土地，但主要以伙种的方式与其他农民共同经营。

（2）一般自耕农。他们拥有祖传的土地，向国家交纳什一税。

（3）半自耕农。他们拥有自己的土地，但数量不足，需要租种瓦克夫地或伙种地主的土地，向国家交纳什一税。

（4）无地有粮农民。他们没有土地，但却有向国家缴纳赋税的义务，因此不得不租种官地，向国家缴纳什五税。

（5）租种瓦克夫地的农民。他们多数与租种的瓦克夫地有某种关系，如地就是他本人或其父辈等捐赠的，因此有优先租种权，分别向宗教机构与国家缴纳一份什一税，共缴出收成的2/10。

（6）雇农。这类农民分两类，一类为国家所雇，即所谓帮台农民，他们使用自己的牲畜在军台上帮助转运信件、物资，由国家发给少量生活费，但不能满足需要。因此，常常要耕种台站近旁的少量土地谋生，但不需再缴纳国家赋税，如：

> 据明兴奏，叶尔羌所属十三台站，内有地亩者四处，无地亩者九处，现将附近各台站回人所遗地亩查出，分给原无地亩九站等语。各台站回人，均系一体当差，而得项未能画一，从前办理，已属错谬，至无地亩台站，惟择有力回人帮同坐台，无力者则另行换补，尤为非是，此与晋省勒派盐商无异。如此办理，伯克等竟可高下其手，久之有力回人，渐皆贫乏矣。今明兴等于无地亩九站，各将查出地亩分给，其有地台站，亦量为增添，所办尚好，但各回城俱有坐台回人，伊等得项，恐亦有办理不均之处。著交明亮等，会同各城大臣，查明所属各台站回人得项，如有

原未画一者，即著照叶尔羌例办理，以示朕抚恤回仆，一视同仁之意。①

这个问题在建省前始终没有解决，这部分农民生活状况很糟。如：

广厚奏，酌筹隙地拨给军台当差回户一折，据称回子虽有官给口粮，仅敷本身食用，当差仍不无赔补，兼之马牛到台之后，因乏水草，易形疲弱，不能供差等语，自系该回子实在情形。现经广厚等查明开都河北台东西荒地二段，约五顷余，又乌沙克他尔三工屯田余地内，拨出六顷余，计共地亩十一顷余，可以拨给该回子耕种，著即照所请办理，以资调剂。②

还有一类雇农为地主所雇，又分长工与短工两类，他们多数领取实物工资，还要承担国家的赋税徭役，长工对地主有很强的人身依附性。

(7)燕齐农民。这是一类社会身份为农奴的农民，他们被固定在伯克的燕齐地亩上，为伯克提供无偿劳役，靠耕种少量份地生存，不承担国家赋役。

就土地占有关系讲，该阶层内部主要分为有地农民与无地农民两类，有地农民所具有的土地数量因南疆土地总量的限制与伯克的侵夺而十分有限，增加土地的手段也不多，开荒受水源限制，买卖土地从《选编》中看，建省前很不活跃，实际上可能并不存在大地主，小地主数量较多。

平民阶层承担的赋役负担在清政府统治南疆之初即有明确规定：①种地交粮（什一税）；②传递驿站书信；③按惯例贡麻塔（土布）；④随时上报民心所向；⑤充当各种差役。除以上五种差役外不得增减，地方官享受规定的俸禄土地和人口，不得随便鱼肉百姓。③ 但实际上该阶层所受社会压迫最甚，社会声望也很低。

新疆纳税的贫民阶层的处境和地位极为悲惨。清朝官吏和伯克们，甚而满族士兵都瓜分平民。他们每人都有佣人。城市佣人要供应主人肉、油

①《清高宗实录》卷一四〇〇，“乾隆五十七年（1792）四月戊申”条。

②《清仁宗实录》卷一八八，“嘉庆十二年（1807）十一月甲寅”条。

③毛拉·穆萨·赛拉密：《伊米德史》（油印本）上册，新疆少数民族社会历史调查组编译，1959年，第77页。

和其他生活日用品；而农村佣人要耕地，轮流到主人家里支差，听命使唤。①伯克非法占有平民的土地也很多，国家需要保持其数量的相对稳定并尽量增加，所以伯克占地的后果便是减少了直接纳税的土地数量，因此清政府是要限制的，如：

喀什噶尔办事尚书都统永贵等奏，据回人呈告，阿克苏伊什罕伯克颇拉特，隐匿回人田地九十户，未办差粮，又伊子七品都管伯克梯尼，强占回人田地马匹，臣等饬查属实，齐集大小伯克，摘取颇拉特、梯尼顶翎。查赛哩木伊什罕伯克密尔颇拉特，堪以调署阿克苏伊什罕伯克事务，伊子员缺，一并拣选。报闻。②

平民中有粮无地之人数量也不少，清政府不得不专门解决：

谕内阁，恩长等奏，续经查出和阗所属各城有粮无地之回民七百五十二户，并丈出官荒地二万零六百四十余亩，请全数拨给开垦一折，著照所请，所有查出官荒地亩，即照前次分拨官地章程，按数拨给有粮无地之回户，均匀开垦，以示朕惠养回民，有加无已至意。③

平民被伯克借催取官项为名，盘剥乃至施酷刑者也很多：

谕内阁，据永芹等奏称，巴申庄回子，控告阿奇木伯克衙门之多尔瓜回子等，将伊等捆缚苛责，逼取钱文一案，审明请旨定拟等语，多尔瓜回子阿布都喇依木，阿布都呼依木，什瑚勃回子斯潘迪彦托瑚塔，胆敢指称催取官项，将无辜之人，私用绳锁，肆行惩处，以致逼众成群，齐赴喀什噶尔控告，情殊可恶，著照永芹等所奏，将阿布都喇依木等枷号，解至英吉沙尔示众，照例发往伊犁，其管理该庄之七品伯克多列特，知情不报，著即革职，阿奇木伯克迈哈默特，并未查出，著革去四品阿奇木伯克以五品伯克降补，英吉沙尔领队大臣色普征额，亦属失察，著交部议处。④

---

①Ч. Ч. Валиханов：*Собрание Сочинений в Пяти Томах. Том* 3（Алма－Ата，1984—1985），стр. 162.

②《清高宗实录》卷六八七，“乾隆二十八年（1763）五月丙戌”条。

③《清仁宗实录》卷七一，“嘉庆五年（1800）七月辛巳”条。

④《清宣宗实录》卷八一，“道光五年（1825）四月丙寅”条。

伯克与职业宗教者阶层属权力阶层，作为权力阶层他们应该以合法的途径提供平民阶层所需的各种服务来交换其生活所需，但他们不能正常行使职能而又不断强索，这种交换则失去了公平性。平民阶层作为生产阶层，在清代南疆维吾尔族社会中以自己的劳动为社会提供产品和服务，但他们的生存状况不断恶化，被强加了各种不平等的交换。他们也以逃亡、参加和卓组织的暴动来摆脱旧的交换关系和重建新的交换关系。生产阶层作为社会的基础，其稳定性对整个社会存在至关重要。同治年间的农民大起义使南疆维吾尔族社会各阶层进行了重新的组合，但这个过程一直持续到新疆建省才基本上完成。

（四）清代南疆维吾尔族社会三大阶层间的互动关系

互动关系首先体现为三大阶层的开放程度与跨阶层流动性。

从社会流动的观点来看，伯克阶层是一个很难进入的社会集团，清政府制定的任用伯克的四个标准：劳绩、资格、人才、世家。宗教职业者阶层与平民阶层人员同时符合这四条几乎不可能。因此，伯克阶层在一定程度上有了世袭的因素。《伊米德史》中也谈及这一点："当初那些引兵前来的人们，都以序分封了王、公、贝子、贝勒，被任命为各处的阿奇木，受俸禄，从此七城地方官吏除这些人的后裔以外，别人很难得封，其中有一名曰奇尔克奇伯克爵封贝子，生子两名，曰赛特瓦里德伯克和阿克伯克，长子赛特瓦里德伯克袭其父位称贝勒，统治叶尔羌，其子买合买德阿不都拉伯克统治阿克苏，后来统治叶尔羌。其孙穆合德木沙伯山伯克在阿克苏，但他却没有得以继承其先人的爵位。"①

伯克阶层由于清政府的着力扶持最终与宗教职业者阶层和平民阶层拉开了距离。还引《伊米德史》中的例子来说明：当初南疆最早投靠清朝的六位伯克，清政府为他们在乌什塔拉塑像兴祠，可汗秦追封他们为"七城的主人，启蒙者，保卫者"，（这些都是宗教语言，原本是用在和卓身上的）以表彰

①毛拉·穆萨·赛拉密：《伊米德史》（油印本）上册，新疆少数民族社会历史调查组编译，1959 年，第 64 页。

他们的功绩，并下令，凡七城官吏上任之前，必去这些伯克们的祠前扫墓。这些建筑一直保存到了伊斯兰时代（阿古柏时期），从此不论官吏、商人或从北京来北路过者，都必须前去扫墓，住宿一夜，按照他们的习惯烧纸叩头，求其保佑，然后才起程赶路，不然将被认为是犯罪。这个地方被称为“伟大的房间”，这些伯克的后裔，便自称是“伟大房间”的后裔。伊斯兰时代来临，祠堂被破坏了，伯克变成了庶民。①

伯克阶层的存在与发展由于与皇权相联系，所以在南疆维吾尔族社会有较高的社会声望，这主要体现在他们与另一阶层——宗教职业者阶层的关系上。《伊米德史》中谈到这样一件事：

伊斯兰教历一二八一年正月初一，当时因犯罪而罢官的原叶尔羌阿奇木艾合买德王伯克正在库车等候可汗的命令，东干和穆斯林进宫求见此人，并恳切地对他说：“政府无道，天下大乱，您祖辈身为我们的父母官，治理着我们，您懂得很多东西，现在我们赶走了和太，请您出来为主事，给我们指点一条道路，我愿为您的命令赴汤蹈火，在所不辞，保您登上那至上的汗位。”艾合买德王伯克却说：“你们人少，和太是数不尽的，你们不能和他们作对。我祖辈饱受皇恩，为可汗效劳，托可汗之洪福，有了官位，有了田地和家庭，除此之外，我几次面朝可汗，我怎么能做出反抗可汗的事来，尽管他们都是卡非尔，但我们在他们的庇护下生活了几辈，不论他们对我如何，我也不忘恩负义，恩将仇报。我以一个有良心的人应有的道德，拒绝你们的请求，现在我年过七十，再也没有什么欲望、打算，只图安度晚年。”

人们都起来翻脸了，大家吵着说你还等着你的和太，在一怒之下将艾合买德王伯克拖出了宫邸，送他离开了人间。此时有一个叫热西丁的和卓隐居在艾尔西丁维力麻扎，整天祈祷修道，不为人所知。东干和穆斯林杀了艾合买德王伯克以后，便请他出任首领，他便被扶上了白

①毛拉·穆萨·赛拉密：《伊米德史》（油印本）上册，新疆少数民族社会历史调查组编译，1959年，第65页。

毡,接受了世代相传的加冕礼,设立了臣相等百官。①

上面的例子中起义农民先找王伯克出来担任领导,实际上也是出于对其社会声望的考虑,只是在他坚辞后,农民才退而求其次,找到了蛰居麻扎苦修的和卓。伯克阶层的社会地位为普通百姓认可,也为他们自己所坚持。还举《伊米德史》为例:

> 塔吉阿奇木伯克在同治年间库车农民起义后处境艰难,便有意借重当时的库车领袖额西丁,将自己的女儿嫁给了他的儿子。"和卓虽说是赛依德(圣裔),但他们毕竟和庶民一样,所不同的是他们是最虔诚的信徒。然而王伯克们则不同,他们祖辈受皇恩,奉行着可汗的命令,有着皇帝赐封的地位,管理过地方,所以他们不会很快地走下自己的显位。后来可汗的大军来到,七城地方重回可汗手中,塔吉阿奇木伯克作了喀什噶尔的阿奇木。这时在伊斯兰时代,在阿古柏时代被指定迁至叶尔羌的伊斯哈克和卓逃入了帕尔米纳地方。塔吉阿奇木伯克当了喀什噶尔阿奇木以后,便想让自己的女儿离开他们的家。"②

虽然后来婚未离成,但阿奇木伯克的心思已经说明了他们所代表的两大阶层间社会地位的高下之别。

不过伯克阶层也并非完全封闭,不可进入。道光末年,正是中英鸦片战争结束不久,国力大衰,清政府便想到在南疆卖官鬻爵筹集经费,但也因此使伯克阶层第一次与其他阶层间有了大量的人员流动。《伊米德史》载:"官吏派人在街头巷尾出告示说:'谁借给军队钱粮,就给他官位。'有些迷于官职的富豪用钱买上了官职。总之那时谁有钱,不管他是恶棍、流氓、酒鬼、无赖、赌徒都可买个官做。本来这些人他们做梦也想不到做官是怎么回事,出钱买了官,就要用官把钱捞回来,这就是他们的良心。那些通子也敢明目张胆地交易卖官。那些世代忠于可汗的伯克王公们,失去了过去的恩宠。如相传叶尔羌阿奇木是原来吐鲁番之王伯克艾普尔丁,买合买德依明伯克任

①毛拉·穆萨·赛拉密:《伊米德史》(油印本)上册,新疆少数民族社会历史调查组编译,1959年,第86页。

②同上书,第134页。

副职。后来因艾普尔丁犯了一些过错被裁，一个叫肉斯坦木的人却用12 000个元宝买下了叶尔羌阿奇木之职。这位过去为买合买德依明伯克牵马坠镫的马前佣人现在用12 000个元宝一跃而居王伯克之上，而一位王伯克却因没有这一笔款而不得不居于其佣人之下。买合买德依明王伯克忍受不了这种凌辱，说：'与其这样活于人间，不如死了。'于是这位王伯克在一怒之下寻了短见。""过去的伯克成了下人，过去的下人成了伯克，钱和官使得势的人忘记了一切，乡绅在他们的眼里没有了地位，庶民的眼泪打不动他们的心坎。"①开放程度高、流动自由是阶层间界限消除的主要标志，虽然只是开始，但已预示着这个阶层离分化瓦解的那一刻不远了。

宗教职业者阶层原本就不是一个封闭的阶层，除个别宗教贵族外，平民百姓通过接受宗教教育都有成为该阶层成员的可能。因此，原本这两个阶层间就有密切的互动关系，每次和卓起事，总会有大量的平民响应，在一个伊斯兰社会，宗教职业者的活动有极大的感召力，他们常被视作正义的化身，有些平民参加和卓组织的叛乱，被俘后至死仍口呼和卓，让人喟然。②

平民阶层是补充其他两大阶层的源泉，他们接受良好的宗教教育即可成为宗教职业者，后来有钱的平民也可通过捐纳获得官职，但其他两大阶层的人员在新疆建省前进入平民阶层者并不多。即阶层间的流动多呈现一种单向的趋势。

三、新疆建省与南疆社会结构的变迁

同治年间农民大起义在一定程度上冲破了横亘在不同阶层间的藩篱，特别是伯克阶层的成员，一些被杀，一些在"伊斯兰时代来临，祠堂被破坏了，伯克变成了庶民"③。阶层特权丧失，彼此的法律地位日益接近。在规模

①毛拉·穆萨·赛拉密：《伊米德史》（油印本）上册，新疆少数民族社会历史调查组编译，1959年，第82页。

②曹振镛等：《平定回疆剿擒逆裔方略》卷四九，道光十年（1830）排印本。

③毛拉·穆萨·赛拉密：《伊米德史》（油印本）上册，新疆少数民族社会历史调查组编译，1959年，第65页。

空前的1864年农民起义的打击下,伯克制也从此一蹶不振,名存实亡了。总之,从前的旧制已被彻底破坏了。

因此,清政府恢复了它在新疆的统治之后,除哈密王“所部回众尚多,差堪自立”,其他王公伯克都已经“家产荡尽”,衰败没落了。① 清军到来后,特准库车郡王和吐鲁番郡王的后代“承袭世爵”。但是仅有一个爵位,却“无阿奇木伯克可兼,而兼俸无几,卯粮寅支,负债既深,拮据万状”②。

当清政府通知吐鲁番新袭郡王玛木特年班进京,去明觐皇帝叩头谢恩时,他连路费都筹措不起,不得不请求暂缓,因为耕地已是“听兵民自占,旧时经界无可遵循”③。昔日的燕齐农民基本上都摆脱了人身依附,南疆出现了大量的自耕农。刘锦棠在亲历南疆各地之后,无可奈何地承认,“旧制……荡然无存,万难再图规复”④。南疆主要社会结构中出现了一个较大变化。

这种变化首先表现在南疆政治权力结构的变化上,即行省制代替了伯克制。

1877年8月10日(光绪三年七月初二),左宗棠上书清政府,提出在新疆设立行省的主张。他说:“划边要久安之策,纾朝廷西顾之忧,则设行省,改郡县,事有不容已者。”⑤

1882年9月,担任督办新疆军务大臣的刘锦棠与陕甘总督谭钟麟联合上书清政府:“新疆当大乱积疲之后,今昔情形判若霄壤,欲为一劳永逸之计,舍增设郡县,别无良策。”⑥并提出了具体方案。

1884年11月17日(光绪十年九月三十),清政府批准添设新疆巡抚、布政使各一员。19日,正式授刘锦棠为新疆巡抚,仍以钦差大臣督办新疆事

①[清]刘锦棠:《刘襄勤公奏稿》卷一五,第11页。
②同上。
③[清]刘锦棠:《刘襄勤公奏稿》卷一〇,第59页。
④[清]刘锦棠:《刘襄勤公奏稿》卷三,第44页。
⑤《平定陕甘新方略》卷三〇四,第7~9页。
⑥《平定陕甘新方略》卷三一五,第9~10页。

宜。以甘肃布政使魏光焘为新疆布政使。① 至此,新疆建省完成。

1887 年 4 月,清政府又将“所有伯克名目全行裁汰”②,从法律上废除了伯克制度,伯克占有的大片土地由官府承租。

刘锦棠还提出设义塾,让维吾尔族儿童学习汉语、汉文及四书五经,勤学不倦者,经厅州县考述,由道复试请奖,给予品级,以图在新形势下从意识形态领域加强对南疆社会的整合力度,但有些学校强迫维吾尔族学生学习汉语、汉文,灌输汉族的思想,结果维吾尔族学生“茫然不知所谓,愈益厌苦之。师或防其逸,闭置室内,加以桎梏”③。

与此同时,南疆维吾尔族社会也出现了一些新式教育机构,就其意义而言,与举办义塾有相同之处,即都有助于在传统伊斯兰社会传播新的思想观念,有助于形成新的社会结构,清政府对此一般也是支持的。1883 年在阿图什伊克莎克乡出现了由胡赛音·木沙巴耶夫和巴吾东·木沙巴耶夫兄弟两人倡议开办的新式学校,讲授语言、算术、历史、地理、自然、体育、音乐、美术、俄语、阿拉伯语、波斯语及汉语等。④

社会整体性转型不仅对社会生活深层各方面发生影响,就连宗教作为一种社会历史现象也在所难免。建省前后正是南疆伊斯兰教变化最显著的时期,它不得不与变化了的社会实际相适应。最引人注目的变化是不少宗教人士著书立说,纷纷发表对时局的看法。“那个时期这些作者著作的出现说明他们具有理解 19 世纪发生的一系列事件的强烈愿望;应该强调指出,这种理解是以符合封建主和宗教界统治者的利益为前提的。……由于所有的作者都有宗教感情并在宗教著作的基础上接受教育,他们的著作都含有强

①《清德宗实录》卷一九四,“光绪十年(1884)九月辛未”条,第 27 ~ 28 页。

②《平定陕甘新方略》卷三二〇,第 13 页。

③[清]袁大化、王树楠、王学曾:《新疆图志》卷三十八,“学校一”条,上海:上海古籍出版社,1992 年,第 355 页。

④伊不拉欣·尼雅孜:《阿图什县伊克莎克乡开办近代新学教育的情况》,载中国人民政治协商会议新疆维吾尔自治区委员会文史资料研究委员会编《新疆文史资料选辑》(第 13 辑),1986 年,第 80 ~ 83 页。

烈的正规的伊斯兰教条的影响。"①我们也可将这些著作看作是职业宗教者对变化了的现实世界的真实思想反映。

这种变化也反映在等级结构的变化上。等级结构的松动和阶级结构的强化是南疆建省后社会结构变迁的主要特征。

还在19世纪下半期农民大起义爆发前,由于清政府在南疆卖官鬻爵筹集经费,事实上已经打破了伯克阶层与其他阶层间的法律上的隔阂,农民大起义使这个阶层彻底分崩离析。1887年,清政府不得不从法律上取消了这个阶层。同时,由于清政府的军事打击,职业宗教阶层中的所谓血统高贵的和卓们也不得不重新回到麻扎等宗教机构中去。随着南疆维吾尔族社会新式教育的肇始,他们在思想文化领域的影响力也日渐式微,"现实生活强迫作者将目光投向人民群众"②,这个阶层与平民间原本在阿古柏统治时期拉大的距离在清政府重新恢复统治后又逐渐缩小了。

等级关系松动的同时,阶级关系得到了发展。在土地经营中,征用农民无偿劳役的农奴制经营模式在大多数土地上已为地主经济形态下的租佃或雇佣所取代,特别是宗教瓦克夫土地的经营,建省后土地租佃契约的绝大部分是关于租佃瓦克夫土地的,如102号契约:

1922年11月18日

伊斯兰教历一三四一年三月二十八日

立约人:骆驼村玉素甫阿訇之妻白合特妣妣、女儿尼莎妣妣

我等租种寺院土地1亩8分,每年应向依玛目吐合迪阿訇交4个银圆的租金。后因玉素甫阿訇去世,欠交6年租金。现由宗教裁判所裁定,向原主交清了所欠租金。以后每年按时交纳,绝不拖欠。此据。

证明人:买买提阿訇、依沙克阿訇、沙立克阿訇

(印章1枚)

社会上已不存在法定的阶层,在建省后的南疆维吾尔族社会形成了主

①Д. И. Тихонов, *Уйгурские Исторические Рукописи Конца* XIX *и Начала* XX *в.* (Ученые Записки Института Востоковедения Академии Наук,1954),стр. IX.

②同上。

要由地主、自耕农、半自耕农、小农及雇农组成的社会结构体，原先的等级结构为阶级结构所取代。阶级结构则是指一定社会生产体系中处于不同地位的社会集团的关系，这些集团对生产资料的关系、在社会劳动组织中所起的作用、支配社会财富的方式和多寡不同。等级与阶级的区别在于前者是法权身份，后者是经济地位。

建省后南疆普遍实行摊丁入亩，政府在赋役征收方面，从役重赋轻转变为赋重役轻，进而把徭役摊进赋税中征收，于是赋役合而为赋税一种。过去为了征发徭役，政府要有控制人口的办法，故而特别重视户口登记。但是役向赋转化特别是完成转化之后，政府保证赋税收入，只要掌握有田民户的田亩和赋税额就可以，没有确切掌握人口的必要了，南疆农民逐渐摆脱了被束缚在土地上的状况，经济关系摆脱了法权关系，社会流动增加，地区差异在缩小，南疆维吾尔族社会结构出现了向近现代意义上的转变，阶级关系成为社会的基本关系，这种关系可以通过土地占有关系来体现。

建省后反映各阶级土地占有关系情况的资料不多，傅希若在其《新疆的农业社会》一文中对民国时期土地占有关系做过一个分析，所引材料来自日文资料，具体见表5－1：

表5－1 民国时期新疆土地占有关系表①

类　别	不足十亩	十亩以上	卅亩以上	五十亩以上	百亩以上	合　计
户　数	161 540	155 765	69 210	53 537	20 972	460 124
百分比	35.1	33.9	15.1	11.5	4.4	100

根据表中所列数字，50亩以下的农家占全体的84.1%，可见农地之过于零散。100亩以上的占4.4%，其中是否有大地主，拥有大量土地？我们只有以另一种分析来证明，就是再看看自耕农占多少。据前引日文资料载有新疆35县农民分类表，具体见表5－2：

表5－2 新疆三十五县农民分类表

自耕农	半自耕农	小　农	雇　农
55%	21%	10%	14%

① 表格中的数量疑原书记录有误。

数字显示:①自耕农已超过半数,连同半自耕农有百分之76%;②雇农较多;③无佃农类。由此证明:新疆大地主尚少而富农则毫无疑问是处于支配地位的。雇农数量较多还是由于人多田少之故。①

以上资料所反映情况与清末南疆土地占有关系状况大概相差不远,最主要的特征是虽然社会结构中阶级关系逐步取代了阶层关系,但阶级分化还不明显,整个社会内部建立在交换基础上的商品经济基础薄弱,租佃关系不发达,以农业与家庭手工业相结合为特征的自然经济形态占主导地位,无偿劳役还很多,处于农奴制向租佃制过渡形态的伙种很流行,早期的租佃契约都是关于伙种的,如附录一(5)号契约文书:

1860年2月10日

伊斯兰教历一二七六年七月十八日　星期三

我是阿热居巴(arajuba,地名)所属的毛拉托乎提。库木巴格所属的屯(tong,地名)渠浇灌的遗产——大约6察拉克土地及其所属所有财产,在我精神状态良好,不存在威胁、强迫、欺骗,而是自愿的情况下,以现在流通的钱——40天罡,公开、公正、满意地卖给了沙比提吾吉和普拉提吾吉合伙经营,现金收讫,并立字据。

此地四至:东面是肉孜吾吉的土地,北面是果园,西面是达尼西巴依的土地,南面是素皮尔盖吾吉的土地。今后,就此地,无论我,我的后代,或者其他任何人,找借口起诉,其诉状在宗教法庭面前全为假话,完全可以拒绝受理。口说无凭,特立此合法字据。

证明人:肉孜吾吉、达吾提吾吉、吾斯曼巴依、达尼西巴依、艾瓦孜吾吉、吾吉毛拉、阿不都如苏勒毛拉、毛拉台外库勒、亚库甫吾吉、阿不都拉·艾孜木毛拉。

由此可以说,虽然建省前后南疆社会结构变迁已经发生,但速度很慢,原因是多方面的,主要有:

政治、法律层面上变革的不彻底。建省后虽废除了伯克制,但只是改换

①傅希若:《新疆的农业社会》,载甘肃省图书馆书目参考部编《西北民族宗教史料文摘(新疆分册)》(下),兰州:甘肃省图书馆,1985年,第959页。

了官称，乡约政教兼一，虽“无伯克之名，而有伯克之实”①，并有宗教上层显贵地位。一些地区如蒲犁等，20 世纪初仍在任命阿奇木伯克，并拨给燕齐。② 杨瓒绪《新疆刍议》也说：“因其政不易其俗，酋长伯克官秩依然，改省后废伯克而为乡约，原本古乡官之制，然今如有法无人，成效莫然。”③

一些非经济的联系在制约着经济活动：“渠道的管理系由村民共同组织，负责人员之产生也都由村民推举。每一水渠还有渠官，叫作米拉布伯克，全县所有之渠归大阿洪掌管，这里表现了农业与宗教结合的特点。”“新疆农业人口是占大多数的维吾尔族人，他们是伊斯兰教的信徒，所以新疆的农业和宗教保有相当密切的关系。如上述水利职司与杂卡特都是表示农业与宗教的结合。这种情形和政治关系并不相似，在封建制度下，封建领主或地主等级制度是与封建政治的等级相适应的。而宗教中各种职司则带有公共服务的性质。杂卡特之所以能变成文化教育费也是说明伊斯兰教对公共事业的热忱。”④

尽管如此，南疆也出现了许多有利于社会结构朝近代化方向转变的有利因素。如定额租制占主要地位，它比分成制对农民有利，分成制下增产多少，要被地主拿走规定的比例部分，而定额租制下多生产的，佃农多得，与地主不相干，佃农自然乐于积极生产。经济关系成了使社会诸要素以特定方式结合为一个整体的主要力量。同时，南疆维吾尔族社会还存在地区发展的不平衡，各地区社会结构的转变是不同步的。

四、民国时南疆社会之变迁

在社会学中，社会变迁这一概念比社会发展、社会进化具有更广泛的

①[清]袁大化、王树楠、王学曾：《新疆图志》卷四十八，“礼俗”条，上海：上海古籍出版社，1992 年，第 444 页。

②新疆维吾尔自治区丛刊编辑组：《塔吉克族社会历史调查》，乌鲁木齐：新疆人民出版社，1985 年，第 46 ~ 47 页。

③杨缵绪：《新疆刍议》，第 27 页。

④傅希若：《新疆的农业社会》，载甘肃省图书馆书目参考部编《西北民族宗教史料文摘（新疆分册）》（下），兰州：甘肃省图书馆，1985 年，第 962 页。

含义,泛指一切社会现象发生变化的动态过程及其结果,包括人类社会在一切方面和各种意义上的变化。社会学研究中一般更关注社会结构、社会制度的变化。乔尔和格罗斯曼指出:"社会变迁在程度上表现为渐增的、全面的,直到发生革命;它的范围也就相随地包括三个阶段或层次。首先,可能是仅仅改变个人的行为模式。其次,它可能改变集团准则或个人之间、集团之间的关系,抑或个人或集团的政治、经济、社会制度等共同目标;最后,它也可以改变社会道德态度或基本准则,这种变化是'最难描述,显然也是最难实现的'。"①

影响社会变迁的因素很多,如自然环境、人口的变迁、科技与社会生产力的变化、文化的变迁、社会价值观念和生活方式的变迁。这里主要选择法律制度、教育文化、宗教寺院经济三个因素来研究。

1. 南疆社会变迁与法律发展

法律与社会变迁是当代法学的重要课题。现代社会是变化型的,"就是说社会不但在变化——而且社会本身渴望变化"②。只有在承认公众和私人社会生活范围已明确分开,同时国家的权力也已延伸到能控制社会生活的每一个角落的程度时,法律才能独立于社会之外而存在。

就法律与社会变迁之间的关系类型而言,弗里德曼(Wolfgang Friedman)认为:相对于社会变迁而言,法既是反应装置又是推动装置。在这两种功能中,尽管法对社会的被动反应得到了更普遍的认知,但法对社会的积极推动的作用正在逐步加强。③ 本书更多地关注民国时期法律制度变化对社会变迁的影响。

法律对社会变迁的反映表现在制度和规范形态层面,法律观念和意识形态层面,应用和研究法律现象等层面。法律对社会变迁的影响要考虑三方面的问题:①怎样激发社会的动态?②怎样操纵社会的动态?③怎样使

①[英]罗杰·科特威尔:《法律社会学导论》,潘大松等译,北京:华夏出版社,1989年,第54~55页。

②同上书,第33页。

③W. Friedman, *Law in a Changing Society 2nd ed.* (New York: Columbia University Press, 1972), p. 11.

社会动态达到预期的目标?① 关于①问题,我们可以考察民国时期的社会计划与自我组织状况;关于②问题,主要涉及通过把意识形态方面的问题转化为现实利益方面的问题、把情感因素转化为技术因素,使社会变迁较少受到价值取向的妨碍,使改革更容易得到理解和接受,争取变革措施的内在化。采取利益驱动和说服等方式,在个人精神结构中发现与社会变迁相洽的心理因素,使改革的措施更容易得到群众的认同和支持。

1900 年,庚子事变爆发,后清政府被迫接受八国联军提出的《辛丑条约》,受此刺激,朝廷保守派主动提出变法,虽改革内容与 1898 年的戊戌变法雷同,但这种由政府主导的涉及较广泛的改革举措,还是给久已沉寂的新疆带来了一些近代化的措施。当时主政新疆的官员对新政的理解主要还局限在行政制度与经济制度上。如清朝末年,新疆巡抚联魁、伊犁将军长庚,是满族官员中的开明人士,对推行新政态度比较积极。联魁认为"遵筹西北全局,大旨不外置省、改官、开垦、兴学、练兵数端,应酌量缓急,择要施行",长庚主张"一练兵,二畜牧,三商务,四工艺,五兴学"(《清德宗实录》卷五九一、卷五六三)。其中成效比较显著的是编练新军、兴办实业、开设学校和建咨议局。为推动实业兴办,在各地设立工艺局,创办工艺厂、劝工所、织造局、农林试验场等。长庚在伊犁创办了制革有限公司,原为官商合办,后来改为商办。经营者是维吾尔族商人玉山巴依,机器从德国购进,技师从德国和俄国招聘,有工人 100 余名,年产约 1 万张大皮。新政对于在新疆建立近代化的经济形态还是大有裨益的。

实际上,持续性的社会变迁是 20 世纪新疆的显著特征之一。这种动态化、多样化的趋势对当地法律体系也有很深刻的影响。清末新政是清政府历经洋务运动、戊戌变法之失败,其政治组织和政治意识逐渐成熟的标志。新疆建省后,国家权力已逐渐延伸到能控制社会生活的每一个角落的程度,法律已能独立于社会之外而存在。但法律具有滞后性,终民国时期的新疆,作为现代司法的重要标志的律师制度始终没有建立起来,而职业法律家不仅是国家规范的宣示者、解释者及执行者,也是社会有序化机制的组成部

①季卫东:《社会变革与法的作用》,《开放时代》2002 年第 1 期,第 33 ~ 47 页。

分，他们因日常工作深入到社会基层，其活动方式有很强的斗争性，能及时向国家和社会反映公民个人愿望和诉求，是社会结构是否有现代性的重要标志。虽然如此，民国时期新疆现代司法机构却在逐渐建立，高等法院及地方法院等各级新式法院的建设，新式监狱的建设与狱政的改良，公证制度的初步发展，这些都是现代司法区别于传统司法的重要标志。在民事诉讼中，对少数民族的民族习惯和伊斯兰教法在一定程度上的认可和默许，这实际上是在个人精神结构中发现与社会变迁相洽的心理因素，使改革的措施更容易得到群众的认同和支持。新疆建省后，起初将既定成文法施用于新疆，后巡抚刘锦棠以“新疆与内地语言、文字、风俗、习惯不同，且缺乏熟悉法律官员为由，奏准新疆司法应尊重当地宗教法、习惯法，因地制宜”①。而当司法部督促新疆筹设审检厅时，杨增新“以新疆民族复杂，风俗习惯不一，司法经费困难，人才缺乏为由，请准缓设”②，认为“其回缠各城又与蒙哈各部插话并处，种族庞杂，汉人不及百分之一，其习惯风俗与内地天渊悬隔，以普通之法律治新疆已不相宜”③。只是到了盛世才时期，内外政治环境均发生了重大变化，盛氏在政治上争取主动，宣言改良司法，并且通令“全省文武官吏和各王公头目领袖，凡应死罪者，均应将该犯人依法审判，呈请省政府核准后方能执行死刑。想要彻底达到保障人权和审判公道的目的，必须司法独立，所以政府已在迪化设立地方法院，并参加各族人员组织特别法庭，以保障民众及公务员之生命财产。现在政府计划在其他各重要行政区域，亦均次第设立地方法院，以期达到改良司法和保障人权之目的”④。但很多没有建立地方法院的县政府，在这些地方，仍旧由县政府兼理司法。诉讼审判制度上也沿用旧制，民刑案件经过调判后，以两造（指双方当事人）具结为结案。对民事案件的处理方式，不完全按照民事法律的规定，有些是按照习俗处理，有些是按照伊斯兰宗教法律。当时发生的一些债务案件，有的当事人不到法院起诉而直接去阿訇处，或者是请求政府转伊斯兰教法庭（俗称宗教法

①曾问吾：《中国经营西域史》，乌鲁木齐：新疆人民出版社，2013 年，第 660 页。
②杨增新：《补过斋文牍》甲集下，呈文编（下），呈覆新疆缓设审检两厅理由文。
③同上。
④盛世才：《政府目前主要任务》，新疆民众反帝联合会 1941 年刊行，第 9～10 页。

庭)，按照伊斯兰教的经典或民族习惯解决。维吾尔族等少数民族的离婚案件大多不向审判机构提起诉讼，而是由宗教法庭予以解决，只要取得阿訇盖摹印的证明便可离婚。男方不经女方同意，只要以口头或书面的形式表示离婚即断绝婚姻关系。仅有少数的民族离婚纠纷直接向法院提起诉讼或者是在经过宗教法庭解决不服又向法院起诉。民国时期，南疆所发生的继承案件，大都依民间习惯或者由阿訇出面解决，仅有一小部分诉之审判机构，这也可由大量的同时期契约文书得到证明。南疆对民事案件的处理，尤其是少数民族之间发生的债务、离婚和继承案件中，在很大程度上是依据各民族的习惯法和伊斯兰教法来处理的，这都可以说明近代以来南疆法律制度的滞后性。滞后的法律制度是制约南疆社会近代化的一个重要因素，妨碍了当地社会转型的实现。

法律既是对社会的被动反应，同时也对社会有积极的推动作用。杨增新在政治上极为守旧，而金树仁的政治治理，基本上延续了杨增新的治新策略。继金树仁之后，在四一二政变后上台的盛世才，在上台之初即提出了八大宣言：实行民族平等，保证言论自由，实施农村救济，整理财政，澄清吏治，扩充教育，推行自治，改良司法。到 1936 年，盛世才又制定出了反帝、亲苏、民平、清廉、和平、建设的“六大政策”，这些都是具有进步意义的，特别是其在八大宣言里面提到了改良司法。之后，现代司法机构逐渐建立，刑民诉讼制度初步确立，司法文明观念开始引入与实践，行政与司法分离，对于刑事案件，凡是县司法处及兼理司法的县政府第一审判决案件，需要一律经过新疆高等法院的复判核准方能确定。这既是对前清时代对影响地方稳定的刑事案件须由代表中央政府的驻当地大臣处理，以彰显中央权威做法的继承，也是现代司法制度追求公平正义的体现，较好地维护了南疆社会的秩序。

2. 教育与南疆社会变迁

840 年，蒙古高原上的回鹘汗国崩溃，部落四散。维吾尔文化的中心从漠北迁移到塔里木盆地周围，同当地土著文化汇合成巨大的洪流并以崭新的姿态出现在历史舞台上。随着当地居民(即土著居民)的突厥化和突厥语各民族的伊斯兰化，以及内部、外部联系的加强，处于丝绸之路交通枢纽的喀什噶尔，又受到中原文化和西方文化的影响，这时期的维吾尔文化理所当然地获得了巨大的发展，形成了一种新的文化——伊斯兰－维吾尔文化（也有人说伊斯兰－突厥文化）。喀什噶尔作为喀喇汗王朝的首府即政治、经济、文化中心，又是处在著名的丝绸之路的交通枢纽，各种文化在此荟萃，相互撞击，彼此融合，形成了一个旋涡状的文化社会群体。这个群体包括了音乐舞蹈、绘画、雕塑、建筑、文学、文字学、音韵学、数学、天文学、医药学、逻辑学、哲学等，五彩缤纷，使人眼花缭乱。这种状况使佛教、伊斯兰教、摩尼教、萨满教、道教等相容共存，处在社会物质文化之上形成了宗教文化。①伊斯兰教在维吾尔人的精神领域占主导地位之后，对于维吾尔文化的继承、保护和发展产生了强烈影响，对近代维吾尔伊斯兰文化的形成和发展起到了重大作用。②维吾尔家庭生活、亲属称谓、遗产的继承和分配、婚姻制度、丧葬礼仪、饮食乃至节日无不打上伊斯兰烙印。11 世纪后，中亚盛行“创制之门已经关闭”的思潮，以喀什地区为中心的新疆伊斯兰教意识形态和社会体制也因此长期处于停滞状态，作为穆斯林社会生活基础的伊斯兰教法愈益僵化。

中国古代文明也有明显的普世情怀，以教化天下为己任，“远人不服，修文德使来之”，教化所至，才能最终成为“王土”。建省前，清政府在南疆没有修建一所教化当地人的学塾，也不允许当地一般人剃发易服，完全将南疆看作化外之地，使得南疆社会文化虽日趋多元，但文化的社会整合能力弱，社会处于激烈分化状态，在外敌入侵时很容易分崩离析。

近代以来，特别是 1884 年新疆建省以后，喀什社会出现了转型，社会结构发生了变化，但相应的文化变迁却始终未能实现，社会转型的成果也难以长久持续地得到巩固。究其原因，主要是因为传统的宗教教育未能实现向现代新式教育的转变，影响了文化变迁的完成。通过梳理这段历史，力图说明以现代文明为引导，最根本的是要发展高质量的现代学校教育，实现文化变迁与转型，才能与社会转型相辅相成。

（1）教育与文化变迁

①拓和提：《维吾尔历史文化研究》，北京：民族出版社，1995 年，第 122～124 页。
②同上书，第 136 页。

何为文化的变迁呢？一般来说是某一社会由于其内在的原因如生态的变化、内在的发展或由于和其他文化的接触而引起这一社会的文化变迁。①文化变迁一般指由本文化内部的发展以及不同文化之间的接触而引起的文化的改变。人类学家通常是把创新、传播、进化、涵化、冲突、适应、同化、融合和整合等都归在文化变迁这一动态的过程中予以分析和研究的。

文化转型是指一种新的文化形态替代旧的文化形态，表现为文化的变革、进步过程。文化转型的实质是指特定时代、特定民族或社会群体中主导性文化模式的新旧转换过程。文化转型一般是指大的历史尺度上所发生的主导性文化的根本转变。研究文化转型的一般规律、特点，对于创新文化建设，构建优良文化生态、提升科技创新能力将有积极的启迪与借鉴作用。

文化转型以文化变迁为基础，是文化符合时代要求的变迁结果。文化的变迁是随社会的变迁而变迁的，一个社会内部和外部的变动都会促使其文化系统发生适应性变化，从而引发新的需要。创新、传播、涵化是文化变迁的过程和途径。从文化的外部条件来看，社会关系和结构的变动等是变迁的主要原因。所谓文化变迁，指的是文化的跳跃性发展，或文化的突发性变化，通常表现为新文化的增加和旧文化的改变。②斯平德勒认为："文化变迁……不论是一个民族内部发展的结果，还是两个具有不同生活方式的民族之间接触所引起的，在一个民族生活方式上发生的任何改变。"③人类学家指出，文化变迁是一切文化的永恒现象，而文化均衡仅是相对的。

社会转型，应该说实质上是社会结构转型，无论说它是从传统农业社会向工业社会的转型也好，还是称其为从礼俗社会向法理社会的转型，应该说，指的都是特定社会的结构转型，它包括社会的政治结构、经济结构，其中当然应该包括文化结构的转型内容在内。

有学者认为，社会转型本质上是社会结构的变迁。这是很有见地的。

社会转型是文化转型的动因，而文化转型则进一步促进或加快社会转

①麻国庆：《走进他者的世界：文化人类学》，北京：学苑出版社，2002年，第300页。

②王铭铭：《文化变迁与现代性的思考》，《民俗研究》1988年第1期，第1～14页。

③[美]克莱德·M. 伍兹：《文化变迁》，何瑞福译，石家庄：河北人民出版社，1989年，第46页。

型，有利于社会转型，它们是一个相辅相成的、互动的辩证关系，但社会转型并不替代文化转型本身，因为文化是有其一定的和相对的独立性的，有一定的结构，文化转型在相对的意义上是一个有其自身特点与规律的进程。

社会转型与文化转型应该协调、同步而和谐的进行，而不应该相互脱节。实践表明，由于文化转型的特殊性，指望或认为社会转型与文化转型一定会完全和谐、协调与同步进行显然是不现实的。文化学上有一个概念叫文化滞后，对这一概念我们不应该仅仅理解为它只反映了文化发展落后于经济发展的现象，或者二者的不协调或非同步状态，这样理解未免太过于狭隘。对这一概念，应该从更为广义的意义上理解为文化转型与社会转型的不和谐、不协调和非同步的现象。

这就是为什么在社会转型期迫切需要重视、促进和研究文化转型，促进文化转型，加快文化转型进程。因为，我国的社会转型历程充分说明，“在社会变迁中，文化结构的转型较之于经济结构和政治结构的转型，乃是更为根本、更为艰难的部分。因此，当社会转型进行到一定程度，社会诸多问题就或直接或间接地表现为深层的文化问题。因为从宽泛的意义上说，任何经济活动和政治活动都是特定领域的人类文化活动，都有人的信仰、信念、意志、情感和价值标准在其中”①。由于文化转型的实质从根本上说是人自身的现代化。因此，对文化转型应该给予更多的关注和重视，特别是对欠发达地区的少数民族文化转型问题，更应该高度重视与关注，并大力加以推动和促进。

学校教育的变革、发展与社会文化的变迁总是如影随形的。教育是人类文化的传承与创造，文化是教育的本性。教育与文化的关系最为密切，教育是文化发展的内在机制。文化对教育有制约作用，表现在文化变迁影响教育发展的变革、文化传统制约教育活动过程、文化教育水平影响教育的发展水平；反过来，教育对文化则有促进作用，主要指教育是传递文化的重要手段、是文化继承的最基本形式、是保存文化的最佳形式，教育能够进行文化选择，提高文明水准，教育是对社会文化的创造和更新。从文化与教育关

①衣俊卿：《论哲学视野中的文化模式》，《北方论丛》2001 年第 1 期，第 4 ~ 10 页。

系的认识中，我们不难看出，文化与教育的确是一种共生关系。文化与教育的关系是互相包含，互相作用的交融关系。文化中的部分内容构成教育的内容，每一种文化活动都具有一定的教育影响，而教育活动又是传播文化的重要手段之一，是文化活动的构成。因此，文化与教育的关系最为直接和密切，二者是在互动中发展的。社会的不断发展，就是文化不断发展变迁的过程。经济生活的变化、科学技术的发展必然会对传统文化产生巨大的冲击，而学校教育的过程是对文化的选择、重组、改造和传播的过程，它在一定程度上加快某种文化涵化的过程，导致文化的变迁和消解。现代教育应该是民族性和现代性的和谐统一，使文化变迁进入一种发展性而不是消亡的文化变迁。学校教育一般实施的是普适性教育，体现的是主流文化意识，这种“普适性”教育对少数民族文化传承与发展构成了一定消解性的影响。文化丧失，就其教育根源来讲，是由于教育依循社会价值观念的更迭，在一定社会价值规范和社会目的的导引下，将这种文化剔除于传承的范围，使文化在代与代之间形成“断层”，失却继续传承下去的根基。①

（2）近代喀什的文化与教育之特点

近代喀什文化表现出浓郁的伊斯兰文化色彩。伊斯兰教随着穆斯林军队对外扩张战争的胜利，在征服地得到传播。征服地土著居民接受伊斯兰教是一个缓慢、渐进的过程。一旦各种居民陆续皈依伊斯兰教的信仰，他们很自然地把原有的民族文化传统和宗教信仰输入伊斯兰教。显然，伊斯兰文化是在征服地民族的文化基础上，经过伊斯兰意识形态的筛选、加工、改造后予以吸收、融合而成的。离开伊斯兰意识形态的主导地位，就谈不上什么伊斯兰文化；同样的，没有信仰伊斯兰教的诸民族的共同参与和创造，也谈不上有什么伊斯兰文化。② 1858—1859 年期间秘密探访喀什的哈萨克中玉孜阿布莱汗的曾孙瓦里汗诺夫此行虽在政治上毫无光彩可言，但其以民族学家的文化视角对近代喀什文化的观察还是相对客观的。

瓦里汗诺夫说：在整个穆斯林东方世界里，《古兰经》是民政设施的根

①郑金洲：《教育文化学》，北京：人民教育出版社，2000 年，第 177 页。
②金宜久：《当代伊斯兰教》，北京：东方出版社，1995 年，第 296 页。

本。风俗、法律和各种内外关系统由其确定。因此,各个伊斯兰地区内不同民族的生活和施政都或多或少有相似之处。不过,中国新疆地区在这方面表现得异乎寻常。在这里,伊斯兰教要遵循当地风俗习惯,宗教狂热有所收敛,妇女享有自由。这一现象是其他伊斯兰地区不曾有的,是一个强有力的佐证。新疆穆斯林宗教狂热之所以受到遏制,当然是由它所处的地理位置决定的。新疆被不可逾越的群山割断了它同宗教狂热的地区的联系。相反地,它同中国其他地区的联系交往却无障可阻,因而在一定程度上吸取了对异教的宽容态度。①

"教育本身在这些阶层中,实属无底的深渊,并与之无缘。在亚洲教育全是宗教性的。"②"这里,人民的教育状况极令人沮丧,形同浩罕和中亚其他地区。男女孩童入经文学校属实,不过学习的主要内容是真主规定的法规,之后结束学业。只有那些期求获得阿訇称谓的人才学习波斯文和阿拉伯文。教职人士通晓古兰经及其注释,还有国家和历史。与布哈拉的毛拉相比,对事务有正确的合乎时务的观点。一般说来,文化主要时兴于城市。农村居民几乎没有时间获取教育,因而,会读书识字的种地人很少。"③

"现代维吾尔语通行于新疆。这种语言著述的书籍不乏翻译本。对波斯文的无知和陌生使小布哈拉人把杰出的宗教著作由波斯文和阿拉伯文译成自己的文字。小布哈拉的翻译著述颇为可观,相形之下,他们自己的出类拔萃的著作却极为贫乏,没有一个诗人和著名的大师是小布哈拉人。他们独具风格的杰作限于阐述真主的法规、训示。可以认为,这些是所有穆斯林这类著述的优秀之作。它不煽动宗教狂热,憎恨厌恶那一套礼仪的陈规繁节。尚有记述当地圣徒的生平和一些历史著作。因为没有本民族的诗人,人们学习米尔·阿里舍尔的诗。唯一的诗作是民间歌曲,这些歌曲为四行诗,其内容是政治事件和爱情,共同的特点是倾诉苦闷和忧郁之情。总的说来,小布哈拉人的道德值得赞颂,不应低贬。清朝官吏指责他们多疑、滑头、

①Ч. Ч. Валиханов:*Собрание Сочинений в Пяти Томах. Том* 3(Алма - Ата,1984—1985),стр. 157.

②同上书,第 78 页。

③同上书,第 78 ~79 页。

说谎、懒散、愚昧无知。亚洲人则说他们胆怯，对教义不虔诚、堕落。这个民族经常受到奴役、暴政和不公正。这使个性方面的邪恶陋习得以滋长，诸如，多疑、固执、说谎。然而，他们有许多善良的品德。而这些是其他穆斯林人所没有的，在另一情况下，这些品德是这个民族能够胜过所有同教人的保障。"①

"心地善良的喀什噶尔人善于交往，性格欢快，爱好劳动，极有礼貌。各个阶级都认真地遵循种种礼仪形式。每个人都详尽地知悉礼仪规定，不可更改地恪守这些规章，而伯克们更是不厌其烦地实行之。

小布哈拉的凶杀惨案几乎绝迹，偷盗亦不多见，指责他们懒散是不公正的。至于说到非议这个民族的胆怯，我可以说，从性格的温和而言，喀什噶尔人有别于性格凶残、横说大话的浩罕人。"②

"喀什噶尔的妇女在家庭和社会生活所持的地位优越，这完善地体现了喀什噶尔人中庸适度的风度和观念。小布哈拉妇女处于受尊重的地位。他们中的许多人已载入史册。"③

"喀什噶尔人的烹调术也受中国内地的影响。他们的午饭有菜汤、面条、烤肉、包子以及用醋渍的蔬菜做的饺子。这后几种食物是从中国人那里学来的。他们还食肉和抓饭。中国对他们的影响虽属表面，然而却是相当强烈的。他们向中国人学到了一些艺术和技艺，借用了不少词汇，中国的一些建筑、服装、阔绰奢侈的用语和词汇移入当地人的语言中，尤为众多的词汇借用于书面行文中，不能不庆贺这个民族对伊斯兰教偏见的胜利以及对外国事物的那种出众超群的接受吸取的能力。他们憎恶仇恨清朝官吏，不过这不影响他们借用中国的文化。"④

光绪三年(1877)初，沙俄内政大臣库罗帕特金到达新疆，有意胁迫朝不保夕的阿古柏炮制所谓的"边界条约"，企图在阿古柏政权覆亡之前攫取一

---

①魏长洪、何汉民：《外国探险家西域游记》，乌鲁木齐：新疆美术摄影出版社，1994年，第79页。

②同上书，第80页。

③同上书，第80页。

④同上书，第83页。

些重要的战略据点,但因阿古柏政权迅速覆灭而未达目的。库罗帕特金认为:

“既不能把喀什噶尔称作是大自然赐予的宝地,也不能把它的居民看作是富裕的。人们的需求水平很低。住宅简陋,土坯墙没有玻璃窗,地是土地,与整个中亚的建筑物是同一个类型。”①

“在中国人统治时期,保留了居民的宗教信仰自由,于是穆罕默德教义的严酷性和宗教狂被天朝帝国的子孙们巧妙地削弱了。受中国人影响的结果之一是妇女得到了较大自由。妇女们准许在街上公开露面。与此同时,中国人还鼓励对于风俗习惯采取更为自由的态度(这种自由往往变成放荡),并保护婚姻自由。根据穆罕默德的法规,解除婚约本来就是件容易的事,如今这样一来,在喀什噶尔婚姻就更随便了。不仅如此,还出现了一种新的婚姻形式:为期最少一周的定期婚姻。这种婚姻多半是短期的,结婚时也要举行各种仪式。这种婚姻尤其被喀什噶尔的临时居民——商人们所采用。人们不大遵守斋期了,祈祷也做得少了。”②

“另外,学校教师们的酬金取决于学生人数的多少及其家长的富裕程度。酬金通常很少,一部分用实物,一部分用现款支付。”③

瓦里汗诺夫与库罗帕特金的记述证明在清政府统治下,喀什确已发生了明显可见的文化变迁,而这些变迁的发生显然既与当地具有不同生活方式的维汉民族之间接触有关,也与清政府统治下的社会内外部的变动有关。但这些文化变迁并未能及时在当地的学校教育中反映出来并影响到当地主流文化从而引起文化的转型,造成当地社会结构的变迁未能与文化变迁同步进行。也说明在社会变迁中,文化结构的转型较之于经济结构和政治结构的转型,乃是更为根本、更为艰难的部分,教育应受到高度的重视与关注。

喀什地区的学校教育,几乎一开始就同宗教紧紧地联系在一起。先是同佛教相联系,以后又被伊斯兰教所垄断,这种局面一直延续到清朝光绪初

①[俄]A. N. 库罗帕特金:《喀什噶利亚》,凌颂纯、王嘉琳译,乌鲁木齐:新疆人民出版社,1980年,第28页。

②同上书,第31页。

③同上书,第39页。

年喀什官府开办义塾才开始有所改变，使喀什的学校教育从此沿两条线发展下来，但封建寺院的经文教育一直在喀什地区学校教育中占主要地位。喀什的学校教育，不仅摆脱不了宗教的羁绊，而且成了宗教的附属。①

据沙敖《和卓传》附录 C 中说叶尔羌(今莎车)最早的经文学校创立于伊斯兰教历九〇三年(1497)。② 库罗帕特金记载："城镇里开办了十多所伊斯兰的高级经文学校，这些经文学校拥有大量的财产。"③清真寺附设的学校有两种：一种是低级的叫麦克硒；高级的叫麦德里斯。前一种学校的教师称为塔里甫，后一种学校任教的称为穆达里斯。一些规模大的经文学校可容纳数百至上千人就读。④ 经校课程设置有 7 种：宗教仪式、阿拉伯文、《古兰经》最后数节、《古兰经》全文、《苏巴阿剌亚尔》(宗教诗)、《那哇夷》(宗教诗)、《和甲哈皮斯》(宗教诗)，授课其中 4 种为阿拉伯文、2 种为突厥文、1 种波斯文，教学只令死记硬诵，不求义解。教师多系宗教人士，自凭一室，招生授课，不向政府立案，政府亦不过问。其学费每周由学生赠红钱、馕、木柴等，为教师收入之大宗。另有富商所办高级学校，规模较大，设备较全，有寄宿舍，可收外地学生，其课程亦完全宗教性质。"除宗教历史，阿拉伯、波斯文外，别无其他科学知识，教授法亦甚死板，毕业后，有不能写一普通函件者。毕业年限无定，有习读二三十年者，结果养成一班宗教士，与实际智识，亦毫无益处"⑤。

在相当长的一段历史时期中，喀什的宗教寺院完全垄断了教育，学校附属于寺院，教育成了整个宗教活动的一部分，在宗教职业者中，设有"木代尔孜职务"来专门掌管教育。这种封建寺院教育，从师资、教材、教学方法到全

①喀什地区教育局：《新疆维吾尔自治区喀什地区教育志》，乌鲁木齐：新疆美术摄影出版社，2003 年，第 17 页。

②穆罕默德·萨迪卡·喀什噶里：《和卓传》，陈俊谋、钟美珠译，载中国社会科学院民族研究所历史研究室资料组编译《民族史译文集·第 8 集》，内部资料，1978 年，第 134 页。

③[俄]A. N. 库罗帕特金：《喀什噶利亚》，凌颂纯、王嘉琳译，乌鲁木齐：新疆人民出版社，1980 年，第 118 页。

④马文华：《新疆教育史稿》，乌鲁木齐：新疆大学出版社，1995 年，第 9～10 页。

⑤曾问吾：《中国经营西域史》，上海：商务印书馆，1936 年，第 203 页。

盘教育制度，无不打上伊斯兰教的深刻烙印。

寺院教育主要是通过经文学校来实施的，经文学校一般分初、中、高三等，高级麦德里斯也称经文大学，设在喀什、莎车等地大寺院里，是专门培养上层宗教人士的场所。在喀什的历史上，曾被称作经文学院的约有十几座清真寺。中级“卡里哈娜”称为中学，设在较大的县镇寺院里，是为成年穆斯林学习宗教知识而办的业余性宗教教育机构。初级“地尼麦克塔普”称为小学，则遍及乡村，入学者都是少年儿童。以上这3种经文学校并没有一种连贯的教育体制，学习期限也无严格规定。就培养阿訇的经文大学而论，它可长可短。学生的成绩根据是否学完必修的宗教经典、掌握了必要的宗教知识、具备独立宣讲教义的能力而定。学生一旦修完功课，即由该寺院经师和教众为他挂帐穿衣，以示毕业，此后该学生即有资格应聘为清真寺的阿訇。为了求得某门宗教学科的知识，学生也可以到外地去求师游学。整个学习年限短则10年，长则10到20年，主要课程是宗教仪式、祈祷文、伊斯兰教规、宗教律例、宗教诗、宗教经典等。①

封建寺院教育垄断喀什教育的局面直到清朝光绪初年才开始得到改变。此后，喀什的教育沿着两条线发展下来，一条仍然是经文学校，另一条是喀什地方政府官办的学校。清光绪三年（1877），在彻底摧毁了阿古柏在新疆建立的哲得沙尔反动政权后，清政府随即在新疆采取了一系列重要措施，兴办教育就是其中之一。为维护长治久安，吸取历代治边经验教训，左宗棠在《办理新疆善后事宜折》中指出：“新疆戡定已久，而汉回彼此扞格不入，官民隔阂，政令难施，一切条教均借回目传宣，壅蔽特甚。将欲化彼殊俗同我华风，非分建义塾，令回童读书识字、通晓语言不可。”②新疆巡抚刘锦棠深以为然，痛陈“是非被以文教，无由除彼锢习”③。奏准在全疆各地分设义塾37处，招收维吾尔族儿童学汉文，由官府为塾童购发书籍、笔墨纸砚。为

①喀什地区教育局：《新疆维吾尔自治区喀什地区教育志》，乌鲁木齐：新疆美术摄影出版社，2003年，第18～19页。

②［清］左宗棠：《左宗棠全集·奏稿七》，长沙：岳麓书社，2014年，第466页。

③［清］刘锦棠、李续宾：《湖湘文库·刘锦棠奏稿·李续宾奏疏》，长沙：岳麓书社，2013年，第89页。

鼓励学习积极性，对“粗知文义者，按月酌给膏银粮”①，优异者“免其府县两考”②。对教习则厚予待遇。然而由于多种原因，推行汉文教育仍很困难，民众“闻招入学皆避匿不往，富者或庸人以代，谓之当差”。“闻入学则曰：凡差皆易，唯此差最难，其入学数年者，所学亦无用，故开学廿年，所造毛拉而已”。教学成果“收效殊鲜”③。

另外，南疆穷乡僻壤还遍布大量带有宗教色彩的私学。其教学没有教学计划、大纲教材，教师选聘也无规范标准，往往因人而异。清末诗人萧雄曾亲历新疆，其著作对“新疆地理风俗人事各项，叙述綦详”。他记载当地人“俗亦重识字，以识字诵经为出众，皆童时肄习之。传教者曰阿浑，师傅之谓也。……讲舍必傍树阴，室中无椅案，师徒席地而坐，旁设矮棹一二张，夏日则环坐树根，捧书诵读。凡入学者，各执木简，或牛羊版骨一片，趋谒阿浑，阿浑为之书字于上，即读本也。小儿不率教者，则以红柳木条笞其脚心。……束脩极薄，往年南八城一带，生徒一人，每至七日，供送普儿一文，遇节馈面馍油馕而已”④。赛福鼎在其回忆录中也真实、生动地记载了他童年亲身经历的故乡下阿图什乡瓦克瓦克村的学校情况。“我们这所学校教宗教、识字、算术三门课，而其他许多学校除开宗教课读《古兰经》之外，什么都不教。学校只有一个教师，设在买木提力·卡里老师家的院子里，仅有一间教室，里面什么也没有，孩子跪坐在墙根下，老师盘脚端坐在土坑上，摆弄着手里的小棍子。教学内容是背诵宗教箴言，教师依次把一对对学生叫到土坑前跪下，检查旧课，传授新课，有的学生答不出便受到责罚，几乎每天要惩罚一两个学生。最重的是打手心或脚掌，有的学生脚掌被打得流血……不停哭叫求饶。这样的惩罚确实残酷，令人恐惧。由于（富商）父亲的面子，我虽未受此种惩罚，但其他惩罚并未幸免，如被老师踩着脑袋抽屁股，站墙角、打手心等。”学童上学充满惊怒和反感，缺乏学习积极性，“每周

①[清]刘锦棠、李续宾：《湖湘文库·刘锦棠奏稿·李续宾奏疏》，长沙：岳麓书社，2013年，第367页。

②同上。

③曾问吾：《中国经营西域史》，上海：商务印书馆，1936年，第404~407页。

④吴蔼宸：《历代西域诗钞》，乌鲁木齐：新疆人民出版社，2001年，第241页。

四是最令人担惊受怕的日子，按惯例这天是给老师送礼的日子，带来礼物的学生平安无事，没带礼物的学生可就要遇到麻烦了，教师于是寻衅惩罚。'星期四礼物'是教师的薪水，整个伊斯兰世界的小学教育都是靠它维持的"。尽管学校如此简陋、落后、黑暗，但这所学校比较起来应该说还是比较先进的。①

1911年的辛亥革命，极大地鼓舞了在新疆的革命党人。正是在全国革命形势的影响下，新疆一些新兴知识分子，先后在喀什办起新式学校。从资料来看，喀什第一所新式学校创办于1915年。1915年夏，由疏附县知事马绍武倡导，由维吾尔族绅士巴吾丁巴依等，慨捐巨资，在疏附县城（今喀什市内）创设了初级小学两所，名叫"汉语兼识字学校"。1916年，莎车县实业公司的工程师牙合甫又在莎车筹办了一所新式学校，名为"实业学校"。1919年，阿不都拉伊玛目请土耳其人阿合马提长马耳来阿图什庄讲学，并创设师范学校。

以上的新式学校，是资产阶级民主革命的产物。它们的出现，打破了过去宗教办教育和官办教育的旧传统。辛亥革命以后出现的喀什汉语兼识字学校则为官督民办，即由地方政府指导监督，"民"出资兴办。当然，能够出钱办学的"民"，并不是普通百姓，但它毕竟打破了喀什历史上的旧传统。另一方面，课程的设置和教学内容也与经文学校和义塾完全不同，一开始就设置了修身、国文、算学、俄语和体操五门功课，即一门政治课（修身），三门文化课（国文、算学、俄语），一门体育课（体操）。这些课程的具体内容尚不清楚，仅从这些学科看来，课程的设置比较讲求实用，既不同于经文学校的经文课程，只讲有神论，也不同于义塾、学堂的《四书》《五经》，只讲封建伦理道德，而是学习和传授比较实用的科学文化知识。这不得不说是一大进步。②

在宣传科学知识的著名宗教人士中，阿布都·卡德尔就是当时的一个

①赛福鼎·艾则孜：《赛福鼎回忆录》，郭丽娟、王庆江、艾克拜尔·吾拉木译，北京：华夏出版社，1993年，第4～11页。

②喀什地区教育局：《新疆维吾尔自治区喀什地区教育志》，乌鲁木齐：新疆美术摄影出版社，2003年，第23～24页。

代表人物。他出生于阿图什的麦西赫特村，青少年时代在喀什噶尔的多所经学院学习，后留学布哈拉。回国后，在喀什噶尔汗里克经文学院任教。约于19世纪末20世纪初去麦加朝觐，并在土耳其和埃及留学。归国后，在喀什噶尔创办了一所既教经文又教科学知识的新型经文学校，称为托汉·买德尔斯。买德尔斯为经文学校之意。

阿布都·卡德尔在经文学校任教时，宣传科学文化知识。他认为，一个民族要繁荣，必须跟上时代前进的步伐，接受新的事物，不能把伊斯兰教与近代文明对立起来。他说："现在欧洲发达国家的人乘飞机在空中飞翔，乘轮船在海里航行，而我们信仰伊斯兰教的人民有的连骑毛驴的条件都没有，走路还要靠步行。因此，我们应该学习科学知识，学习一切新的有用的东西，提高自己的本领。这样，才能过上幸福的日子。如果我们总是抱着过去的东西不放，伊斯兰教就难以继续存在下去。"同时，他主张把宗教课税（吾守尔、扎卡提）集中起来，用于兴办养老院、孤儿院及教授宗教知识及科学知识的新型经文学校。①

值得注意的是，从新疆建省至金树仁统治时期，喀什社会结构发生了巨大变化，但喀什教育事业始终未能完成推动喀什文化实现转型的历史任务，甚至新式学校创办之初就被外国势力所插手利用，最后导致了它的存在仅是昙花一现而已。

（3）近代喀什教育与文化变迁之启示

近代喀什维吾尔文化主要是伊斯兰文化与绿洲农耕文化的结合。但其文化丰富的遗产，植根于远古时代，像宏伟的建筑，精美的雕塑、壁画，独特的手稿等，形成了有地方特色的喀什伊斯兰文化传统。

近代喀什文化没能实现转型，与其教育内容、教学设施、师资、教学语言的使用有关。实现转型是民族发展的必由之路，教学内容、教学组织形式、教学语言都对教育的效果有影响。学校教育的变革与发展与社会文化的变迁总是如影随形的。

①喀什地区教育局：《新疆维吾尔自治区喀什地区教育志》，乌鲁木齐：新疆美术摄影出版社，2003年，第182页。

改革开放40年来,中国社会包括喀什都实现了新的社会转型,我国各民族生活在一个具有共同价值标准、共同理念的同一社会政治制度中,这是多元一体的中华民族文化整合和凝聚力的基础和背景所在。我们不能说我国各民族生活在各自的泾渭分明的社会中,但我们不能否认我国各民族有其独特的文化,各民族仍面临文化转型的艰巨任务,这主要是指文化从与低级社会结构相适应向与高级社会结构相适应的一种过渡、一种超越、一种质的飞跃或变迁及其过程。改革开放时期中国社会经历了激烈和巨大的变动。这种变动所包含的内容是十分丰富的,但就其主流来看,文化的变革是最具本质意义的一个方面。而新疆特别是以喀什为代表的南疆地区这种文化的变革乃至转型尚有待时日,而当地教育将承担应有的历史责任。曾看过记者采访赛福鼎·艾则孜的女儿阿孜古丽的专题报道。谈及新疆现状,她说:"内地有很多新鲜事物,人也聪明,这边开始发展了、进步了,先进思想都进来了。而我们那边还是原来的感觉。这个差别就出来了,一个是新疆的老百姓还很穷,孩子们就不上学,受教育差,文化层次低了呢,接受新东西就越来越迟钝,对新鲜事物产生抵触。还有一种就是先进的东西越多,你的那个宗教思想越重,就会越觉得先进的东西会把这个那个风俗习惯改变,所以需要保护。但是当你没有一定文化知识后,水平没有到的时候,你的保护就是抵触和排斥。因为你不知道世界发展成什么样子,你不明白。新疆很多农村的孩子,不学汉语,不懂汉语,就接触不了最先进的东西,没有这个接触,跟不上发展的步伐,你就会更抵触,那么你找不到工作,于是贫穷的父母就不愿意让孩子上学了,反正也找不到工作,打工吧。这样就不受教育了,于是就恶性循环了。""我父亲搞教育的,他知道教育可以给这个民族带来什么样的前途,新疆必须和全国一起进步,和全世界一起进步。但是改革开放所有的人都在打那个富起来的主意,没有人顾得上教育,只要挣了钱,能富起来就行,那么这当中就会有一些严重脱节。"

对比中亚情况,我们看到,中亚尽管较新疆更靠近伊斯兰文化核心区,但苏联解体后,仍然基本保持了政治、社会的世俗化特征,这与苏联时期在在中亚大力发展现代教育事业密不可分。20世纪20年代后期,苏联执政党和政府不仅在中亚地区开始推行大规模的社会改造和经济建设,而且加快进行文化风俗方面的变革。苏维埃政权在中亚建立以后不久,就一反过去沙皇政府不过问中亚穆斯林内部社会风俗和文化生活的政策,对他们的宗教习俗和传统文化主动进行改革,进而推行民族“融合”政策。苏维埃政府在中亚推行文化改革和民族融合政策的第一个重要步骤就是开展文字改革。这次文字改革,除了“实用”的原因以外,还有政治上的考虑。首先就是为了清除“封建—教权主义文化。苏维埃政府当局认为,阿拉伯字母与伊斯兰教是密不可分的,实际上成了伊斯兰教会控制中亚居民社会生活的工具,不利于苏维埃新思想、新文化在中亚的传播。当时的乌兹别克共产党中央书记阿克马利·伊克拉莫夫谈论这次文字改革的意义时说道:“新字母是苏维埃东方各被压迫民族迅速掌握文化的必要条件,并给他们赶上先进得多的俄罗斯中央地区的民族提供了可能性,因而也是胜利地建设社会主义的强大武器。”除了这些政治意义以外,文字改革对中亚各民族的教育事业的发展确实起到了明显推动作用,人们识字更容易一些,居民的文化水平有明显提高。到 1939 年,中亚各共和国居民识字率达到 77.7% ~83.6% ,接近苏联居民平均识字率的 87.4% 。这样,中亚文盲比例比邻近的伊斯兰国家都要低得多,而且在伊斯兰世界历来没有受教育权利的妇女也能上学读书了。20 世纪 30 年代以来,乌兹别克斯坦每万人中受过高等教育的人数比土耳其高出 7 倍,比伊朗高出 28 倍,甚至比法国高出 2 倍。各种各样的现代文化事业也在中亚迅速发展起来了,诸如报刊、广播、电影、戏剧等,都成了人们日常生活的一部分。但是,中亚的文化教育发展与俄罗斯化的进程是同步进行的。

3. 宗教寺院经济与南疆社会变迁

(1)南疆苏非派寺院经济的发展

14 世纪后,中亚苏非主义盛行。苏非派教长拥有巨大的经济财富,这是他们操纵政治权力、提高社会声望的物质保证。15 世纪后半叶,大量的地产集中到高级僧侣手中,首先是集中到有势力的苏非派领袖(谢赫)们手中。例如,帖木儿王朝时期的和卓·乌巴伊杜洛·阿赫罗尔就是这样的人物,他是1 300块土地的所有者,其耕地总面积共达3 000朱弗特。[①] 页依禅马达利最初是一个一无所有的孤儿,成名以后,在不到10年的时间内就拥有了宽广的庄园,成为一个富有的地主。据说他有29张买来的地房契。塔什干有名的依禅大多都很富裕。阿不都拉汗的同时代人伊斯拉木和卓是庞大马群、羊群、骆驼群和大量可耕地的拥有者。伊斯拉木和卓醉心于狩猎,他有大量训练过的狗,拥有一大队饲鹰的猎人等。希望会见他的信徒,抱怨这位"神圣的长老"同猎鹰、良犬的交谈多于同人的交谈。在他庭院中服役的奴仆多达300人,为了管理账目,专门成立了特殊的办事处。伊斯拉木和卓也从事商业,他的商队远抵莫斯科。[②]

到了16世纪,随着纳格希班迪教团在中亚伊斯兰社会地位的急速上升,瓦克夫的规模发展到了一个新的阶段。这些人物的圣陵都有相当规模的瓦克夫。以中亚著名的位于巴尔赫的阿里麻扎为例,这里的瓦克夫地产规模大到东西长22英里[③]南北长7至8英里,它包括耕地和牧地周围有河渠。[④]

乾隆二十四年(1759),清政府平息了大、小和卓掀起的叛乱,最终统一了天山南北。大、小和卓作为天山南路依禅派宗教领袖,其宗教贵族身份与因其家族历年积攒的大量财富而凸显的经济地位,是其成为叛乱领导者最重要的条件,这些物质财富也包括和卓家族所占有的大量宗教瓦克夫土地收入。清政府显然了解这种带有宗教色彩的土地的价值,但其认识也仅局限于将其与内地寺院土地类比的基础上。当时的汉文文献中普遍将瓦克夫土地称作"香火地亩"[⑤],清政府处理瓦克夫土地的办法基本上比照内地寺院土地管理政策来制定,同时,也考虑了当时南疆维吾尔族地区历史、文化的特殊情况。

①[塔]Б. Г. 加富罗夫:《中亚塔吉克史》,肖之兴译,北京:中国社会科学出版社,1985年,第324页。

②同上书,第331页。

③1英里约为1.61千米。

④R. D. Mcchesney: *Waqf in Central Asia: Four Hundred Years in the History of A Muslim Shrine*. 1480—1889(New Jersey: Princeton University Press, 1991), pp. 144~145.

⑤《西域图志》卷三十九,"风俗"条。

我们知道,清政府在每次平定天山南路的动乱后都采取所谓的“善后”措施,其中之一便是大量没收“逆产”,这些被没收的土地中到底有无瓦克夫土地?清代汉文文献中并无明确说明。但“即使是政局动荡的那个时期,瓦哈甫土地也具有相对稳定的特点。原因在于,政治的需要常常使新的统治者们尽力避免触及瓦哈甫土地。这种情形在阿帕克和加统治时期,在准噶尔汗国统治时期,都是有过的。艾赫麦德被扣留在伊犁期间,阿帕克和加麻扎占有的瓦哈甫土地,并没有因为政权的更替而发生变动”①。因此,我们有理由相信,没收涉及的主要是和卓及其一般追随者的个人私有土地,宗教瓦克夫土地基本上保留了下来。历史事实也证明的确如此:统一新疆后第二年,清帝乾隆即下令保护白山派和卓麻扎。他在给喀什噶尔参赞大臣舒赫德的谕旨中称:“逆贼霍集占等,虽负恩肆恶,自取诛戮,至其先世,君长一方,尚无罪戾。今回部全定,喀什噶尔所有从前旧和卓木等坟墓,可派人看守,禁止樵采污秽,其应行修葺分例,并着官为经理,以昭国家矜恤之仁。”②参赞大臣阿里衮奉旨经办并规定:“回部喀什噶尔旧和卓木坟墓,原有三十帕特玛(曼)地地亩钱粮,看守回人十二户,仍照旧管理,以供祭祀修葺,余为伊等养赡。”③和卓们之所以能与清政府对抗,正如施瓦茨在《新疆的和卓》中所说的“获得物质财富成为和卓力量的另一支柱。……和卓们通过地租从这些地产获得了巨大的财富,除这种形式的收益外,还享有所有和卓作为宗教领袖均有资格得到的什一税”。但是清政府对逃亡国外的大、小和卓派人返回收取瓦克夫土地之收获则坚决打击,这也从侧面证明这些瓦克夫土地并未被没收。如大和卓波罗尼都之子萨木萨克“住色默尔罕(撒马尔罕)地方,同行只十余人,求乞度日”④。又如萨木萨克之子张格尔“以诵经、祈福传食各部落”⑤。乾隆二十四年(1759),他们不得不冒险派人入卡,以宗教吾

①刘志霄:《维吾尔族历史》上编,北京:民族出版社,1985 年,第 442 页。

②《清高宗实录》卷六〇九,“乾隆二十五年(1760)三月壬戌”条。

③《清高宗实录》卷六一四,“乾隆二十五年(1760)六月癸酉”条。

④《清高宗实录》卷一二〇二,“乾隆四十九年(1784)闰三月丙辰”条。

⑤[清]袁大化、王树楠、王学曾:《新疆图志》卷一百一五,“兵事一”条,上海:上海古籍出版社,1992 年,第 1103 页。

守尔、扎卡提的名义收取少量财物,以度危机,但却遭到了清政府的坚决的打击。乾隆四十九年,查处“大和卓布拉尼敦之子萨木萨克,潜使……通寄书信,诱取银两”案,涉及喀什噶尔、英吉沙尔之毛拉、伯克多人,从重办理示惩。[①]乾隆五十九年三月,“拿获由萨木萨克差遣,及代萨木萨克科敛银物之回子巴喇特等八犯,审明全行正法”[②]。嘉庆十六年(1811)八月,“查拿指称叛裔名目,敛取钱物,并捏写回经,妄添不法语句之首从各犯”,“毛拉素皮、乌舒尔、爱玛尔、沙朵斯四名正法”[③]。至道光朝更因萨木萨克之子张格尔的叛乱活动,清政府于道光五年(1825)“严定回疆敛银条例”[④]。拉铁摩尔也认为:“在西部绿洲独立的和卓不时地企图在新疆,特别是在喀什,重建他们的势力。其中一个原因是,喀什的哈萨拉阿帕的家庙是一个重要布施收入来源。”[⑤]这些记载反映了两种可能:①大、小和卓后裔在继续利用旧有制度谋取利益;②瓦克夫土地仍被保留,但使用受限制。

清政府虽未采取将瓦克夫土地一律没收的政策,但还是将以往寺院土地上的“燕齐”编入民籍,使之变为向清朝直接纳贡的臣民。平定大、小和卓之乱过程中,有“多伦回众”1 000余户,共5 000余人投奔清军[⑥]。还有在阵前向清军投降的穆斯林群众“二千六百余户,八千三百余口”,其中“大半系伯德尔格、塔哩雅沁之人”[⑦]。多伦又称多兰、朵兰,惰兰,“系霍集占之农奴”[⑧]。伯德尔格和塔哩雅沁的身份,在苏尔德《回疆志》卷一中有较为具体的说明:“从逆酋霍集占等久住伊犁,叛服无常之伯德尔格(贸易人也)、塔哩雅沁(种地人也)、乌沙克(勇战人也)等三种塔哈里克(回人以此三等人谓

①《清高宗实录》卷一二一五,“乾隆四十九年(1784)九月丙子”条。

②《清高宗实录》卷一三五一,“乾隆五十五年(1790)三月壬寅”条。

③《清仁宗实录》卷二四七、卷二八五。

④《清宣宗实录》卷八二,“道光五年(1825)五月丁酉”条。

⑤[美]拉铁摩尔:《中国的亚洲内陆边疆》,唐晓峰译,南京:江苏人民出版社,2005年,第118页。

⑥《清高宗实录》卷六〇一,“乾隆二十四年(1759) 十一月甲子”条。

⑦《清高宗实录》卷五九八,“乾隆二十四年(1759)十月丁亥”条。

⑧[清]璧昌:《叶尔羌守城纪略》,清道光二十八年(1848)刻本。

之塔哈里克)。"①这 8 000 多为奴者与 5 000 余多伦加在一起,在万人以上。据苏尔德《回疆志》统计,截至乾隆三十七年(1772),塔里木盆地各城总人口"约计二十万二千二十余口"②。投诚清军的多伦和塔理雅沁人数占当时塔里木盆地总人口的 5% 以上。他们被安置在库车至喀喇沙尔一带开垦荒地,各谋生业。③ 再也不是大、小和卓的农奴了。清政府对直接依附于和卓阶层的这部分人口的解放间接影响了当时天山南路的土地经营方式。

(2)近代以来南疆寺院经济与社会

"经济"与"社会"是两个很难分开讨论的议题,这两者不只是不能分开,而且存在一种辩证互构的关系:一方面,所有的经济活动都有其一定的社会基础;另一方面,经济活动在社会关系形构过程中具有其重要性。经济活动或经济活动所牵涉的相关现象,对社会所造成的影响,对人类生活甚至人际关系的影响,也是相当重要的。④

①中亚及新疆伊斯兰寺院经济的形成与发展有其社会基础。进入中亚的蒙古人接受伊斯兰教后,发现伊斯兰教在其征战与政治统治中的重要作用,一般都对伊斯兰教采取优待政策,如著名的征服者帖木儿在政治上将"社会阶级分十二级。他既然表示信教的热忱,所以将赛夷族同传道师(谢赫)、律士(乌列玛)列在第一级,次为有经验的人、贤明的人、信心苦行昭著的人;再次为军将、大臣同君主的朋友;又次为学者、医师、文士、史家、神学家、宗教职员、保存兵器的技术家;又次为旅行诸国的人"⑤。而在经济上,帖木儿尽弃"宗室诸王之采邑,及异姓贵族领土,分赐阿萨兰(即伊斯兰)礼拜寺"⑥。自 13 世纪中亚地区的混乱和动荡之后,中亚穆斯林迫切需要精神安慰。作为"圣裔"的伊斯兰苏非派和卓则满足了人们这种精神需要。另外,

①[清]苏尔德:《回疆志》卷一,"城池"条。

②[清]苏尔德:《回疆志》卷三。

③《清高宗实录》卷六〇一,"乾隆二十四年(1759) 十一月甲子"条。

④潘美玲、张维安:《经济行动与社会关系——社会自我保护机制的研究》,《台湾社会学刊》2003 年第 1 期,第 51 ~ 88 页。

⑤[法]阿里·玛扎海里:《丝绸之路——中国波斯文化交流史》,耿昇译,北京:中华书局,1993 年,第 123 页。

⑥[清]屠寄:《蒙兀儿史记》,北京:北京市中国书店,1984 年,第 840 页。

苏非教派十分重视拥有强大独立的经济力量，在中亚与新疆都有广泛影响的苏非纳合失班底教派和卓阿赫拉尔就注意到地方上的谢赫仅依靠瓦克夫生活，因而只得接受指定给他们的任何东西。和卓阿赫拉尔由此认为，只有依靠自己的财力来供养他本人及其追随者，才具有不同于其他谢赫的影响。和卓阿赫拉尔的政治目的是把他的教团转变成经济上独立且有力量的统一体，成为政治上参与并富有影响力，组织上可靠且相对集权化的教团。首先，和卓阿赫拉尔积累了相当多的财富来确保他的政治影响。他"拥有30个果圃，64个村庄及其周围的土地和灌溉渠。在不同的城市里有许多商贸机构和手工工场"①。伊斯拉木和卓是"庞大马群、羊群、骆驼群和大量可耕地的拥有者"，"在他庭院中服役的奴仆多达三百人。为了管理账目，专门成立了特殊的办事处"。②

②伊斯兰寺院经济对南疆社会关系的影响也是相当重要的。中亚寺院经济力量的壮大意味着宗教上层势力的影响力已能同世俗的统治阶级相抗衡，社会政治生活中宗教倾向日益明显。帖木儿四处征讨，虽然打击对象都是穆斯林，但他却给他们加上异教徒的罪名。如宗教界认为攻击德里苏丹国不妥，因为这是穆斯林间的自相残杀，但帖木儿认为德里苏丹国有大量异教徒，苏丹容忍异教徒的行为即等同于是异教徒，应该受惩罚，以此争取宗教界的支持。后来，宗教界甚至有能力废立可汗。如1560年，皮儿·穆罕默德汗率领自己的部落渡过阿姆河，前往布哈拉。但是，布哈拉的宗教首领和卓伊斯兰说宗教界对皮儿·穆罕默德汗表示不欢迎，因而，汗被废黜。……阿不都拉汗权力上升也是借助于那帮和卓、舍黑、德尔维希和赘巴尔司教等的帮助。③ 其中以所谓的赘巴尔司教（和卓）特别支持汗。这种人被认为是布哈拉一个最有声望的圣徒坟墓的世袭守护者。阿不都拉汗对其倍加恩赐，免其缴纳赋税的义务，遂使赘巴尔司教成为布哈拉汗国最大的地主。一般地说，乌兹别克的汗要能得到宗教界的支持，才能得到或保住汗

①*The Encyclopaedia of Islam*, Supplement fascicules 1 – 2(Leiden, 1980), p. 51.

②[塔]Б. Г. 加富罗夫：《中亚塔吉克史》，肖之兴译，北京：中国社会科学出版社，1985年，第327页。

③王治来：《中亚通史》近代卷，乌鲁木齐：新疆人民出版社，2004年，第18页。

位，否则就会被赶下台，由此可见宗教界势力之大。① 近代的布哈拉人把当时的一切成就都归功于阿不都拉汗。传说他兴建的建筑物达1000所之多，包括清真寺、宗教学院、经文学校、澡堂、旅馆、水池、商队客栈和桥梁等。的确，在发展文化方面，没有其他的昔班尼后王能与之相比。这除了这位汗要发展伊斯兰的公众福利事业以缓和阶级间的对抗外，还应归之当时的时代精神和苏非派神学。众多的清真寺、学院、大厅和陵墓，都是为了纪念已故的圣人的。②

这种宗教感情，相当强烈，渗入到一切阶级、部落、民族和公私生活之中。无论统治者还是平民，都以宗教领袖人物作为精神导师。特别是一些君主、汗。③

在伊斯兰教的深刻影响下，中亚各民族的文化无不打上宗教的烙印。宗教意识渗入到文学、诗歌、哲学、艺术、建筑和一切意识形态之中。当权者对伊斯兰神学的研究相当重视。汗、大臣、贵族、封建主等捐赠大量的资产来修建清真寺、宗教学堂和经文学校。出现了一些著名的神学家。④

因为寺院经济的收益满足了宗教上层的需要，他们也就不会产生改变现状的念头了。因此，他们是一股社会保守势力，帖木儿后的中亚，宗教影响力逐渐增大，直至俄罗斯归并中亚，当地民众社会生活的方方面面无不接受伊斯兰教义的指导与规范，这与新疆的情况形成了鲜明对比。

③新疆在叶尔羌汗国时期，中亚苏非派和卓大量进入新疆，他们同样对土地、水磨、矿产等怀有极大兴趣，聚敛了大量财富。在清代南疆，除将土地以瓦克夫的名义捐献给宗教机构外，捐给个人的情况也不少，这可能是历史传统的延续："伊善派在天山南路占有土地，是从秃黑鲁·铁木尔时期开始的。这是一个名副其实的起点。从这时开始，瓦哈甫土地不但赐予伊善派的麻扎、哈尼卡等宗教设施，而且还赐予个人。将瓦哈甫土地赐予个人的现

①王治来：《中亚通史》近代卷，乌鲁木齐：新疆人民出版社，2004年，第40页。
②同上书，第42页。
③同上书，第39页。
④同上书，第40页。

象，在天山南路以外地区是少见的。”①但新疆的情况在清朝统一天山南路后发生了很大改变，虽然寺院经济基本得到保留，但清政府在新疆的日常行政活动并不受宗教上层的影响，存在的合法性受清政府保护的伯克阶层其文化特征更日益与清朝驻疆官吏接近，这与天山南路寺院经济相较于中亚有较大削弱有关。瓦里汗诺夫也认为在新疆“宗教人士不具影响力”②。小布哈拉的每一个贵族要知晓宗教教规、国家历史，有汉文和满文知识。伯克们不会原原本本地吸取中国文化的精华，他们吸取的是一些皮毛，鉴于半文盲的状态，接受的尽是一些中国文化落后的方面，考察并拘泥于中国人的外表形式，学会灵巧地请安、磕头，企望在清朝官吏面前不失礼节。他们以南路官员为楷模，在一切方面仿效清朝官吏。③

这里，人民的教育状况极令人沮丧，形同浩罕和中亚其他地区。④与布哈拉的毛拉相比，其对事务有正确的合乎时务的观点。⑤在亚洲，恪守宗教的外部仪式已到了狂热化的程度。而在喀什噶尔城内，凡愿意进清真寺的人都可进入，警察不追查吸大麻和酗酒之事，不准打架行凶，只逮捕流窜街头的醉汉。⑥新疆穆斯林宗教狂热之所以受到遏制，当然是由它所处的地理位置所决定的。新疆被不可逾越的群山割断了它同宗教狂热的地区的联系。相反地，它同中国其他地区的联系交往却无障可阻，因而在一定程度上吸取了对异教的宽容态度。⑦不能不庆贺这个民族对伊斯兰教偏见的胜利以及对外国事物的那种超群出众的接受和吸收能力。⑧

④寺院经济的辐射面远比文献资料所反映的广泛得多，这反映在寺院经济活动牵涉到广大的地域、众多的人口。由于汉文史料的局限，我们对清

①刘志霄：《维吾尔族历史》上编，北京：民族出版社，1985 年，第 439 页。

②Ч. Ч. Валиханов：Собрание Сочинений в Пяти Томах. Том 3（Алма – Ата，1984—1985），стр. 162.

③同上书，第 164 页。

④同上。

⑤同上。

⑥同上书，第 166 页。

⑦同上书，第 157 页。

⑧同上书，第 171 页。

代天山南部维吾尔社会寺院经济的认识很不清楚，这方面维吾尔族契约文书可以给我们以帮助。《泉》（维吾尔文）2005 年第 1 期上刊登了一份名为《阿帕克和卓麻扎的瓦克夫》的契约文书，内容为吐鲁番王丕尔东（1815—1820）之子穆罕默德·赛依德（迈玛萨依特，丕尔东的次子）出任喀什噶尔地方的阿奇木伯克时，曾用个人财产为阿帕克和卓麻扎捐赠了 166 帕特曼土地（1 帕特曼约等于 64 亩）①，这其中的 66 帕特曼地是以金银折价的土地，有 100 帕特曼是耕地，所捐土地总量确实惊人。同时，他还要求圣陵的管理者向其报告圣陵的瓦克夫土地及其他财产的情况，并说这是其所从事工作与必须尽的义务，麻扎管理者便会同伊斯兰学者等，对麻扎财产进行了清理，将财产清单抄写了三份，一份上报该阿奇木伯克，一份交伊斯兰学者，一份由麻扎管理者自存。

从这份文书看，该麻扎土地分布范围极广，有麻扎周围的伯什克然木的土地，也有较远的上、下阿图什，洋萨尔等地的土地，提到的地名很多。如卡拉克尔，扬达尔玛，卡拉阔尔，雅忙雅尔，小布古兹，玉目拉克，乌特雅什奇，赛尔满，索鲁克，克孜儿库依鲁克，阔克兰托木斯，托克库扎克，阿依乃赛克，纳哥儿哈纳，窝依楚克，窝哥尔萨克，阔什，赛依德拉，雅尔玛什拉，赛尔克，空鲁古鲁克，月鲁克奇克洋勒克，阔什奇，科拉吾尔，希朗奇，库尔刚则明，塔兹工，拉依拉克，卡哈玛，布尔兰，克孜尔布依，卡阿里，康塔马斯阔克塔勒克，木鲁克达尔英沙尔，拍依兹阿巴德，阿巴德，库尔昂，塔孜浑，库力其，卡拉克尔，克孜勒波依，牌祖阿巴德，赛尔曼德，卡孜艾勒克，卡拉扬达克，加依艾勒克等，这些地名今天大部分仍在使用，它们分布在离喀什半径 50 千米范围内，所占耕地总量据该文书所载数量统计为 17 105 亩，中华人民共和国初期统计的数量是阿帕克和卓麻扎所占生熟地共计 17 250 亩，两数据相差不大。而苏联学者 Л. И. 杜曼（Думан）则说："喀什噶尔阿帕克和卓麻扎拥有 15 座大型庄园、48 处磨房、43 470 亩耕地。"②因为不知杜曼的说法是根据什

①纪大椿：《维吾尔族度量衡旧制考索》，《西域研究》1991 年第 1 期，第 59 ~ 66 页。

②陈慧生：《中国新疆伊斯兰教史》（第二册），乌鲁木齐：新疆人民出版社，2000 年，第 362 页。

么材料,43 470 亩的说法似乎多了一些,因为清代汉文文献最早所记该麻扎仅有耕地“30 帕特曼”。但即便如此,阿帕克和卓麻扎所占耕地由 30 帕特曼(1 920 亩)增加到 17 105 亩,增加的速度也是惊人的,等于 60 年间增长了近 9 倍。除此之外,文书中谈到麻扎还拥有大量水磨、房舍等经营性不动产。

至于与该寺院经济活动有关的人口数量则更难以统计,因为仅文书中所列举的瓦克夫捐赠者就有上百位,多数是伯克官员与宗教人士。而租佃经营该麻扎不动产的人口数量文书中并未明确涉及,但数量肯定很大。一个寺院经济的经济活动的成败已不仅是一个宗教场所的兴衰问题,它实际上已关乎当地的经济与民众的生活。

⑤寺院经济在清朝统治初期的削弱确实有助于清政府实行政教分离的政策,有助于确立一个能帮助清政府行政的世俗的伯克阶层。清政府统治天山南路前,当地维吾尔社会由一个集世俗权威与宗教权威于一身并且自诩有高贵血统的和卓阶层统治,而世俗的官员——伯克完全依附于和卓阶层,他们执掌的变化甚至生死都由和卓们决定。如《西域闻见录》卷四中有这样一段文字:“开斋之日,竟夜鼓吹。至辰刻,其阿奇木伯克鲜衣怒马,金丝黄阿浑(訇)帽,驼、马皆饰以锦鞍,各五、七对,旗帜鼓乐,海兰达尔歌舞纷纭前导,伯克、阿浑(訇)等皆白圆帽,尾随左右,其阿奇木之心腹人等,控弦操槊、披甲护卫,一同入礼拜寺讽经……谓之‘入则爱伊谛’。未归王化以前,是日之阿奇木伯克入寺礼拜毕,即有阿浑(訇)等议其贤否。以为贤,则留之,以为某事无道,某某事尤无道,则与回众废而杀之,以故阿奇木多拥兵自卫。今虽不敢擅而兵仗尚沿其旧,是日回人之拜答饮宴,亦犹中国之‘元旦’也。”①从中我们不难判断,清朝统治新疆前和卓们与伯克们相比显然身处权力结构的更上一层。除此之外,宗教上层在经济生活中也垄断性地占有更多的土地与劳动力资源。关于清代南疆的社会阶层结构情况,1858—1859 年间在新疆考察的乔汗·瓦里汗诺夫有准确的描述:“小布哈拉(малой бухарии)的居民就其社会地位和影响来看,可分为三个法定阶层:官吏(伯

①丁世良、赵放:《中国地方志民俗资料汇编·西北卷》,北京:北京图书馆出版社,1989 年,第 315~316 页。

克)、宗教人士(阿訇)和平民。前两个阶层的人免征赋税。第三个阶层又可分为城市居民和种地人两种。"①瓦里汗诺夫谈及三个阶层的划分时,显然更多地关注了他们的经济生活状况。

清政府强行将原本依附于瓦克夫土地的燕齐农民改变为国家的编户齐民,为他们分配徭役钱粮负担,瓦克夫土地数量不仅减少了,而且经营方式也由农奴制为主变成了租佃制为主。这在一定程度上改变了蒙古贵族统治时不断加重的天山南部的农奴化倾向。② 反过来,当这种改变成为既定事实后,租佃制又借宗教的力量合法化,对全社会生产关系的变革发挥了积极的作用,这也是为什么起义的农民敌视燕齐农奴制度,将其视为清政府反动统治的结果的原因,因为中亚历史上原本农奴制就不占统治地位③,伊斯兰教也与农奴制的广泛存在无直接关系。

寺院所拥有的经济力量本身是与其拥有的宗教号召力分不开的。一批宗教职业者依赖寺院经济为生,他们享有宗教、文化特权,寺院经济的庞大规模对社会各阶层的经济活动都有着必然的影响,不经意间提高了职业宗教阶层的地位,只要条件允许,总有人希望通过接受长期、正规的宗教知识教育,将来成为职业宗教者,分享寺院经济的成果。这使得南疆维吾尔社会在整个有清一代,宗教教育盛行,宗教氛围浓厚,宗教人才济济,反过来这也成了宗教经济强大的原因。清政府虽然也希望借汉语文教育为主的世俗教育来与宗教教育相抗衡,但连学童都知道接受宗教教育,将来做宗教人士的好处极大。在清代,虽然新疆维吾尔社会经历了多次动乱,世俗的伯克阶层到了19世纪60年代后终于消亡了,而寺院经济却由于这种经济的经营实体——麻扎的存在而长盛不衰,新疆也成了19世纪整个中亚地区变革最慢

①Ч. Ч. Валиханов: *Собрание Сочинений в Пяти Томах. Том* 3 (Алма - Ата, 1984—1985), стр. 162.

②有学者认为,在蒙古人的统治下,维吾尔农民的农奴化程度更趋严重。具体见于M. 库特鲁科夫:《蒙古人在东突厥斯坦的统治》,见内蒙古大学蒙古史研究所:《蒙古史研究参考资料》新编第37辑,呼和浩特:内蒙古大学蒙古史研究所,1985年。

③魏良弢先生认为,(中亚农民)尽管也有超经济的强制,无论如何,中亚的农民在法律上也未沦到农奴的地位。具体见魏良弢:《中亚封建社会特点初探》,《新疆社会科学》1985年第3期,第79~85页。

但却最安定的地区。①

⑥寺院经济与社会教育。从《阿帕克和卓麻扎的瓦克夫》契约文书内容看，资助宗教教育也是寺院经济的一大功能。在该麻扎学习的学生人数众多，来自喀什周围的不同地区，并说“这些苏非都已经登记在册了”。19世纪前期，天山南部学校教育分为“麦克塔甫”和“麦得利斯”。前者是初等教育，主要是能背诵《古兰经》，后者是高等教育。虽然清代天山南部不乏经院和学校，“但是由于他们热衷于宗教教育，所以只是附带地教授阅读和书写”。“每个学院的创办人必须提供一所房屋和一份土地基金，在由当局确认的土地证书上签字盖章后，把它移交给其所指定的校长或阿訇。”“在叶尔羌城中有62所以上的学校建筑物，其中29所保持完好，其他均已废弃。我有其中29所的详情一览表。其中最早的创立于伊斯兰教历九〇三年（1497）。原文中提到的阿克·玛德拉萨（Akmadrasa），根据我表中所载，位于阿勒屯玛扎尔，系由罕和卓创建于伊斯兰教历一一七二年（1661—1662）；它在泽普、叶城和叶尔羌城得到50帕特曼土地的捐赠。据说该校目前未再继续进行公共教育，而只是由哈吉接受私人学生。年代和创始人的名字都与原文不相符合，所以它可能是使用哈玛什和卓的遗产来扩大现有的学院并增加其捐献的（也许这就是原文“扩大了捐赠土地”一语的所指）。”“在这些学院里好像只有400名多一点的学生在受教育，他们当中有很大一部分未继续受教，而仅仅是为像他们这样的学者们提供舒适的隐居条件。”②19世纪晚期，维吾尔地区历来由伊斯兰宗教机构主持拥有的教育领域发生了变化，喀什噶尔、阿图什、库车、伊犁等维吾尔聚居地出现了一批世俗学校。在隶属关系、教学内容上显露出脱离伊斯兰宗教机构的倾向。维吾尔社会新式教育的普及

①在当地生活过的外国人认为“比起那些急速的、横扫一切的变革……那种缓慢的、周详仔细的改善，是适合这个地区具体情况的得体的措施，因而对当地人民更有帮助。”具体见[英]凯瑟琳·马噶特尼、[英]戴安娜·西普顿：《外交官夫人的回忆》，王卫平、崔延虎译，乌鲁木齐：新疆人民出版社，1997年，第342页。

②穆罕默德·萨迪卡·喀什噶里：《和卓传》，陈俊谋、钟美珠译，载中国社会科学民族研究所历史研究室资料组编译《民族史译文集·第8集》，内部资料，1978年，第134页。

与瓦克夫制度的变化有直接关系,1933 年 12 月成立了维吾尔文化促进会,它是维吾尔新式文化教育事业兴起的产物,它是在喀什“奥卡甫”的基础上改组建立的。①

(3)小结

寺院经济在苏非主义盛行的中亚及南疆地区的社会生活中发挥着举足轻重的作用,其根本原因在于伊斯兰宗教机构借伊斯兰瓦克夫制度积累了大量财富,这构成了寺院日常宗教活动正常进行的基础。从 16 世纪初开始,中亚与新疆由于寺院经济所占经济比重的变化,两地社会文化生态上出现了一定差异,特别是 18 世纪中期清政府统一天山南路后情况更是如此。清政府虽然对反清的白山派和卓及其信徒极端仇视,但由于清朝统治者缺乏对伊斯兰教特别是苏非派文化的必要认识,政策措施上往往治标不治本,其扶持的世俗伯克阶层虽对清政府的统治给予了大力支持,如遇清军出动则主动出力、出钱、出物等,但他们本身的文化属性使他们仍有意无意地给予了本民族宗教文化相当大的支持,这主要体现在经济上的支持,这使得清政府在新疆的宗教政策主旨始终难以落实,政教分离也只是表面文章而已。

伊斯兰教较之其他宗教有一个显著特点,即涉世性很强,它不只是一种信仰体系,而且还是一种独特的社会制度,涉及经济、社会、文化等人类生活的诸多方面,是物质与精神、经济与文化、肉体与灵魂、今世与后世相结合的统一体。近代以来中亚及新疆天山南路寺院经济与伊斯兰教相辅相成,深刻影响着维吾尔社会各个方面,起到了守望民族精神生活家园、传承传统文化的作用。今日很多研究伊斯兰社会变迁转型的学者常常指出伊斯兰教本身似乎也应为伊斯兰社会发展的严重滞后与极端思想盛行承担责任,但更深入的研究会给我们另外的思路。如 Nielsen 教授根据神职人员网站上提供的师承关系,构建了一个伊斯兰宗教人士的社会网络。他发现,那些位于网络中心的人言论会更加温和,而位于边缘节点的人则更可能是圣战理念的鼓吹者,即使是拥有硕士学位的神职人员也是如此。在控制了收入、家庭和教育背景、是否游历过西方国家等变量后,结论依然成立。Nielsen 教授

①《喀什文史资料》第五辑,第 86 页。

指出，这跟他对伊斯兰世界国家—宗教关系的观察是一致的：宗教机构往往依赖于政府提供的资金才能生存，因而能够提供的职位数量非常有限。对于那些无法进入官方机构任职的神职人员来说，最重要的收入来源就是信徒的供奉。

4. 近代以来南疆社会的变迁

一般地说，大规模的社会变革总会涉及两个相关的过程，一个是体制的变革，也就是一套有关社会生活规则的改变；二是社会力量构成的变化。但在社会变革的不同阶段上，这两个过程的关系是不一样的。而这种关系的变化又反过来会对变革的过程产生重要的影响。

晚清至民国，南疆社会中的物质生活生产及消费出现了明显的近代化趋势，新式文化教育开始出现，外来因素和社会内部变革力量是造成近代南疆社会生活变迁的重要原因。概括地说，从新疆建省一直到20世纪中期，基本的过程是体制的变革推动着社会结构的变迁，即新的社会力量及其新的组合关系的形成。其具体标志是社会结构的分化和新的社会力量的成长。

在社会结构分化的过程中，一些过去在社会生活中经常使用的名词逐渐消失了，如和卓、白山派、黑山派、谢赫、布维等，宗教上层人士内部在更进一步的分化。伯克变成了乡约，并且这个阶层已不再封闭，其身份的取得更多依赖其实际经济地位。更重要的是他们的生活方式、思想观念也发生了变化。这些概念的变化，揭示了一个最基本的事实，就是南疆社会的分化是越来越细了。而"喀什噶尔市场上对旧欧洲服装的需求量很大"①。"这座城市开始发生巨大的变化。……富有的商人们开始修建具有欧洲风格的房子，开始使用桌椅。"②近代新式"扎吉德"教育的兴起及民国时报纸、公共图书馆的出现，演艺事业的进步，如春风化雨般改变着南疆的社会文化面貌。

同时，一些新的社会力量在南疆迅速成长起来，比如大量涌现的民族私营企业主，新式学校的教职员工，拥有大量土地的富有的自耕农，甚至有了

①[英]凯瑟琳·马噶特尼、[英]戴安娜·西普顿：《外交官夫人的回忆》，王卫平、崔延虎译，乌鲁木齐：新疆人民出版社，1997年，第170页。

②同上书，第60页。

一批国外留学归来在南疆宣传新文化的“文化人”。仅“最近之30年中(1903—1933),新省虽无赫赫之进步,但实已改变不少。思想方面,渐觉科学之进步,潮流之改变”①。这些新的社会力量,都是体制变革的产物,因为其存在和发展所必需的资源和空间都是由体制变革提供的。

民国时期,体制的变革仍在继续进行,由于政治、法律架构的逐渐成形,新形成的社会力量及其组合关系已经开始逐步定型。第一,南疆传统的“士”(师——专业宗教人士)、“农”“商”“工”社会阶层结构形成,阶层之间的边界开始形成。最显而易见的是不同居住区域的分离。如果说由居住分区形成的阶层边界是可见的,那么,由生活方式和文化形成的阶层边界则是无形的。但这种无形的边界,不仅可以作为阶层边界的象征,而且如法国著名社会学家布尔迪厄所说,还是阶层结构再生产的机制。第二,内部认同的形成。阶层内部认同的形成是与阶层之间的边界联系在一起的。因为人们正是从这种边界中萌发“我们”与“他们”的概念和意识的。杨增新统治时期,极力固化社会阶层结构,未能及时地通过学校教育形成能整合社会各阶层的思想文化价值观念,为其身后的社会分化冲突埋下了伏笔。杨增新统治下的新疆实际是一个定型化背景下的断裂社会,宗教人士成了弱势群体的利益代言人,稍有不慎,便会引起激烈的社会冲突。

盛世才夤缘时会,投机成功,由上校一跃成为陆军中将加上将衔,独揽新疆军政大权,号称“伟大领袖盛督办”。他根据四一二政变后的形势,在共产党人和进步人士的帮助下,制订“六大政策”:即反帝、亲苏、民平、和平、清廉、建设,标榜“建设新新疆”。虽然盛世才依靠苏联,吹捧斯大林,甚至加入了联共。但在错综复杂、云谲波诡的形势下,他依然保持了一定的独立性。盛世才时期南疆社会由分化进入到整合时期,南疆法律制度、行政机构、经济管理、学校教育都具有了一定程度的现代特征,各种社会团体大量涌现,一定程度上打破了南疆社会原有的民族地域隔阂。盛氏要求所有登记在册的社会团体,在其成立的章程中都有“宣传政府政策”的条目,而且所有的社团都要受新疆省政府及反帝会的领导和监督。通过商会实现经济整合,通

①吴绍璘:《新疆概观》,仁声印书局,1933年,第289页。

过各族文化促进会加强政治管理和思想控制，而社会团体都沦为了盛政权的社会政治整合工具。如 1937 年，迪化市商会改选的新会长曹余三提出："根据目前商务同胞对于政府政策的赤诚信仰，对于发展工商业的热烈情绪来看，知道在各商同胞的本身，多成了执行政府政策的商人，这种现象，在全中国真是罕有的。"①但与杨增新、金树仁时期相比，盛世才统治下的南疆社会"共识"增加，社会整合程度提高，社会冲突减少却也是事实。

五、结语

"没有结构，便没有社会。"布罗代尔的这句话道出了社会结构在整个社会中的重要地位。社会是人类为追求更为和谐的生存环境与更为公平的利益分配，于社会交往中通过交互作用而结成的一种共生群体。② 社会结构表现为一种纵向序列，社会成员的社会地位因此而有高下之别，社会阶层因此而衍生出利益的冲突。这种不同的社会地位和经济地位产生了个人的阶层意识，也产生了一个人相对于别的阶层与同阶层者间的纽带以及个人的阶层利益。阶层意识的出现，意味着首先要分清集团利益以及集团利益之间的对抗性。而且，社会分层还常常导致文化分层。所以，人们有时将文化分解为不同阶层的文化。阶层意识是文化冲突的场所，在这里互相对立的社会阶层提出各自相互冲突的利益要求。

对于任何社会来说，冲突无处不在，重要的是要在冲突中实现融合。社会阶层之间的融合是指原有的阶层结构从刚性向弹性转型，即从封闭走向开放。其具体表现是边缘化，即产生介于原有阶层之间的边缘阶层或群体，出现不同于原有阶层的新兴阶层和群体。不仅社会阶层内部如此，社会阶层之间亦如此，对不同社会阶层的文化来说更应如此。

清代新疆建省后南疆维吾尔社会结构确实产生了许多新的变化，客观

①《市商会长改选后》，载《新疆日报》，民国二十六年三月十日，第 346 期，03 版。

②赵毅、刘晓东：《16～17 世纪中国社会结构问题笔谈：传统向现代的萌动》，《东北师大学报（哲学社会科学版）》1999 年第 1 期，第 2 页。

上主要表现为社会共生性的增强、稳定性的增加。但历史的发展总是反反复复,后世的统治者并不能完全避免重蹈覆辙,像杨增新治疆时期依靠扶植某个阶层的少数精英,刻意照顾他们的利益等做法,实际上强化了社会的分化,打断了正常的社会整合进程,违背社会整合应遵循开放平等的时代精神,这事实上成了其身后乱局的深层次原因。今日新疆治理政策面对诸多棘手的结构性问题,导致了社会分化的产生与社会关系等差性的出现,社会反抗意识与势力滋生,我们似乎又处在了新一轮社会结构变迁与重组的前夕。

参考文献

一、普通图书

[1]曹振镛,等.平定回疆剿擒逆裔方略:卷四九[M].排印本,1830.

[2]谢彬.新疆游记[M].上海:中华书局,1923.

[3]钟广生.新疆志稿[M].铅印湖滨补读卢丛刻本,1931.

[4]萧雄.听园西疆杂述诗:第3卷[M].上海:商务印书馆,1935.

[5]曾问吾.中国经营西域史[M].上海:商务印书馆,1936.

[6]盛世才.政府目前主要任务[M].新疆民众反帝联合会,1941.

[7]新疆维吾尔自治区地方志编纂委员会,《新疆通志·农业志》编纂委员会.新疆通志·农业志[M].乌鲁木齐:新疆人民出版社,1944.

[8]李寰.新疆研究[M].重庆:重庆安庆印书局,1944.

[9]张之毅.新疆之经济:国立中央研究院西北科学考察团报告[M].上海:中华书局,1945.

[10]中共中央新疆分局宣传部.新疆社会调查新疆农村调查1[M],1950.

[11]中共中央新疆分局宣传部.新疆社会调查阿克苏县农村调查5[M],1951.

[12]列宁.列宁文集:第3卷[M].北京:人民出版社,1954.

[13]毛拉·穆萨·沙伊热米.伊米德史[M].新疆少数民族社会历史调查组,译.汉译油印本,1959.

[14]格科托夫斯基,等.东方国家的土地关系[M].贝金,叶林,等,译.北京:世界知识出版社,1959.

[15]卡尔·马克思. 资本论:第1卷[M]. 郭大力,王亚南,译. 北京:人民出版社,1963.
[16]阙名. 回疆志:卷二[M]. 台湾:成文出版社,1968.
[17]马克思,恩格斯. 马克思恩格斯全集[M]. 中共中央编译局,译. 北京:人民出版社,1974.
[18]包罗杰. 阿古柏伯克传[M]. 商务印书馆翻译组,译. 北京:商务印书馆,1976.
[19]中国社会科学院民族研究所历史研究室资料组. 民族史译文集:第8集[M]. 内部资料,1978.
[20]新疆民族研究所. 清实录新疆资料辑录[M],1978.
[21]希提. 阿拉伯通史:上册[M]. 北京:商务印书馆,1979.
[22]新疆社会科学院. 新疆简史:第一册[M]. 乌鲁木齐:新疆人民出版社,1980.
[23]《中国少数民族社会历史调查资料丛刊》新疆维吾尔自治区编辑组. 南疆农村社会[M]. 乌鲁木齐:新疆人民出版社,1980.
[24]新疆社会科学院. 新疆简史:第二册[M]. 乌鲁木齐:新疆人民出版社,1980.
[25]A. N. 库罗帕特金. 喀什噶利亚[M]. 乌鲁木齐:新疆人民出版社,1980.
[26]黑格尔. 法哲学原理[M]. 北京:商务印书馆,1982.
[27]中国科学院中国自然地理编辑委员会. 中国自然地理·历史自然地理[M]. 北京:科学出版社,1982.
[28]A. H. 库罗帕特金. 喀什噶尔[M]. 中国社会科学院近代史研究所翻译室,译. 北京:商务印书馆,1982.
[29]壁昌. 叶尔羌守城纪略[M]. 北京:中央民族学院图书馆,1982.
[30]武汉大学历史系魏晋南北朝隋唐史研究室. 敦煌吐鲁番文书初探[M]. 武汉:武汉大学出版社,1983.
[31]米儿咱·马黑麻·海答儿. 中亚蒙兀儿史——拉失德史:第一编[M]. 新疆社会科学院民族研究所,译. 乌鲁木齐:新疆人民出版社,1983.
[32]米儿咱·马黑麻·海答儿. 中亚蒙兀儿史——拉失德史:第二编[M].

新疆社会科学院民族研究所,译.乌鲁木齐:新疆人民出版社,1983.
[33]张春实.维吾尔谚语[M].乌鲁木齐:新疆人民出版社,1984.
[34]戴逸.简明清史:第二册[M].北京:人民出版社,1984.
[35]屠寄.蒙兀儿史记[M].北京:北京市中国书店,1984.
[36]魏源.圣武记:卷四[M].北京:中华书局,1984.
[37]许涤新,吴承明.中国资本主义的萌芽[M].北京:人民出版社,1985.
[38]新疆维吾尔自治区丛刊编辑组.塔吉克族社会历史调查[M].乌鲁木齐:新疆人民出版社,1985.
[39]甘肃省图书馆书目参考部.西北民族宗教史料文摘:新疆分册下[M].兰州:甘肃省图书馆,1985.
[40]Б.Г.加富罗夫.中亚塔吉克史[M].肖之兴,译.北京:中国社会科学出版社,1985.
[41]刘志霄.维吾尔族历史:上编[M].北京:民族出版社,1985.
[42]刘锦棠.刘襄勤公奏稿[M].北京:书目文献出版社,1986.
[43]李森.中国大百科全书·民族[M].北京:中国大百科全书出版社,1986.
[44]魏良弢.喀喇王汗朝史稿[M].乌鲁木齐:新疆人民出版社,1986.
[45]韩儒林.元朝史:上册[M].北京:人民出版社,1986.
[46]加里·S.贝克尔.家庭经济分析[M].彭松建,译.北京:华夏出版社,1987.
[47]中共新疆维吾尔自治区委员会政策研究室,中共新疆维吾尔自治区委员会农村工作部,新疆维吾尔自治区少数民族经济研究会,等.新疆农村社会:上册[M].北京:农村读物出版社,1988.
[48]中共新疆维吾尔自治区委员会政策研究室,中共新疆维吾尔自治区委员会农村工作部,新疆维吾尔自治区少数民族经济研究会,等.新疆农村社会:下册[M].北京:农村读物出版社,1988.
[49]林梅村.沙海古卷——中国所出佉卢文书:初集[M].北京:文物出版社,1988.
[50]韩翔,王炳华,张临华.尼雅考古资料[M].内部刊物,1988.

[51]刘锦藻.清朝续文献通考[M].杭州:浙江古籍出版社,1988.
[52]杨国桢.明清土地契约文书研究[M].北京:人民出版社,1988.
[53]七十一.西域闻见录[M].北京:全国图书馆文献缩微中心,1989.
[54]克莱德·M.伍兹.文化变迁[M].何瑞福,译.石家庄:河北人民出版社,1989.
[55]丁世良,赵放.中国地方志民俗资料汇编:西北卷[M].北京:北京图书馆出版社,1989.
[56]中国社会科学院中国边疆史地研究中心.新疆乡土志稿[M].北京:全国图书馆文献缩微复制中心,1990.
[57]张永庆.伊斯兰教与经济研究文集[M].银川:宁夏人民出版社,1991.
[58]王树楠.新疆图志[M].上海:上海古籍出版社,1992.
[59]吴云贵.伊斯兰教法概略[M].北京:中国社会科学出版社,1993.
[60]佐口透.新疆民族史研究[M].章莹,译.乌鲁木齐:新疆人民出版社,1993.
[61]阿里·玛扎海里.丝绸之路——中国波斯文化交流史[M].耿昇,译.北京:中华书局,1993.
[62]费正清,刘广京.剑桥中国晚清史 1800—1911:上卷[M].北京:中国社会科学出版社,1993.
[63]苏北海,黄建华.哈密、吐鲁番维吾尔族王历史[M].乌鲁木齐:新疆大学出版社,1993.
[64]吴绍璘.新疆概观[M].南京:仁声印书局,1993.
[65]赛福鼎·艾则孜.赛福鼎回忆录[M].郭丽娟,王庆江,艾克拜尔·吾拉木,译.北京:华夏出版社,1993.
[66]王守礼,李进新.新疆维吾尔族契约文书资料选编[M].乌鲁木齐:新疆社会科学院宗教所,1994.
[67]刘海年,杨一凡.中国珍稀法律典籍集成:丙编第二册[M].北京:科学出版社,1994.
[68]杨春贵.马克思主义著作选编:甲种本 上[M].北京:中共中央党校出版社,1994.

[69]穆渊. 清代新疆货币史[M]. 乌鲁木齐:新疆大学出版社,1994.
[70]马克·奥里尔·斯坦因. 沙埋和阗废墟记[M]. 殷晴,剧世华,张南,等,译. 乌鲁木齐:新疆美术摄影出版社,1994.
[71]魏良弢. 叶尔羌汗国史纲[M]. 哈尔滨:黑龙江教育出版社,1994.
[72]成汉昌. 中国土地制度与土地改革——20世纪前半期[M]. 北京:中国档案出版社,1994.
[73]魏长洪,何汉民. 外国探险家西域游记[M]. 乌鲁木齐:新疆美术摄影出版社,1994.
[74]林梅村. 西域文明——考古、民族、语言和宗教新论[M]. 北京:东方出版社,1995.
[75]张传玺. 中国历代契约会编考释 [M]. 北京:北京大学出版社,1995.
[76]苗普生. 伯克制度[M]. 乌鲁木齐:新疆人民出版社,1995.
[77]中共中央马克思恩格斯列宁斯大林著作编译局. 马克思恩格斯选集:第三卷[M]. 北京:人民出版社,1995.
[78]拓和提. 维吾尔族历史文化研究[M]. 北京:民族出版社,1995.
[79]拓和提. 维吾尔历史文化研究[M]. 北京:民族出版社,1995.
[80]金宜久. 当代伊斯兰教[M]. 北京:东方出版社,1995.
[81]马文华. 新疆教育史稿[M]. 乌鲁木齐:新疆大学出版社,1995.
[82]李经纬. 吐鲁番回鹘文社会经济文书研究[M]. 乌鲁木齐:新疆人民出版社,1996.
[83]孔庆明. 中国法制史[M]. 长春:吉林人民出版社,1996.
[84]梁治平. 清代习惯法:社会与国家[M]. 北京:中国政法大学出版社,1996.
[85]余太山. 西域通史[M]. 郑州:中州古籍出版社,1996.
[86]艾哈迈德·爱敏. 阿拉伯—伊斯兰文化史:第四册[M]. 朱凯,译. 北京:商务印书馆,1997.
[87]凯瑟琳·马噶特尼,戴安娜·西普顿. 外交官夫人的回忆[M]. 崔延虎,王卫平,译. 乌鲁木齐:新疆人民出版社,1997.
[88]金宜久. 伊斯兰教辞典[M]. 上海:上海辞书出版社,1997.

[89]凡勃伦. 有闲阶级论[M]. 蔡百受,译. 北京:商务印书馆,1997.
[90]佐口透. 18—19 世纪新疆社会史研究[M]. 凌颂纯,译. 乌鲁木齐:新疆人民出版社,1998.
[91]罗杰·科特威尔. 法律社会学导论[M]. 潘大松,等,译. 北京:华夏出版社,1998.
[92]董庆煊,穆渊. 新疆近二百年的货币与金融[M]. 乌鲁木齐:新疆大学出版社,1999.
[93]李进新. 新疆伊斯兰汗朝史略[M]. 北京:宗教文化出版社,1999.
[94]陈慧生. 中国新疆地区伊斯兰教史:第二册[M]. 乌鲁木齐:新疆人民出版社,2000.
[95]李文治. 李文治集[M]. 北京:中国社会科学出版社,2000.
[96]华涛. 西域历史研究:八至十世纪[M]. 上海:上海古籍出版社,2000.
[97]陈慧生. 中国新疆地区伊斯兰教史:第一册[M]. 乌鲁木齐:新疆人民出版社,2000.
[98]优素甫·哈斯·哈吉甫. 福乐智慧[M]. 郝关中,译. 北京:民族出版社,2000.
[99]郑金洲. 教育文化学[M]. 北京:人民教育出版社,2000.
[100]刘天明. 伊斯兰经济思想[M]. 银川:宁夏人民出版社,2001.
[101]热依拉·达吾提. 维吾尔族麻扎文化研究[M]. 乌鲁木齐:新疆大学出版社,2001.
[102]吴蔼宸. 历代西域诗钞[M]. 乌鲁木齐:新疆人民出版社,2001.
[103]钟兴麒,王豪,韩慧. 西域图志校注[M]. 乌鲁木齐:新疆人民出版社,2002.
[104]李安宅,于式玉. 李安宅、于式玉藏学文论选[M]. 北京:中国藏学出版社,2002.
[105]赵云旗. 唐代土地买卖研究[M]. 北京:中国财政经济出版社,2002.
[106]麻国庆. 走进他者的世界:文化人类学[M]. 北京:学苑出版社,2002.
[107]王东平. 清代回疆法律制度研究[M]. 哈尔滨:黑龙江教育出版社,2003.

[108]张亚藩. 中国民法通史[M]. 福州:福建人民出版社,2003.
[109]高见泽磨. 现代中国的纠纷与法[M]. 何勤华等,译. 北京:法律出版社,2003.
[110]喀什地区教育局. 新疆维吾尔自治区喀什地区教育志[M]. 乌鲁木齐:新疆美术摄影出版社,2003.
[111]马达汉. 马达汉西域考察日记[M]. 北京:中国民族摄影艺术出版社,2004.
[112]王治来. 中亚通史:近代卷[M]. 乌鲁木齐:新疆人民出版社,2004.
[113]徐松. 西域水道记:外两种[M]. 北京:中华书局,2005.
[114]拉铁摩尔. 中国的亚洲内陆边疆[M]. 唐晓峰,译,南京:江苏人民出版社,2005.
[115]刘戈. 回鹘文买卖契约译注[M]. 北京:中华书局,2006.
[116]蔡家艺. 清代新疆社会经济史纲[M]. 北京:人民出版社,2006.
[117]刘迎胜. 察合台汗国史研究[M]. 上海:上海古籍出版社,2006.
[118]马明良. 伊斯兰文化新论:修订本[M]. 银川:宁夏人民出版社,2006.
[119]李文治. 明清时代封建土地关系的松解[M]. 北京:中国社会科学出版社,2007.
[120]王征兵. 中国农业经营方式研究[M]. 北京:中国科学文化出版社,2007.
[121]马俊民. 维汉对照维吾尔谚语[M]. 乌鲁木齐:新疆人民出版社,2007.
[122]《新疆通史》编撰委员会. 新疆历史研究论文选编:宗教卷[M]. 乌鲁木齐:新疆人民出版社,2008.
[123]李峰,马淑然. 中国民族医药学概论[M]. 北京:中国中医药学出版社,2009.
[124]谢彬. 新疆游记[M]. 乌鲁木齐:新疆人民出版社,2010.
[125]M. S. 阿西莫夫,C. E. 博斯沃思. 中亚文明史:第 4 卷 上 辉煌时代:公元 750 年—15 世纪末历史、社会和经济背景[M]. 华涛,译. 北京:中国对外翻译出版公司,2010.
[126]姜伯勤. 唐五代敦煌寺户制度:增订版[M]. 北京:中国人民大学出版

社,2011.
[127]张寿镛:清朝掌故汇编:上[M].扬州:广陵书社,2011.
[128]曾问吾.中国经营西域史[M].乌鲁木齐:新疆人民出版社,2013.
[129]刘锦棠,李续宾.湖湘文库 刘锦棠奏稿 李续宾奏疏[M].长沙:岳麓书社,2013.
[130]王树枬,朱玉麒.西域文库 典籍编 新疆图志:上[M].上海:上海古籍出版社,2015.
[131]皮库林.蒙古西征研究[M].陈弘法,译.呼和浩特:内蒙古人民出版社,2015.
[132]The Encyclopaedia of Islam Ⅳ[M]. Leyden:Brill Publisher,1934.
[133]T. Burrow. A Translation of the Kharosthi Documents from Chinese Turkestan[M]. London:The Royal Asiatic Society,1940.
[134]R. D. McChesney. Waqf in Central Asia:Four Hundred Years in the History of a Muslim Shrine,1480 – 1889[M]. New Jersey:Princeton University Press,1991.
[135]Д. И. Тихонов. Уйгурские Исторические Рукописи Конца ⅩⅨ и Начала ⅩⅩ в. [М]. Ученые Записки Института Востоковедения Академии Наук,1954.
[136]История узбекской ССР том Ⅰ[М]. Ташкент:Издательство Академии Наук Узбекской ССР,1956.
[137]И. П. Петрушевский. Земледелие и Аграрные Отношения в Иране Ⅷ – ⅩⅣ Веков[М]. Москва Ленинград:Академии Наук СССР,1960.
[138]Академия Наук Узбекской ССР Институт Истории и Археологии. История Узбекской ССР. Том Ⅱ[М]. Ташкент:Издательство Академии Наук Узбекской ССР,1961.
[139]М. Абдураимов. Вопрос Феодального Землевладения и Феодальной Рентыв Письмах Эмира Хайдара[М]. Ташкент:Издательство Академии Наук Узбекской ССР,1961.
[140]О. Ф. Акимушкина. Шах – Махмуд Ибн Фазил Чурас: Хроника.

Критический Текст [M]. Москва:ПЕР. ,КОММ. ,ИСЛИ. И УКАС,1976.
[141]Ч. Ч. Валиханов . Собрание Сочинений в Пяти Томах Том 2 – 3[M]. Алма – Ата,1984 – 1985.

二、专著中析出的文献

[1]刘迎胜. 蒙元时代中亚社会经济研究[M]. //陈高华,余太山. 中亚学刊:第四辑. 北京:北京大学出版社,1955.
[2]刘迎胜. 十三、十四世纪不花剌不动产文书的发现及其概况[M]. //陈高华,余太山. 中亚学刊:第四辑. 北京:北京大学出版社,1955.
[3]富兴阿奏稿[M]. //马大正,吴丰培. 清代新疆稀见奏牍汇编:道光朝卷. 乌鲁木齐:新疆人民出版社,1996.
[4]那文毅公办理善后奏议[M]. //马大正,吴丰培. 清代新疆稀见奏牍汇编:道光朝卷. 乌鲁木齐:新疆人民出版社,1996.
[5]穆罕默德·萨迪克·喀什噶里. 和卓传[M]. //中国社会科学院民族研究所历史研究室资料组. 民族史译文集:第8集,1980.
[6]真田安. 清伯克制度创设期喀什噶利亚绿洲社会[M]. //护雅夫. 内陆亚洲、西亚的社会与文化. 日本:山川出版社,1983.
[7]M. 库特鲁科夫. 蒙古人在东突厥斯坦的统治[M]. //内蒙古大学蒙古史研究所. 蒙古史研究参考资料:新编第37辑. 呼和浩特:内蒙古大学蒙古史研究所,1985.
[8]傅希若. 新疆的农业社会[M]. //甘肃省图书馆书目参考部. 西北民族宗教史料文摘:新疆分册　下. 兰州:甘肃省图书馆,1985.
[9]伊不拉欣·尼雅孜. 阿图什县伊克莎克乡开办近代新学教育的情况[M]. //中国人民政治协商会议新疆维吾尔自治区委员会文史资料研究委员会. 新疆文史资料选辑:第13辑. 乌鲁木齐:新疆人民出版社. 1985.
[10]吴云贵. 瓦克夫制度的由来和演变[M]. //张永庆. 伊斯兰教与经济研究文集. 银川:宁夏人民出版社,1991.
[11]那彦成. 那文毅公办理善后奏议[M]. //马大正,吴丰培. 清代新疆稀见

奏牍汇编:道光朝卷.乌鲁木齐:新疆人民出版社.1996.
[12]李安宅.喇嘛教育制度[M].//李安宅,于式玉.李安宅、于式玉藏学文论选.北京:中国藏学出版社,2002.
[13]寺田浩明.中国契约史与西方契约史——契约概念比较史的重新探讨[M].//谢晖,等.民间法:第四卷.济南:山东人民出版社,2004.

三、期刊中析出的文献

[1]王炳华.我国最早的森林法[J].新疆林业,1982(2):30-31.
[2]施瓦茨.新疆的和卓(节译)[J].钟美珠,译.西北史地,1983(3):121-133.
[3]魏良弢.中亚封建社会特点初探[J].新疆社会科学,1985(3):79-85.
[4]殷晴.十九世纪中叶新疆农垦事业的发展[J].新疆社会科学,1986(6):49-62.
[5]苗普生.废除伯克制度与新疆建省[J].新疆社会科学,1987(4):84-94.
[6]苗普生.清代维吾尔族人口考述[J].新疆社会科学,1988(1):70-82.
[7]陈高华.元代土地典卖的过程和文契[J].中国史研究,1988(4):35-48.
[8]杨富学.回鹘文文书中所见元代畏兀儿租佃契约关系研究[J].西北民族研究,1989(2):161-172.
[9]林梅村.有关莎车发现的喀喇汗王朝文献的几个问题[J].西域研究,1992(2):95-106.
[10]李进新.新疆南部维吾尔族地区的瓦合甫制度问题[J].西域研究,1994(2):18-27.
[11]堀直.回疆玉米考[J].西域研究,1994(4):62-73.
[12]哈全安.麦地那国家土地关系初探[J].历史研究,1994(5):132-139.
[13]刘戈.一件喀拉汗朝时期的阿拉伯文书[J].民族研究,1995(2):95-99.
[14]钱云,刘秀娟.新疆绿洲的形成、演变和发展[J].新疆社会科学,1996(1):26-31.
[15]王欣.南疆伙种制研究[J].西北民族研究,1996(2):88-98.
[16]齐清顺.清代新疆维吾尔族地区农业生产的发展[J].中国历史地理论

丛,1996(3):171-185.
[17]王铭铭.文化变迁与现代性的思考[J].民俗研究,1998(1):1-14.
[18]李经纬.莎车出土回鹘文土地买卖文书释译[J].西域研究,1998(3):18-28.
[19]郦家驹.两宋时期土地所有权的转移[J].中国史研究,1988(4):25-34.
[20]林梅村.新疆佉卢文书释地[J].西北民族研究,1989(1):72-80.
[21]苏北海.近现代维吾尔族的封建庄园制度[J].喀什师范学院学报,1989(6):18-26.
[22]赵毅,刘晓东.16~17世纪中国社会结构问题笔谈:传统向现代的萌动[J].东北师大学报(哲学社会科学版),1999(1):1-5.
[23]纪大椿.维吾尔族度量衡旧制考索[J].西域研究,1991(1):59-66.
[24]齐清顺.新疆建省与南疆维吾尔族社会经济的变革和发展[J].新疆大学学报(哲学社会科学版),1999(1):58-64.
[25]赵冈.简论中国历史上地主经营方式的演变[J].中国社会经济史研究,2000(3):1-9.
[26]吴东曜.五十年代初南疆伊斯兰教概述[J].新疆民族宗教,2000(4):11-14.
[27]衣俊卿.论哲学视野中的文化模式[J].北方论丛,2001(1):4-10.
[28]邓亦兵.清代前期政府的货币政策——以京师为中心[J].北京社会科学,2001(2):119-125.
[29]周翔鹤.清代台湾的地权交易——以典契为中心的一个研究[J].中国社会经济史研究,2001(2):9-15.
[30]陈国光.清代维吾尔族中的伊斯兰教[J].新疆社会科学,2001(2):64-70.
[31]季卫东.社会变革与法的作用[J].开放时代,2002(1):33-47.
[32]舒小昀.论社会结构的划分[J].唯实,2002(7):18-22.
[33]潘美玲,张维安.经济行动与社会关系[J].台湾社会学刊,2003(1):51-88.
[34]周泓.伊斯兰教在近代新疆的世俗化与地方化——伯克制度及新疆伊斯兰文化与内地的相异[J].西北师大学报(社会科学版),2003(4):98-102.
[35]颜承云,谷继伟,等.我国民族药资源概述[J].黑龙江医药科学,2003,12(6):46-47.
[36]阿不都热西提·依布拉依木阿吉.喀什艾提尕尔经文学院的瓦克

夫[J].泉(维吾尔文),2004(5):19－25.
[37]阿布拉·萨依提阿吉.阿帕克和卓麻扎的瓦克夫[J].泉(维吾尔文),2005(1):29－37.
[38]拜合提亚尔·吐尔逊.现代农村维吾尔族家庭规模与结构、家庭关系及家庭功能初探[J].西域研究,2005(3):121－124.
[39]张世才.清代天山南部维吾尔族社会的“燕齐地亩”[J].新疆大学学报,2006(4):71－74.
[40]张研.18世纪前后清代农家生计收入的研究[J].古今农业,2006(1):67－75.
[41]文礼朋.人口变动与农奴制兴衰关系的再探讨[J].史学理论研究,2006(3):51－58.
[42]辛存岳,郭青云,等.干旱地区农田浅耕对杂草控制及土壤水分、养分的影响[J].中国农业科学,2006,39(8):1697－1702.
[43]阿孜古丽·吾甫尔.浅谈伊斯兰教对维吾尔族婚姻家庭生活的影响[J].城市建设理论研究:电子版,2013(29):1－7.
[44]John Hatcher. English Serfdom and Villeinage:Towards a Reassessment[J]. Past and Present, 1981,2(90):3－39.

四、档案资料

[1]疏附县好汉区第九乡瓦哈甫调查[B].喀什:喀什地区档案馆(全宗号1,目录号1,卷号22).
[2]疏附县城内航力克教经堂调查[B].喀什:喀什地区档案馆(全宗号1,目录号1,卷号22).
[3]西北民委南疆工作组调查.南疆伊斯兰教情况[B].喀什:喀什地区档案馆(全宗号1,目录1,档案号0052).
[4]疏附县袷袢巴扎礼拜寺调查[B].喀什:喀什地区档案馆(全宗号1,目录号1,卷号22).
[5]西北民委南疆工作组调查.喀什宗教情况[B].喀什:喀什地区档案馆

(全宗号1,目录号1,档案号13).
[6]西北民委新疆工作组.南疆社会调查[B].喀什:喀什地区档案馆(全宗号1,目录号1,卷号46).
[7]疏附县英阿瓦提村概况[B].喀什:喀什地区档案馆(全宗号1,目录1,卷号22).
[8]英吉沙县巴仁区第五乡色力克行政村社会调查[B].喀什:喀什地区档案馆(全宗号1,目录1,卷号22).
[9]和阗布龙塔斯木其村调查[B].喀什:喀什地区档案馆(全宗号1,目录号1,卷号22).

附录一

1. 伊斯拉木巴依因捐赠一年收成给寺院而引起纠纷的调处

eniq vä aškara bolsunki, tarixniŋ bir miŋ ikki yüz onbäši yarkänid hesabida čaš qan yili dua eyiniŋ üči azna küni. rabat čiliq islam bay xajä eriq degän jaydiki yigirm ä čaräk yeriniŋ bir yilliq kökini mäzkur jaydiki mäs čitkä växpä qilip bärgän idim. hala bügünki kündä mäs čitniŋ imami molla yaqup yerimni bärmidi däp dava qiptu. molla yaqup bu mäzkur yärni dadam salamät vaqtida mäs čitkä växpä qilip bärgän idi, da dam qaza qil ğandin keyin mäs čitkä imam bolup bir ğälbirlidin tartip yezip maŋdim. özgisi binam bolup savabliq ü čün e čip yär qilay desäm, islam bay dava qilidu däydu, känitlik nä ččä adäm bu yigirmä čaräk yärni islam bayniŋ mäs čitkä växpä qil ğinini hämmimiz bilimiz, bolsa avval islam bayni razi qilsun däp iltimas qili šti. yaqup xälfät on čaräk bu ğday bärdi, islam bay bu ğ dayni qoli ğ a elip, bu yärdä meniŋ häqqi täälluqum qalmidi, härqandaq davadinötüp xuda raziliqi ü čün växpä qildim. buniŋdin keyinki kündä xah män yakimeniŋ ävladlirimdin härkim mäzkur toxtili ğan yär to ğrasidin dava qilsa šäriättä inavätsiz bolsun däp šäriättä iqrar qildi.

töt täräp čegrisi: šärq täripi binam yärgä tuta š, jänub täripi čoŋyol ğ a tuta š pasil qir, ğärb täripi yolda š bayniŋ yerigä tuta š pasil öräk, šimal täripi islam bayniŋ özigä qal ğ an yerigä, babaq sopiniŋ yerigä tuta š pasilöräk.

mäjlis ähli: niyaz miŋbe ši, salih xoja, molla xajä näzär, hu š urmuhämmätlär šayit.

伊斯兰教历一二一五年(1801),莎车历(鼠年)十一月三号,星期三。

明确无误的是,叶城县人伊斯拉木巴依哈吉把一个有水渠的地方的20察拉克田地上一年的收成捐给了当地的清真寺作瓦克夫,但今天清真寺的伊玛目毛拉雅库甫却起诉说伊斯拉木巴依不把我的地给我,毛拉雅库甫说这块地是我父亲活着时捐给清真寺的,我父亲死后我成了清真寺的伊玛目,有1噶尔布尔的地是我的,其他的是旱地。为了功德我想把旱地开出来做耕地,伊斯拉木巴依说要起诉,村里的几个人申诉说这20察拉克地是伊斯拉木巴依捐给清真寺的。我们都知道,要先让伊斯拉木巴依满意。雅库甫海力排给了10察拉克小麦,伊斯拉木巴依收下了小麦,说这块地上没有任何属于我的权利了,经历任何的惩罚,为了让胡达满意,我将其捐作瓦克夫。从今往后,我或者我的后代中有人就这块地提起诉讼的话在沙里叶提面前都是无效的,这点我已在沙里叶提面前承认了。

土地四至：东面与旱地相连；南边与大路相连，以地埂为界；西面与乔尔达西的地相连，以杏树为界；北面与伊斯拉木巴依留给自己的地相连，还与巴巴克苏非的地相连，以杏树为界。

证明人：尼牙孜千人长、撒力赫和卓、毛拉哈吉·乃则尔、胡西尔·穆罕默德。

2. 海力排捐赠15察拉克土地及附属物给清真寺契

…xälfätniŋ bä šč aräklik yärni öy bisatliri bilän qo šup mäs č itkä växpä qilip bärgänliki to ğrisidiki höjjät

güzäl maxta šlar öziniŋ bändiliriniŋ mal – mülüklirini yax ši i šlar ü č ün väqfä qili š qa muvapiqla š turup bärgän allahqa xastur. dua vä rähmätlär allahniŋ äl čisi muhämmäd äläyhissalam ğa u pak šäriät igisi bolup asman – zemin arliqidiki alämlärgä rähmättur ailisigä sahabilirigä bolsun. tarixqa miŋ ikki yüz qiriq töt yarkänd hesabida beliq yili säpär eyiniŋ töti yäk šänbä küni bizlärki……xälfät bu täriqidä šundaq iqrar qildiki räbat či nahiyisi xajä eriq degän jaydiki bä šč aräklik mülük…ornidiki öy orni imarät vä tävä däräxliri bilän qolumdiki mal – mülüklärdin hesabat qilip mäzkur jaydiki mäsjidkä allah yolida xals qilip vä allahniŋ raziliqini izdäp mutläq väqfä vä sädiqä qilip bärdim. bu väqfä qilip toxtitl š an mal – mülüklärdä äsla häqqim qalmidi vä yänä ba š qa he č qandaq ki š iniŋmu häqqi yoq. mülük ämäs š undaqla ba š qa yärgä väqfä ämäs görü ämäs. bügündin etibarän väqfä qilin šan bu mal – mülüklär üstidä mülük dävasi qilsam sözüm ötmigäy däp tävliyä tährir qilindi. bu mal – mülüklärniŋ č egira – pasilliri:šärqi čegrisi – mäzkur väqfiniŋ ornida qal šan yärgä tuta š pasil – känit eriqi jänubi vä šärbi čegrisi – niyaz sopiniŋ varsliriniŋ yärlirigä tuta š pasil…šimali täripi – ismail xojiniŋ varsliriniŋ yerigä tuta š pasil – köl eriqi mäjlis ählidin:baqi miŋbe ši yüzbe ši niyaz bay ibrahim xoja…lar guvah vä šahid

伊斯兰教历一二四四年(1828),叶尔羌历鱼年二月四日,星期六。

最好的奖赏就是捐赠自己的财产用于行善,真主是善行的佑助者。祈祷与感谢给予安拉的使者穆罕默德,愿他平安(他是干净的沙里叶提的主人,天地间的仁慈者),给予家庭、圣门弟子们。我们的契约是……海力排以这种形式承认,叶城县哈解大渠地方的15察拉克财产……其上的房屋、树木一起从我的财产中计算后分出,在信主的道路上献给胡达并且寻求胡达满意,作了绝对的瓦克夫与布施,在捐赠的这些财产中已没有我的任何权利,也没有其他任何人的权利,这不是遗产地,也不是捐赠给其他地方的瓦克夫,不是典当地,从今往后,(这些作了瓦克夫的财产)如果引起诉讼的话,我的话将没有效力。

这些财产的四至:东面与这些瓦克夫地剩余的地相连,以开尼特大渠为界;南面和西面与尼牙孜苏非的遗产田相连;北面是伊斯玛依勒和卓的遗产田,以湖渠为界。

证明人:巴格千人长、百人长尼牙孜巴依、依不拉依木和卓。

3. 乔尔芳妣妣等诉亲戚偷卖母亲遗产田

čolfaŋ bibi, aysä bibi, molla toxti, muhämmät sofilarniŋ bir tu šqan akisi molla näzär bilän yara š qanliq to šrisidiki höjjät mäxpi vä namäzkur qalmisunki, tarixniŋ birmiŋ ikki yüz qiriq toqqozi, yarkänid hesabida toxu yili bä šin či ayniŋ yigirmisi päy šänbä küni. bizki čolfaŋ bibi, aysä bibi, molla toxti, muhämmät sofilardurmiz. rabat čida animizdin qal šan on ikki ğälvirlik yerimiz baridi, bizniŋ xävirimiz yoq bir tu šqan akimiz mäzkur yärni onbäš tüp däräx bilän setivitiptu. nemä üčün setivättiŋiz disäk javab bärgili unimidi, däp dava qilduq, hilim dor šini adil hököm qilip, šäriät aldida sözläš türüp, molla näzär bularniŋ mundaq yeri yoq däp bir qisim gäplärni eytip bir qismini eytqili unmidi. vaqitta mähällidiklär ari ša čü š üp iltimas qilip molla abdulla xälfät on ü č täŋgä, molla turdi xälfät ikki täŋgä pul jämiy yärni alšan mäzkur ikki xälfät pulni bizgä bärdi. biz häm čolpan bibi, aysä bibi, molla toxti pulni qolmiz ša elip, on ikki šälvirlik yär bilän däräxlärniŋ davasidin öttüq. bizniŋ molla abdulla xälfät, molla tur di xälfätlärda vä yaki he čqandaq akimiz molla näzärdä xah yär puli yaki däräx to šris ida he čqandaq elišimiz qalmidi, özara razi bolu štuq, davayimiz sözsiz tamam boldi. keyinki kündi biz yaki bizniŋ ävladimizdin akimiz molla näzär, molla abdulla xälfät, molla turdi xälfätlärgä ikki dunyaliqta qil čilik häqqimiz däp dava dästur qilsaq, šäriättä inavätsiz bolsun däp öz tilimizdin möhürlük xät bärduq.

mäjlis ählidin: molla sarmsaq xälfät, imam ismayil xajä mömin, miŋ be ši rähim bay, yüz be ši molla niyaz, muhämmät xajä, islam xajä, iziz bay, kifäk sofi, qutluq sofi(lar šayit).

伊斯兰教历一二四九年(1833),莎车历鸡年五月二十日,星期四。

应当公布于众的是,我们是乔尔芳妣妣、阿依鲜妣妣、毛拉托乎提、穆罕默德苏非,在热巴提有我们母亲留下的12噶尔布尔田地,在我们不知情的情况下,我们的一个亲戚哥哥把这块地与15棵树一起卖掉了。我们问他为什么卖时,他不愿意回答,我们就上诉了。案子公正地判决了,在沙里叶提面前让他说,毛拉乃则尔一部分话说了,一部分话不愿意说,说这些人没有这样的地。当时,镇上的人居中请求,毛拉阿不都拉海力排拿出13个天罡,毛拉吐尔迪海力排拿出2天罡买了所有的地。这两个海力排将钱给了我们,我们以及乔尔芳妣妣、阿依鲜妣妣、毛拉托乎提拿到了钱,结束了12噶尔布尔田地与树木的诉讼。我们在阿不都拉海力排与毛拉吐尔迪海力排那里及我们的哥哥毛拉乃则尔那里,不管是地钱还是树我们都没有任何要求,我们互相都满意了,诉讼无条件地结束了,以后我们或我们的后代中向我们的哥哥毛拉乃则尔、毛拉阿不都拉海力排、毛拉吐尔迪海力排主张两种财产中的我们的一点权利而诉讼的话,在沙里叶提中都是无效的,为此我们写下带朱印的信。

证明人:毛拉萨木萨克海力排、伊玛目依斯玛依勒哈解蔑明、千人长热黑木巴依、百人长毛拉尼牙孜、穆罕默德哈解、伊斯拉木哈解、艾则孜巴依、克翻特苏非、库特鲁克苏非。

4. 将果园地及其附属物出卖

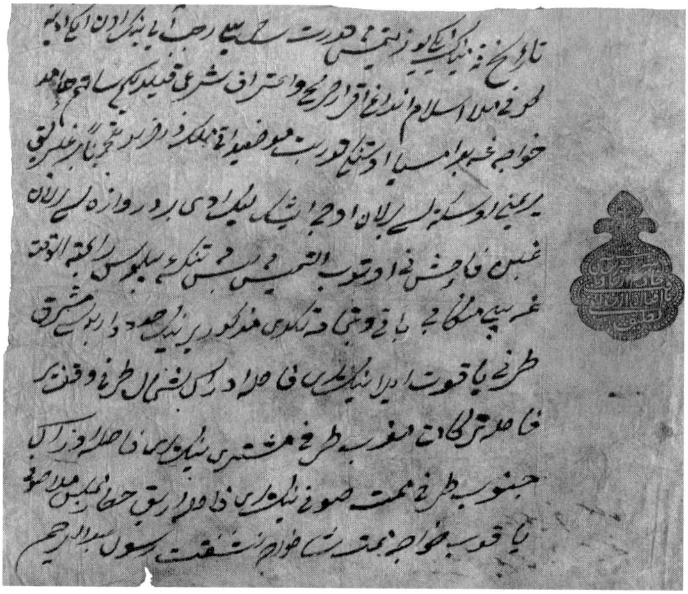

tarixqä bir miŋ ikki yüz yätmiš töt it yili räjäp ayniŋ on ikki aznä küni. sattim hamid xujigä, üstünki turibät känttiki täxminän bir bašliq yerimni üstidiki däl däräxlirim bilän, üčišiklik öy, bir därvazisi bilän, pulisi atmiš bäš täŋgä qolum ğa näx tägdi. mäzkur yärniŋ pasili: mäšriq täripi, yaqutayliniŋ yeri, pasili bir tüp ürük. šimal täripi växfi yär bilän pasillinidu. mäšrib täripi, xiridarniŋ yeri pasili ürük. jänub täripi mämät sofiniŋ yeri, pasili iriq, hazir mäjlistä: molla sofi, yaqop xujä, mämät šah xujä, näšpät räsul, abdurihim qatarliqlar šahiddur.

伊斯兰教历一二七四年(狗年)七月十二日(1858 年 2 月 26 日),星期五。

我将玉素屯(yustun)吐热拜特(turibait)村的大约一果园土地及土地上的树木、三扇门板的房子、一扇大门用 65 个天罡卖给了哈米提吾吉,现金收讫。

这块地的地界为:东面为亚库甫阿依拉的土地,以一棵杏树为界;北面以瓦克夫为界;西面是买主的土地,以杏树为界。南面是买买提苏非的土地,以水渠为界。

证明人:毛拉苏非、亚库甫·吾吉、买买提夏依·吾吉、乃西排提·然苏勒、阿不都热衣木。

5. 毛拉托乎提出卖遗产地契

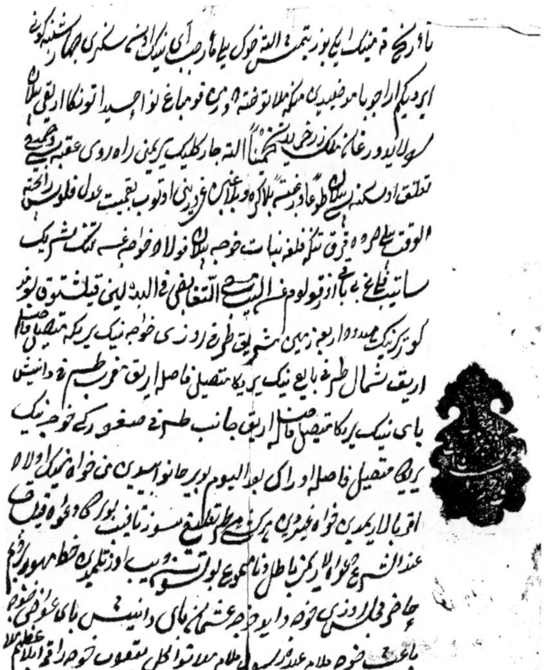

tarixqä bir miŋ ikki yüz yätmi š altä toŋguz yili rijäp ayniŋ on säkkizi čaršänbä küni. mänki ara juba täväsidin molla toxtidurmän. qumbağ täväsidiki toŋ eriq bilän sulay di ğan mülki miras täxminän altä čaräklik yerimni täälluq bol ğan jämiy（barliq）närsiliri bilän qo šup yax ši halättä vä öz ixtiyarim bilän häyvä zulum vä heylä – mikirlärdin xali o čuq – a škara halda adilliq bilän hazirqi vaqitta eqivatqan pul sär hesabida qiriq täŋgä pul ğa razimänlik bilän sabit ğoji bilän polat ğojigä täŋ šerik setip pulini näx tap šurup elip möhürlük xät qili štuq. mäzkur yärniŋ dairisi: mä šriq täripi rozi ğojiniŋ yerigä šimal täripi ba ğqa mä ğrib täripi dani š bayniŋ yerigä jänub täripi süpürgä ğojiniŋ yerigä pasillinidu. keyinki künlärdä bu yär janibidin (to ğrisida) buniŋdin keyin xah män xah meniŋ ävladlirimdin xah ğäyriyat ki šidin här qandaq ki ši här qismi söz tepip däva qilsa mähkimä šäriätniŋ aldida dävasi batil bolup rät qilinsun däp öz tilimdin xät möhür bärdim. hazir mäjlistä: rozi ğoji davut ğoji osman bay dani š bay ävaz ğoji ğoji mollam abdurusul mollam molla täväkkül yaqup ğoji abdulla äzäm mollamlar šahid dur.

伊斯兰教历一二七六七月一八日(1860年2月10日),星期三。

我是阿热居巴(arajuba,地名)的毛拉托乎提。库木巴格所属的屯(tong,地名)渠浇灌的遗产——大约6察拉克土地及其地面上所有财产,在我精神状态良好,不存在威胁、强迫、欺骗,而是在自愿的情况下,以40天罡公开、公正、满意地卖给了沙比提吾吉和普拉提吾吉合伙经营,现金收讫,并立字据。

此地四至:东面是肉孜吾吉的土地,北面是果园,西面是达尼西巴依的土地,南面是素皮尔盖吾吉的土地。

今后,就此地,无论我,我的后代,或者其他任何人,找借口起诉,其诉状在宗教法庭面前全为假话,完全可以拒绝受理。口说无凭,特立此合法字据。

证明人:肉孜吾吉、达吾提吾吉、吾斯曼巴依、达尼西巴依、艾瓦孜吾吉、吾吉毛拉、阿不都如苏勒毛拉、毛拉台外库勒、亚库甫吾吉、阿不都拉·艾孜木毛拉。

6. 毛拉克排克诉毛拉西热甫拿走银锭

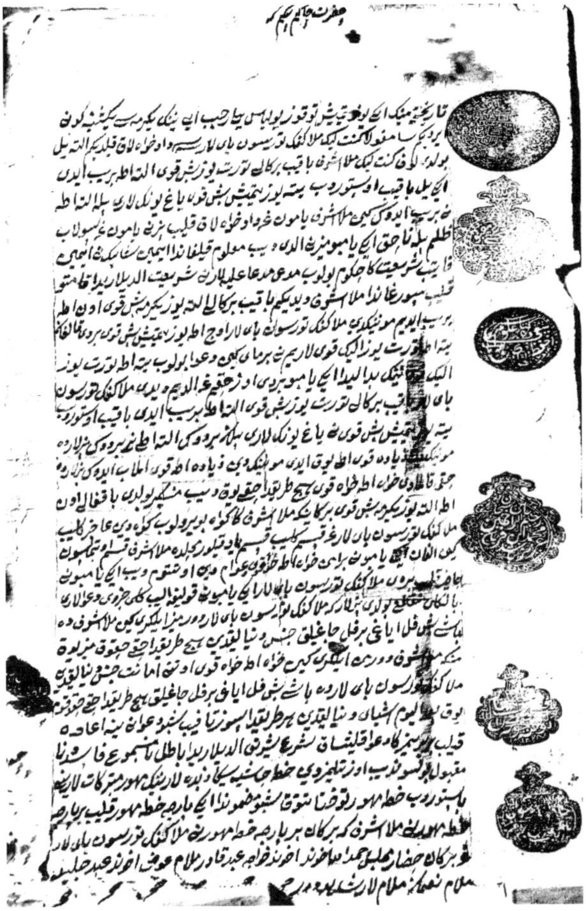

tarixqä miŋ ikki yüz yätmi š toqquz yolvas yili rijäb ayniŋ yigirmisi yäk šänbä küni. sampul käntlik molla kipäk tursun baylar dadxualiq(ärz š ikayät) qilimizki:altä yil boldi. maŋa lop käntlik molla širif, beqip bärgin däp, töt yüz bä š qoy, altä at bärgän idi. män ikki yil beqip, bu mallarni östürüp, yättä yüz yätmi š qoyni, ya ğ,yuŋliri bil än vä altä atni qayturup bärgänidim. keyin molla širif yamul ğa dadxualiq qilip, bizni yamul ğa solitip, zulum bilän nahäq ikki yambuyimizni elivaldi däp šäri mähkimigä mälum qil ğan vaqtimizda, biz dävagär väjavabkarlarni šäriät mähkimigä hazir qilip, soraq qil ğanda, molla š irif, män beqip bärgili altä yüz yigirmäbä š qoy, on at bärgänidim. buniŋdin molla tursun kipäk baylar, ü č at vä yüz yätmi š qoyni berip, qal ğan yättä at vä töt yüz ällik qoyumni bärmäy, män däva qil ğandin keyin, andin yättä at vä töt yüz ällik qoyumniŋ bädiligä ikki yambu bärgänidi, män öz häqqimni aldim dedi. molla kepäk tursun baylar, beqip bärgili töt yüz bä š qoy, altä at bärgänidi, beqip östürüp yättä yüz yätmi š bä š qoy bilän altä atni bärgän. bizlärdä uniŋdin ziyadä qoy vä at yoqidi häm buniŋdin ziyadä qoy vä atmu almi ğan iduq, bizlärdä xah qoy, xah at to ğrisid a he čqandaq häqqi yoq idi dedi, beqip bärgili on at, altä yüz yigirmä bä š qoy bärgänliki häqqidä, molla š irifkä guvah č i buyrul ğan idi, molla š irif guvah č i tapalmay, molla tursun kepäk baylar ğ a qäsämyad qilip beri š kä buyrul ğanda, molla širif män qäsäm qilmay, keyin al ğan ikki yambuni beräy, qoy vä attin ötäy däp, ikki yambuni hazir qilip dedi. molla kepäk baylar ikki yambuni qoli ğ a elip dävalar tamam boldi. bizlärki molla kepäk baylardurmiz. ilgiri - keyin molla širiftä be ši bä š pul, ayi ği bir pul ğa č a ğliq dunyaliqtin he č bir täriqidä häqqi hoquqimiz yoq. buniŋdin keyin dunyaliqtin här täriqidä söz tepip, šu bu dävani yänä kötürüp čiqip bir - berimizgä däva qili ššaq, š äriät al dida batil bolup nomusqa qal ğaymiz däp öz tilimizdin xät qil ğuzup, möhür basturup möhürlük xät toxtattuq, š u mäzmundiki ikki par čä xät möhür qilip, bir par čisini molla širif, yänä bir par čisini molla kipäk tursun baylar qolimiz ğa alduq. hazir mäjlistä: hämdulla axun, axun xujä, abdiqadir mollam, äväz axun, abdujill nimmät mollam šahiddur.

伊斯兰教历一二七九年(虎年)七月二十日(1863 年 1 月 11 日),星期日。

桑普拉村毛拉克排克·吐尔逊巴依诉讼:6 年了,洛浦村的毛拉西热甫,给我405只绵羊、6匹马让我养。我养了2年，这些牲口长大了，返还了他770只羊、油、毛和6匹马。后来，毛拉西热甫向衙门起诉，衙门拘留了我们，强迫无偿拿走了2块银锭，所以我向宗教法庭诉讼。原告和被告被带到宗教法庭，审问时，毛拉西热甫说："我寄养的是625只绵羊，10匹马，其中，毛拉克排克·吐尔逊巴依给了我3匹马和170只绵羊，剩下的7匹马和450只没有给。我起诉后，把7匹马和450只羊核算成2块银锭，我得到的是我自己的钱（银锭）。"

毛拉克排克·吐尔逊巴依说："他在我这儿寄养了405只绵羊、6匹马，增产后我给了他775只绵羊和6匹马。我们之间不存在其他的绵羊和马，我也没有得到其他的绵羊和马。我们之间不再有关于绵羊和马的任何财产。"（宗教法庭就）寄养的10匹马、625只绵羊转交事宜，让毛拉西热甫找证人。毛拉西热甫找不到证人，（宗教法庭就）让他向毛拉克排克·吐尔逊巴依发誓。毛拉西热甫说："我不发誓，我愿意给他后面拿的2块银锭，绵羊和马就免掉算了。"（毛拉西热甫）把2块银锭拿到现场。

毛拉克排克·吐尔逊巴依拿到了2块银锭，诉讼结束。我是毛拉克排克·吐尔逊巴依，毛拉西热甫不欠我任何东西，今后，无论何人找任何理由，再搬出此事起诉，在宗教法庭面前我们的话全为假话，我们也将是无耻小人。特立此据并加盖印章。此契约一式两份，一份由毛拉西热甫保管，一份由毛拉克排克·吐尔逊巴依保管。

证明人：艾木都拉阿訇、阿訇吾吉、阿布都卡迪尔毛拉、艾外孜阿訇、阿不都吉力力·尼买提毛拉。

7. 向伊玛目麻扎捐赠瓦克夫

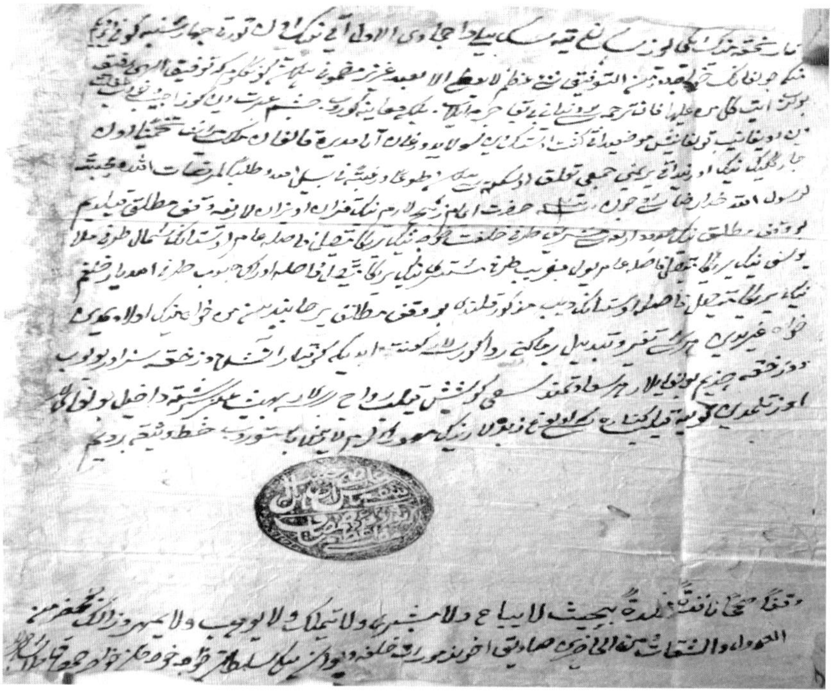

tarixqä bir miŋ ikki yüz säksän yättä it yili jamadiyäl ävväl ayniŋ on töti č ar š änb ä küni. mänki, č olpan xuqädurmän. bu dunyani biqarar äyläp, bälki miyanä körüp čä šmä ibrättin köz e čip, ğäplät uyqusidin oy ğ inip, tol ğa š täväsidiki känt östiŋidin sulay di ğan atamdin qal ğan mülki miras täxminän on č aräklik obdan orundiki yerimni tääll uqatliri bilän allah rizasi ü č ün häzriti imamlirimniŋ färan iyranliri ğ a växpä mutläq qildim. bu växpä mutläqniŋ dairisi: mä š riq täripi xälpät xujäniŋ yeridiki am(ortaq) östäŋgä, šimal täripi molla yüsüpniŋ yerigä tuta š am yol ğa, mä ğ rib täripi xeridarniŋ (växpä yärgä) yerigä, jänub täripi ümidyar xälpämniŋ yerigä pasil östäŋ bilän pasillinidu däp mäzkur qilindi. bu växpä mutläq yär janibidin män, xah meniŋ ävladim, xah ğäyriyat här qandaq ki š i däva dästur qili š ni rava körsilär dozaxqa sazavär bolup, dozaxqa häzim bol ğaylär, här saadätmän ki ši pärvi š qilsilär behi škä daxil bol ğ aylär. öz tilimdin xät qilip, ulu ğ mutivärlärniŋ möhür ikramlirini basturup xät väsiyät qildim. sadiq axun, murat xälpäm, divan begi soltan xujä, samsaq molla qatarliqlar šahiddur.

伊斯兰教历一二八七年(狗年)五月十四日(1870 年 8 月 12 日),星期五。

我是乔勒排·乎坎。

为杜绝今世的无常,或者看到不高兴的事情而从中接受惩戒和教训,从蒙昧疏忽中觉醒。

托勒阿西(tolhax,地名)所属的村水渠浇灌的我父亲的遗产——大约10 察拉克好地及其所属所有东西,为让胡达满意,永久捐献给了尊敬的依玛木麻扎作瓦克夫土地使用。

现申明此瓦克夫地四至:东面是海勒排提吾吉土地上的公用水渠,北面是和毛拉·玉素甫土地相连的公用道路,西面是清真寺瓦克夫土地,南面是和玉米迪亚尔·海力排的土地为界的水渠。

就此瓦克夫土地,我,我的后代,或者其他任何人起诉,都要下地狱,都会被地狱消灭,每个好人经营这块地,都会上天堂。特立此据,并加盖神圣的有威望的人的印章。

证明人:沙迪克阿訇、木拉提·海勒排木、主薄苏礼坦吾吉、沙木沙克毛拉。

8. 诉违规不给休书不付待嫁费

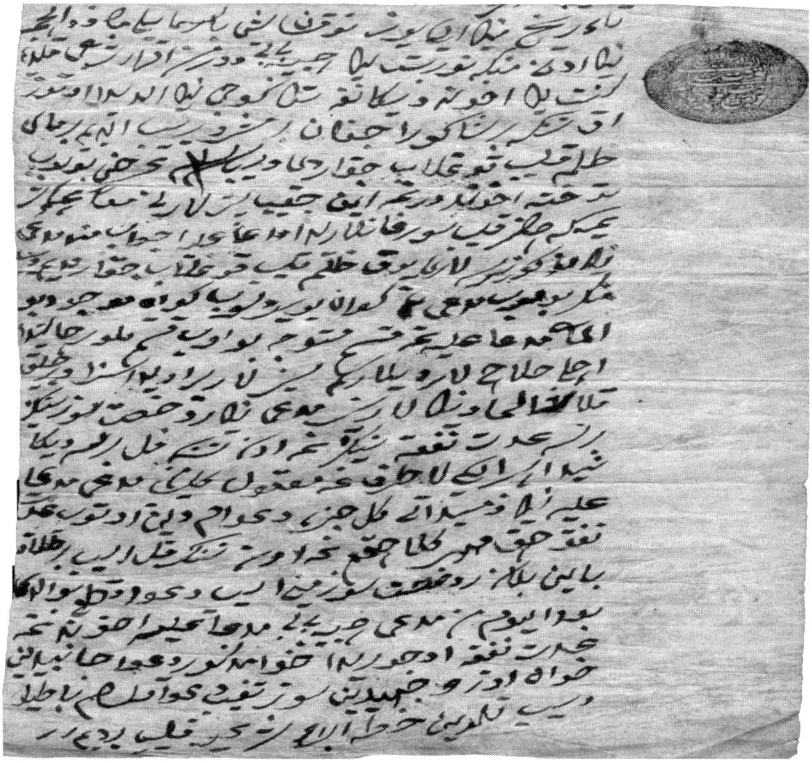

tarixqä bir miŋ ü č yüz toqsan bä š yolvas yili, zulhäjji ayniŋ oni. mänki, nur käntlik hebibä buvidurmän. iqrar š äri qildim: käntlik mähdi axun degänniŋ nikahi ğ a č ü š k än idim, u meniŋ xetimni bärmäy talaqqilip öydin qo ğ lap č iqardi däp ärz qil ğ an idim. äyipnamä č iqip bizlärni mähkimä š ärigä hazir qilip soraq qil ğ anda, mähdi axun män mäzkurni qo ğlap čiqarmidim däp turuval ğanda, mähdi axungä guvah či buyrulup, guvah č i tapalmay qäsäm qil ğ ili qopqanda, ähli jamaät dedilärki, sizlär bir öydä sazavär č ilik qilmidiŋlarmu, mähdi axun xetiŋizni berib iddät näfiqiŋizgä on täŋgä pul bärsä degändä här ikki täräp maqul bolup, dävadin ötüp, näfiqä häq mehir ü čün on täŋgä pulni elip bir bala bilän talaq xetini elip däva tamam boldi. bundin keyin män däva gär hebibä büvi javabkar helimä axungä iddät näfiqä häqqidä xah mäzkur dävadin yakiöz säväbimdin söz tepip däva qilsam batil däp tilimdin xät š äri qilip bärdim.

伊斯兰教历一二九五年（虎年）十二月十日（1878 年 12 月 5 日）。

我是努尔（nur）村的艾比拜布维，我坦白：我嫁给了同村的买赫迪阿訇，他没有给我休书就把我赶出了房子，所以我提出诉讼。起诉书出来后，我们被叫到宗教法庭询问。买赫迪阿訇说自己没有把我赶出去。宗教法庭要求买赫迪阿訇提供证人，买赫迪阿訇没有证人而准备发誓。民众说："你们在家里没有一起睡觉吗（你们是一家人）？买赫迪阿訇给你休书，为你的待嫁期（100 天）支付 10 个天罡吧。"双方同意，官司结束。出于情分，待嫁期费用 10 个天罡、1 个孩子、休书全部给了我。今后，原告艾比拜布维对被告买赫迪阿訇就待嫁期费用提出诉讼或者为自身原因找理由而提出诉讼，全为假话。

合法契约订立交付。

9. 诉卖粮后无法收账

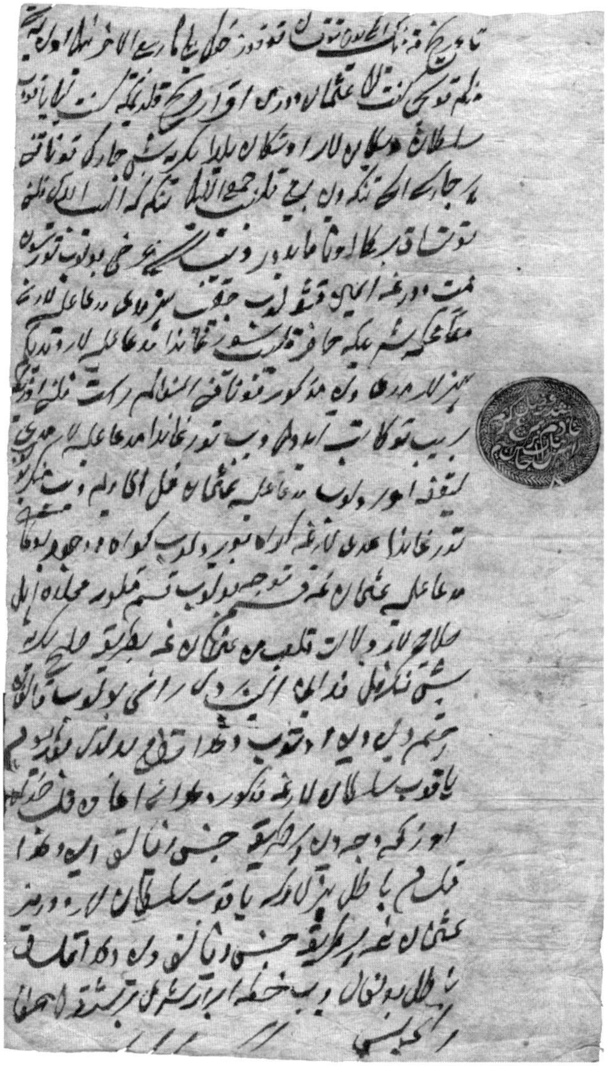

tarixqä bir miŋ ikki yüz toqsan toqquz xok(toŋguz) yili räbbiäl ävväl ayniŋ on yättisi. mänki qoy či käntlik osmandurmän. iqrar šäri qilimänki, män bilän bir käntlik yaqup, sultan qatarliqlar ötkän yilda yigirmä bä šč aräk qunaqni, här čarikini ikki täŋgidin baha qilip, jämiy ällik täŋgigä al ğ anidi. pulini tutsaq bärgili unmi ğa čqa, šärigä ärz qil ğaniduq, tursun mämät dor ğa bizlärni šäri mähkimigä hazir qilip soraq qil ğanda, sizlärdin mäzkur qonaqni al ğinim rast, ämma pulini özigä berip tügitip bol ğan iduq däp qäsäm qil ğili tur ğan vaqtida, ähli jamaät dalalät qilip, män osman ğa yigirmä bä š täŋgä pulni elip bärdi. män buniŋ ğa razi bolup qal ğan čiqimdin ötüp, yaqup vä soltan lar bilän bol ğan mäzkur dävani aydiŋla šturuvättuq. bundin keyin mänki osman bu to ğrisida däva qilsam batildur. bizlär yaqup vä sultan bolumizki, bizmu bundin keyin osman ğa bir tiriq čiliq ziyan salsam batil bol ğay däp šäri mähkimidin xät pütü šüp alduq(bu orun ğa šäri mähkiminiŋ qazisiniŋ tam ğisi bisil ğan).

伊斯兰教历一二九九年三月十七日(1882 年 2 月 6 日)。

我是阔依其村吾斯曼。我坦白地供述:我向同村的牙库甫、苏里坦在去年卖了 25 察拉克玉米,每察拉克作价 2 个天罡,一共 50 个天罡。我催促他们付钱,但是他们不愿意,所以我根据教规提出诉讼。衙役吐尔逊·买买提把我们叫到宗教法庭讯问的时候,牙库甫、苏里坦发誓说:我们买玉米这件事是真的,但是钱已经全部付完了。

旁边的群众劝解后,牙库甫、苏里坦给我吾斯曼付了 25 个天罡,我愿意这样做,其他的钱就免了。我和牙库甫、苏里坦之间的官司已经明了。以后我吾斯曼如果再关于这件事提出诉讼,我就是奸佞小人。牙库甫、苏里坦两个人说:今后如果我们做伤害吾斯曼的哪怕是一个指头大小的事情,我们也是奸佞小人。宗教法庭写了调解书给了我们。

(宗教法庭盖章)

10. 捐赠瓦克夫证书丢失后重写

tarixi hijriyiniŋ birmiŋ ikki yüz toqsan toqquz tuŋguz yili räbbyälaxir eyiniŋ on biri idi. šähärlik rähm šah xoji ğa tävpiq ilahi söhbätda š bolup, aval xudayitaalaniŋ razi liqini izdäp, ikkin č idin päy ğ ämbär sällällahu äläyhi väsällämniŋ minnätdarliqini közläp, šundaq iqrar vä etirap qildiki, rähim šah xojiniŋ anisi bubi ayli ğa tävpiq ilahi dost bolup tarixniŋ säksän bä š idä badamsiya östiŋi qafaqla degän jaydin miras mülük qal ğ an täxminän ikki č aräklik yerini č oŋ yol kölbe š idiki döŋ mäsjidkä väqfä mutläq qilip tävliyä qildurup qoy ğan ikän. ularniŋ bu zamanlarda mäzkur mäsjidniŋ tävliyäsi yoqap kätkän ikän. bügünki küngä kälgändä š u vaqittiki sabiq väqfiniŋ mukämmäl bolu ši ğa yeŋidin tävliyä xät qildurup qoydum. härkim mäzkur mäsjidkä xatib, imam, muäzzin bolup dua qilsa, mäzkur väqfiniŋ bol ğan mähsulatini mäsjidniŋ käm - kutä šliri ğ a särp qilip, e š ip qal ğ inini öz hajätlirigä särp qilip, ata - anamni päqirdäk, kämbä ğällär ni rähmätlär xämisäsidä untup qalmay, duani yax ši šlarda yad qilsun däp väqfänamä tähriri qilndi. härkim u š ibu väqfiniŋ mustähkämlikigä mädäd vä yax š iliq körsätsä xudaniŋ bu alimidä rähmätkä sazavär bol ğusidur, ägär härkim bu väqfigä özgärti š kirgüzsä bir allaniŋ ğ äzibigä girptar bol ğ usidur däb väqfänamä pütüldi. mäzkur väqfiniŋ š ärqiy č egrisi—äzim š ah xojiniŋ yeri, pasil - öräk; š imaliy č egrisi—mämät šah xojiniŋ var sliriniŋ yeri vä bäzisi äzim šah xojiniŋ yeri, pasil - ärkäk qir; ğärbiy čegrisi—yänä mämät šah xojiniŋ varsliriniŋ yeri, pasil - ärkäk uniŋdin ba š qa jänubiy č egrisi—yänä mämät š ah xojiniŋ varsliriniŋ yeri, pasil - ärkäk qir; yänä ğärbiy čegrisi—mämät šah xojiniŋ varsliriniŋ yeri; yänä jänubiy čegrisi—äzim šah xojiniŋ yeri pasil - öräk;

guvah čilar:mämät äli, xälfäm srail...äli axundlar šahiddur.

yuqiriqi tävliyägä izah:

bu rähim šah xojiniŋ täxminän ikki čaräklik yerini čoŋ yol kölbe šidiki döŋ mäsjidkä väqfä mutläq qili ğ anliqi häqqidiki tävliyä bolup, tävliyäniŋ oŋ täräp üstigä2danä čoŋ - ki čkliki ox š a š bolmi ğ an möhür besl ğan.

伊斯兰教历一二九九年四月十一日(1882 年 3 月 2 日)。

为了给城里人热依木夏依·吾吉积德行善(整天除了做乃玛孜,其他什么事情也不做),获得安拉的满意,使圣人穆罕默德高兴,坦白如下:热依木夏依·吾吉的母亲布比·阿依拉积德行善(整天除了做乃玛孜,其他什么事情也不做），在八五年（注：原文如此，可能是伊斯兰教历一二八五年），为把巴达木斯亚（badamusiya）渠卡帕克拉（kapakla，葫芦）这个地方继承的大约2察拉克土地，作为瓦克夫捐赠给靠大路湖首的敦清真寺，写下了委托书（交给了清真寺）。当时，该清真寺把委托书遗失了，现在为完善当时（写）的原瓦克夫而重新立了（捐赠土地的）委托书，（要求）无论谁成为该清真寺的讲经布道者（hatip）、主持（yimam）、宣礼人（买曾，muaizzin）而祈祷的话，都要把这块瓦克夫土地上得到的收成用到该清真寺需要使用的事情上，剩下的收成自己可以花费，把我的父母也和穷人一视同仁，不要忘记为穷人祈祷，一定要好好祈祷。并撰写了瓦克夫（土地捐赠）委托书。不论谁对这块瓦克夫土地予以援助或者给予好处（注：应该是帮助种植或者经营），都会得到胡达在这个世界的保佑（感谢），不论何人修改了这块瓦克夫土地，都会受到真主安拉的惩罚。瓦克夫（土地捐赠）委托书到此结束。

这块瓦克夫土地的四至：东界——艾孜木夏依·吾吉的土地，地界——土坑；北界——买买提夏依·吾吉后代的土地，有些地方是艾孜木夏依·吾吉的土地，地界——大（埂子）；西界——还是买买提夏依·吾吉后代的土地，地界——大（埂子）；此外，南界——还是买买提夏依·吾吉后代的土地，地界为大（埂子）；西界——买买提夏依·吾吉后代的土地；南界——艾孜木夏依·吾吉的土地，地界——土坑。

证明人：买买提·艾力、海尼凡木·依斯拉伊勒……艾力阿訇。

对上述委托书的说明：

这是把热依木夏依吾吉的大约2察拉克的土地全部捐赠给了大路湖首的敦清真寺的委托书，委托书右边盖了2个大小不一的印章。

11. 诉大伯霸占遗产无法生活

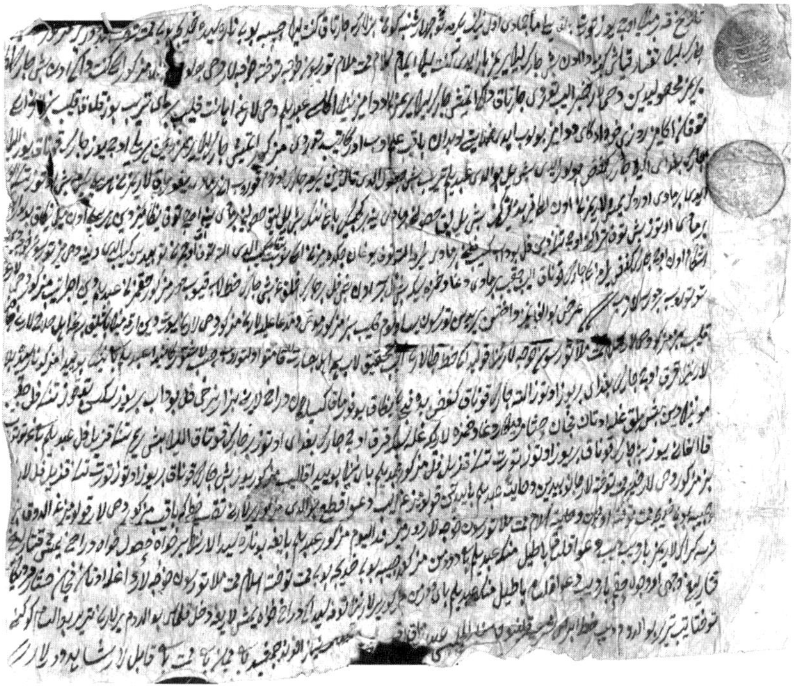

tarixqä bir miŋ ü č yüz töt beliq yili jamadiyäl ävväl ayniŋ yigirmä töti čar šänbä küni. bizlärki čataq käntlik, hibibä büvi, narisidä xädi čä buvi, mämät tursunlärmiz…

qariqa š kuyidä on bä š č aräklik yerimiz bar idi, bu yärgä käntniŋ imami mämät mollam, tursun xujä, toxti xujälär väsi bolup xäbär elip bärgänidi, č ataq känttiki atmi š č aräklik yerimizni dadimizniŋ akisi abdilim bay, väsilärgä ahanät qilip yärni elivilip bärmäy tirivaldi, bizlärni, ikki tu ğ qan akimiz rozi axun nahayiti obdan beqip ilim, ädäb ögitip baqti, mäzkur atmi š č aräklik yerimizdin här yili ü č yüz č aräk qunaq, yüzällik č aräk bu ğ day, ällik č aräk keväz husul bolatti. bä š yil boldi, abdilim bay yerimizni bä š yil terip husul aldi, uniŋdin bizgä he č nimä bärmidi.

üzüm tallirimizdin här yili yigirmä čaräk üzüm qurutup aldi, uniŋdin bizgä he čnimä bärmidi, ürüklirimizdinmu bä š yil hosul aldi vä yänä bir ki čik be ğimizdinmu bä š yil hosul aldi vä yänä ü č tüp yaŋiqimizdin här yili on miŋ yaŋaq čiqatti, bä š yilboldi uniŋdin bizgä he čnimä bärmidi, ottuz bä š tüp terikimizni ü č täŋgä pul budap elivelip pulini bärmidi, yigirmä altä tüp yu ğan jegdimizni, altä tüp üjmimizni tüvidin kesivaldi vä yänä väsimiz tursun xujädin akam, on ü č č aräk keväz, yigirmä ikki č aräk qunaqelip, unimu bärmidi. mäzkur häqqimizni abdilimdin ajritip elip mäzkur väsilärgä bärsä däp ärz qil ğan vaqtimizda xotändin tursun axun kelip biz mäzkur dävagär vä javab karlarni, väsilärni, yurttin miŋ be ši qatarliq bir qan č ä jamaätni täklip qilip biz mäzkur väsilärgä mämät mollam, tursun xujälärniŋ qolidiki xät höjjätlärni elip tähqiqläp, hämmä jamaät birgä olturup hesablap,

abdilim bayniŋ boynida mäzkur narisidälärniŋ qiriq ü č č aräk bu ğ day, bir yüz ottuz altä čaräk qunaq, kiväz, pi čan, yaŋaq vä kesivelin ğ an däräxlärni bazar närqi boyi č ä pul ğ a budap, bir yüz säksän toqquz täŋgä pul čiqirip, buniŋdin bä š yilliq ğälä - siliq, ha šar ğa vä do ğilarniŋ ğälisigä qiriq ü ččaräk bu ğday, ottuz čaräk qunaq, ällik bä š yerim täŋgä qizil pul, abdilimdin tutup,

qal ğan yüz bir čaräk qunaq, bir yüz ottuz töt täŋgä qizil pul mäzkur abdilim bayniŋ boynida qelip, mäzkur yüz bä ščaräk qunaq, bir yüz ottuz töt täŋgä qizil pul biz mäzkur väsilär hibibä, mämät, toxtilar abdilim baydin qolimiz ğ a elip däva tamam boldi. mäzkurlarni täqsimläp biz väsilär qolimiz ğa alduq. hibibä büvi, xädi čä büvi, mämättoxti axunlar ü čün väsi bol ğ an mämät molla, tursun xujälär bundin keyin mäzkur abdilim bay ğa, bu narisidilärniŋ xah hosul, xah däl - däräx, yäl - yemi š qatarliq närsä ker äklirimiz bar däp däva qilsaq, busözimiz batil.

mänki abdilimdurmän. mäzkur hibibä büvi, xädi čä büvi, mämät tox-ti, mämät molla, tursun xujälärdä ğälä qatarliqlar väji ü čün häqqim bar däp däva qilsam batil. mänki abdilim bay mäzkur yärlärniŋ töpisidiki däl – däräx, yemi šlärgä däxli qilmas boldum. yärlärni terar bolsam toxtamli šip terarboldum, däp xät pütü š tuq, hazir mäjlistä: abdurazaq axun, mämät niyaz axun, jäpärbay, mömin bay, mämät bay qatarliqlar šahiddur.

伊斯兰教历一三〇四年(鱼年)五月二十四日,星期三(1887 年 2 月 18 日)。

我们是恰塔克(qatak)村的艾比拜布维、未成年人(被监护人)海迪且布维、买买提·吐尔逊。

在喀拉喀什(墨玉县)库依(奎亚乡)有我们的 15 察拉克土地。该地村里的依玛木(主持)买买提毛拉、吐尔逊·吾吉、托乎提·吾吉等人是我们的监护人。我们在恰塔克(qatak)村有 60 察拉克土地,我父亲的哥哥阿布迪力木巴依凌辱监护人,霸占了这块土地由自己耕种了。我们由堂哥肉孜阿訇很好地抚养,并教给文化知识。

这 60 察拉克土地每年收成为 300 察拉克玉米、150 察拉克小麦、50 察拉克棉花。已经 5 年了,阿布迪力木巴依种植我们的土地 5 年了,什么也没有给我们。

葡萄树每年收成为 20 察拉克葡萄,一点也没有给我们。我们的杏树丰收了 5 年,一个小果园也丰收了 5 年,还有我们的 3 棵核桃树,每年出产 10 000个核桃,5 年了,什么也没有给我们。我们的 35 棵白杨树阿布迪力木卖了 3 个天罡,一分也没有给我们。26 棵大沙枣树和 6 棵桑树全被砍掉,还从监护人吐尔逊·吾吉处拿了 13 察拉克棉花、22 察拉克玉米,也没有给我们。

为把这些财物让阿布迪力木还给我们,我们提出了诉讼。吐尔逊阿訇从和阗来,把原告、被告、监护人、千户长、民众等人叫到一起,把监护人买买提毛拉、吐尔逊·吾吉手中的监护契约拿出来加以核实,所有的人坐在一起核算,把阿布迪力木所欠被监护人的 43 察拉克小麦、136 察拉克玉米、棉花、马兰、核桃、被砍掉的树木等以市场价折算成了现金 189 个天罡,以及今后 5

年的钱物(ailai,被监护人应该得到的财物)、徭役(差事)、钱物(公粮、给衙役上交的钱)共43察拉克小麦、30察拉克玉米、55.5个天罡,全部从阿布迪力木那儿拿到了。

剩下的101察拉克玉米、134元大钱算在阿布迪力木身上。

105察拉克玉米、134个天罡,我们艾比拜、买买提、托乎提从阿布迪力木手中得到,诉讼结束。这些钱我们都拿到了手上。艾比拜布维、海迪且布维、买买提·托乎提阿訇的监护人买买提毛拉、吐尔逊·吾吉,今后如果说阿布迪力木巴依身上还有收成、树木、水果等东西而起诉,将全为假话。

我是阿布迪力木,今后如果艾比拜布维、海迪且布维、买买提·托乎提、买买提毛拉、吐尔逊·吾吉等人说我阿布迪力木还有他们的钱物而起诉,将全为假话,我阿布迪力木巴依和这些土地上的树木、水果毫无关系,如果我再耕种这些地,再订合同。特立此据。

证明人:阿不都热扎克阿訇、买买提·尼亚孜阿訇、伽帕尔巴依、莫明巴依、买买提·巴依。

12. 托乎提阿訇等出卖草原

tarixqä bir miŋ üčyüz ottuz at yili muhärräm ayniŋ altisi. mänki xotän sampul käntlik molla qurban molliniŋ ošli toxti axun, abidä buviniŋ varisliri niyaz axun, tursun axun, talip axun, qizliri rabiä büvi, muhtiräm büvi, jinästä buvilärdurmiz. andaq iqr ar šäri qilimizki: nur boz tašqa tävä nurqirqida män toxti axunniŋ bulaq beši tiväsi buya ešil qošulup, mulki miras yazliq, qišliq, ätiyazliq, küzlük bolup bir ošlaqliq yayliqimni ikkihässä qilip, bir hässisini akam yaqup bayša satqanidim, yänä qalšan bir hässä yazliq, küzlük, qišliq, ätiyazliq yayliqimni abidä buviniŋ varisliri nur qirqi baš, qir bulaq beši ešil, buya ešil qatarliq yazliq, küzlük, qišliq, ätiyazliq miras yaylaqlirimni šerikčimiz mämät kerim, mämät rähim, mämät imin, yüsüp, mämät älilärgä yüz sär kömü š kä tügitip setip, mäzkur kömü šni qolum ša elip, yaylaqni ular ša bölüp, pasilini bekitip berip, mäzkur iqrarimizniŋ rastliqi ša möhürlük höjjät xät qilip bärduq. hazir mäjlistä: miŋ be ši toxti mämät axun, mämät niyaz axun, toxti molla šahiddur.

伊斯兰教历一三〇九(马年)一月六日(1891 年 8 月 12 日)。

我们是和阗桑普拉村毛拉库尔班毛拉的儿子托乎提阿訇,阿比旦布维的后代尼亚孜阿訇、吐尔逊阿訇、塔力甫阿訇,及其女儿热比艾·布维、木合特热木·布维、吉乃斯坦·布维。我们做符合教规的坦白:在努尔布孜山所属的努尔克日克,我托乎提阿訇的布拉克比西所属草原,加上布雅厄黑勒(草原),(我把)这些我继承的夏季、冬季、春季、秋季 1 张小山羊皮大小的草原(将小山羊皮裁成细绳圈出的草原)翻一番,卖给了哥哥亚库甫巴依。还有我的一番夏季、冬季、春季草原,(作为)阿比旦布维的后代(我)在努尔克日克巴西、克口布拉克比西厄黑勒、布雅厄黑勒等夏季、秋季、冬季、春季继承的草原,我用 100 两银子卖给了我的合伙人买买提·克热木、买买提·热依木、买买提·依明、玉素甫、买买提·艾力,现金收讫。给他们划分了草原,确定了地界,空口无凭,特立此据,并加盖印章。

证明人:千户长托乎提·买买提阿訇、买买提·尼亚孜阿訇、托乎提毛拉。

13. 艾孜买提吾吉卖地

tarixqä bir miŋ ü č yüz on bä š yolvas yili rijäb ayniŋ yigirmä altisi. mänki, š äyixl är käntidin molla ibrayim dor ğ iniŋ o ğ li äzimät xujädurmän. andaq iqrar šäri qildimki：atamdin miras qal ğan na ğiraxan yar täväsdiki uzun qol ilik(eriq)din sulaydi ğan čaräk hesabida ottuz č aräklik, molaq hesabida ottuz molaq igidar č iliqimdiki yerimni, käntlik mähmut axunniŋ o ğli abdulla axungä altä sär ü č misqal kömü š pul ğa setip mäz kur pulni qolum ğa tap šurup al ğanliqim häm mäzkur yärni, yamul ğa berip bajliti š ü čün ketidi ğan pulnimu qolum ğa al ğanliqimniŋ rastliqi ğa öz tilimdin xät bärdim, mäzkur yärgä mändin ba šqa ki ši däva qilsa, män äzimät xujä özüm javab qilidi ğ an boldum. mäzkur yärniŋ dairisi：mä šriq täripi am yol（avamniŋ yoli）ğa，šimal täripi därya ğa，mä ğrip täripi därya ğa，jänub täripi xujä axunniŋ yerigä vä bäzi yeri xudayar moll amniŋ yerigä pasillinidu. däp šubu sözümniŋ rastliqi ğa öz tilimdin möhürlük xät bärdim. mäzkur abdulla axunmu yärniŋ lazimliq ğälisini（beji）berär boldi. hazir mäjlistä：šäyx islam baqi axun，islam axun，täväkkül axunlar šahiddur.

伊斯兰教历一三一五年（虎年）七月二十六日（1897 年 12 月 21 日）。

我是先依黑村毛拉依布热依木班头的儿子艾孜买提吾吉。我做符合教规的坦白：从我父亲继承的纳黑拉罕亚尔所属吾宗阔勒渠浇灌的土地，按照察拉克标准核算为 30 察拉克，按照亩标准核算为 30 亩，以 6 两 3 银子，卖给了同村的穆海买提阿訇的儿子阿不都拉阿訇，现金收讫。同时，到衙门办理此地缴税的钱，也拿到了我们手中。特出具了字据。

就此地，如果除我之外的人起诉，我艾孜买提吾吉自己负责答复。

此地四至：东面是公用道路，北面是河，西面是河，南面是吾吉阿訇的土地，有些地方是胡达亚尔毛拉的土地。口说无凭，特立此据并加盖印章。阿不都拉阿訇支付此地的应交税金。

证明人：先依黑斯拉木·巴克阿訇、斯拉木阿訇、台外库勒阿訇。

14. 抵押土地借贷

tarixqä bir miŋ ü č yüz ottuz töt toxu yili räbbiyäl axir ayniŋ yigirmä yättisi. bizlärki čaqar käntlik xädi čä büvi, zäynäp buvilärdurmiz. iqrar š äri qilimizki, mäzkur känttiki seriq to ğ raq eriqidin sulaydi ğ an, ikin, sulaq(suyiravanhosulluŋyär), töt puŋ täxminän bir č aräklik yerimizni ränä qoyup, käntlik ömäraxunniŋ o ğli imin bay axundin ottuz täŋgä pul elip, xät šäriät qilip bärdim. ägär mäzkur yärni mäŋgülük satar bolsam, miŋ begimniŋ č ozisi(tam ğ isi)ni basturup satar boldum. mäzkur pulni täqläp bol ği čä, yärdin bol ğan här qismi närsilärgä qarap qoyidi ğan boldum. män imin baymu pul ni qa č an täqläp bärsä, š u vaqtta yärni qayturup beridi ğan boldum. mäzkur yärniŋpasili, šärqi imin bayniŋ yeri, š imali qasim bayniŋ yeri, ğ äribi moydin bayniŋ yeri, jänu bi tusunxan buviniŋ yeri. hazir mäjlistä:toxti xujä, talip axunlar šahiddur.

伊斯兰教历一三三四年(鸡年)四月二十七日(1916 年 3 月 3 日)。

我们是恰哈(qakar)村的海迪且布维、再依乃布维。我们坦白:我们以本村斯热克托乎拉克(黄胡杨树)渠浇灌的富饶的土地共 4 份大概 1 察拉克土地为抵押，从村里的吾买尔阿訇的儿子依明巴依阿訇手中借了30个天罡，并立字据。如果要永久卖掉此地的话，加盖千户长的印章就可以卖掉。到钱付完之前（这些钱还没有准备好），我们负责照看该地上出产的所有东西。我依明巴依本人什么时候备齐钱，什么时候把这块土地交付给我依明巴依。

该地地界：东面以依明巴依的土地为界，北面以卡斯木巴依的土地为界，西面以毛依丁巴依的土地为界，南面以吐尔逊汗布维的土地为界。

证明人：托乎提·吾吉、塔力甫阿訇。

15. 夫妻送养孩子又要回

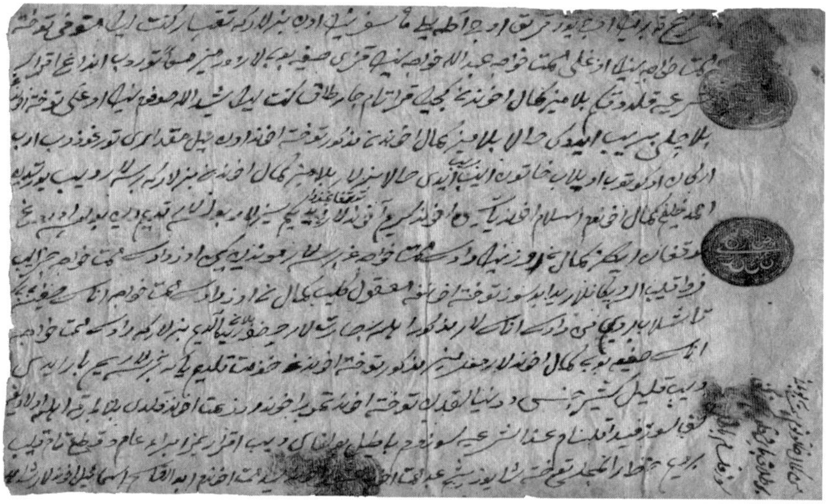

tarixqä bir miŋ üč yüz qiriq üč at yili säpär ayniŋ oni. bizlär täqsar käntlik toxti muhämmäd xujäniŋ oğli mämät xujä, abdullah xujäniŋ qizi sufiyä buvilärdurmiz. šundaq iqrar šäri qilimizki, balimiz kamalidin axunni kičikidä, qara tam čataq käntlik šäydulla sofiniŋ oğli toxti axungä bali čilap (beqiveliš qa) bärgän iduq. balimiz kamalidin axunni mäzkur toxti axun on yil miqdari turğuzup, ädäb ärkan ögitip, öyläp xotun elip bärgän idi. bügünki küngä kälgändä balimiz kamalidin axunni bizgä bärsä däp, yurttin äxmät xälpäm, kamalidin axunum, islam axun, yasin axun, keräm axunlargä tutqinimizda, ular dedilärki silär bolsaŋlar qädim tartip tu ğqan ikänsilär, kamalidin axunni roziniŋ dadisi mämät xujigä bärsä, mundin keyin öz dadisi mämät xujäni xäbär elip qarisa, degändä bu sözgä toxti axun maqul kelip, kamalidin axunni öz dadisi mäm ät xujä, anisi sofiyä buvigä ta š lap bärdi. bizlär dadisi, anisi mäzkurniŋ tääluqatlirini aldim. bizlärki dadisi mämät xujä, anisi sofiyä büvi, kamalidin axunlar mäzkur toxti axungä xizmät qil ğan yaki toxti axunda bir närsäm bar idi däp söz päyda qilsam sözüm, tömür axun, rozi mämät axunlar guvahki päyda qil ğan bu sözüm šäriät aldida batil bol ğay häm män kamalidin axun, xatunum patimä buvini bir talaq bilän xetini bärdim, bundin keyin söz qilsam batil däp iqrarimiz ğa äl jamaät guvah boldi, xät toxtattuq. hazir mäxlistä:toxti šah yüz be ši, abdullar axun, osman axun, siyid muhämmäd axun, abdullah hajim, ismayil axunlar šahiddur.

伊斯兰教历一三四三年(马年)二月十日(1924 年 9 月 10 日)。

我们是泰克萨尔(taiksar)村的托乎提·买买提吾吉的儿子买买提吾吉,阿布都拉吾吉的女儿苏非耶布维。我们坦白:我们的孩子卡马勒丁小时候,送给喀拉塔木恰塔克(kara tam qiatak)村的沙依都拉苏非的儿子托乎提阿訇抚养。托乎提阿訇把我们的孩子卡马勒丁抚养了 10 年,教给了文化和教义,同时还成了家。我们希望托乎提阿訇把我们的孩子卡马勒丁还给我们,就给同乡人艾合买提·海力帕木、卡马勒丁阿訇、斯拉木阿訇、亚生阿訇、克力木阿訇等说了。他们说:你们本来就是亲戚,把卡马勒丁阿訇给肉孜的父亲买买提吾吉,以后卡马勒丁阿訇要照看上了年纪的亲父亲买买提吾吉。这些话托乎提阿訇愿意了,把卡马勒丁阿訇还给了自己的亲父亲买买提吾吉和亲母亲苏非耶布维。我们作为他的父母收到了卡马勒丁阿訇。买买提吾吉、苏非耶布维、卡马勒丁阿訇我们如果产生卡马勒丁阿訇给托乎提阿訇干过活或者托乎提阿訇那儿还有卡马勒丁阿訇的东西等有关的话语,铁木尔阿訇、肉孜·买买提阿訇可以作证,这些话语在宗教法庭前面都是假话。卡马勒丁阿訇给妻子帕提买布维写了休书,今后如果有什么意见,全是假话，有民众为证，也立了字据。

证明人：托乎提夏依百户长、阿布都拉阿訇、吾斯曼阿訇、斯依提·穆赫买提阿訇、阿布都拉阿吉、司马义阿訇。

16. 丈夫有外遇赶走妻儿经调解支付抚养金

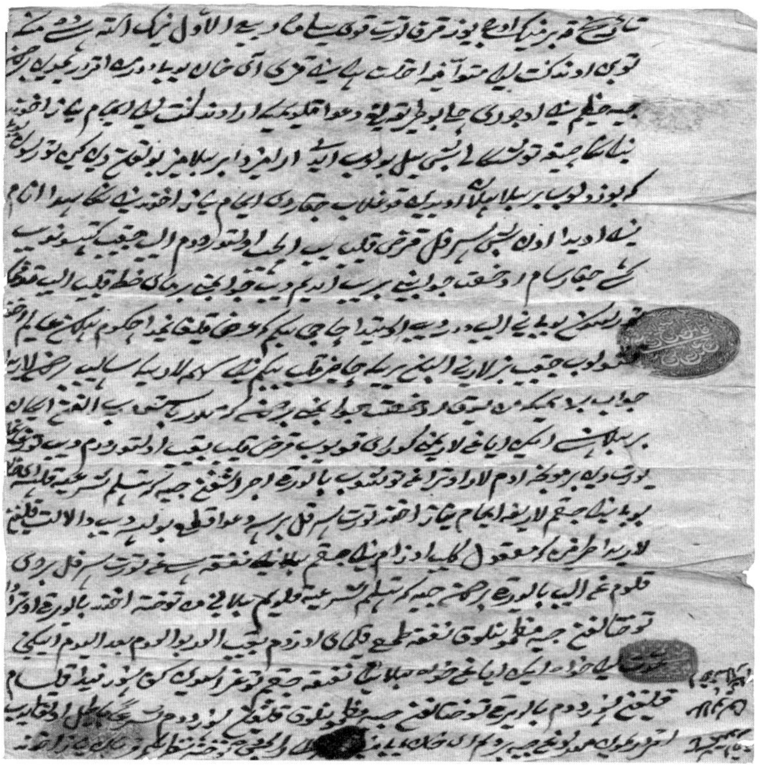

tarixqä bir miŋ ü č yüz qiriq töt qoy yili räbbiäl ävväl ayniŋ altisi. mänki tövän aznä käntlik äxät bayniŋ qizi ayxan büvi bolimän. iqrarimdin bir namä xät yaz ğuzdumki：män aznä käntlik imam niyaz axunniŋ nikahi ğa čü škili bä š yil bol ğanidi, arimizda bir balimiz bol ğandin keyin, imam niyaz axun tursunxan büvigä buzulup bir bala bilän mini öyidin qo ğ lap čiqardi. män imam niyaz axunniŋ nikahida turuqluq, anamniŋ öyidä on bä š sär pul qärzi qilip yäp - i čip olturdum. män imam niyaz axungä meni anamniŋ öyidin öziniŋ öyigä elip kätsun däp ki ši ävätsäm, rohi xeti (talaq xetini bärgän)ni berip bol ğanidim däptu. arida, imam niyaz axun maŋa eniq javab xät qilip bärmäyturu ğluq, tüpämgä tursunxan büvini elipdur däp, haji begimgä ärz qil ğan idim, begim, imam niyaz axun bilän meni bir yärgä äkilip häm yurttin bir mun čä adämlärniŋ ari ğa čü šüp bu ikkisi burun ajra šqanikän, šäriät hökmi boyi čä, imam niyaz axun ayixan büvimniŋ čiqimi ğa töt sär pul bärsä, büvim däva qilmi ğan bolsa, däp dalalät qil š qan bol ğ a č qa, män yurt ähliniŋ dalalitigä maqul kelip, özümniŋ čiqimi vä balamniŋ näfiqisi ü čün, imam niyaz axun bärgän töt sär pulni qolum ğa elip, bundin keyin balamniniyaz axundin näfiqä täläp qilmay özüm baqidi ğ an bolup, š äriät hökmi boyi č ä bundin keyin balamniŋ kiyim - ke čäk vä igin – ayi ği häqqidä näfiyqä čiqimi to ğrisida iman niyaz axun üstidin kof(pitni - pasat gäp)söz päyda qilsam, qil ğan sözüm šäriät hökmigä batil(qari ši) bol ğay degän mäzmunda xät bärgü č i ayixan büvi. guva č ilirim: toxti näzär begim, qurban niyaz axun, ta š tömür axun, molla yüsüp axunlardur.

伊斯兰教历一三四四年(羊年)三月六日(1925 年 9 月 24 日)。

我是吐外阿孜乃(tuwai azinai)村艾买提巴依的女儿阿依汗布维。我坦白地写下这份契约:我和阿孜乃村的依玛木·尼牙孜阿訇结婚 5 年了,生了 1 个孩子。我丈夫依玛木·尼牙孜阿訇和吐尔逊汗布维有染,把我和孩子赶出了家门。我在和依玛木·尼牙孜阿訇没有离婚的情况下,回到自己母亲家借了 5 两银钱维持生计。我派人叫依玛木·尼牙孜阿訇把我从母亲家带回,但是依玛木·尼牙孜阿訇说他已经给了我休书(说我们已经离婚了)。其间,依玛木·尼牙孜阿訇并没有给我写明确的休书,而且和吐尔逊汗布维结婚了,所以我向阿吉大官人提出诉讼。阿吉大官人把依玛木·尼牙孜阿訇和我叫来,还有家乡的许多人一起。我说:我们两个人已经离婚了,根据宗教教规,依玛木·尼牙孜阿訇给我支付 4 两银钱,我不再起诉,在家乡人的劝告下,我同意离婚。依玛木·尼牙孜阿訇给我的支出和孩子的抚养金一共4两银钱已经拿到了我的手上。今后孩子不再向依玛木·尼牙孜阿訇索要抚养金而由我来抚养。根据宗教教规,如果今后孩子的衣食住行等抚养金还向依玛木·尼牙孜阿訇索要的话,这些要求全部违背宗教法规。

特立此据。

立据人:阿依汗布维。

证明人:托乎提·乃孜尔伯克、库尔班·尼牙孜阿訇、塔西·铁木尔阿訇、毛拉·玉素甫阿訇。

17. 热伊斯丹卖地

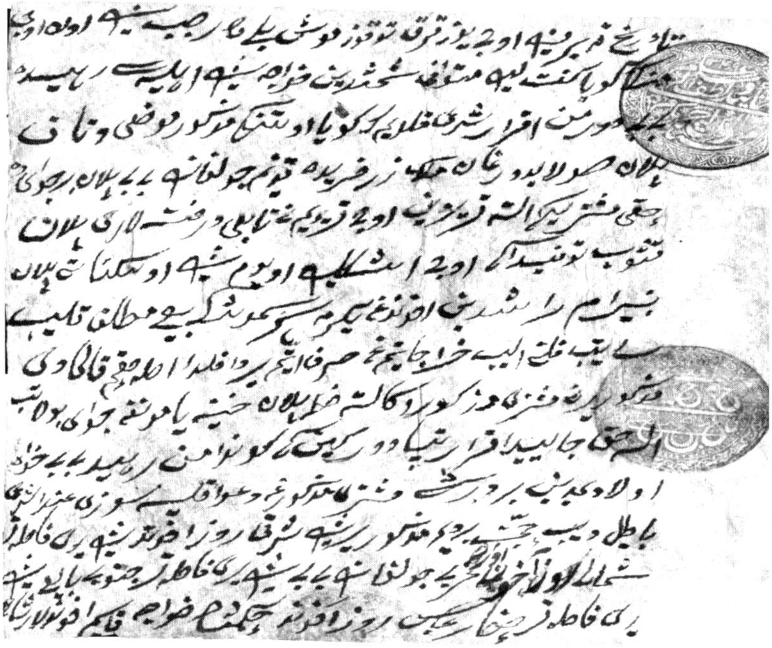

tarixqä bir miŋ ü č yüz qiriq toqquz č a šqan yili räjäp ayniŋ on ü č i. mänki kuya käntlik šämsidin xujäniŋ aylisi rähsidä buvidurmän. iqrar šäri qilimänki, kuya östiŋi bilän sulaydi ğan qizim čolpan büvi bilän pasillinidi ğan altä qiryerimni tävä däräxliri bilän qo šup, töpidiki ü č i šiklik öyümni üskinati bilän qo š up ra š idin axungä yigirmä sär kömü š kä mäŋgülük setip, pulini elip xirajimgä särip ättim. bu yärdä ämdi meniŋ äs la häqqim qalmidi. mäzkur yärni xeridari mäzkur vakalät xetini yamul ğa pilitip alsa (yamul tam ğ isini bastursa) häq jayida qarar tapadur. keyinki kündä män rähsidä büviyaki ävladimdin birär ki ši xeridar ğ a däva qilsa sözi etibarsiz bolup, batil bol ğay däphöjjät bärdim. mäzkur yärniŋ šäriqi ruzi axunniŋ yerigä pasil, šimali rozi axunniŋ öyi bilän čolpan buviniŋ yerigä pasil. jänubi ba ğqa pasil. hazir mäjlistä: ruzi axun, hikim xujä, qasim axunlar šahiddur.

伊斯兰教历一三四九年(鼠年)七月十三日(1930年12月4日)。

我是库亚村先木斯丁吾吉的家人(可能是姐妹)热伊斯丹布维,我坦白:用库亚渠浇灌的和我女儿乔勒畔布维为界的6埂子土地及该地所属树木、该地上的三扇门板房子及其家具,用20两银子永久卖给了热西丁阿訇,现金收讫,我作为卖主花掉了。

这块地的买主出具委托书到衙门批准(盖衙门章)立即生效。今后我热伊斯丹布维或者后代有人对(买主热西丁阿訇)提出诉讼,那时说的话全部无效,全部是假话,特立此据。

该地东面以肉孜阿訇的地为界,北面以肉孜阿訇的房子和乔勒畔布维的地为界,南面以小果园为界。

证明人:肉孜阿訇、艾克木·吾吉、卡斯木阿訇。

18. 调处尼牙孜阿訇等诉寄牧的羊只礼物不能返还契

tarixqä bir miŋ ü č yüz ällik ikki to šqan yili šävval ayniŋ yigirmisi yäk šänbä küni. bizlärki šähär heytkar därvazisidiki islam hajim qarimniŋ o ğli niyaz axun toxtiniyaz axunlardurmiz. iqrar šäri qilduqki: nur ta ğdiki pazil hajimniŋ varisliri mämät imin bay yüsüp qarim mämät äli baylarniŋ qolida säksän yättä qoy amanät qal ğ anidi. un iŋbutäripidä bu növät berip yigirmä bä š qoy elip kälgänidim. baqi qal ğan ällik ikki qoyamni bärgili unimidi vä

yänä mämät kerim hajim gulsunxan hajimniŋ kigä az – tola sov ğat apar ğanidim birpar čä aq kegiz yollaq tutqanidi qaytar vaqtimda mäzkur kegizni mämät kerim hajimgä amanät qoy ğ anidim bärmidi. däp darilsultangä(mähkimä šärigä) ärz mälum qil ğinimda turdi axun čiqip bizlärni soraq qilip bol ği čä birmun čä yax ši adämlär hazir bolup ularniŋ bular bolsa uruq – tu ğqan adämlär bir – biri bilän dävali šip yürgini obdan ämäs. ziddiyätli šip qalmisa mämät imin bay yüsüp qarim mämät äli baylar yigirmä bä š sär pul bärsä mämät kerim hajim bir par čä aq kegiz bärsä bu däva ilgiri – keyin mu šu yärdä tügisä ikän degän dalalitig äikkila täräp maqul bolup däva šu bu xususidä tamam boldi. män niyaz axun toxtiniyaz axunlar yigirmä bä ššär pul bilän bir par čä aq kegizni qolimiz ğa elip razi bolup qanduq. ilgiri – keyin tügättuq. bularda qoy to ğrisidin ötnä amanät muamilä to ğrisidin vä yänä özgä väjidin pul vä dunyaliqtin äsla häqqimiz qalmidi.

mubada keyinki künlärdä kof söz tepip däva dästur qilsaq šäriät aldida sözimiz batil bol ğay däp u šbu sözimizniŋ rastliqi ğa mähkimä šäriniŋ möhürini basturup höjjät bärduq. hazir mäjlistä: tusallidin xatip häsän axun sampuldin qasim axunlar šahiddur.

伊斯兰教历一三五二年(兔年)十月二十日(1934 年2 月5 日),星期天。

我们是城里人艾提尕尔大门(注:大巴扎)那儿斯拉木阿吉喀日的儿子尼亚孜阿訇、托乎提·尼亚孜阿訇。我们做符合教规的坦白:努尔山里人帕孜勒阿吉的继承人买买提·依明巴依、玉素甫喀日、买买提·艾力巴依手中我们寄养了87 只绵羊。为此,我们去了一次,拿回来了25 只绵羊。剩下的57 只绵羊他们不愿意给。

同时去时顺便给买买提·克热木阿吉、古丽苏汗阿吉送了一些礼物。作为送给我路上的礼物,他们编制了一张白毡子。我返回时把毡子寄存在买买提·克热木那儿,他不愿意给我。为此我向宗教法庭提出诉讼。吐尔迪阿訇负责把我们召集到一起准备审问时,很多好人来到现场劝说道:“你们是亲戚,互相诉讼不是件好事,不要闹矛盾了,买买提·依明巴依、玉素甫喀日、买买提·艾力巴依等人支付25 两银元,买买提·克热木阿吉还给那张白毡子,官司就在这里结束算了。”

双方同意,官司就此结束。我尼亚孜阿訇、托乎提·尼亚孜阿訇拿到了25两银元和1张白毡子,满意了。所有诉讼结束。在他们那儿,关于绵羊、借的东西、存放的礼物、自己其他来历的钱物,没有留下一分一毛。

如果今后找借口提出诉讼,在宗教法庭前面将全为假话。口说无凭,特立此据并加盖宗教法庭印章。

证明人:吐沙拉的哈提甫(主持星期五乃玛孜的人)艾山阿訇、桑普拉的卡斯木阿訇。

19. 为努尔阿訇作证

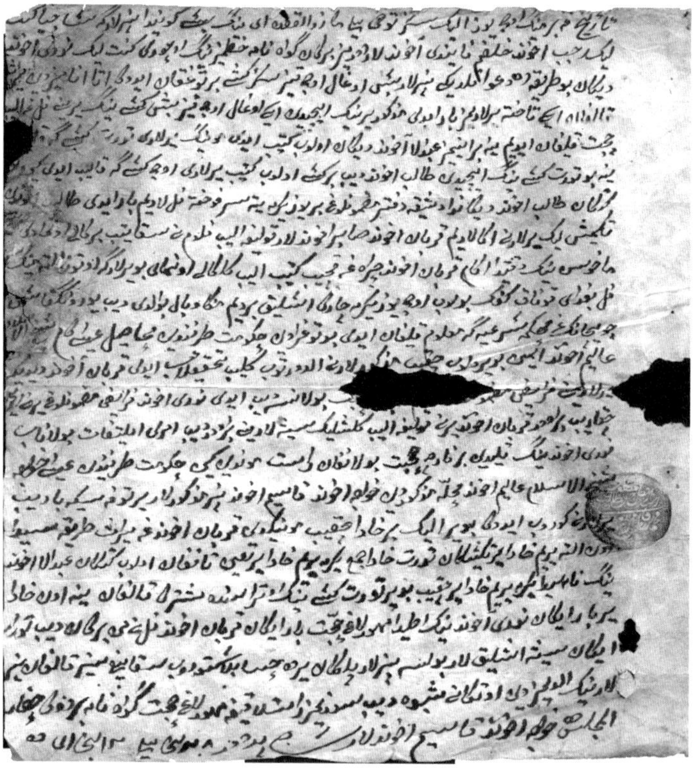

tarixqä bir miŋ ü č yüz ällik säkkiz toxu yili zulqähdi ayniŋ bä ši künidä. bizlärki jiya käntlik rijäb axun xälpäm vä qadir axunlar bärgän guvahnamä xetimiz, u čumu käntlik nuri axun degän ki ši bu mäzmunda däva qildiki, bizlär bä š o ğul, ü č qiz säkkiz ki ši bir tu ğqan iduq. dada animizdin miras qal ğan ikki taxta yerimiz bar idi. mäzkur yärniŋ i čidin, ikki o ğul, ü č qiz bä š ki šiniŋ yerini pul ğa elip höjjätlä škän iduq. yänä bir inimiz abdulla axun degini ölüp kätkän idi, uniŋ yerini töt ki š igä täqsim qilip bärgän iduq, yänä bu töt ki šiniŋ i čidin talip axun degän bir ki šimu ölüp ketip, uniŋ yeri ü č ki šigä qal ğan idi. ämma ölüp kätkän talip axun degändä xätlä škän bir yüz yigirmä yättä sär paxta pulum bar idi. talip axun ölüp kätkändin keyin, uniŋ yärlirini akilirim qurban axun, sabir axunlar qoli ğ a elip, pulini saqaytip bärgili unmidi. maxusänniŋ vaqtida akam qurban axun čiri ğa qe čip ketip kälgili unmay, bu yärlärgä ottuz altä miŋ särpul bu ğday, qunaq köki bolup, ü č yüz yigirmä čaräk a šliq bärdim. maŋa uval boldi däp yuruŋqa š juyjaŋ ğ ä mähkimä š ärigä mälum qil ğan idi. bu to ğridin hökümät täräptin äysa akam, šäyixlärdin alim axun, imin axunlar buyruq bilän č iqip, mäzkurlarni č aqirtip kelip tähqiqläp (däliligän) idi, qurban axun yärlärni päriqliq bölsä degän idi, nuri axun päriqliq yärlärni č iqirip bärdi, qurban axun yärni qoli ğa elip, keli šlik säysilärni (özigä tegi šlik bol ğan alvaŋ - siliqlarni) bärsun däp ämir eytil ğ an bolup, nuri axunniŋ tilidin bir par č ä höjjät elin ğ anliqi rast. mundin keyin hökumät täräptin äysa axungä, šäyx islam vä mäzkur mähällädin xujä axun, qasim axun qatarliq biz mäzkurlar yär töpisigä berip, yärlärni körgän iduq, bu yär ällik bir xada(bälki yärlärni mo boyi č ä öl čäydi ğan goŋ bolsa keräk) č iqip, bu yärdin qurban axungä miras täriqisidä, on altä yerim xada yär häm tala šqan töt xada, jämiy yigirmä yerim xada yär täyin tapqan(täqsim bol ğan) bolup, ölüp kätkän abdulla axunniŋ namidiki yär yigirmä yerim xada čiqti. töt ki šiniŋ otturisida šerik qal ğan yänä on xada yär bar bolup, bu yärgä nuri axunniŋ igidar čiliqidiki yär däp möhürlük höjjät bar ikän. ämma qurban axun bu yärniŋ pulini män bärgän däydikän, säysä a š liqlarni bolsa š u vaqitta hesablap saqaytqanmiz. bizlärniŋ aldimizdin ötkän i š lar änä š u däp sözimizniŋ rastliqi ğa möhürlük höjjät guva hnamä bärduq. hazir mäjlistä：xujä axun, qasim axunlar šahiddur.

伊斯兰教历一三五八年（鸡年）十一月五日（1939 年 12 月 17 日）。

我努尔阿訇有吉亚村的热吉甫阿訇和卡迪尔阿訇给写的证明书，这是吾曲木村的努尔阿訇提出的诉讼。我努尔阿訇有 5 个兄弟、3 个姐妹（共 8 个兄弟姐妹），从父母手中得到 2 块土地。这 2 块地，2 个儿子、3 个女儿共 5 个人的地换成钱并出具了收据。一个弟弟阿不都拉阿訇去世后，他的地分给了 4 个人，4 个人中，塔里甫阿訇也去世了，他的地分给了 3 个人，但是去世的塔里甫阿訇欠有写了收条的 127 两棉花钱的账。塔里甫阿訇去世后，哥哥库尔班阿訇、沙比尔阿訇拿到了他的地，不愿意付钱。马虎三时期我哥哥库尔班阿訇跑到策勒不愿意回来，（库尔班阿訇说）这些地出产的价值 3.6 万两银币小麦、玉米，320 察拉克粮食给了（努尔阿訇）。这冤杜我努尔阿訇了，我到玉龙喀什局长和宗教法庭提出诉讼。对此，政府方面安排艾沙兄长，宗教法庭安排守墓人阿力木阿訇、依明阿訇一共 3 个人，把他们（库尔班阿訇、沙比尔阿訇）叫来证实。库尔班阿訇把地要区别分配，努尔阿訇有区别地划分了土地。库尔班阿訇得到土地，要求下达支付人力徭役费的法旨（文件），承认努尔阿訇出具的收条是真的。之后政府方面的艾沙阿訇、守墓人斯拉木和本村的吾吉阿訇、卡斯木阿訇等人到地上查看。丈量这块地共 51 弓（丈量土地的土制工具），这块地中给库尔班阿訇的遗产有 16.5 弓土地，加上有争议的 4 弓土地一共 20.5 弓土地，全部为库尔班阿訇的。去世的阿不都拉阿訇名下的土地有 20.5 弓，4 个人合伙的土地还有 10 弓，这些土地按照宗教教规决定归努尔阿訇所有。但是库尔班阿訇说这块地的钱是他付的，徭役粮食当时就算清楚了。我们前面说的过去的事情（热吉甫阿訇和卡迪尔阿訇给写的证明书）正是如此。我们的话都是真的，并出具了宗教法庭的证明。

证明人：吾吉阿訇、卡斯木阿訇。

20. 买买提夏与其草原买主间纠纷调解

mänki xät bärgü č i lop sampul č axmaq käntlik mämät š a axundurmän. iqrarimdin bärgän xetimniŋ u č uri: halal ba ğ käntidin ta š polat hajim, ta ğ nur käntilk yüsüp qarim, muhämmäd imin axunniŋ o ğli mirzaäxmät axun, mämät äli axunniŋ väkili tursun axun, mämät nuri axunniŋbir tu ğqan inisi ibrahim hajimlarniŋ üstidin bu to ğrida däva qilimizki, ta ğ nur känt täväsidä inim äxmät ša axun ğa miras qal ğan šerik yaylaqlirimiz baridi, bu yaylaqtinin imäxm ät ša axungä tägmi šini (tegidi ğanyärni), ottu zyilniŋ u täripidä (ottuzyilniŋaldida) qirqidä käntlik ta š polat hajim qatarliqlar ğa satqanidi. män ikki yildin keyin, bir o ğlaqliq yaylaqni ta ğliq mämät imin axun, mämät äli axun, yüsüp qarimlar ğa ikki miŋ töt yüz sär pul ğa setip, pasillirini körsitip berip, höjjätlä škän idim häm mäzkur yaylaqni män körsitip bärgän boyi čä täsärup qil ğili ottuz yil bol ğan idi. ata – anamdin maŋa miras qal ğan yaylaqlirimni özüm täsärup qilip kälgänidim. aläm islam bol ğan vaqtida(xotändä – 1932 yilliri islam inqilabi bol ğanda), yüsüpqarim ba šliqlarniŋ šerikliri, mämät nuri axun degän ki ši xotängä šänjaŋ bol ğan vaqtida, ta špulathajim ta ğqa bän (mäsul) bolup tur ğanda, mäzkur muhämmäd axun ba šliqla: sizlär mämät ša axunniŋ töpisidä, bizlärgä yaylaqni az beriptikän däp ärz qilip, meni bir qan čä kün solitip qoyup, qolumdiki höjjätlirimni tartivelip, tilimdim xät aldi, mäzkur yaylaqlirimni ottuz yil miqdari bol ğandin keyin, däva qilip, yaylaqlirimni tartivelip, nuri axun šänjaŋ bol ğan vaqtida, mämät nuri axun ta ğqa bän bol ğan vaqtida bölü šüp aldi. bu to ğridin maŋa uval boldi däp, xotänniŋ siliŋi šaŋgüängä ärz qil ğinimda, xey sunmiy šänjaŋ ğa pilitip čiqip, yayisi ärxunni buyrup, biz dävagär bilän jav abkarlarni čaqiritip kelip, häqiqätläp dataŋ qilip, sorap, dävani soraqta ayriyalmay, šäriätkä buyrup bärgänidi.

šäriätniŋ hozurida nahayiti in čikilik bilän soral ğanidi, mäzkur yüsüp qari javab berip: mäzkur mämät ša axundin opaq käŋ qol degän yaylaqniŋ, mämät ša axun qilip bärgänxetini yögigändä u čuri höjjätlirini muxalip(zit) ba šqa qildurmiduq, käŋ qol yazliq yaylaqta mämät ša axunniŋ häqqi yoq degän munkirgä(yal ğan ğa) qäsäm qil ğanidi, qäsäm qilidi ğan ča ğda yurt adämliridin: karfädin toxti mirab bäg, äbra hajim, mämät musaxan, ha šim axun, mämät tömür hajim qatarliqlar häm bir mun čä ähli – jamaät häm yurt mötüvärliri hazirbolup, sözlä štürüp dediki: mäzkur yüsüp qarim qäsäm qilmisun, yeŋi dollardin bir yüz dol xafiyvä hesab qilip, ikki tümän töt miŋsär pul bärsä, yüsüp qarim häm qäsäm qilmisa, mäzkur yaylaq dävasi tügisä degän sözlär här ikki täräpkä maqul kelip, yüsüp qarim qatarliqlardin dollar pulidin yüz dol xafiyvä(pulbirliki) hesablap, ikki tümän töt miŋ sär tiza pul(bälki qä ğäz pul bolsa keräk) ni, yüsüp qarim qatarliqlardin elip bärdi.

öz ixtiyarim bilän razi bolup, mäzkur pullarni däp ta ğ käŋ qol kola yurt täväsidiki käŋ qol yazliq yaylaqta jinsi dunyaliq barisidä (tiriq čiliq) äsla häqqim qalmidi. bäs. mäzkur käŋ qol kola yurt yazliq yaylaqliridä häqqim bar däp mäzkurlarniŋ töpisidin birär däva qilsam sözüm batildur. töpiläp qattiq sinaqlar ğ a layiq bolarmän, hökümättin maŋa härqandaq ibrät qilsa, bu maŋa oval bolmaydu däp iqrarimdin xät bärdim mämät ša axun tolum, mingoniŋ yigirmä säkkizinji yili on birin č i ayniŋ ü č in č i küni.

立据人:洛浦桑普拉恰克玛克村人买买提·夏阿訇。

字据内容:我向阿拉勒巴格村的塔西·普拉提阿吉,努尔山村的玉素甫·喀日,穆海买提·依明阿訇的儿子米日扎·艾合买提阿訇,买买提·艾力阿訇的代表吐尔逊阿訇,买买提·努尔阿訇的亲弟弟依布拉依木阿吉提出的诉讼。

在努尔山村,有我弟弟艾合买提·夏阿訇继承的我们合伙的草原,其中属于我弟弟艾合买提·夏阿訇的草原,他在30年前卖给了克尔克代村的塔西·普拉提阿吉等人。两年后,我把一只小山羊的草原用2 400两银币卖给了山里人穆海买提·依明阿訇、买买提·艾力阿訇、玉素甫·喀日,并指明了地界,签订了契约。这块草原按照我指明的地界经营了30年了。我继承的父母的草原由我自己经营。

伊斯兰革命时(和阗1932年发生伊斯兰革命),头领玉素甫·喀日等人的合伙人——买买提·努尔阿訇这个人到和阗当县长时,塔西·普拉提阿吉成了山里的负责人。头领穆海买提阿訇那些人认为我买买提·夏阿訇给他们的草原给少了,从而提出诉讼。拘留了我很多天,把我手中的契约和字据抢走了。这块草原快30年了,通过官司,抢走了我的草原。

努尔阿訇当县长时,买买提·努尔阿訇成了山里的负责人,(他们)瓜分了我的草原。这冤枉了我,我向和阗的司令向管(汉族人名)起诉,何松米(汉族人名)县长做出批示,派出衙役艾洪(汉族人名),(他)把原告、被告召集到一起,在公堂核实审问,没有审问清楚,便把官司移交给了宗教法庭。

宗教法庭经过详细审问,玉素甫·喀日回答:从买买提·夏阿訇得到的窝帕克康湖(地名)这块草原,和买买提·夏阿訇出具的字据有矛盾,康阔尔夏季草原上没有买买提·夏阿訇的任何东西。我愿意发誓。

准备发誓的时候,乡亲卡尔凡丁·托乎提管水人、艾布拉阿吉、买买提·木沙汗、阿西木阿訇、买买提·铁木尔阿吉以及很多相邻和有声望的人,来到现场进行劝说:"玉素甫·喀日不要发誓,给100新纸币,24 000两票子(算了),买买提·夏阿訇也不要发誓,该草原的官司结束算了。"双方一致同意。玉素甫·喀日等人支付了100新纸币,24 000两票子。

我自己满意了,因为得到了这些钱,山里的康阔尔阔拉村所属的康阔尔夏季草原上再没有我的任何东西。完毕! 如果再以这块康阔尔阔拉村夏季草原上还有我的东西而提出诉讼,我的话全为假话,我受到加倍的惩罚也是合理的,政府给我多重的惩罚都不冤枉我。特立此据。

买买提·夏阿訇·图鲁姆。

民国二十八年十一月三日(1939年11月3日)。

附录二

1. 阿帕克和卓麻扎的瓦克夫土地

以至高无上的仁慈的真主的名义

让胡达将追随者圣人及圣者的品级大大地提高吧!

胡达给建立瓦克夫、麦底里斯(高级经文学校)、清真寺、陵墓的亲密的朋友以天良,接受先知、受人尊敬的逊奈(圣训)与学者的话语,去施舍、去建立瓦克夫以让胡达满意的人士上天,将信守诺言让他们获得更多的天良。

将祈祷与感谢给予安拉的使者(热苏里)穆罕默德圣人(他是诚实的伊斯兰教法——沙里叶提的主人,天地间都在感谢上苍),让他成为家庭、主人能力之星,正道阳光之主。

我们能达到目的,伟大学者的、好的、有名的人们,权力之主艾米尔与获得尊重的学者,让他们成为沙里叶提之魂。让有好的品德、有名望的人士都能听到,不要隐匿。其领地——喀什噶尔让其成为至高无上的安拉的庇护者。

这个恭贺的时间是穆罕默德圣人希吉来历一二一四年七月十五日(1825 年 3 月 15 日)。

他是苏丹中的好苏丹,公正的汗中之汗,将学者、信士引以为友的人,对贫穷者进行教育的人,是国家宝座之主的向导,他是穆罕默德·赛依德扎萨克郡王阿奇木伯克(请胡达保佑他的财产领地),依他的命令计算了他在这个世界上的财富。他以见多识广的眼睛审议了这个世界上的事情，他知道这个有限世界并非重要地方，不管有多少财产，所有的生灵都处在死亡的前夕，他知道要迁徙到清晨去存在，只有在这个世界上为接近胡达而探索，多流汗与付出才有所得之理，他知道不灭的事物是不断地持续地施舍瓦克夫。其证据就是胡达之言：

“一个做好事的人将得到十倍的回报。”

双行诗：得到的任何东西都应在为胡达而花费，你喜欢的东西在花费前绝不会从其得到好处。

穆罕默德圣人这样说：施舍中最大的施舍是其能不断与持续。

《古兰经》的这一节与圣训（哈底斯）的内容是一致的，（让胡达使其在领地喀什噶尔能轻易地渡过难关）了解这些地方的圣陵（胡达让他们的精神更纯洁）的瓦克夫、其他财产的情况，要知道这是大人所从事的工作及必须与应尽的义务，以此显示其勤奋，在知悉启示前，盼望伟大胡达之光的大人们让胡达的光辉洒向圣陵，他将这些珍宝从属于自己的财产中挑出以干净的财产献给麻扎，为了探索接近真主之道，要求更多的报偿，为了信守美丽的诺言，依胡达的“在世界上谁为你们自己做了一件事，将来在胡达的宫殿就会得到更好的、盛大的报偿”训言，经常为了与正道为伴，而向阿帕克麻扎捐赠瓦克夫。

向麻扎捐赠了以金银购买的大约 66 帕特曼土地，再加上属于我们耕地的 100 帕特曼土地，总共 166 帕特曼土地，永久地绝对地从个人所有权中分离出来奉献出去作了瓦克夫。为了完结瓦克夫捐赠，让淋浴着圣光的圣人麻扎的主人写瓦克夫捐赠书并送来，学者们汇集麻扎的储经室，大家满意地诵读立下的瓦克夫文书，并展开讨论比较之时，有些人士捐赠的瓦克夫有几份盖印的字中有几个地方在这些文书中没有装下，并且在经营上，用作准备粥的与谢赫、穆特瓦里、伊玛目、穆安津、学生，做粥者、打骆驼刺者等人员的瓦克夫财产土地上的出产的分配方式因不受赞颂而重新调整内容编为 3 份瓦克夫文书，先后所有的瓦克夫、财产土地都清楚、完整地记录在这份瓦克夫文书中，其中 1 份瓦克夫文书给学者，1 份给官员，1 份给麻扎的谢赫。这份瓦克夫文书并不是隐秘的，每年所获产品分为 10 份，4 份在周一、周日、节日与守夜日时做馕，煮粥、点灯，为大人高尚的精神祈祷祝福以求带来好运。还有 3 份由谢赫、阿訇领取，以关心背井离乡者，再拿出半份作穆特瓦里的管理报酬，还有半份作伊玛目、穆安津应得的报酬，再拿出 1 份作为煮粥者、打骆驼刺者、打扫卫生者等人的报酬。

以这些条件由于时间的原因，属于海孜来提的财产，谁制造了损害它的事件，就应从总的产品中将其应得的报酬扣除，剩下的产品再集中后分配。

以后，我之外不管是谁都不能再编写与修改这份瓦克夫文书，如果有谁将财产与作了瓦克夫的土地及违背这份已确定的瓦克夫文书而认为应当编写与修改它，由此原因而造成麻扎管理机构应有的经费停止，点灯、煮粥之事停止的事件发生，助贫的经费被糟蹋，这样做的人将在这个世界上受尽屈辱，在阴间也会让创世主愤怒。

求胡达保佑我们戒除自己贪欲之恶，职事之恶。

将属于卡拉克尔的扬达尔玛作了瓦克夫的 166 帕特曼土地的四至：

东面：至雅忙雅尔，有些地方与卡拉克尔相连。

北面：至黏土地，有些地方与分给哈米提伯克、萨目和卓、哈斯木通事的土地及单独的 20 帕特曼耕地相连，有些地方到了龙领氏族的庙，这些瓦克夫土地一直至引水大渠。

南面：即与阿不都 · 巴克伯克的栏干土地相连，一面有路，有的地方至山涧有的地方至扬达尔玛。这些瓦克夫地的引水渠，从牛圈开始到雅忙雅尔的山涧。

属于这座麻扎的村庄里的与所有荒漠中村庄中的瓦克夫地、财产、果园、磨房如下：

在胡杨林园子有 4 帕特曼地，隔壁园子有 3 帕特曼地，在新果园有 5 帕特曼，大果园有 6 帕特曼地，在小布古兹有 3 帕特曼地，在玉目拉克有一块 5 噶尔布尔的土地，一块 2 噶尔布尔的旱地与一块 2 噶尔布尔的土地，还有一个院子，果园，半帕特曼的土地及多来提果园大渠边的 3 帕特曼土地，在木合寺有 3 帕特曼的土地，在大冷和卓有 3 帕特曼土地，在乌特雅什奇有 10……

土地及10察拉克土地,还有1噶尔布尔的土地,这些土地总共有46帕特曼4察拉克土地。

属于赛尔满的土坝……霞飞和阶献作瓦克夫的3.5帕特曼土地,属于索鲁克的2帕特曼土地,还有半帕特曼土地,在克孜儿库依鲁克有10噶尔布尔地,在多来提果园大渠的旁边有3帕特曼旱地,在阔克兰托木斯有托合提巴依,托合提拉克和卓献作瓦克夫的12噶尔布尔土地,在水渠的下游有3噶尔布尔土地,与水渠相隔的1察拉克土地,在当地的村庄,在山涧之间,有沙赫阿迪力献作瓦克夫的12察拉克土地,这些总共是7帕特曼6噶尔布尔4察拉克土地。

在属于托克库扎克的索古鲁克,卡克奇大渠有巴拉特苏非献作瓦克夫的20察拉克土地,在阿依乃赛克村有坦尔肯布维献作瓦克夫的半帕特曼土地,木拉提苏非献作瓦克夫的半帕特曼土地,米玩江布维献作瓦克夫的10噶尔布尔土地。毛拉尼雅孜献作瓦克夫的12察拉克土地,在纳哥儿哈纳有毛拉和卓献作瓦克夫的1帕特曼土地,在窝依果园,萨木萨克拉有哈吉阿不都热黑木献作瓦克夫的10噶尔布尔土地,还有一块7噶尔布尔土地,还有属于这7噶尔布尔土地的的树木,在窝依楚克大渠的旁边有5噶尔布尔土地,在窝哥尔萨克有尼牙孜和卓献作瓦克夫的3帕特曼土地,在白果园有3噶尔布尔土地,在木萨木尔有海依提和卓献作瓦克夫的一个hkopla及属于它的树木与3噶尔布尔土地,在阔什及拉大渠的旁边有托合提巴依献作瓦克夫的半帕特曼土地,在赛依德拉有开费克和卓献作瓦克夫的2噶尔布尔土地,在雅尔玛什拉村达尔汗有半帕特曼土地。在及昂的普什坦大渠的旁边有半帕特曼土地,库尔班和卓献作瓦克夫的4察拉克土地;在赞尔明,有从先维斯与果园大渠引水的毛拉多士提、乌士他给雅斯献作瓦克夫的2噶尔布尔土地;在赛尔克有1噶尔布尔土地;在麻扎前面,空鲁古鲁克有12察拉克地;在月鲁克奇克洋勒克有4帕特曼土地。在阔什奇有胡阶什巴依献作瓦克夫的2噶尔布尔土地与属于它的树木。有阿昔拉甫巴依献作瓦克夫的4噶尔布尔土地,在科拉吾尔村,曼肯大渠旁边有依不拉依木苏非献作瓦克夫的5噶尔布尔土地,在希朗奇村的麻扎尔大渠有3噶尔布尔土地,在塔什有2噶尔布尔土地，这些土地共有21帕特曼3噶尔布尔6察拉克。

还有在库尔刚则明地区的阿雅克村，有麦力开布维献作瓦克夫的2察拉克园地。

在塔兹工地区的巴玩尔奇村有5噶尔布尔土地，另有10察拉克土地，还有半帕特曼土地，还有6察拉克土地，麻扎前面有12噶尔布尔土地，在白清真寺有2帕特曼地，在拉依拉克高渠旁有黑的尔热合木巴依献作瓦克夫的12噶尔布尔土地，还有阿布都热合木巴依、侯赛因巴依兄弟献作瓦克夫的7处驴圈与属于巴克布斯坦的树木及萨里赫与艾依尔萨力赫的7帕特曼土地。在卡哈玛村有7帕特曼土地，在布尔兰有阿不都热合曼巴依献作瓦克夫的12察拉克地与卡德尔和加献作瓦克夫的14噶尔布尔土地，属于6处驴圈的树木，这些总共是26帕特曼1噶尔布尔土地。

在克孜尔布依地区前卡尔村有吐尔都麦提巴依献作瓦克夫的半帕特曼土地，托合提苏非献出的1帕特曼土地，有穆罕默德雅尔和卓献作瓦克夫的半帕特曼土地，在旧克孜尔村阿拉组献出的有一个园子，3噶尔布尔土地与杏、桑葚、杨树、柳树一起共71棵树，在水渠旁有6棵桑葚树，1噶尔布尔土地，5棵桑葚树。托合提布维献作瓦克夫的有4察拉克地，托合提巴依献作瓦克夫的有1噶尔布尔土地与其上的树木。属于阿拉洪的布尔达玛力的肉孜买提乌斯他献作瓦克夫的3噶尔布尔土地，尼牙孜萨里唐献作瓦克夫的半帕特曼土地。阿不都热合曼明巴什献作瓦克夫的3噶尔布尔土地。加力雅米尔兰提甫和卓阿布都尖巴尔耕种的6噶尔布尔土地、院落及附属的树木，沙赫苏非、毛拉阿不都热合曼耕种的3帕特曼土地，吐尔地和卓与艾则孜牙尔耕种的6噶尔布尔土地，爱力特尔阿达布维，江布维献作瓦克夫的4察拉克地。还有在恰里雅有阿訇和卓与胡达雅尔和卓耕种的2帕特曼地。赛库尔的吾守尔家族耕种的6噶尔布尔地，在康塔马斯阔克塔勒克院子里吐尔地苏非，吾布力苏非家族耕种的12噶尔布尔土地，在卡阿里有毛拉阿布都热扎克献作瓦克夫的2察拉克地。在木鲁克达尔英沙尔有加朗苏非献作瓦克夫的噶尔布尔土地，这些总共是13帕特曼1噶尔布尔4察拉克地。

有属于拍依兹阿巴德的磨房头上的尼牙孜卡尔萨克献作瓦克夫的10噶

尔布尔土地。在下牙尔旁的米尔扎艾力甫献作瓦克夫的12察拉克地。在明冬窝子有阿尤甫巴依献作瓦克夫的1噶尔布尔土地，在弯杨树有爱玩兹巴依献作瓦克夫的2察拉克土地与这些土地上的树木。给牙斯巴依献作瓦克夫的3噶尔布尔土地，有托合提托丕献作瓦克夫的6噶尔布尔土地与2棵桑椹树。有穆罕默德谢里甫巴依献作瓦克夫的1.5察拉克果园与园中的树木。这些总共是2帕特曼5噶尔布尔6察拉克地。

属于汗大渠地区的钱卡尔村有7噶尔布尔土地。

在属于伯什克勒木的赛的尔村，在沿克力大渠的旁边有和加木库力和卓、爱玩兹和卓等人献作瓦克夫的12噶尔布尔土地，在伯什托格拉克、托格拉乌鲁克有汗班和卓、乃则尔和卓献作瓦克夫的7噶尔布尔土地。有卡尔台·牙库甫献作瓦克夫的4察拉克地。这些地总共是2帕特曼2噶尔布尔4察拉克。

在阿巴德地区的开起尔窝依村有尼牙孜布维献作瓦克夫的4察拉克土地，还有属于托克库扎克的木萨木尔村有巴吾东献作瓦克夫的12察拉克土地。有属于下阿图什的巴依艾合买提与艾比班阿格前献作瓦克夫的7噶尔布尔土地。还有12噶尔布尔土地，这些地共有2帕特曼1噶尔布尔。

在属于上阿图什的热萨克村有3噶尔布尔土地。

属于洋萨尔地区波依拉村的多克达有萨力赫与艾依尔萨力赫的40帕特曼瓦克夫地，在苏玉克有尼牙孜苏非献作瓦克夫的6噶尔布尔地，在雅甫枪村有吐拉木买提巴依献作瓦克夫的12察拉克土地，还有在雅甫枪村的雅皮拉克特勒克(扁杨)、萨力赫与艾依来萨力赫的50帕特曼土地，还有塔兹浑的属于雅皮勒克特勒克的古代的(祖遗的)土地上的萨力赫与艾依来萨力赫38帕特曼土地。

在库尔昂地区属于瓦克夫村的克孜勒河畔的加麦大清真寺(举行主麻日聚礼的清真寺)有缴纳收获物的10帕特曼土地与4台石磨。

属于塔孜浑的沙枣渠村有7.5帕特曼土地，还有12察拉克园地与其上的树木，在库力其村有伯克雅尔献作瓦克夫的7噶尔布尔土地，4个驴圈及附属的树木，还有哈姆拉达布尔兰大渠畔的城里人玉素甫和卓献作瓦克夫的3.5帕特曼土地。

有属于卡拉克尔地区的巴依仁村乌阶克兰格尔前面的雅尔阿给前献作瓦克夫的6噶尔布尔土地。

有属于阿巴德的克齐尔窝依，苏玉特满水渠边上有毛拉尼雅孜献作瓦克夫的1帕特曼土地及其上的树木。

还有在属于伯什克勒木的雅的吾尔齐村，喀喇汗王后裔巴巴和卓献作瓦克夫的2帕特曼土地。

有在属于克孜勒波依的看哈力村毛拉扎德献作瓦克夫的3噶尔布尔土地，另外还有0.5帕特曼20察拉克地。在加依艾勒克有萨迪克苏非献作瓦克夫的6察拉克园地，在阿拉浑达乔拉克山涧旁有肉孜和卓、迪万苏非、唐苏克布维等人献作瓦克夫的1帕特曼土地。

还有在属于牌祖阿巴德的库姆艾勒克村有毛拉伊斯玛依勒献作瓦克夫的7噶尔布尔土地。在阿克吐拉镇有艾依德买提献作瓦克夫的1个院子，10噶尔布尔土地，果园与其中的树木。

在属于赛尔曼德地区的窝克齐村，有乌斯曼布维献作瓦克夫的1察拉克地与其上的20棵桑葚树。

请不要隐匿，在这份文件中记录的财产、作瓦克夫的土地四至在旧文件中从这方面没有记载(提及)。如果发生对四至必需的(必要的)事件的话，请对照旧文件来遵循。由于这个原因，这3份文件的每一份后附1份旧文件，我们把其中的两份给了艾依来姆阿訇，两份给了依西卡阿伯克，两份给了谢赫阿訇。

在我身后的日子里，如一有福之人为这些财产、土地、瓦克夫的发展与繁荣给予帮助并做出努力的话，在这个世界上与来世都因为所做的好事而有好报的。如果有一愚蠢、干了坏事的人使这些财产、瓦克夫衰落与毁灭的话，也会因其造成的衰落与毁灭而遭到报应的。请胡达保佑别让我们做出这类坏事。安拉给人指明正道的话他就不会让人迷失方向。他想让人迷失方向就不会给人指明正道。问候属于那些走上正道者，请向安拉表示感谢。请向胡达的化身穆罕默德·艾来依黑斯致敬，向他的家眷、圣门弟子、信徒多多致敬。真主是最仁慈的。

还有在阿拉浑达有9.5噶尔布尔土地,在艾拉力有1帕特曼土地,在阿拉冬窝子(克希勒克)有6帕特曼土地,4个院子及其上的树木。

在米依夏尔有毛拉阿布都里献作瓦克夫的2噶尔布尔土地,俩姐妹捐献作瓦克夫的4察拉克土地,有麦斯吐兰献作瓦克夫的0.5帕特曼土地与其上的树木,有托合提巴依献作瓦克夫的1噶尔布尔地,在桃园中有毛拉波拉提献作瓦克夫的12察拉克土地,在阿拉浑达有毛拉木萨献作瓦克夫的12察拉克土地。

在卡孜艾勒克地区斯尔里克大院有毛拉斯迪克献作瓦克夫的2噶尔布尔土地,在洋浑有爱比拉合献作瓦克夫的1.5帕特曼土地。

在卡拉扬达克有毛拉尼牙孜献作瓦克夫的10察拉克土地,还有在密夏尔有帕提玛阿格前献作瓦克夫的2噶尔布尔土地。

在古力吐拉村有艾依提胡拉兹献作瓦克夫的1噶尔布尔土地。这些土地的四至在原来的文件中都有。

在加依艾勒克有毛拉斯迪克献作瓦克夫的6察拉克土地,在乔拉克山涧旁有乌斯曼赛里木献作瓦克夫的一个古磨。阿克塔孜浑有尼牙孜和卓献作瓦克夫的0.5帕特曼土地,库尔昂卡孜艾勒克有毛拉玉素甫献作瓦克夫的20察拉克土地,在库姆裴提克有哈尖儿阿给前献作瓦克夫的2噶尔布尔土地,还有塔孜浑的塔尔吐尔迪托合提阿给前献作瓦克夫的半个石磨。

在上阿图什塔尔吐克穆有罕默德和卓献作瓦克夫的1帕特曼土地,在卡依拉克有塔依尔耕种的6察拉克土地,在汗拉里有谢赫耕种的20察拉克土地,在布尔萨克有6噶尔布尔地,在扬达姆有云前布维献作瓦克夫的1噶尔布尔地,在卡拉克尔巴林有6噶尔布尔地,在洋萨尔有属于宫殿(住所)的穆罕默德斯迪克和卓献作瓦克夫的20察拉克土地,在当嘎里齐有城里人萨里赫布维献作瓦克夫的20察拉克土地,在属于塔孜浑的卡拉及有0.5帕特曼的土地,在江铁木尔有10察拉克土地,在托克库扎克的看扎克拉有吐尔地铜齐献作瓦克夫的2噶尔布尔土地。在看扎克拉还有库特鲁克苏非献作瓦克夫的2帕特曼土地,院落,种杨树、桑葚树的果园,旱地。这些土地的四至在原文件中也有记载。

在伯什克勒木的卡鲁克村有库特鲁克忒合朗献作瓦克夫的一片6噶尔布尔的土地与麻扎尔前面的5噶尔布尔土地。在克孜尔布依艾勒克有夏合达毛拉托兰迪献作瓦克夫的18察拉克土地。在塔孜浑阿古特村有穆罕默德巴依献作瓦克夫的12察拉克地。在吐格齐有尼牙孜巴尔登献作瓦克夫的20噶尔布尔土地。在索鲁克有托合提卡萨甫献作瓦克夫的4帕特曼土地。在牌祖阿巴德,库姆艾勒克有肉孜拉克多尔安窝依朗等人献作瓦克夫的院落、树木与5察拉克土地。在塔孜浑的布尔兰有艾外孜布维穆罕默德依明献作瓦克夫的10察拉克土地。还有在卡勒台库姆艾勒克有吐尔地和卓献作瓦克夫的5察拉克土地。还有卡什卡布格拉热合买提苏非的5噶尔布尔地也作了瓦克夫。还有毛拉热合木献作瓦克夫的4察拉克土地。

在库尔昂地区卡孜艾勒克,尼牙孜苏非将12察拉克地献作了瓦克夫。这些土地的四至在原文件中都有记载。

请不要隐瞒,在冬达拉的40帕特曼地从古以来用的是从山涧流出形成两个石头滩的水,它对用帕拉及大渠的水种水稻的一个大水渠的水没有任何妨碍。

还有他们的父母及兄弟以自己的意愿与勤勉在小时候在作坊当打骆驼刺者,分配作都瓦的苏非小孩的名单:

托兰迪、艾都斯萨依德、吾守尔、尼牙孜肉孜、萨木萨克看吾难、胡达伯尔地、克什米尔、托兰迪托库木、托合提阔尔库提、毛拉尼牙孜。

来自下阿图什的艾赛里,右大渠的毛拉艾山的儿子毛拉阿布都如苏里。

来自上阿图什的艾依萨与伊斯玛依勒。

来自城市的米尔艾玩孜、米尔尼牙孜与毛拉胡达伯尔地,毛拉哈斯木、牙库甫、马合木提依明、毛拉谢里夫、买合木德尼牙孜、阿布都热合曼阿訇、苏非马合木德吐尔地。

来自牌祖阿巴德的毛拉伊斯拉木、艾及甫苏非、艾日甫米克扬、依不拉依木苏非阿訇、苏非赛里赫、苏非萨木萨克、尼牙孜苏非、伯合提牙尔、毛拉尼牙孜铁木尔、艾瓦尔。

来自阿帕尔的有布巴克阿布都热合木库切克。

有自来汗渠的依斯玛依勒阿希派孜(厨师)、毛拉扎合迪与阿比德。

来自塔什玛勒克的有毛拉托合塔什。

来自塔孜浑的有马合木提艾明、谢里夫、布巴克月吐克、托合塔什阿布都热合木、马合木德尼牙孜、马合木德吐尔地。

来自伯什克勒木的有毛拉尼牙孜、苏非肉孜、穆罕默德阿拉班、穆罕默德尼牙孜。

来自胡什阿巴德的有库特鲁克艾力。

来自托克库扎克的有阿訇毛拉托兰迪、乔鲁克、穆罕默德阿力。

来自库尔昂的有穆罕默德吐尔迪、毛拉吐尔迪、穆罕默德木萨。

还有洋萨尔的卡拉巴克东达拉苏非们——阿布都拉巴克、穆罕默德依萨、玉赛因布都克、艾力塔力甫、吾守儿艾明、木萨……托合提东班、毛拉阿细克、穆罕默德斯迪克沙赫、塔依尔玉素甫、哈斯木塔力甫、玉素甫和卓、巴哈吾丁、肉孜萨木萨克、苏非塔阿尔、阿尤甫和卓木库力、沙赫和卓、尼牙孜苏非。

这些人员、苏非都已经登记在册了。

2. 喀什艾提尕尔经文学院的瓦克夫

奉普慈特慈的安拉之名

(以非常仁慈与和善的安拉之名开始)

让大家赞颂提高跟随自己使者的朋友们的品级的安拉吧。

安拉将给捐建瓦克夫、经文学院、清真寺、陵墓的真理之友以道行,近主者、圣人会接受逊奈与学者的话语,誓言去施舍,去捐赠,向为安拉的意志力行公道的内行、道德高尚者奉献。

都阿与感谢都属于安拉的使者穆罕默德(祝愿他平安)(他是干净的沙里叶提的主人,向人世间赐福),家庭与圣门弟子,能力之星,正道之光的先知伙伴。

我们的目的:这对于心灵之窗打开的人士,智慧的主人来说不是秘密,而是像在阳光之下一样暴露无遗的篇章,这个篇章对于时代英明者的鲜明的理性、信念的证人与结果良好的学者们,对于奉行自己信仰的人士,对于那些受人尊敬的有学问的人,对于心灵明亮如镜、宽如江河、散发香水一般馨香的人面前,什么都是已知的。

让胡达保佑盛大的城市、领地喀什噶尔,即在全体学者,家乡的宏大与所有百姓的面前这个事件就用这个方法是注定了的。

这个吉祥的时代与好日子对于先知迁移的历史刚好满 1257 年,是虎年伊斯兰教历一月二十二日星期五(公元 1835/1836 年 1 月 22 日)。

按将学者引以为友,百姓的教育者,大师哈吉祖木尔丁阿奇木伯克的命令计算了他在这个世界的财产,他知道这个有限世界并非狡猾无益财富的稳定居留地,不管有多少财产,他知道生命就是这个世界的财富,还知道一切都处于没落的前夕,他知道自己站在移动的舞台上,只有在这个世界上亲近胡达,明白流汗付出的心血不会消失,知道不灭的事物是持续的布施与捐献,这里的佐证就是安拉之语:

“人做一件好事就会得到 10 倍的回报。”

“你们对人不做好事就不会得到任何好处。”

“最好施舍是能使它持续不断。”“如果人类死亡了,他的所有的善举也就中断了,只有几样善功能达到他:①持续地行善布施;②能给人带来益处的知识(‘萨力合弟子的祝词。’‘不怜恤人类的人胡达也不会对他仁慈。’);③活人祈祷的功德与他们的施舍会到达死去的人身边。”

这段经文和圣训的内容是相一致的,这份文书的完成者是城外属于加罕阿尔蒂赛尔满的帕依纳普村的盛大者中的盛大者,解惑释疑者,珍贵的王中之王,干净与比所有人都伟大的语言研究者、书法家艾孜莱提·赛依德·加拉里丁·巴格达提(愿真主将其居住的地方照亮)。

他自己亲近胡达,要求多积功德,敢于正视向胡达许下的诺言,对此有《古兰经》为证,他遵循“对于你们自己哪一个人做了好事,在胡达的天庭就会得到更好、更盛大的功德”的话语,建立了一个经文学院,向经文学院捐赠了如下土地财产作为瓦克夫。

对于经文学校——属于汗渠的色日克图格拉霍依拉萨力合与另外的萨力合一起大约48帕特曼土地,还有属于赛尔满的布英奇村有大约两块4帕特曼地,2察拉克地,有属于赛尔满的夏玛勒布格有从阿不都拉伯克手中买的3察拉克地,还有从阿提坎·阿格奇手中买的大约4噶尔布尔地与从阿不都许库尔阿訇手中买的大约12察拉克地,还有经文学院院子中8个门的院子里有1察拉克地,还有在10个门的院子里有6察拉克地,9个门的院子与4个门的院子,属于喀喇喀尔的扬达尔玛的萨力合与另外的萨力合以外的约9帕特曼地。另外,有向属于伊赖姆庄园的耕地从新开发的大渠引水的卡玛力丁伯克处于上游的泰浩尔科尔都汗兰干边滩。

成为水浇地的大约20帕特曼地与环绕属于汗渠的由甫尔阿大渠的从阿尔贡人穆罕默德巴依手中购买的院子里的1盘石磨,与环绕钱卡吐格村的从赛依德阿訇手中购买的1盘石磨,环绕托合提巴克谢赫的吐黑达从白宫人乌斯曼巴依手中购买的1盘石磨,环绕郎卡勒克村从白宫人阿不都拉·伊斯拉木家族手中购买的1盘石磨,环绕郎卡勒克托和达的从吐尔地·尼牙孜卡手中购买的1盘石磨,环绕汗库姆的从尼纳和卓手中购买的1盘石磨,还有属于塔孜洪乡的喀克齐村的4盘石磨。以及通事尼牙孜的2盘石磨,尼亚孜吐尔村的4盘石磨,巴合加奈前的新安装的2盘石磨,还有属于克孜勒·波依的亚忙·亚尔的2盘石磨,还有胡西·阿巴德的2盘石磨,布拉克山谷里的半盘石磨,阿巴德大渠上新大渠上的波拉克(泉水)石磨。还有不必隐秘:新开的大渠上安装的4盘石磨,这些总共是29.5盘石磨,在城里喀拉克尔沟河上浴室用4个富祖克;还有在这个经文学校的北面2察拉克地位置上的属于玉日米勒克的地和树木,愿意从私人财产中分出来的话,在向公正的特克拉布施大会奉献的路上作了绝对的瓦克夫,这不必隐瞒。

属于赛尔满的帕依纳甫村有一个院子,半帕特曼地的位置上有一个庄园,还有我的1帕特曼地的位置上的苜蓿地,所有的树为了我的后代的善事我捐了出来,这些土地的四至如下:

东边:以直至伊斯拉木和卓土地的田埂为界。

北边:以大路为界。

西边:与穆萨和卓的地相连。

南边:以连接伊斯玛依勒和卓土地的路为界。

以为了我后代的善事而捐赠的这些土地与帕依纳甫村的院子,地上可获得1帕特曼小麦与1噶尔布尔的玉米,还有做绝对瓦克夫的石磨加上其他地的产品,剩下的产品我自己的后代享用。

这个经文学院有一位经师,14个塔里甫,1个伊玛目,1个穆安津,30个卡日(郎读者),1个清洁工(经学院警卫),并委派一位穆特瓦里。

这些总共从瓦克夫上每年所得的产品分为25份,其中的3份归经文学院,还有14个塔里甫,掌学,每天念真主之言,两次超度亡灵,赐予功德,每个人拿一份,依玛木拿一份,穆特瓦里拿半份,30个卡日拿5份,从准备的这些份数中让赛日克吐尔拉克村的院地承担4份,这其中3份为经文学院院子里8门院地位置上的庄园苜蓿地的一半由经文学院得到,还有剩下的1份地,还有从喀孜干村的尼牙孜·苏非手中买的1盘石磨,由斯帕尔·卡日·海力排得到。

巴格·阿巴德村的1盘石磨,经文学院东面的从阿提开·阿给前手中买的半帕特曼地中的2噶尔布尔地,加上属于12个门院子的6察拉克地由另一个斯帕尔汗海力排特得到。

从白宫人乌斯曼巴依手中购买的1盘石磨,从尤甫尔嘎村民尼牙孜和卓手中买的1盘石磨,经文学院院子里的9个门的院地,加上从阿不都拉伯克手中购买的3噶尔布尔地中的12察拉克地,由另一个诵读斯帕尔的海力排特得到。

从汗渠村的吐尔地·尼牙孜·卡手中买的1盘石磨,加上从帕依纳甫村院子里出产的为了我的后代的功德捐赠准备的1帕特曼的粮食,由另一个诵读斯帕尔的海力排特得到。

从汗渠的赛义德阿訇手中购买的1盘石磨,加上从塔孜洪庄人毛拉·库特鲁克手中购买的一盘石磨,由另一个诵读斯帕尔的海力排特得到。

在汗渠……的阿古提村人穆罕默提巴依手中购买的1盘石磨,加上亚忙亚尔地方的1盘石磨由一个诵读斯帕尔的海力排特得到。

赛尔满庄却云旗村的4帕特曼地，加上在巴格奇前面新安装的2盘石磨中的1盘由另一个诵读斯帕尔的海力排特得到。

阿巴特的1盘石磨，亚忙亚尔地方的1盘石磨加上经文学院院子里的4门的院子，再加上从帕依纳甫村的阿不都拉伯克手中购买的地中的12察拉克地由另一个诵读斯帕尔的海力排特得到。

吐尔吐拉地方的2盘石磨加起来由另一个诵读斯帕尔的海力排特得到。

从汗渠的阿不都拉·伊斯拉木家人手中购买的1盘石磨加上经文学院院子里4门的一个院子由另一个诵读斯帕尔的海力排特得到。

扬达尔玛地方的14帕特曼土地加上从吾守尔毛拉手中购买的1盘石磨由另一个诵读斯帕尔的海力排特得到。

属于塔孜洪庄的喀克卡村的2盘石磨加上从帕依纳甫村院地上准备的1噶尔布尔玉米与1帕特曼粮食由诵读斯帕尔的海力排特得到。

巴格奇阿尔帝村2盘石磨中的1盘，加乔拉克沟谷中的半盘石磨由依玛木得到。

胡西阿巴德大渠上的1盘石磨由穆安津得到。

从帕依纳甫村的阿不都许库尔阿訇手上购买的2察拉克地由打扫卫生者得到。

流向阿拉姆庄园的新大渠上的4盘石磨、淋浴室，还有4富祖尔的收入由30个卡日分配。

熟悉栏干庄的我的后代中的有良知的一个人可以作穆特瓦里，并可得到属于依赖姆巴格的从新大渠引水的栏干村的20帕特曼土地与属于这个经文学院的1盘石磨。

为使经文学院每一个诵读斯帕尔的海力排特、伊玛目、穆安津、打扫卫生者有所得，我向经文学院特意写了信，盖了自己的章子。

给某一个人准备的石磨、地与院子，另一个人不要干涉，任何时候经文学院诵读斯帕尔的海力排特、伊玛目、穆安津、打扫卫生者与卡日等人中有人故意对自己的工作不负责任，检查搞清楚以后，可以任命一个有资格的塔力甫来代替他。

经文学院南边的桑葚是我为群众与百姓准备的，还有30章中的普通的两句真主之言，每个卧室一个，把60个锅捐作绝对的瓦克夫，把它交到了消费瓦克夫的人手中。

这些瓦克夫是绝对的，经常奉献的、正确的，被清真寺经常使用的，这是所有人都知道的，不能破坏，不能阻拦，圣训中说“……不能买卖、不能赠送，不能作为遗产，也不能作为财产，不能占有，不能典当”，根据这些内容，这些瓦克夫不能买卖，不能作为遗产留下，也不能作为财产。

每个萨阿德特村的人为这瓦克夫的繁荣与昌盛出力的话，这财产就会丰裕，就会好的，倘若某一个坏蛋与坏了良心的人毁坏这个瓦克夫与毁灭它的话，就让他在这个世界上的境况悲惨，遭受诅咒，来生其坟墓黯淡无光，遭受苦难，让胡达保佑别发生这样的事。

这个念了齐克尔的瓦克夫中没有我的、我的后代的或别人的任何权力或财产，从我的后代中或其他人中某个人跳出来争夺财产的话，应认为其诉讼在沙里叶提法中是无效的，是不可宽恕的。从神学的至高无上的乌买拉依的恩惠出发，我写了盖有印章的信。

作瓦克夫的这块地的四至及色日克吐格拉克园子里48帕特曼地的四至：

东边：连着艾则孜和卓的地，有些地方连着依沙木丁巴依的地，与毛拉·拉孜的地混在一起，郭酣大渠为界，还有一部分与毛拉·艾孜木的地、毛拉·拉孜的地相连，还有些地方与毛拉·吐尔逊继承的地、毛拉·拉孜的地、毛拉·苏非的地相连，田界是一些坑。

北边：田埂与属于前尔合家族地的萨斯湖相连。

西边：田埂是与赛义丁阿訇的伙伴院地相连的大路，还有一部分与哈斯木·布苏哈巴依、毛拉·哈斯木、毛拉·阿不都拉合曼的地相连，一部分与毛拉·肉孜的遗产地相连，还有一部分与艾则孜和卓的地相连，田埂是水渠。

南边：与艾则孜和卓与哈斯木丁巴依的地相连，以阔看特大渠为界。

属于赛尔满庄的却云旗村的4帕特曼土地的四至：

东边：是大路，有些地方以阿姆大渠为界。

北边：与帖木儿和卓的地，与托合坦苏甫的地相连，以坑为界。有些地方与砍土曼手买苏木的地相连，以水渠为界，一些地方与佐合拉不的地相连，还有些地方与玉散布维的地相连，以水渠为界，有些地方与毛拉·热吾甫的地相连，有些地方与尼牙孜和卓的地相连，有些地方与买鲁甫阿訇的地相连，所有的地方都以水渠为界。

西边：与毛拉巴格的地相连，还与胡阶西和卓的地相连，以水渠为界，一部分与乃不热和卓的地相连，以大路为界。

还有那儿的5察拉克地的四至：

东边：与买苏木和卓的地相连，以田埂为界。

北边：与哈西木和卓的遗产地相连，以田埂为界。

西边：与胡同相连，以墙为界。

南边：又与哈西木和卓的遗产田相连，以排水沟为界。

从阿不都许库尔阿訇手中购买的12察拉克的一块地的四至：

东边：与托兰地巴依的遗产田相连。

北边：与毛拉萨克的地相连。

西边：完全与库特鲁克巴依的遗产田相连，以墙为界。

南边：与大路相连，以水渠为界。

托付给经文学院的院地的四至：

东面：与艾比拜少奶奶的地相连，以墙为界。

北面：与托合提·孜里其的地相连，以大路为界，还有一部分与排祖拉和卓继承的院子相连，以墙为界。

西边：与祖拜代布维的地相连，一部分与麦尔燕布维的院子相连，以大路为界。

南边：与尼牙孜布维的院子及园子相连，一部分完全与艾比拜少奶奶的地相连，以墙为界。

属于喀拉喀尔的彦达木村的30帕特曼地的四至：

东边：与大路相连。

北边：是夏木西丁伯克的大渠。

西边：与扬达马大渠相连。

南边：与毛拉阿巴斯的地相连，以大渠为界。

属于伊然木庄的栏干村的20帕特曼地的四至：

东边：与伯什克勒木人毛拉尼牙孜库特鲁克的地相连，以大坑为界。

北边：与下阿图什人毛拉诺努孜艾力木比尔地、毛拉·穆罕默德·萨迪克的地相连，以大坑为界。

一部分以私人道路为界。

西边：是大渠。

南边：与斯钱克勒克大渠相连，一部分与毛拉·尼牙孜·库特鲁克的地相连，以大渠为界。

请不要隐瞒，为了我后代的善功而捐赠的院落、园子与土地上的收获物我以委派的方式交给了经文学校，剩下的收获物我的后代、后代的后代之后（30与30年之后，亦即孩子的孩子的孩子之后）可以平等地分享。